그리스도와의 연합을
위한 성령의 역사

Originally published under the title of
"The New Testament Doctrine of the Holy Spirit"
by William Kelly
Copyright©Les Hodgett, Stem Publishing
7 Primrose Way, Cliffsend, Ramsgate, Kent, U.K.

Korean translation copyright
ⓒ 2013 by Brethren House, Korea
All rights reserved

그리스도와의 연합을 위한 성령의 역사
ⓒ형제들의 집 2013

초판 발행 • 2013.3.18
지은이 • 윌리암 켈리
옮긴이 • 이 종 수
발행처 • 형제들의집
판권ⓒ형제들의집 2013
등록 제 7-313호(2006.2.6)
Cell. 010-9317-9103
홈페이지 http://brethrenhouse.co.kr
카페 cafe.daum.net/BrethrenHouse
ISBN 978-89-93141-56-6 03230

＊값은 뒤표지에 있습니다.
＊잘못된 책은 바꿔드립니다.
＊서점공급처는 〈생명의말씀사〉 입니다. 전화(02) 3159-7979(영업부)

그리스도와의 연합을 위한
성령의 역사

윌리암 켈리 지음 | 이종수 옮김

형제들의 집

차 례

초판 서문... 6
제 1강. 거듭남과 영생................................... 9
제 2강. 영생하도록 솟아나는 샘........................ 41
제 3강. 생수의 강... 74
제 4강. 보혜사 성령...................................... 104
제 5강. 성령을 받으라................................... 149
제 6강. 성령을 선물로 받는 것과 성령의 은사......... 195

제 7강. 육신에 있지 아니하고 영에 있는 것과 신자 안에 계신 성령... 235

제 8강. 성령 세례란 무엇인가?.. 283

제 9강. 성령 안에서 하나님의 거하실 처소.............................. 329

제 10강. 서신서와 요한계시록에 나타난 성령의 비교.................... 366

부록. 퀘이커의 성령에 대한 가르침.. 408

초판 서문

이 책은 1867년 여름 런던에서 윌리암 켈리가 전한 신약성경에서 말하는 성령론에 대한 일련의 강의를 묶은 것이다. 누군가 속기로 기록한 것을 교정과 편집을 거쳐서 출판했다. 아마도 저자 본인 외에는 미세한 차이를 느끼지 못할 것이다. 비록 약간의 차이가 있을지 모르지만 성령에 대한 메시지를 갈급해 하는 시대적인 요청도 있고, 성령의 교리에 대해서 이 책만큼 쉽게 이해할 수 있는 기념비적인 저작이 없기에, 자기 사람들을 사랑하시되 끝까지 사랑하시는 주님의 자비와 축복을 의지하면서 조금도 주저함 없이 이 책을 내어놓는 바이다.

구에른세이
1867년 11월

그리스도와의 연합을 위한 성령의 역사란 주제로 일련의 강의를 시작하고자 한다. 이제 다루고자 하는 주제는 우리 주 예수님의 죽음과 부활 이전 시대에는 알려지지 않았던, 기독교 하에서만 체험되는 성령의 다양한 역사가 하나님의 말씀에 따라 어떻게 발전되어 가는지에 대한 것이다.

- 윌리엄 켈리

제 1강 거듭남과 영생
요 3:5

그리스도와의 연합을 위한 성령의 역사란 주제로 일련의 강의를 시작하고자 한다. 이제 다루고자 하는 주제는 우리 주 예수님의 죽음과 부활 이전 시대에는 알려지지 않았던, 기독교 하에서만 체험되는 성령의 다양한 역사가 하나님의 말씀에 따라 어떻게 발전되어 가는지에 대한 것이다. 나는 모든 시대 성도들을 향한 하나님의 자비하심을 생각하면서 하나님의 전체적인 섭리를 살펴보는 일이 무척이나 즐겁다. 하나님을 아는 지식은 잃어버린바 된 세상에서 영혼들을 구별시키는 놀라운 힘을 가지고 있다. 특별한 시대, 특별한 상황 속에서 하나님은 다양한 방식으로 사람들을 다스려 오셨지만, 항상 은혜가 세상에서 영혼들을 선택하고 구원하는 일을 해왔다. 이 사실을 아는 사람에겐 은혜만이 높임을 받아야 할 뿐, 다른 것은 알지 못한다. 반대로 이제 우리가 생각해야 할 것은, 죄가 세상에 들어온 이래로 모든 시대 하나님의 자녀들에게 공통으로 해당되는 것이며, 또한 죄의 마지막 흔적이 영원히 제거되기까지는 결코 대체되지 않으며 또한 될 수도 없는 것에 대한 것이다. 모든 사람의 영혼에는 근본적인 결핍이 있다. 거기에서 인간의 타락이라고 하는 근본적인 상태가 나온다. 우리가 아는 대로, 사람이 처한 공통적인 운명은 한번 죽는 것이며 또한 그 후에는 심판이 있다는 것이다. 하나님은 자신을 알리시며, 자신을 계시하신다. 히브리서 1장에서 사도가 말한 대로, 여러 부분과 여러 모양으로 말씀하셨지만, 그것은 부분적으로 된 일이었다. 하나님의 계시는 모양과 방법이 어떠했든지, 하나님은 항상 영혼들에게 주권적인 자비를 나타내셨고, 믿는 자들에게 하나님 자신의 본성(신의 성품)을 주셨다. 이것은 거듭남을 통해서만 되는 일이다. 거듭남의 진리가 지금보다 더 필요로 하는 때가 없는 것 같다. 거듭남은 모든 시대에 특별한 것일 뿐만 아니라 이제 설명한 대로 모든 시대에 하나님의 자녀가 되는데 공통적인 것이다. 이 사실은 결코 변하지 않는다. 하지만 하나님을 기쁘시게 하는 일에는 다양한 형태가 있었음을 인정해야 한다. 그것이 무엇인가 하는 것이 점진적으로 하나님의 지혜를 따라 소개되고 강조되고 선명하게 드러나고 밝게 빛나고 더욱 깊어지는 특징을 띠고 있었다. 이렇게 하나님이 자신을 나타내시는 섭리에는 점진적인 면이 있음은 굳이 말할 필요가 없다. 어쨌든 우리가 아는 대로, 그리스도 구속의 역사는 완성되었다. 하나님의 말씀의 계시를 통해서 드러난 것은, 창조의 때로부터 하나님이 자신을 충만히 나타내실 때까지 하나님의 섭리에는 점진성이 있었다는 것이다.

이미 소개한 대로 이 모든 다양한 세대를 관통하는 것은 거듭남은 참으로 위대한 복이라는 사실이다. 그 이유는 여기에 있다. 한편에 모든 선의 하나님이 계시고, 다른 편에 잃어버린 바 된 사람이 있다. 예수님은 "아버지께서 이제까지 일하시니 나도 일한다"(요

5:17)고 말씀하시면서 은혜 가운데 거듭나는 역사를 위해 일하셨다. 양심은 하나님과 하나님의 심판에 대해서 민감하도록 작동한다. 하지만 인간의 이성은 양심의 작용 이상으로 넘어서지 못한다. 오히려 방해만 할 뿐이다. 거기엔 하나님의 간섭이 있어야 한다. 하지만 인간의 이성은 하나님을 결코 알지 못한다. 이성은 하나님을 찾아내는 능력이 없다. 사실 인간의 이성은 파괴되어 있다. 인간은 이성적으로 하나님에 대해서 생각은 할 수 있다. 왜냐하면 인간은 하나님을 잃어버렸기 때문이다. 인간의 이성이 할 수 있는 전부는 다만 이것 저것을 해야만 한다는 사실을 아는데 있다. 그런 사람에게 하나님은 양심상 두려운 존재이며, 그의 양심은 자신의 죄악으로 인한 무게에 눌려있다. 그러한 사람에게 하나님은 심판장일 뿐이다. 왜냐하면 죄인은 반드시 심판을 받아야 하기 때문이다. 만일 하나님이 죄와 죄인들의 심판장이시라면 죄인으로서 해야 할 일은 무엇인가? 만일 의인이 참으로 어렵게 구원을 받는다면, 경건치 않은 사람이 어떻게 설 수 있단 말인가?

이 모든 것들을 생각해보면, 하나님은 단순히 계시를 주시고, 약속을 주시고, 게다가 하나님이 하고자 하시는 일에 대하여 상세한 예언석인 서술을 주신 것이 아니었다. 이런 일은 하나님이 처음부터 해 오신 일이다. 하지만 항상 이보다 더 큰 것이 있었다. 우리 영혼에 엄청난 결과를 초래할만한 일이며, 또한 이제 신자들이 하나님을 향해서 믿음으로 걸어가야 할 영혼의 방향성을 결정하는 것이며, 이 세상에서 가장 위대한 것임을 인지해야 한다. 그것이 무엇인지 독자들은 그리 어렵지 않게 추정할 수 있을 것이다. 그것은 성령님이 영혼 속에 내주하기 위해서 오실 것이라는 사실이다. 나는 하나님이 성령님을 보내셨다는 것을 새로운 사실처럼 제시하고 싶지 않다. 하지만 내가 말하고픈 것은, 성령님이 오실 것에 대한 믿음이 항상 존재해왔고, 그것은 항상 믿음 보다 더 큰 것이었다는 점이다. 영혼들이 그저 하나님을 믿고 구원을 받았다고 말하는 것은 매우 불완전하고 또 어리석은 생각에 불과하다. 물론 그것이 사실이기는 해도, 진리의 일부분일 뿐이다. 믿음으로 바라보는 것 외에, 심지어 구약시대에도 영혼에 작용하는 성령의 역사를 통해서 하나님의 말씀을 믿음으로 붙들었으며, 또한 거기엔 분명 영적인 생명이 있었다. 하나님의 백성들은 생명을 가진 사람들이었다. 생명은 하나님과 연관을 맺는 절대적으로 필요한 요소이기 때문이다. 모든 시대 신자들에겐 항상 새로운 본성이 주어졌다. 단순히 믿음만 존재한 것이 아니라 새로운 생명도 있었다. 믿음은 영혼으로 하여금 자신이 하나님에게서 난 자녀라는 사실을 확신케 해주는 유일한 도구임이 분명하다. 물론 우리 눈과 마음에는 또 다른 증거들이 필요하다. 하지만 믿음은 자신이 하나님의 자녀라는 확신을 가지도록, 하나님이 의도하신 것이다.

이처럼 중차대한 진리가 비록 신자들에게 유익한 것이긴 해도, 그리스도가 오기 이전 시대, 즉 구약시대에는 매우 희미하게 이해되었고, 분명하게 가르쳐지기 보다는 다만 암시적으로만 표현되어 있었다. 구약성도들도 거듭남을 통해서 하나님의 자녀가 되었다는 사실은 때로는 모형과 예표를 통해서, 때로는 구약인물의 도덕성을 통해서만 표현되었다. 미래 예언적으로 표현된 영적인 특권을 언급하는 것을 제외하면, 구약성도의 거듭남에 대한 직접적인 표현은 발견할 수 없다. 그 결과, 자신이 본 것에 매료된 니고데모가 우리 주 예수님에게 나아왔을 때, 물론 자신이 진정 원하는 것이 무엇인지에 대한 무지 가운데서도, 자기 영혼의 깊은 갈망과 영적인 필요를 느끼며 나아왔지만, 사람이 거듭나지 아니하면 하나님 나라를 볼 수조차 없다는 주님의 강력한 도전 앞에 어리둥절하며 혼란스러워할 수밖에 없었다. 유대인들은 메시야가 오실 것이며 자신들을 위해서 모든 것을 행하실 것이란 확신 가운데 어느 정도는 안심하고 있었다. 어떤 면에선, 그들이 잘못 알고 있는 것도 아니었다. 주님이 오셨을 때, 사마리아 여자도 메시야가 오시면 모든 것을 알리시고 가르치실 줄로 믿고 안심하고 있었다(요 4:25). 유대인들은 주님이 오셔서 단순히 가르치는 일 뿐만 아니라 모든 것을 행하실 줄로 알았다. 그들은 메시야가 영원한 의를 가져오실 것이며, 모든 예언을 이루시고, 지극히 거룩한 자가 기름 부음을 받고, 죄와 불법을 제거하실 것을 알았다(단 9:24). 하지만 그것이 어떻게 이루어질 것인가에 대해서는 부분적으로만 알았다. 모든 유대인의 마음에는 희미하고 일반적이지만, 그럼에도 확고한 믿음이 있었다. 이렇게 표현해도 될지 모르겠지만, 그들의 신앙 가운데에는 부정적인 측면과 긍정적인 측면이 함께 있었다. 즉 메시야의 오심은 세상의 멸망과 더불어 이스라엘에게 약속된 모든 약속이 성취되고 모든 예언된 복이 실현되는 것이었다. 따라서 메시야의 선두주자인 세례 요한을 통해서 메시야로 소개되신 분, 행하는 기적을 통해서 자신이 하나님에게서 온 선생임을 충분히 입증하신 분을 통해서, 이처럼 엄숙한 선언을 듣게 된 일은 깜짝 놀랄 만한 일이었다. 바로 이 메시야께서 니고데모와 대면해서, 그가 한 번도 생각해보지도 못했던 것을 절대적인 중요성을 가지고 그 절대적인 필요성을 역설하고 있었던 것이다. 이것은 이방인 뿐만 아니라 유대인에게도 절대적으로 필요한 일이었고, 동일한 방식으로 이루어지는 일이었다. 그래서 주 예수님은 유대인과 이방인이 차별이 없음을 이렇게 표현했다.

"사람이 거듭나지 아니하면" 예외가 없고, 또 아브라함의 선택된 자손이라고 해서 면제되지도 않는다. 거듭나는 것은 가까운 사람(유대인)이나 먼데 사람(이방인)이나 모두를 향한 하나님의 요구이다. "사람이 거듭나지 아니하면 하나님 나라를 볼 수 없느니라"(요 3:3)

그 결과, 우리가 아는 대로 니고데모는 주님께 참으로 우둔한 질문을 했다. 어떻게 그런 일이 가능한 것인가? "사람이 늙으면 어떻게 날 수 있삽나이까 두 번째 모태에 들어갔다가 날 수 있삽나이까?"(요 3:4) 니고데모의 질문을 통해서 우리가 알 수 있는 것은, 거듭남은 "위로부터 나는 것"이란 의미는 전혀 없다는 것을 확인할 수 있다. 만일 주님이 거듭나는 것에 대해서 말씀하셨을 때, "위로부터 난다"는 의미를 의도하셨다면, 니고데모는 그런 질문을 하지 않았을 것이다. 그렇다. 주님은 다만 새로 태어나는 것(born afresh)을 의미하셨다. 즉 처음부터 새로 태어나는 것(born from the very outset)에 대해서 말씀하신 것이다. 바로 여기에 거듭남의 참된 의미가 담겨 있다. 이 보다 더 원어에 가까운 단어는 없다. 이제 우리 주님이 말씀하신 "진실로 진실로 네게 이르노니 사람이 물과 성령으로 나지 아니하면 하나님 나라에 들어갈 수 없느니라"는 구절을 살펴보자. 하나님 나라를 보는 사람이 하나님 나라에 들어간다. 하지만 거듭남, 즉 새로운 출생이 없다면 보는 것도 들어가는 것도 없다. 그렇다면 거듭나게 해주는 요인은 무엇이며, 그 특징은 무엇일까?

우리 주님은 여기서 설명하신다. 주님은 유대인들에게 습관처럼 해 오신 방식을 따라서 비유적인 방법으로 말씀하신다. 요한복음 3장 앞에서 성전에 대한 질문이 있었을 때, 주님은 비유로 자신의 육체된 몸을 가리켜 성전으로 말씀하셨다. 그리고 요한복음 4장에서 사마리아 여자와 대화하실 때에는 사마리아 여자의 영적 필요성에 맞게 또 다른 비유를 사용하셨다. 주님이 주는 물을 마신 사람 속에는 물의 샘이 있게 되는데, 이는 우리가 날마다 조금씩 길어 올릴 수 있는 무한한 축복을 상징하는 이미지인 것이다. 이렇게 요한복음을 상고해보면, 이렇듯 모두가 잘 알고 있는 상징을 사용하는 것은 전달하고자 하는 메시지를 모호하게 하는 것이 아니라 오히려 그 의미를 또렷하게 부각시키는 효과가 있음을 알게 된다. 의미를 흐리는 것은 성경에서 상징을 사용하는 목적이 아니며, 정직한 글쓰기도 될 수 없다. 이 방법은 진짜 목적하고 있는 바를 한 단어로 압축시키기 보다는, 전달하고자 하는 진리를 여러 의미를 가진 단어들로 확장시킬 때 사용한다. 따라서 하나의 단어는 진리를 담고 있는 하나의 이미지를 가진 단어가 된다. 그렇다면 우리는 상징하는 바의 의미를 성령님의 조명하시는 역사를 통해서만 밝히 볼 수 있다. 그렇다면 거듭남도 이 경우에 해당된다. 이러한 이미지들은 구약성경의 선지서들에서도 사용되었고, 지금 우리가 살펴보고 있는 거듭남의 축복에 대해서도 사용되고 있다. 이것은 주님이 니고데모의 양심에 호소할 뿐만 아니라, 이스라엘의 선생으로서 차지하고 있는 니고데모의 책임도 추궁하기 위해서 설정하신 상황이었다. 여기서 주님이 니고데모를 이스라엘의 선생으로 부른 것은 특별한 의미를 부여하는 것이라기 보다는 성경을 알고 있는 이스라엘의 많은 학자 가운데 한 사람으로서 지칭하는 것일 뿐이다.

주님은 주님이 의도하신 바와 의미하신 바를 니고데모가 이해할 수 있도록 구약성경의 본문을 함축적으로 언급하신다. 예를 들어서 이사야 44장을 보자. 3절에서 하나님은 목마른 자에게 물을 주실 것과 야곱의 자손들에게 하나님의 신을 내려주실 것을 약속하고 있다. 에스겔서 36장을 보면 하나님은 이스라엘을 약속의 땅에 다시 모으시고, 돌과 같이 굳은 마음을 제하고 새 마음을 주시며 맑은 물을 뿌려서 정결하게 하고, 그들 속에 하나님의 신을 주실 것을 너무도 선명하게 말씀하고 있는 것을 보게 된다. 따라서 요한복음 3장에서 구주 예수님은 구약성경의 모형들을 사용해서 두 가지 핵심 요소를 부각시키고 계신다. 사실 거듭남은 전혀 새로운 것이 아니었다. 반대로 모든 세대의 사람들이 보편적으로 주님 자신의 특별한 위엄과 영광에 따라서 하나님에게 합당한 존재가 되는데 필요한 요소였다. 즉 주님은 거듭남의 총체적인 특징을 들어서 거듭남이 성경 전체를 통해서 발견되는 진리임을 제시하면서, 하나님께로서 이 세상에 오신 선생의 자리에서, 그리고 하나님의 아들이 가진 합당한 권세로 옷입고서, 이 거듭남을 핵심적인 주제로 부각시키신다. 만일 거듭남이 주님이 이미 가르쳐온 주제라면, 어떻게 새로운 주제처럼 제시할 수 있으셨던 것일까? "그 사람의 말하는 것처럼 말한 사람은 이 때까지 없었나이다"(요 7:46) 그러므로 주님은 (적어도 예언서에서) 충분히 발견할 수 있는 소재들을 선택해서, 구약성경을 읽는 사람이라면 마땅히 알 수 있는 상징들을 선택해서, 이 거듭남의 진리를 니고데모에게 매우 의미 있는 형태로 제시하고 있는 것이다. 거듭남은 물을 뿌리는 것이나 새로운 마음을 받는 것이나, 또는 그 속에 새로운 영을 받는 문제가 아니라, "사람이 물과 성령으로 나지 아니하면", 즉 완전히 새로이 태어나는 문제이다. 따라서 거듭남은 이 세상에 그 무엇과도 비교할 것이 없을 정도로 기념비적이고 중차대하고, 또한 실제적인 진리인 것이다.

물론 우리가 관심을 가질만한 진리들이 많이 있다는 것을 부인하려는 뜻은 없다. 우리 영혼을 이끌어 구주의 인격을 흠모하게 만들고, 완전한 자유, 평강, 기쁨, 그리고 능력에 들어가게 해주는 진리들이 많이 있다. 하지만 그리스도와 그리스도의 사역 외에는, 하나님이 그것을 통해서 영광을 받으시고, 또한 하나님이 불쌍한 죄인을 정당하게 축복하시고 또 죄인에게 하나님 자신의 본성(성품)을 주심으로써 영광을 받으시게 해주는 토대를 마련해주는 진리란 없다. 하나님 자신의 신적인 완전성으로 옷입은 주님은 여기서, 단 한 마디 말로써 모든 것을 변화시키신다. 거듭남의 진리는 여러 진리들에 뿌리를 내리고 있지만, 그럼에도 다른 진리들에서는 볼 수 없는 새로운 아름다움이 있으며, 거듭남의 진리에만 부여된 신적인 힘이 있다. 따라서 우리는 거듭남과 같은 진리를 말로 표현한다는 것이 사람을 얼마나 영광스럽게 하는지를 바로 이해하게 된다. "사람이 물과 성령으로 나지 아니하면" 이것은 사실 새로운 본성을 가리킨다. 새로운 본성은 하나님 안에만 있는 것으로, 사람 속에는 신적인 본성과 연관된 아무런 근거도 아무런 요소도 없다. 하나님 나라를 소유하고 계신 분은 하나님이시다. 하나님 나라의 중심에 있는 분도 하나님이시다. 하나님은 하나님의 나라를 하나님의 아들 그리스도의 인격으로 충만하게 하신다. 그렇기에 하나님만이 새로운 본성을 주실 수 있다. 그렇다면 새로운 본성은 무슨 특징이 있는 것일까? 하나님이 주시는 새로운 본성은 반드시 신적인 본성(the divine nature), 즉 하나님의 본성이어야 한다. "사람이 물과 성령으로 나지 아니하면 하나님 나라에 들어갈 수 없느니라" 이제 우리는 새로운 본성에 대한 바른 정의에 이르렀다.

앞에서 나는 "새로이 태어난다."는 말이 가지고 있는 힘에 주목하는 것이 중요하다는 점을 강조했다. 다음 3절에서 간략하게 제시된 표현이 5절에서 더욱 확대되고 있다. 이제 우리는 거듭남이 이루어지는 방식에 대해서 살펴볼 것인데, 우선 거듭남은 "물"에 의해서 이루어진다. 성경에서 물은 성령에 의해서 적용되는 하나님의 말씀에 대한 상징으로 사용된다. 때로는 능력으로 역사하시는 성령님 자신을 상징하기도 한다. 이 두 가지 상징물, 즉 말씀과 성령 사이에는 밀접한 관계가 있음을 굳이 설명하지 않아도 될 듯싶다. 하지만 여기서는 물과 성령을 모두 언급하고 있기 때문에, 우리는 그 차이에 대한 이유를 살펴보아야 한다. 물이 언급된 이유는, 하나님은 사람을 도덕적인 측면에서 다루시면서 물을 통해서 행하고자 하실 역사의 특징에 주목하기를 원하시기 때문이다. 사람은 처음에는, 자신의 더러움을 자각하게 한 요인이 하나님의 성령이신 것을 모를 수 있다. 하지만 하나님의 영이 영혼 속에 역사하실 때마다 무언가 작용하고 있다는 자각은 반드시 존재한다. 말씀을 통해서는 하나님의 실제적인 역사가 있는지에 대한 자각이 있을 수도 있고 또 없을 수도 있다. 어쨌든 사람은 하나님의 성령님께서 자기 영혼 속에 일하고 계신 것을 전혀 알지 못한다. 하지만 그가 분명히 아는 것은, 말씀이 자신을 판단하고 정죄한다는 것이다. 말씀은 자신에게 죄가 있음을 깨닫게 해주고, 자신이 하나님의 존전 앞에 서기엔 전혀 자격이 없음을 느끼게 해준다. 따라서 "물"은 영혼으로 하여금 자신의 도덕적 실체를 비춰보게 하고, 자신의 더러움을 자각하게 해주며, 깨끗케 될 필요가 있음을 보게 해주는 말씀에 대한 상징이다. 이제 중요한 것은 사람이 이전에는 소유한 일이 없는, 새로운 본성이 어떻게 주어지는가에 대한 것이다. 지금까지 우리는 외적인 역사를 살펴보았다. 이제는 "사람이 물과 성령으로 나지 아니하면" 속에 담긴 신적인 역사의 내적인 측면을 살펴보자.

이 시점에서 거듭남을 다른 방식으로 제시하고 있는 성경구절들을 살펴보는 것이 좋을듯하다. 우선 사도 바울을 예로 들어보자. 사도 바울은 디도서 3장 5절에서 "우리를 구원하시되 … 중생의 씻음과 성령의 새롭게 하심으로 하셨다"고 말한다. 나는 이 구절에만 한정해서 살펴볼 것이다. 왜냐하면 그 다음 구절은 요한복음 3장에서 주님이 거듭남에 대해서 표현하고 있는 것보다 더 넓은 범위의 복에 대해서 말하고 있기 때문이다. 중생의 씻음이 물의 또 다른 적용 또는 새로운 상징을 제시하고 있는 것으로 본다면 디도서 3장 5절은 분명 요한복음 3장 5절과 연결점이 있다. 따라서 중생은 우리 주님이 이전 구약시대에도 가르치셨고, 이제 니고데모에게 제시하고 계신 거듭남의 진리와 분명 조화를 이루고 있다. 이제 야고보서 1장 18절, "그가 그 조물 중에 우리로 한 첫 열매가 되게 하시려고 자기의 뜻을 좇아 진리의 말씀으로 우리를 낳으셨느니라."는 구절을 보면, 우리는 여기서 이전에는 소유한 적이 없는 생명의 시작을 볼 수 있다. 하나님이 진리의 말씀으로 우리를 낳으셨다는 것은 단순히 하나님이 우리에게 영적인 이해를 밝히셨다는 의미가 아니다. 이 구절은 우리 마음에 새로운 생각, 새로운 견해, 새로운 진리가 전달되었다는 의미가 아니라 전혀 새로운 종류의 생명 혹은 이전에는 우리 영혼이 소유해본 일이 없는 새로운 본성을 받았다는 의미이다. "자기의 뜻을 좇아 진리의 말씀으로 우리를 낳으셨느니라" 우리는 하나님에게서 태어났을 뿐만 아니라, 거듭나게 하는 도구인 진리의 말씀을 소유하게 되었다. 이것은 요한복음 3장 5절에서 말씀하고 있는 물로 거듭나는 것과 연결되어 있다. 이제 베드로전서 1장 22-23절을 보자. "너희가 진리를 순종함으로 너희 영혼을 깨끗하게 하여 거짓이 없이 형제를 사랑하기에 이르렀으니 마음으로 뜨겁게 피차 사랑하라 너희가 거듭난 것이 썩어질 씨로 된 것이 아니요 썩지 아니할 씨로 된 것이니 하나님의 살아 있고 항상 있는 말씀으로 되었느니라." 따라서 거듭나는 것은 하나님의 말씀으로 된다.

　더 많은 성경본문을 인용할 필요는 없을 듯하다. 이 정도만으로도 하나님의 충만한 계시를 받아 성경을 기록한 영감 받은 기자들이 거듭남을 어떻게 이해하고 있었는지를 보여주기에 충분하다고 본다. 그래서 다른 사도들이 기록한 성경본문들을 몇 가지 선택해서 제시해 보았다. 거듭남은 바울, 베드로, 그리고 야고보 등이 유대인과 이방인 모두에게 증거한 공통적인 진리였다. 거듭남은 모든 영혼에게 절대적으로 필요한 것이다. 사실 거듭남은 우리 주 예수님의 입술에서 흘러나온 진리 중 우리를 가장 부요하게 해줄 뿐만 아니라, 가장 완전하면서도, 가장 명확하게, 동시에 가장 심오한 형태를 갖춘 진리였다. 이러한 것들이 요한복음 3장 3, 5절이 우리에게 전달하고자 하는 하나님의 메시지인 것이다.

　참으로 중요한 또 다른 진리가 거듭남에 속해 있다. 즉 거듭남을 통해서 새로운 본성이 주어진다는 것이다. 새로운 본성은 성령의 역사를 통해서 하나님의 말씀에 의해서 거듭난 사람에게 주어진다. 새로운 본성은 우리가 살펴보았듯이, 인간이 하나님 나라에 들어가는데 필수적인 것이다. 왜냐하면 인간의 본성은 결코 변화될 수 없으며, 소위 하나님께 속한 것들을 인식할 수 있도록 인간의 노력을 통해서 그 본성을 함양시키거나 또는 개선하는 것이 불가능하다. 영적인 추구나 영적인 진보를 통해서 인간의 본성을 신적인 성품으로 변화시킬 수도 없다. 한편 새로운 본성은 변질되거나, 사람 속에 있는 인간의 본성인 "육신" 속으로 흡수되지도 않는다. 우리 주님이 말씀하신대로, "육으로 난 것은 육이요 성령으로 난 것은 영이다"(요 3:6) 이것은 자신의 원천이 가지고 있는 특징을 그대로 따르는 것을 보여준다. 여기서 우리는, 단순히 거듭남의 도구가 아니라, 거듭남을 일으키는 인격적인 주체에 대한 언급을 볼 수 있다. 나는 이것을 가장 중요하게 여기고 있다. 물 또는 단순하게 말해서 말씀의 제시가 있었다면, 사람의 마음은 이제 문이 열린 상태이다. 그럼에도 우리는 육신의 존재를 잊어서는 안된다. 우리 속에 있는 육신성은 미묘한 형태로 존재하면서 우리를 합리주의 또는 이성주의로 이끌어간다. 그렇게 되도록 방치해서는 안된다. "성령으로 난 것은 영이다.]" 하나님의 말씀이야말로 성령님이 사용하시는 도구이다. 엄격하게 말해서 사람은 말씀만으로 거듭나는 것이 아니다. 거듭남은 말씀을 도구로 해서 일어난다. 그래서 말씀만으로 거듭남이 일어나지 않는 것이다. 만일 당신이 성령님을 실제적으로 일하시고 역사하는 인격적인 주체로 제대로 알고 있다면, 거듭남은 성령으로 되는 것이다.

주님은 이렇게 말씀하신다. "내가 네게 거듭나야 하겠다 하는 말을 기이히 여기지 말라"(요 3:7) 여기서 주님은 매우 독특한 방식으로 거듭남의 신리를 강조하고 있다. 사람이 하나님의 나라에 들어가는데 꼭 필요한 일이기 때문에 주님은 "네가 다시 태어나야만 한다."고 말씀하셨다. 이 말씀은 분명 니고데모로 하여금 "어찌 이러한 일이 있을 수 있나이까?"라는 질문을 하게 했고, 주님은 이에 대한 대답으로 "너는 이스라엘의 선생으로서 이러한 일을 알지 못하느냐 진실로 진실로 네게 이르노니 우리 아는 것을 말하고 본 것을 증거하노라 그러나 너희가 우리 증거를 받지 아니하는도다"고 말씀하셨다. 분명한 건, 우리 주님이 이 장에서 차지하고 있는 위치를 생각해볼 때, 이 말씀은 매우 중요한 의미와 가치를 지니고 있다는 것이다. 주님은 하나님과 매우 친밀한 존재로서 말씀하셨다. 단순히 하나님이 보내신 존재로서가 아니라, 하나님의 권위를 가진 존재로서 말씀을 선포하시고, 절대적으로 그리고 완전하게 하나님이신 분으로서 말씀하셨다. 주님은 "우리 아는 것을 말하고 본 것을 증거하노라"고 말씀하셨다. "우리 아는 것"이란 말씀은 내적으로 개인적으로 아는 지식, 개인적으로 익숙한 지식을 의미한다. 이것은 선지자들이 계시를 전달하는 수단이 되어 (하나님에게서) 받은 것을 말한 것과는 달리, 스스로 하나님과 하나님의 영광을 아는 분으로서 가지고 있는 지식을 의미한다. 주님이 "우리 아는 것을 말하고"라고 말씀하신 이유가 여기에 있다. 오직 하나님만이, 영원 전부터 하나님이셨던 분만이 이렇게 말할 수 있을 뿐, 어느 누구도 이렇게 말할 수 있는 사람은 없다. 그러므로 예수님은 이러한 신적인 지식을 내적으로 소유하신 분으로서 말씀하신 것이다. 동시에 주님은 자신이 본 것을 증거하셨다. 주 예수님은 하나님에게서 오신 분이실 뿐만 아니라 하나님에게로 가신 분이셨다. 게다가 자신이 누리셨던 영광을 말씀하신 하나님이셨다. 예수님은 영원 세계에서 하나님과 함께 계셨을 뿐만 아니라, 하나님이셨던 분이시다. 자신에게 맞는 대상, 또는 하나님의 존전에 설 수 있는 모든 자격을 갖춘 대상을 찾으셨다. 주 예수님은 이 모든 것을 잘 알고 계셨을 뿐만 아니라 하나님의 모든 본성을 갖추고 하나님이 거하시는 천국에 합당한 성품을 갖춘 분이셨다.

따라서 하나님을 온전히 아는 지식과 천국에 합당한 성품을 갖추신 주 예수님은 "우리 아는 것을 말하고 본 것을 증거하노라."고 선언하셨다. 바로 이런 이유 때문에 사람은 하늘 일에 대한 감각이 없다. 이것은 이방인 뿐만 아니라 유대인도 마찬가지이다. 유대인의 경우에도 그들이 사는 곳이 이 땅이고, 하나님의 말씀에 대한 그들의 관심은 하나님이 친히 자신을 이 땅에 현현(顯顯)하시는데 있었다. 하나님은 이 땅을 축복하신다. 하나님은 이 땅에서 악을 제어하신다. (궁극적으로는 죄를 제거하실 것이다.) 하나님은 이 땅에서 자기 백성을 심판으로부터 건지신다. 하지만 이제 그들 가운데 주님이 계셨다. 이 땅에 살았던 모든 사람들과는 근본적으로 다른 분이셨다. 그분은 바로 독보적인 하나님의 아들이셨다. 여기 이 땅에서 주님이 취하신 자리는 아버지께서 주님을 이 땅에서 사랑하는 자로서 또한 아들로서 삼으신 자리보다는 더 친밀하고 가까운 자리였다. 왜냐하면 보다 넓은 의미에서 우리는 그리스도의 신성, 즉 그리스도의 하나님 되심을 배제한 채 그러한 것이 가능하다고 생각할 수 있기 때문이다. 하지만 그리스도의 인성 속에는, 아버지의 기쁨의 대상으로서의 그리스도께서 누리고 있는 친밀한 관계가 있었을 뿐만 아니라, 하나님의 본성도 자신 속에 가지고 있었다. 사실 신성을 하나님에게 속한 것으로 본다면 하나님과 동떨어진 신성의 개념은 있을 수 없다. 즉 다시 말해서 그것은 잘못된 표현이다. 하나님의 생각과 사람의 생각은 다르다. 그럼에도 하나님은 아신다. 하나님의 아들이신 예수님은 선지자들과는 달리 계시가 없을지라도 모든 것을 아신다. 예수님은 하나님만이 아시는 절대적인 지식을 가지고 있었다. 그 지식은 하나님의 임재와 본성과 왕국과 일치를 이루는 것이었다. 따라서 주님은 이 세상에서 이처럼 신적인 지식을 증거하셨다. 이 어떠한 자리인가! 사랑하는 형제들이여, 주님이 자리하고 있는 곳은 죄와 불법의 바다 한 가운데서, 질풍노도와 같은 사람들 가운데서, 자신들의 가련한 생각만으로도 교만해 있는 사람들 가운데서, 그저 자신들이 타락하였고 하나님에게서 멀리 떠나 있을 뿐인 사람들 가운데서, 사람들로 하여금 즐거이 하나님을 믿도록 제시하는 사귐의 자리인 것이다.

이처럼 중차대한 거듭남의 주제를 다루면서, 하나님을 사람에게 알게 할 수 있는 분은 오직 주님 뿐이었지만, 나는 거듭남이 사람에게 이루어지게 하는 것은 주님이 소유하고 있었던 신격의 본성 속에 있지 않다는 것을 확실히 볼 수 있었다. (그렇다면 주님은 사람들을 즉시 거듭나게 하셨을 것이다.) 하나님이 우리를 구원하시는 하나님의 방법, 하나님 자신만의 복된 계획은 우리가 하나님을 아는 일에 순서가 필요하다는 사실을 일깨운다. 그러한 순서가 우리를 구원하는 일에 필요했다. 우리는 우리를 구원하는 수단으로서 말씀의 성육신, 이 세상에 계신 주 예수 그리스도, 그리스도의 구속의 사역만을 바라보는 경향이 있다. 반면에 하나님을 아는 것이 가져다주는 무한한 특권에 대해서는 거의 생각하지 않는다. 하지만 사실은 "유일하신 참 하나님과 그의 보내신 자 예수 그리스도를 아는 것"(요 17:3)이 바로 영생이다. 바로 이런 이유 때문에 하나님은 진리로 소개되고 있지 있다. 그렇게 말하는 성경구절은 없다. 오히려 그런 말은 합리주의나 무신론자들이나 좋아할 듯싶다. 이래서 사람은 하나님을 아는 체하지만 결코 하나님을 알지 못한다. 합리주의(또는 이성주의)는 자기 힘으로 하나님을 아는 체하지만 결코 스스로의 힘으로는 하나님을 알 수 없다. 왜냐하면 하나님은 그리스도를 통해서만 알 수 있기 때문이다. 이런 이유 때문에 거듭나지 않은 사람은 하나님을 알지 못한다. 왜냐하면 우리는 하나님이 아니기 때문이다. 그러므로 만일 내가 신적인 본성에 참여하지 못했다면, 나는 하나님을 도무지 알 수 없다. 내가 새로운 출생인 거듭남의 진리에서 계속해서 새로운 본성을 받는 것을 강조하고 있는 이유가 여기에 있다. 물론 믿음이 거듭남의 역사에 관여하고 있긴 하지만, 거듭남은 단순히 믿음으로만 되는 일이 아니다. 믿음은 물론 이 새 본성을 소유하는 일을 가능하게 해주는 유일한 방법이기는 하다. 다시 말하지만, 거듭남은 말씀만으로는 일어나지 않고, 오직 성령님이 영혼을 향해 말씀을 적용함으로써 우리 자신에 관한한 전적으로 잃어버린 바 되었다는 자각을 일으키신 후에 일어난다. 그렇다면 우리가 아는 하나님의 방식대로 성령님을 통해서 새로운 본성에 참여하는 일이 일어난다. 이것은 전적으로 하나님의 역사이다. 이외의 다른 방법으로는 하나님의 본성에 참여하는 일은 있을 수가 없다. 이는 절대적으로 신성한 존재이신 주님조차도 만일 하나님이 자신을 사람 속에 계시하지 않으셨다면, 사람에게 하나님의 본성을 주실 수 없었기 때문이다. 따라서 거듭남은 그리스도를 앙망하는 것을 필요로 했으며, 항상 소망으로서 그리스도를 제시해야 하는 일이었다. 이를 통해서 영혼은 신적인 본성에 참여할 수 있었다. 그렇게 모든 세대의 영혼은 하나님에게서 태어날 수 있었다. 그렇다면 구약성도도 거듭난 사람들이었음을 굳이 말할 필요가 없다. 따라서 우리 주 예수님은 요한복음에서 거듭남을 말할 때, 구약성도들은 제외되는 것처럼 장래의 일로 말씀하지 않고, 다만 절대적으로 중요한 사안으로 말씀하고 있다. 다시 말해서 주님은 하나님의 나라에 들어가는 것을 모든 세대에 걸쳐서 일어나는 사건으로 보셨기에, 거듭남을 미래적이면서도 동시에 과거적인 사건으로 말씀하신 것이다. 따라서 거듭남은 하나님 나라에 들어갈 수 있는 여권인 셈이다. 그렇다면 하나님 나라에 들어가려면 반드시 하나님에게서 나야 한다. 즉 성경의 표현대로 물과 성령으로 나야 한다.

거듭남이 이루어지는 방식은 하나님의 기쁘신 뜻과 하나님의 주권적인 사랑과 지혜에 의해서, 하나님 자신을 사람 속에 나타내심으로써 이루어진다. 이것은 하나님을 사람에게 계시하시는 방식일 뿐만 아니라 사람 속에 나타내시는 방법이다. 즉 하나님은 자신을 다른 조건 속에 두신다. 사람은 이러한 복된 방법이 아니면 결코 거듭남을 경험하지 못한다. 이제 하나님은 자신을 사람 속에 계시하신다. 나는 이제야 하나님을 알 수 있다. 성령의 역사에 의해서, 하나님 자신의 말씀에 의해서, 나는 하나님이시며 또한 복된 사람이신 주님과의 교제 속으로 들어올 수 있게 되었다. 이것은 가장 심오한 하나님의 진리이다. 우리가 지금까지 살펴본 내용과 직접적인 연관은 없어 보이는 것들이 근본적으로 중요한 내용들임이 입증되었다. 이 모든 요소들이 하나님의 자녀의 믿음 속에 서로 융해되어 있다. 사람들은 하나님이 자기 아들을 보내어 여자에게 나게 하신 경이로운 방식을 경탄해하면서도, 그것을 다만 죄를 제거하는 데에만 필요했던 것으로 본다. 그들은 그것이 하나님을 실제적으로 알 수 있는 방법이었으며, 하나님과 사귐을 가지는데 필수적인 것이었음을 배울 필요가 있다. 만일 하나님이 사람이신 그리스도 예수를 통하여 하나님과의 사귐을 계시하지 않았더라면 나는 하나님과의 사귐을 누릴 수 없었을 것이고, 그렇다면 나는 하나님을 전혀 알 수 없었을 것이다. 이제 나는 기독교 하에서 하나님을 알고 하나님과의 사귐을 맛보고 있다. 만일 성경 시대의 언어를 사용해서, 주님이 다만 절대지존자시라면 나는 그분과의 사귐을 가질 수 없다. 과연 그분이 나와 관계를 맺고자 하실까? 과연 그분이 나의 형편과 처지에까지 내려오실 것인가? 이것이 바로 이처럼 구시대적인 언어가 내포하고 있는 단순한 의미이다.

이것은 우리 주님이 여기서 피력하신 거듭남의 필요성을 정확하게 표현하고 있다. "우리 아는 것을 말하고 본 것을 증거하노라"(요 3:11)는 말씀은 주님이 하나님으로서 자신에게 속한 것을 가장 강력한 방법으로 표현하는 것이다. 이제 주님은 그것을 사람에게 말하기 위해서 내려오셨고, 결과적으로 그것은 증거의 문제가 되었다. 주님은 진리를 증거하고 있다. 증거야말로 사람으로 하여금 우리가 지금 누리고 있는 이러한 복됨 속으로 들어가도록 동기를 부여하는 유일무이한 방법이다. 사람은 반드시 물과 성령으로 거듭나야 한다. 그러면 사람 속에 있는 무엇이 거듭남을 가능하게 하는가? 사람은 자신이 태어나고 또 자란, 자신을 둘러싸고 있는 환경에 속한 것들만을 감지한다. 사람은 하나님에게 속한 것들에 대해선 관심이 없다. 오히려 사람은 하나님과 원수관계에 있다. 하나님을 떠나 있으며, 하나님에 관한 것들을 듣기 싫어한다. 그러한 것이 사람이 타고난 성향이다. "너희가 우리 증거를 받지 아니하는도다"(요 3:11) 주님이 이렇게 내린 결론은 의미심장하다. 왜냐하면 우리가 이미 아는 대로, 요한복음 2장에서 사람들은 주님이 행하시는 표적을 보고 믿었고, 그렇게 그들은 쉽게 믿을 것 같은 경향을 나타냈기 때문이다. 하지만 주님의 증거를 받아들이는 사람은 없었다. 물론 사람들은, 사실은 받아들였다. 이는 사람들은 자신들이 보고 판단할 수 있는 것에만 익숙해 있기 때문이다. 사람은 항상 이런 일에 자신이 최고라고 생각한다. 왜냐하면 증거를 의존해서 받아들이는 것은 사람을 판단자의 자리에 두기 때문이다. 사람은 상상하고, 추론하고, 결론을 내린다. 그리고 이 모든 것은 자신을 더 큰 존재로 생각하게 만든다. 이렇게 사람은 교만에 빠지게 된다. 교만한 사람은 자신을 심판자처럼 생각하고, 심지어는 하나님의 능력으로 일어난 기적마저도 의심한다. 그렇지만 요한복음 2장에서 예수님이 행하신 표적은 하나님의 증거였다.

　이런 것을 누가 모를 수 있을까? 영혼이 각성되지 않는 한, 그들은 자신이 들은 것을 무시하고 아무렇지 않은 듯 행동한다. 사람이 진지해지면, 궁금증이 생기고 적어도 갈등하거나 심적 불안을 느끼게 된다. 그렇다면 이러한 증거를 완강하게 거부하거나 또는 그냥 받아들이는 것으로 결론이 날 것인데, 이 모두가 양심 속에 아무런 영향을 미치지 못한 결과이다. 그 이유는 단순하다. 깊은 관심을 보일만한 것이 마음 속에 들어오면, 즉시 영혼의 활동이 시작된다. 좋게 보이기 시작하게 되고, 마음은 깊은 감명을 받게 된다. 극도의 관심이 일어나게 되며, 더 깊이 파보아야겠다는 생각이 봇물처럼 일어난다. 동시에 하나님을 환영하고, 또 자신의 영혼에 영접하고픈 갈망이 일어난다. 이것은 복음이 역사하면서 영혼 속에 만드는 자리이다. 사람은 전적으로 죄와 허물로 죽어 있기 때문에, 하나님의 증거는 아무런 효과를 거두지 못한다. 하나님의 증거를 무시하는 것이나, 반대로 그것을 고백하는 것이나 모두가 쉬이 이루어지는 것이 문제다. 오히려 무관심을 표명한 경우가, 진리에 대해 공개적으로 적대하든지, 아니면 쉽게 믿음을 고백하든지 양단간 결판을 내게 한다. 요컨대, 사람들은 순전한 믿음을 고백하든지, 아니면 공개적인 불신앙에 빠지든지 한쪽을 선택하게 된다. 하지만 사실은 둘 다 인간의 마음 속 바닥에 침전물처럼 깔려 있는 것의 다른 형태일 뿐이다. 겉모양만 다를 뿐 사실은 둘 다 불신앙에 뿌리를 내리고 있다. 반면에 영혼이 하나님 증거의 중요성을 깨닫게 되면, 이렇게 깨닫는 일은 예수님이 우리에게 증거하신, 절대적으로 불가능한 것을 믿어야만 한다는 단순한 이유 때문에라도 이루어져야 한다. 이렇게 믿어질 때, 진리는 반드시 마음에 감동을 준다. 단지 지옥에 대한 두려움이나 정죄의 느낌 때문에 자신이 지옥가게 될 것을 깨달았다고 해서, 그리스도 안에 있는 하나님의 은혜가 나를 거기서 건져냈고, 따라서 이제 나는 예수님이 계신 하늘나라에 가게 될 것이라고 믿는 것은 불가능하다. 이렇게 믿는 사람이 태연하게 천국 가기를 바라는 것도 불가능하다. 그러므로 당신이 이렇듯 타성적이고 기독교계에 전통적으로 만연해 있는 믿음을 발견하고, 또 양심과 마음의 실제적인 미동도 없는데 그저 최대한 빠른 속도로 사실들만을 받아들이도록 하고 있는 것을 본다면, 사실상 거기엔 하나님의 생명을 낳는 역사란 없는 것이다. 이는 순전히 인본적인 설득과 이성의 작용만 있을 뿐 결과적으로 아무런 선한 결과를 낳지 못한다. 우리 주님은 신적인 지식을 겸한 증거를 통해서 우리에게 두 가지 결과에 대해서 말씀하신다. 하나님의 증거를 들은 사람은 거절하거나 무관심으로 일관하거나 둘 중 하나일 것이다. 이와 함께 주님은 더 높은 것이 있음을 암시하신다. "내가 땅의 일을 말하여도 너희가 믿지 아니하거든 하물며 하늘 일을 말하면 어떻게 믿겠느냐?"(요 3:12) 이 말씀은 우리로 주님이 지금까지 기초를 놓아 오신 것을 수정해야 하는 중요한 시점에 이르게 한다. 만일 누가 자신들의 평범한 생각 너머에 있는 것을 발견하고자 마음을 굳혔다면, 나는 그들이 우리 주님의 말씀을 깊이 상고하게 될 것이라고 믿는다. 왜냐하면 그것은 인간의 상상물이 아니라 하나님의 진리이기 때문이다.

우리 주님은 하나님 나라에 들어가고자 하는 사람은 누구에게나 또는 모든 사람에게나 거듭남이 절대적으로 필요하다는 사실을 가장 강력한 방법으로 말씀하셨다. 게다가 거듭남의 문제를 하나님의 전체 세대를 통해서 일어나는 일로 말씀하셨다. 그러면서도 전혀 새로운 언어로 말씀하셨다. 주님이 자신을 이 모든 충만한 신적인 증거, 곧 사람이 자신의 힘만으로는 받아들일 수 없는 하나님의 증거를 가져오신 분으로 소개한 순간부터 주님은 이 거듭남의 축복을 더욱 풍성하게, 더욱 정확하게 말씀하셨다. 하나님 나라에 들어가게 될 모든 사람은, 땅에 속한 일이든 하늘에 속한 일이든, 땅에 속한 왕국이든 하늘에 속한 왕국이든, 왕국이 이 땅에 세워지고 하늘과 땅 두 부분의 영역이 드러나게 될 때, 그 안에 있는 모든 사람은 반드시 거듭난 사람이라는 것이다. 이제 한 영혼이 복음을 받아들이면, 그는 이제 하나님에게서 난 사람이 되는 것은 사실이지만, 그럼에도 이것은 새로운 출생에 대해서 성경이 말하고 있는 진리에는 표현상 너무도 미치지 못한다. 이는 그리스도께서 성령으로 난 사람에 대해서 말씀하신 실체와는 거리가 멀다. "내가 땅의 일을 말하여도 너희가 믿지 아니하거든 [땅의 일을 믿는 것이 하나님에게서 태어나는 필수적인 조건이다] 하물며 하늘 일을 말하면 어떻게 믿겠느냐"(요 3:12) 이 마지막 내용과 연결해서 주님은 "하늘에서 내려온 자 곧 하늘에 있는 인자 외에는 하늘에 올라간 자가 없느니라"(요 3:13, 다비역)고 말씀하셨다. 주님은 지금까지 말해온 것을 확증하시면서, 자신을 참 사람으로, 거절당한 그리스도로, 인자로, 또한 참 하나님으로 제시하신다. 하늘은 주님이 속한 영역이었다. 오히려 하늘이 주님에게 속해 있다고 해야 맞다. 하늘은 전적으로 새로운 영역이었고, 둘러싸고 있는 영역도 새롭다. 때가 차매 여자에게서 나시고 또 율법 아래 태어난 주님은 땅에서 나타나셨고 땅에서 사람들에게 알려지셨다. 그분의 모든 은혜, 능력과 영광에도 불구하고 사람들은 그분을 영접하지 않았다. 이 땅에 육신으로 나타나신 주님은 실제로 아버지 품속에 있는 독생하신 아들이셨고, 하늘에 있는 인자로서 거절당하신 분이셨다.

여기서 사용된 표현을 주의 깊게 관찰하라. "하늘에 있는 인자(the Son of man which is in heaven, 요 3:13, KJV 참조)"라는 구절은 주님이 하늘에 계셨던 분이라는 뜻이 아니다. 그러한 이해는 너무도 진리에 미치지 못한다. 주님은 항상 하늘에 계신다. 이것은 주님이 나타나시는 시간 또는 장소의 문제가 아니다. 주님은 항상 하늘에 있는 인자이시다. 겸비한 사람이신 주님의 존재는 이제 하나님과 사람에게 새로운 영광을 더할 기회를 준다. 이것은 사람이 하나님에 대한 새롭고도 완전한 지식을 가질 때 일어난다. 무한자 하나님이 유한 속으로 들어오신 것은, 유한 속에 갇혀 있는 사람들로 하여금 하나님의 신성한 지식 속으로 들어가게 하고자 함이며, 그리스도 안에서 아버지를 보도록 하기 위한 것이다. 사람은 말씀을 통해서 하나님을 만나야 한다. 사람들은 하나님이시면서 사람이신 분에게서 들어야 한다. 이 자체가 은혜요 또한 진리였다. 은혜는 진리가 계시되는 유일한 방법이었다. 이전에는 부분적인 계시가 있었다. 이제 놀라운 일은 진리의 충만한 계시가 하나님-사람이신 그리스도에게 나타났으며, 그와 같은 사람은 아무도 없었다. 우리는 생각보다는 사실에 근거해야 한다. 즉 그리스도께서 육체를 입고 오셨고, 제한된 영역으로 들어오셨다. 말씀이 육신이 되어 우리에게 오시기 전까지 진리는 알 수 없었고, 또 완전히 계시될 수도 없었다. 정확하게 말하자면, 양립할 수 없는 요소들이 예수님의 인격 속에서 통합되면서 진리로 나타난 것이다. 율법은 모세를 통해서 주어졌다. 반면 은혜와 진리는 예수 그리스도를 통해서 왔다. 그리스도만이 은혜로 구원하시는 하나님을 하나님의 의(공의)와 조화시킬 수 있다. 동시에 그리스도는 자신을 낮추시고 하나님을 마침내 영광스럽게 해드렸다. 그리스도는 모든 겸손의 본을 남기신 찬송받으실 주님이시다. 게다가 다음과 같은 한 마디로 사람의 모든 자랑거리를 제거하신다. "하늘에서 내려온 자 곧 하늘에 있는 인자 외에는 하늘에 올라간 자가 없느니라" 이 구절은 단순히 주님이 하늘에서 내려오셨음을 밝히는데 있지 않다. 어떤 사람들은 이것을 권능의 행동으로 이해한다. 주님은 자신의 본래 영광의 자리를 되찾을 수 있으셨기에, 때가 되면 가능하면 단순하게 그리하실 것이다. 우리가 살펴본 대로, 이보다 더 중요한 것은 주님은 항상 하늘에 계신 분이시라는 점이다. 이것은 단순히 주님이 하늘로 가실 것을 의미하는 것이 아니라, 주님은 항상 하늘에 있는 인자라는 의미이다. 이것은 달리는 표현할 수 없는 주님이 가지신 신성한 위격을 가리킨다. 나도 사람인 이상, 사람들이 이해할 수 있는 이상으로 말할 수 없다. 그러한 것이 인간 영혼의 한계이다. 이성 그 자체로는 하나님에게 이를 수 없고, 하나님에게 속한 것들을 알 수 없다. 하나님만이 자신을 계시하실 수 있다. 오직 하나님만이 자신의 말씀을 통해서, 또한 아들을 통해서 자신을 계시하실 뿐만 아니라 또한 성령님을 통해서 효과적으로 하신다. 이것이 하나님의 성령을 진리의 영으로 말하는 이유이다. 물론 그리스도야말로 진리이시다. 전자(진리)는 목적이고, 후자(성령)는 진리가 가진 내적인 능력인 것이다.

 이런 방식으로 자신의 신성한 위격에 대해서 소개하신 주 예수님은, 선행적으로 이루어질 필요가 있는 역사에 대해서 설명하신다. 하나님이 죄인들에게 자신의 본성(신의 성품)이라는 선물을 주시려면 공의롭게 이루어져야 하기 때문이다. 따라서 주님은 이렇게 말씀하신다. "모세가 광야에서 뱀을 든 것같이 인자도 들려야 하리니 이는 저를 믿는 자마다 [멸망치 않고] 영생을 얻게 하려 하심이니라"(요 3:14,15) 그리고 여기서는 거듭남이 아니라 영생을 얻는 것에 대해 말씀하신다. 거듭남과 영생 사이에는 중요한 차이가 있다. 이 차이점은 참으로 중대하면서도 함축적인 의미를 내포하고 있다. 이를 위해서 강한 표현을 쓸 필요는 없다. 과장할 필요는 더더군다나 없다. 다시 말하지만, 나는 결코 구약성도들이 하나님에게서 새로이 났고 또 거듭났으며, 따라서 그들도 신성한 생명, 즉 영생을 가지고 있었다는 것을 부인하지 않는다. 그러므로 우리는 처음부터 끝까지 모든 세대 속에 있는 성도들은 영생을 가지고 있다는 것을 의심할 필요가 전혀 없는 사실임을 이해해야 한다. 우리는 주님이 지혜로운 분이시며, 이 시점에서 굳이 차이점을 두신 데에는 충분한 이유가 있음을 믿어야 한다. 이제 거듭나는 것이 모든 세대에서 하나님의 자녀가 되는데 필수적인 것임을 분명히 한 후, 처음으로 주님은 이 거듭남의 진리를 신자들에게 적용하기 위해서는 십자가 구속의 필요성을 말씀하신다. 이제 주목해야 할 것은, 주님은 인자로서 자신의 죽음을 언급하시면서 십자가에 높이 달리신 것에 대해서 말씀하심으로써, 이것을 단순히 새로운 출생에 적용하기 보다는, 이제 주님이 설명하고자 하시는 전혀 다른 형식과 특징을 소개하고자 하셨다. 물론 아들이신 주님은 모든 성도들을 다시 살리시는 분이셨기에, 구약성도들도 우리와 마찬가지로 죄와 허물로 죽어 있었다는 것이 분명해진다. 분명 그들도 영적으로 죽어 있는 상태였음이 분명하다. 그렇다면 하나님의 나라에 들어가는데 절대적으로 필요한 거듭남은 오직 한 분 구주 하나님을 통해서 이루어지며, 하나님의 아들 속에 있는 생명을 나눠주시는 일은 항상 성령께서 감당하셨다는 것이 자명해진다.

  그럼에도 내가 계속해서 구주 예수님의 말씀이 가지고 있는 확실한 권위 위에서 확신을 가지고 말할 수 있는 것은, 주님은 우리가 얻게 될 영생에 대해서 설명하시는 것을 기뻐하셨지만 그럼에도 모든 세대의 성도들에게 일어난 거듭남과 영생을 그저 하나로 혼합하는 것은 거절하셨다는 것이다. 게다가 이처럼 모든 세대에 보편적이고 필수적인 진리인 거듭남을 우리에게 적용시키는 것도 구속의 역사가 이루어지고 난 이후 가능한 것처럼, 주님은 다소 이상한 표현을 사용하셨다. 이렇게 단순한 방법으로 성령께서 그리스도와 구속의 역사를 존귀하게 해드리는 것을 보는 것은 얼마나 놀라운가! 하나님이 (거듭남이 모든 시대와 모든 세대 속에 있는 하나님의 자녀들에게 해당된다는 의미에서) 보편적인 진리를 말씀하심으로써 자신을 계시하셨고, 성령님은 이처럼 영광스러운 사실을 들어서 하나님을 존귀하게 해드렸다면, 이것은 하나님을 가장 영광스럽게 해드리는 것이 된다. 그럼에도 이제 구주 예수님께서는 거듭남을 새로운 직분을 통해서, 즉 인자라는 이름으로 성취되는 것으로 제시하고 있고 또 더욱 강화된 의미를 가진 것으로 소개하신다. 만일 우리가 구약성경을 자세히 살펴본다면, 영생과 영생에 상응하는 많은 내용들을 발견할 수 있을 것이다. 나는 신학적 전문성에 호소하는 것이 아니라 실제적인 측면에서 볼 수 있는 것들을 말하고 있다. 우리는 지금 요한복음에서 우리 주님이 말씀하고 계시고, 또 우리 모두가 매우 주의해서 살펴볼 수 있도록 극도로 중요한 진리를 영감받은 기자들에 의해서 기록함으로써 성경에 보존해온 실체를 말하고 있다. 그러므로 나는 주님이 불필요하게 말을 바꾸시지 않았다고 본다. 다만 주님이 형태를 달리하셨다면, 그 차이점에 주목하도록 의도하신 것이다. 만일 우리가 그 차이점을 파악하지 못한다면, 과연 우리에게 지혜가 있는 것일까?

이것은 나에게 구약성경의 총체적인 의미로 다가온다. 영생은 다니엘서 12장에서 언급되고 있고, 또한 시편 133편에는 영생을 "세세무궁토록 사는 생명"으로 소개하고 있다. 하지만 우리는 "세세무궁토록 사는 생명(life for evermore)"과 "영생(eternal life)"을 구분해서 보아야 한다. 둘 다 메시야의 임재와 통치의 소망에 묶여 있기에, 메시야께서 하나님의 나라를 가시적으로 이 땅에 세우실 때 이루어질 것이다. 하지만 요한복음에 나타난 경이로운 진리는 아들의 위격의 영광이 지금 나타났고, 그러한 미래적인 영광의 나타남과는 완전히 구분된 축복 속으로 우리를 들어가게 해주셨다는 것이다. 그렇다면 우리는 더 이상 기다릴 것이 없다. 그 이유는 바로 우리가 그리스도를 소유하고 있기 때문이다. 결과적으로, 왕국이 아직 이 땅에 임하지 않았고, 공적인 축복이 선포되지 않았고, 사실상 유대인들이 축복의 상태에 있는 것이 아니라 "그 피를 우리와 우리 자손에게 돌릴지어다"(마 27:25)라고 자신들이 자처한 대로 저주 아래 놓여있고, "노하심이 끝까지 저희에게 임하[여 있지만]"(살전 2:16), (따라서 모든 구약성경의 약속들은 연기되어 있으며, 왕국의 설립도 연기된 상태에 있지만) 이 모든 상황에도 불구하고 우리는 지금 풍성한 하나님의 복의 실제 속으로 들어왔다는 것이다. 이렇게 된 모든 이유는 우리가 그리스도를 소유하고 있기 때문이다.

이 모든 것을 생각할 때, 얼마나 교훈적이면서도 감동을 주는지 모른다. 우리는 이제 주님과 인격적인 친분의 기쁨과 위안을 가지게 되었다. 참으로 "거듭남"은 어마어마한 자비이다. 하지만 거듭남은 그 이상도 그 이하도 아니다. 나는 하나님 나라에 들어가는데 유일한 자격을 주는 이 거듭남이 그리스도에게서, 그리고 그리스도를 통해서 온다는 것을 발견했다. 그럼에도 거듭남은 나를 그리스도와의 연합 속으로 넣어주지 못한다. 누구도 그리스도를 거듭났다고 말할 수 없다. 그렇게 말하는 사람은 신성모독적인 발언을 하는 사람이고, 그리스도의 신성을 부인하는 사람이다. 그러므로 누가 거듭남에 대해서 말하거나 들을 때, 이것이 단순히 새로운 출생을 의미하는 것이라면, 그리스도와 연합을 이루는 역사와는 구분해야 한다. 사람이 은혜를 통해서 거듭나는 것과 그리스도 안에 있는 존재가 되는 것 사이에는 어마어마한 차이점이 있다는 것을 잊어서는 안되기 때문이다. 주님이 영생을 언급하시는 지금 이 순간, 나는 이것을 분명히 언급할 필요를 느꼈다. 그리스도 안에서 내가 얻은 분복은 영생이다. 그리스도는 아버지와 함께 계셨던 영원한 생명이셨고, 그렇기에 거듭남을 통해서 내가 새로운 본성에 참여하는 것은 다른 방법을 통해서 되는 것이 아니라, 오히려 이러한 복됨은 그리스도 자신에게 속한 참된 것, 즉 신의 성품을 주시는 방법으로 되는 것이다. 거듭남은 결코 머리되신 그리스도와의 연합이나 그리스도의 몸의 지체의 자리로 위치시키는 것이 아니다. 그리스도와의 연합, 이것은 요한복음의 주제가 아니다. (왜냐하면 요한복음은 이 보다 더 깊은 주제를 다루고 있음에도, 그리스도와 연합된 공동체로서 우리의 신분에 대한 주제는 다루고 있지 않다.) 요한복음의 핵심은, 몸으로서의 하나됨이 아니라 주님과 공동으로 생명과 본성에 참여하는 것에 있다.

 어쨌든 생명과 본성에 참여하는 것, 이것이 거듭남을 통해서 우리에게 이루어지는 것이고, 이것이 우리가 거듭남을 통해서 발견하는 전부이다. 이제 우리는 그리스도께서 자신의 강림을 선언하시고 또 자신의 신적인 증거를 제시하신 것을 본다. 이것은 하나님이 단순히 무슨 인간 도구를 통해서 하신 것이 아니라, 친히 인격적인 임재를 나타내시고 신적인 증거를 주심으로써 된 일이다. 이것이 11절, "우리 아는 것을 말하고 본 것을 증거하노라."는 구절이 담고 있는 전체 범위이다. 우리는 이제 우리의 것이 된 복의 충만함을 보고 있다. 주님은 "네가 거듭나야 하겠다."는 말씀을 하신 것만으로는 만족하지 않으신다. 물론 거듭남은 항상 참된 것이었고, 또 그래야만 한다. 누가 그것을 부인할 수 있는가? 거듭남은 모든 세대의 성도들이 받은 근본적으로 동일한 복이긴 하지만, 이제 주님이 부여하시고 내 영혼에 허락하신 거듭남의 특징은 진리 자체의 증거를 전달한다는 것이다. 즉 은혜를 통해서 주님이 나를 소유하시고, 또 나는 주님 자신이신 진리를 소유하게 되는 것이다. 아들이신 주님은, 하나님과 마찬가지로 영생 그 자체이시다. 그렇다면 우리와 관련해서, 하나님이 친히 이 땅에 임하신 것은 무슨 이유 때문일까? 하나님은 홀로 거하셨다. 사람 또한 하나님을 떠나 영적으로 죽은 상태에서 무지한 흑암 속에서 살아왔다. 하지만 구주 예수님이 죽으셨고 다시 살아나셨다. 이제 나는 그분을 영접했고, "아들이 있는 자에게는 생명이 있[다]"는 것을 알고 있다. 이 생명이 바로 영생이다.

 하지만 만일 내가 단순히 주 예수 그리스도의 십자가를 신적인 의로움의 근본적인 근거로서만 바라본다면, 그것은 범죄하고 불쌍한 죄인인 나를 위한 완전한 형태의 자비로만 보는 것이다. 그렇다면 이 자체만으로는 나의 영혼을 하나님 앞에 있는 완전한 평강 속으로 넣어주지 못하며, 뿐만 아니라 충분히 하나님을 아는 지식을 주지도 못한다. 그러므로 다시 반복해서 13, 14절, "하늘에서 내려온 자 곧 인자 외에는 하늘에 올라간 자가 없느니라 모세가 광야에서 뱀을 든 것같이 인자도 들려야 하리니"와 같이, 동일한 결과를 내는 것이지만 더 높은 근원에서 오는 다른 표현이 등장하게 된다. 아들이신 주님은 "하나님이 세상을 이처럼 사랑하사 독생자를 주셨으니 이는 저를 믿는 자마다 멸망치 않고 영생을 얻게 하려 하심이니라"고 말씀하신다. 니고데모와의 대화에서 지금까지 세상에 대한 것 외에는 하나님의 사랑에 대한 말씀은 없었다. 이것은 순전히 인자의 중재에 의한 것이었고, 물론 절대적으로 필요한 일이었다. 사람이 하나님 나라에 들어가려면 반드시 새로이 태어나야했듯이, 마찬가지로 인자는 반드시 십자가에 달리셔야만 했다. 그럴 때에만 죄인들을 합법적으로 의롭게 만드는 역사가 가능하기 때문이다. 이제 그 이상의 내용이 있다. 만일 이처럼 두 가지 "반드시" 이루어져야할 것이 이루어지지 않는다면, 하나님은 불완전하게 알려질 수밖에 없었고, 그렇다면 하나님의 사랑을 결코 만족시키지 못한다. 이제 하나님이 어떤 분이신지 보라. 이제 하나님이 느끼시는 것을 느껴보라. 이제 하나님이 그리스도 안에서 자신의 은혜로움을 증거하시는 증거를 품으라. 이것이 과연 하나님에게서 억지로 나오는 것인가? 결코 그렇지 않다. 그렇다면 하나님이 사랑이 아니란 말이 된다. 하나님을 누구보다 잘 알고 있고, 하나님에 대해 누구보다 잘 말해주실 수 있는 예수님이 우리에게 말씀하시는 것에 대해서 좀 더 귀를 기울여보라. 그렇다. 아들이신 예수님은 하나님을 완전하게 아실 뿐만 아니라 하나님의 진실을 소상하게 말씀하실 수 있는 분이시다. 세상에 대해서도 마찬가지이다. 그러므로 주님은 하나님의 은혜와 진리이신 자신을 통해서 나타난 이처럼 복된 계시에 화관(花冠)을 더하고 계시며, 또한 자신의 인성을 통해서 이루실 사역을 소개하면서 참으로 놀라운 방식으로 하나님의 사랑을 드높이신다. "하나님이 세상을 이처럼 사랑하사 독생자를 주셨으니 이는 저를 믿는 자마다 멸망치 않고 영생을 얻게 하려 하심이니라"(요 3:16)

그러므로 독자들이여, 이 영생을 소유하는 것은 얼마나 복된 것인가! 우리가 이 영생을 소유하고 있음을 아는 것은 참으로 큰 복이다. 영생을 소유하게 된 것은 어렵사리 이룬 구속의 전리품처럼 주어진 것이 아니라, 아버지 사랑의 가장 친밀한 대상이신 주 예수님 안에서 우리에게 주신 하나님 사랑의 발로(發露)에서 나온 자발적인 열매이자, 거저 주시는 선물로써 주어진 것이다. 아무 가치 없는 자에게 하나님은 (하나님 자신의 성품을 따라서) 자신이 주실 수 있는 최상의 선물을 주셨다. 다른 방법으로는 내가 복을 받을 수 없었기 때문이 아니라, 그저 주님 자신의 마음을 따라서 그렇게 충만한 복을 나에게 주신 것이다. 주님은 나에게 영생을 주셨고, 그 생명은 하나님 아들 안에 있는 것이었다. 이제 아들 안에서 나는 절대적으로 완전한 생명을 소유하고 있고, 그분 안에서 그 생명을 소유함으로써 나는 여기 이 땅에서 그분과 사귐을 가질 수 있게 되었다.

주님이 자신의 말씀을 축복하셔서, 우리 영혼으로 하여금 우리가 알게 된 모든 진리를 굳게 붙들게 해주시고, 하나님은 여전히 자신의 사랑 안에서 일하시는 것을 알게 해주시길 바란다. 그렇다면 주님은 그리스도와의 연합에 대한 갈망을 일으켜주심으로써 우리로 더 큰 자유와 충만에 이르게 하실 것이다. 분명한 것은, 그리스도와의 연합은 비밀이었다. 우리가 실로 참된 영적인 진보를 이루고 있다면, 그리스도와의 연합의 방향으로 나아가게 될 것이다. 그것은 우리가 누릴 수 있는 최상의 축복이다. 확신하건대, 그리스도와의 연합이 주는 복들은 온 영원에 걸쳐서 입증되고 나타나게 될 것이다. 이제 우리로 하여금 그의 성령으로 말미암아 속 사람을 능력으로 강건하게 해주시고, 믿음으로 말미암아 그리스도께서 우리 마음에 계시게 해주시고, 사랑 가운데서 뿌리가 박히고 터가 굳어지게 해주심으로써, 우리로 우리 앞에 있는 영광을 이해하게 해주시고, 지식에 넘치는 그리스도의 사랑을 알아 하나님의 모든 충만하신 것으로 충만하게 해주시기를 기도한다.

Lecture 2

제 2강 영생하도록 솟아나는 샘물
요한복음 4장

성령의 역사와 연관해서 앞의 장은 성령님이 거듭남(新生)의 역사 가운데 어떻게 사람에게 역사해 오셨는지를 밝히고 있다. 거듭남은 사람 속에서 일어나는 성령의 역사로서, 물과 성령으로 새롭게 태어나는 것이다. 거듭나지 아니하면 하나님의 나라를 볼 수도 없고 들어갈 수도 없다. 이는 하나님으로부터 새롭게 주어지는 본성만이 하나님의 나라에 들어갈 자격을 주기 때문이다. 이러한 신의 성품만이 하나님을 알 수 있고, 또 하나님과 사귐을 가질 수 있게 해주기 때문이다. 하나님의 존전 앞에 적합한 존재가 되게 해주는 것은 사람 자신에게서나, 혹은 사람의 행위에서 나올 수 없다. 이 사실이 죄에 대한 하나님의 정당성을 입증해주며, 심지어는 하나님께 무한한 영광을 돌리게 해준다. 이것은 우리의 복된 주 예수 그리스도의 사역에도 해당된다. 그러므로 나는 담대하게 죄인인 사람 속에 있는 것이나 혹은 사람 밖에 있는 그 어느 것으로도, 하나님을 알게 하거나 또는 하나님을 즐거워하게 해주는 것은 아무 것도 없다고 말할 수 있다. 하지만 구속의 역사를 완성하도록 그리스도를 내어주신 하나님의 은혜는 성령의 역사와 더불어 말씀을 통해서 그리스도를 계시해주며, 이렇게 영혼으로 하여금 물과 성령으로 거듭나게 해준다. 이보다 더 중요한 것이 있다. 구속의 역사가 완성되었기 때문에, 우리는 구속의 역사가 우리에게 가져다준 완전한 형태의 복락이 무엇인지, 하나님의 아들에게 속해 있었던 최상의 선물이 무엇인지 알아야 할 필요가 있다. 이것은 단순히 회심이나 거듭남이 아니라 영생을 소유하는 것이다. 이 말은 거듭나는 것이 영생을 소유하는 근본적인 방법임을 부정하는 것이 아니다. 나는 다만 우리가 마땅히 알아야 하는 것을 설명하고자 그렇게 표현했다. 주님이 일반적으로 말씀하시는 어투와는 달리, 거듭남을 모든 세대에 속한 것으로 언급하시면서도 자신과 십자가를 연결해서 말씀하신 것을 보면, 우리에게 독특한 복을 주시려는 뜻이 있는 것이 분명하다. 왜냐하면 주님 자신이 영생이실 뿐만 아니라 또한 아버지와 함께 계시다가 우리에게 나타내신바 된 영원한 생명이셨기 때문이다. 따라서 은혜는 이러한 하나님의 아들과 어울리는 것으로 역사한다.

 이제 우리는 성령의 역사 가운데 또 다른 부분에 이르렀다. 이 주제는 단지 사람의 필요나, 혹은 사람이 새로운 본성을 얻는데 필요한 전제 조건 때문에 시작되는 것이 아니라, 오직 하나님 자신에게서 시작된다. 하나님이 자기의 사랑하는 아들을 이 세상에 보내셨을 때, 그분의 신성에 무슨 제한을 두지 않으셨다. 그리스도는 하나님으로서 행하셨다. 그리스도는 (거듭난 신자들에게) 하나님의 성품을 주실 뿐만 아니라 신의 성품에 합당하게 행할 수 있는 능력을 아울러 주신다. 그리스도께서 주신 것은 거듭난 자로서 행할 수 있는 능력과 신의 성품 속에 내재한 기쁨의 샘이었다. 달리 말해서 하나님은 우리에게 영원한 생명 뿐만 아니라, (이 얼마나 복된 것인가! 우리가 살펴본 대로 영생은 거듭남을 통해서 표현할 수 있는 최고의 복락이다.) 성령님도 주신다. 이제 하나님이 이 주제를 소개하기 위해서 배경으로 설정하신 상황을 살펴보자.

요한복음 3장에서 사람이 나타낸 열망은 상당한 어려움에도 불구하고 보통 진지한 것이 아니었다. 분명 상상을 초월했다. 하지만 이제 하나님의 아들이 행하시는 길에는 은혜의 한 단계 진보가 있었다. 그럼에도 주님은 결국 거절을 당하실 것이었다. 사람들은 그리스도께서 행하시는 표적 때문에 그리스도를 믿기보다는, 바리새인들의 질투에 더 많은 영향을 받았다. 그래서 하나님의 아들은 슬픈 마음을 머금고 하나님에게서 보내심을 받은 곳인 유대를 떠나야 했다. 항상 그랬지만, 주님은 슬픔을 느꼈다. 달리 어찌할 도리가 없었다. 사랑의 주님은 그리 느낄 수밖에 없었다. 이는 단순히 주님이 거절을 당하셨기 때문은 아니었다. 자신들에게 허락된 하나님의 자비하심을 내팽개치고, 하나님 자신을 거절하는 것이기에 그리했다. 그들은 메시야를 거절함으로써 하나님을 거절했던 것이다. 하지만 이러한 거절당함이 주님으로 하여금 유대를 떠나 그처럼 풍성한 은혜를 가지고 한 사마리아 여자에게로 향하게 했다. 사마리아 여자는 사람들을 만나기를 꺼려하는 수가 성에 사는 한 가련한 여성이었고, 인간적인 판단에 의하면 퇴폐적인 여인이었다. 주님은 그런 여인을 야곱의 우물가에서 홀로 만나셨다. 주님은 그때 행로에 곤하셨고 우물 곁에 앉으셔야만 했다. 그렇게 주님은 사마리아 여자의 마음을 여실 준비를 하셨다.

예수님은 물 한 모금을 구하셨다. 주님은 그렇게 메시야로서 다가가신 것이 아니라, 다른 아무 영광을 필요로 하지 않으시는 하나님의 아들, 은혜로 풍성하신 하나님의 아들로 다가가셨다. 사람은 본래 잃어버린바 된 존재이다. 하나님은 그렇게 잃어버린바 된 영혼을 간절히 찾으신다. 잃어버린바 된 영혼 속에 뻥뚫린듯한 공허감, 즉 영적인 필요를 충족시켜줄 유일한 분이 계셨다. 바로 주님이시다. 그렇게 하나님의 사랑을 품은 채, 주님은 물 한 모금을 요청하셨다. 그녀의 마음에 다가가기 위해서 주님이 못할 일이 무엇이란 말인가? 사마리아 여자는 무척 놀랐다. 왜냐하면 유대인은 사마리아 사람들과는 상종하지 않았기 때문이다. 그녀에게 주님은 "한 유대인"이었고, 주님에게 그녀는 "한 사마리아 여자"였다. 이 얼마나 진실에 미치는 못하는 일인가! 그래서 주님은 "네가 만일 하나님의 선물과 또 네게 물 좀 달라 하는 이가 누구인 줄 알았더면 네가 그에게 구하였을 것이요 그가 생수를 네게 주었으리라"(요 4:10)고 말했다. 그녀는 몰랐다. 그저 하나님의 율법을 조금 알고 있었을 뿐이었고, 더욱이 하나님의 선물에 대해서는 아는 것이 전혀 없었다. 누가 하나님의 선물에 대해서 들어본 적이 있었는가? 은혜 아래 있었던 이스라엘 백성 가운데 하나님이 주시는 진리를 체험한 사람이 누가 있었는가? 사마리아 여자가 의존하고 있었던 것은 하나님에 대한 정반대의 개념 뿐이었다. 인간의 종교는 하나님을 수혜자로 여긴다. 하지만 그녀는 다만 죄인이고 잃어버린바 된 여인일 뿐이었다. 하지만 그런 사람일수록 종교적 자만심이 강하고, 더 우월한 종교에 대한 질투심이 강렬하기 마련이다. 어쨌든 그녀의 영혼에게, 게다가 자신이 가진 것보다 더 나은 것이 있음을 마땅히 알고 있어야 하는 사람들에게, 하나님은 항상 심판자이실 뿐이다. 그러한 사람들에게 하나님은 하나님만이 주실 수 있는 고귀한 선물을 주시는 분은 아니었다. 사람의 마음은 이것 이상 비상한 적이 없었다. 자신의 영혼으로 추구하는 것이 고작 그 정도일 뿐이다. 사람은 하나님의 지혜와 능력이 가진 힘을 마땅히 알아야 하지만, 하나님을 알 수가 없다. 하나님의 아들, 그리스도로 말미암지 않고는 결코 하나님을 알 수 없다. 이것이 바로 그녀가 아직 배우지 못한 사실이었다. "물을 좀 달라"는 주님의 요청을 그녀가 의심한 것은 아니었다. 만일 그녀가 주님이 누구신줄 알았다면, 하나님은 선물을 주시는 분으로서 반드시 그녀의 영혼에 분명하고도 또한 영광스럽게 계시되었을 것이다.

그녀는 은혜가 무엇인지 조금도 몰랐다. 게다가 자신에게 물을 좀 달라고 요구하는 사람은 그저 단지 한 유대인이었을 뿐이다. 그녀는 지금 사람이 되어 오셔서 사람 중에 거하시는 그리스도의 위격의 위엄에 대해서 아무 것도 몰랐다. 주님이 하나님의 아들이시며, 유일하신 독생자이신 것을 몰랐다. 이처럼 죄인을 향해 허리를 굽히시고 그들의 필요를 충족시켜주실 때에도, 주님은 결코 쇠하지 않는 영광으로 둘러싸이신 분이시라는 것을 몰랐다. 그렇다면 겸양을 나타내려는 뜻이 아니라 참된 선에 의해서, 그리고 사랑 안에서 자신이 허리를 굽히시고 이처럼 큰 은혜를 나타내시는 것보다 하나님에게 속한 깊은 것이 무엇이 있겠는가? 겸양은 일종의 자기 관리이며, 인간적이고 세속적이다. 사람을 기쁘게 하려는 마음에서 나온 모든 외식적인 행동은 혐오스럽기만 하다. 참되실 뿐만 아니라 하나님의 사랑의 현현이신 주님에게 그러한 생각은 전혀 없을 뿐만 아니라 있을 수도 없다. 사랑은 그 자체 외에는 아무 다른 동기가 없다. 참 사랑은 오직 사랑의 본성 안에서만 작용한다. 예수님은 이 사랑을 이 땅에 나타내고자 오신 분이셨다. 그렇다면 사마리아 여자와 같은 사람에게 이 사랑은 어떻게 비쳐졌으며, 어떻게 이해되었을까? 그것은 선물을 주시는 하나님으로 다가왔다. 자신을 지극히 낮추신 겸손한 아들로 다가왔다. 겉으로는 무언가를 달라고 요구하는 모양으로 다가왔지만, 실상은 우리에게 주시고자 오셨다. 그녀에게 물을 좀 달라는 작은 선물을 요청했지만, 주님은 오히려 한번 마시면 영원히 목마르지 아니하는 생수를 선물로 주시고자 하셨다. 이것은 그야말로 그녀에게 기쁜 소식이었다. 바로 생수의 복음이었다.

나는 우선 성경의 표현에 주목하라고 말하고 싶다. 성령으로 나는 것(거듭남)과 성령을 선물로 받는 것(성령의 내주하심)은 전적으로 다른 것이다. 이 두 개념 사이에는 아무 연결고리가 없다. 거듭날 때 성령의 내주가 시작되는 것이 아니다. 그렇지만 두 가지 모두 참된 실제이다. 그럼에도 우선 거듭남이 있어야 성령의 내주하심이 가능하다. 성령님은 죄가 세상에 들어온 이래로 확실히 영혼들 속에 한결같이 역사해오셨다. 하지만 하나님의 아들께서 세상에 오실 때까지, 하나님이 성령을 주시는 분으로 자리 잡을 때까지, 하나님의 아들께서 죄인을 향한 사랑 안에서 겸손의 자리를 잡을 때까지, 가장 궁핍한 영혼이 주님께 생수를 달라고 요청할 때까지, 그리스도의 완전한 은혜에 의해서 영혼이 각성될 때까지, 성령님은 (신자 속에 내주하시도록) 주어진 적이 없었다. 바로 이 사실이 요한복음 곳곳에서 빛을 발하고 있는 위대한 진실이다. 하지만 이제는 생수가 주어질 수 있다. 독자는 그리스도께서 성령을 주시는 분이심을 명심해야 한다. 내주하시는 성령을 받는 것은 그리스도를 영접하는 것도 아니요, 또한 단순히 영생을 얻는 문제도 아니다. 우리는 이 부분에 대해서 이미 충분히 살펴보았기 때문에 다시 반복하지 않겠다. 우리는 하나님의 진리의 모든 부분들이 완벽한 조화를 이루고 있음을 확신해야 한다. 따라서 여기서 우리는 더 큰 은혜를 끌어오는데 필요한 더 큰 갈망을 일으키려면, 새로운 성경적인 근거를 가질 필요성을 느낀다. 여기의 등장 인물은 의사와 같은 상류 계층의 인사가 아니라, 세상 사람들의 눈에 아무 선한 것이 없어 보이는, 사회에서 추방당한 인생의 패배자요 곤고한 영혼을 가진 여자이다. 바로 그러한 영혼에게 하나님의 아들 안에 있는 은혜 속에 깊이 숨겨 있는 보물이 소개되고 있는 것이다.

사실 사마리아 여자는 이처럼 경이로운 선물을 받을 준비가 전혀 되어 있지 않았다. 이러한 현상을 놀라지 말라. 요한복음 3장과 요한복음 4장을 제대로 읽은 사람이라면 학식 있는 니고데모를 못 배운 사마리아 여자 보다 더 나은 사람으로 여기지는 않을 것이다. 요한복음 3장에서 소개된 진리는 가능한 모든 사람이 알고 있어야만 하는 것이었다. 이스라엘의 선생된 사람은 그에 대해 더욱 확실하게 알고 있어야 하지 않았는가? 그런데 니고데모는 어떠했는가? 요한복음 4장에서 생수를 선물로 받는 것은 이전 세대의 사람들은 아무도 알 수 없었던 진리였다. 모든 세대 공통적인 필요에 속한 진리가 아니라 이제 막 계시된 진리에 속한 것을 어떻게 감히 생각이나 해볼 수 있었겠는가? 요한복음 4장 10절에서 예수님을 통해서 이 사마리아 여자에게 나타난 하나님의 계시와 하나님의 은혜에 속한 진리가 과연 언제 주어진 적이 있었는가? 어디서 전적인 은혜의 표현으로써 하나님을 선물을 주시는 분으로, 그리고 하나님의 아들을 의로움과는 거리가 먼 사람에게 허리를 숙이고 사랑을 나타내시는 분으로, 그리고 성령님을 마음을 새롭게 하시는 생생한 원천이신 분으로 드러낸 적이 있었는가? 하지만 사마리아 여자는 "우리 조상

야곱이 준 우물"이라는 사람의 전통 안으로 숨어버린다. 이는 그녀가 이제 들어가야 할 광대하고 깊고 신적인 것으로부터 도망치려는 노력의 일환이었다. 예수님은 자기 백성들이 하나님이 주신 규례(ordinance)의 그늘 아래 거할 수 있는 자리를 남겨두셨다. 더 크고 높은 목적들이 성취되고 있었다. 그럼에도 요한복음은 그리스도를 약속의 땅에 약속을 성취하러 오신 분으로만 제한하지 않는다. 약속이란 무엇인가? 약속은 은혜에 속한 선물의 일부이다. 그리스도는 측량할 수 없는 은혜로 오셨다. 왜냐하면 모든 사람이 잃어버린 바 된 존재이기 때문이다. 따라서 세상에는 영혼의 피난처가 될 만한 곳은 없다. 과연 죄인이 어디에서 그런 곳을 찾을 수 있을까? 사마리아 여자는 "우리 조상 야곱이 준 우물"을 핑계대면서 이처럼 감추어진 교만 뒤로 숨고자 했다. 야곱은 자기와 자기 자녀들과 심지어는 자신이 기르는 가축도 이 물을 마셨다. 그렇다면 그것을 허락하신 예수님은 누구신가? 마음의 불신앙은 생기를 잃게 만들며, 속히 하나님의 풍성한 은혜를 어둡게 한다. 하지만 그녀의 어리석음을 오래 참으시는 예수님은 "이 물을 먹는 자마다 다시 목마르려니와"라고, 즉 야곱의 우물에서 길은 물을 마실지라도 다시 목마르게 될 것이라고 말씀하신다. "내가 주는 물을 먹는 자는 영원히 목마르지 아니하리니" 더욱 놀라운 것은 "나의 주는 물은 그 속에서 영생하도록 솟아나는 샘물이 되리라"는 것이었다.

영생하도록 솟아나는 물의 샘(a fountain of water, springing up into eternal life)은 영생을 (이미 소유하고 있는 것으로) 전제한다. 게다가 영생은 기쁨을 끊임없이 솟아나게 해주는 신성한 원천 자체가 아니며 또한 그럴 수도 없다는 엄연한 사실을 전제로 하고 있다. 따라서 생명과 샘을 같은 것으로 보는 것은 이제 소개하게 될 새롭고도 신성한 본질에 속한 모든 진리를 훼손시킨다. 따라서 샘은 영생과 동의어가 아니라, 영생에 더하여 기쁨의 원천이 우리 속에 있게 될 것을 의미하고 있다. 샘은 생명의 속성이 아니다. 오히려 생명이 샘에 의존되어 있다. 나는 여기서 끊임없이 생수를 공급하는 원천으로서의 샘을 볼 수 있다. 이것은 단순히 새로운 피조물이 되는 것을 의미하지 않는다. 하나님의 새로운 피조물이 되었다는 단순한 사실에 의해서, 거듭난 사람은 전적으로 하나님을 의지할 수밖에 없으며 또한 삶에 필요한 능력과 그 자원을 다른 이에게서 공급받는 존재가 된다. 따라서 여기에 거듭난 사람 속에 끊임없는 기쁨이 솟아나게 해줄 생생한 원천이 주어지는 것을 볼 수 있다. 우리가 "생수"라고 하는 표상을 생각해볼 때, 샘이라고 하는 그림 언어는 생수와 매우 적절하게 조화를 이루고 있음을 실감하게 된다. 그럼에도 샘은 우리가 이 땅에서 하나님과의 관계를 맺고 증진하는데 절대적이고 필수적인 사안은 아니다. (그래서 많은 사람들이 거듭났음에도 자기 속에서 솟아나는 기쁨이 없이 살아가는 것은 아닐까?) 그렇다면 이 말은 이 시점까지 살았던 모든 사람들을 매우 슬프게 만드는 진리가 되어 버리는 것인가?

영생하도록 솟아나는 물의 샘은 새로운 특권이었다. 하나님의 섭리와 계획에 따라서 아드님이 오셨기에 주어지게 된 기쁨의 충만이다. 하나님이 자기 아들의 오심이 가지고 있는 특별한 의미를 부각시키지 않으시거나, 또는 구속 사역의 성취와 은혜 가운데 이 세상에 오신 하나님 아들의 임재를 통해서 하나님 자신의 현현을 나타내지 않으신다는 것은 불가능하다. 이 구속 사역은 여기서 언급되고 있지 않다. 하지만 그리스도의 겸비하심 속에 내포되어 있다. 다시 반복해서 말하지만, 하나님은 자기 마음 속에 있는 것 가운데서 가장 큰 것, 가장 새로운 축복, 그리고 신자에게 가장 큰 기쁨의 선물을 부각시켜 나타내 보이지 않으신다는 것은 불가능하다. 하나님을 잘 알지 못하는 사람들은 그러한 것은 있을 수 없다고 말할 것이다. 사람은 하나님의 섭리를 나름대로 적당한 수준에서만 생각하려고 하며, 하나님이 정하신 주요한 표식을 제거하려고 한다. 하나님이 이 세상에 베푸신 선(善)을 나타내는 밝은 표시, 그리고 지혜와 복의 충만과 같은 것들을 못본체 하려고만 한다. 하지만 사람이 해볼 대로 다 해보고 나서, 마침내 자신의 뜻을 하나님의 계시에 속한 것들에 굴복시키면 하나님의 말씀이 참으로 진실하다는 것이 세세무궁토록 서게 될 것이다. 하나님의 계획은 만물을 자기 아들의 영광을 위하여 창조하는 것이었다. 따라서 아들이 세상에 오셨을 때에는 단지 새로운 본성을 주신 것으로 끝나지 않았다. 거듭남을 통해서 새로운 본성을 주는 것은 은혜 가운데서 (모든 세대에) 항상 이루어진 일이었다. 하나님의 이름과는 아무 상관도 없는 영혼들이 하나님의 임재에 합한 존재가 되려면 새롭게 태어나는 일이 먼저 일어나야 했다. 하지만 이제는 거듭난 영혼에게 새로운 본성을 주는 것 외에도, 죄들을 간과하시는 하나님을 의롭다고 할 수 있는 근거가 마련되는 위대한 역사의 성취를 내다보고 있었다. 이를 통해서 거듭남에 새로운 본질과 가치가 더해진 사실이 드러나게 되었는데 그것은 아들 안에 있는 영생을 얻는 것이었다.

우리는 이미 이보다는 더 중요한 것이 있음을 살펴보았다. 영생을 받아들인 사람에게는 신적인 능력이 있다. 그 속에 생수의 샘이 존재하게 되었기 때문이다. 여기 요한복음 4장에서는 이것을 영생하도록 솟아나는 물의 샘으로 소개하고 있다. 이것은 분명 신자에게 이루어진 사실일 뿐만 아니라, 신자 속에 주어진 영생의 능력이다. 이것은 새롭게 주어진 새로운 본성을 가리킬 뿐만 아니라 원천과 연결되어 언제나 변함없이 솟아나며 또한 흘러넘치는 생수의 흐름을 가리킨다. 그럼에도 여기서는 성령의 인격, 또는 성령의 내주가 아직 언급되고 있지 않다. 우리는 이 점을 주목해야 한다. 이 주제는 이후에 다루고자 한다. 우리는 이 진리를 나중에 다룰 것이며, 다른 기회에 살펴볼 것이다. 여기서 우리는 하나님의 마음에 정확하게 일치하는 순서와 하나님 지혜의 정확성을 볼 수 있다. 아직은 성령의 내주를 다룰 시간이 아니다. 찬송 받으실 하나님의 아드님이 세상을 떠나가시고, 모든 일이 이루어진 후에, 또 다른 보혜사가 오실 것이고 그리스도의 자리를 대신하실 것이다. 그렇게 모든 과정이 아름답게, 순서를 따라서 제시되어 있다. 여기서 우리가 볼 수 있는 것은 인격적인 성령의 존재가 아니라 거듭난 사람에게 주어지는 능력이다. 즉 거듭남을 통해서 영생을 소유하게 된 사람 속에 존재하게 된 내적인 능력이며, 이러한 능력은 거듭난 사람의 영혼으로 하여금 은혜의 충만한 기쁨을 누리도록 하기 위해서 주어진 것이다. 바로 이것이 우리 주님이 "내가 주는 물을 먹는 자는 영원히 목마르지 아니하리니 나의 주는 물은 그 속에서 영생하도록 솟아나는 샘이 되리라"(요 4:14)고 말씀하신 의미이다.

이제 잠시 분위기를 전환해서, 타락 이후 사람은 어떠한 존재이며, 타락한 불쌍한 피조물에게 그 아들을 나타내신 하나님은 어떠한 존재이신지를 살펴보자. 사람이 타락함으로써 무슨 변화가 있었는가? 아담이 창조되었을 때, 그는 과연 말씀을 향한 영적인 갈급함이 있었는가? 전혀 없었다. 무죄한 존재로서 아담에겐 영적인 목마름의 문제가 없었다. 이것은 하나님이 모든 것을 보시고 좋았던 창조세계에 있었던 유일한 단점으로써 우리 하나님이 어떻게 해볼 수 없는 것이었다. 나는 이것이 물질영역에만 해당된다고 생각하지 않는다. 내가 확신하는 바로는, 아담은 하나님이 주시지 않은 것은 무엇이든지 탐내지 않았다. 그는 전혀 목마름의 문제가 없었다. 마음이 만족 상태에 있지 않고 그 마음을 만족시킬 만한 것이 주변에 없을 때에라야, 자신이 소유할 수 없는 것을 향해서 끊임없는 갈망이 일어나는 법이다. 따라서 무죄상태에서, 그리고 하나님의 손에 의해 모든 것을 공급받았던 아담은 그러한 부족이나 결핍을 느끼지 않았다. 하나님의 피조물로서 완전한 만족상태에 있었다. 하지만 신령한 예배를 드리는 상태에 있지 않았고, 다만 하나님께 감사하는 생활을 하는 상태였다. 아담은 자신을 둘러싸고 있는 온갖 선한 것들 속에 깃든 하나님의 선함과 지혜를 만끽하고 있었다. 그런 그가 범죄했고, 타락했으며, 새로이 가지게 된 선악을 아는 지식과 더불어 결코 만족할 수 없는 갈망과 목마름에 빠지게 되었다. 결과적으로 이것은 모든 타락한 존재의 상태이다. 여기에 온갖 아름다운 미사여구를 붙이면, 이것은 헛된 소망이 된다. 따라서 사람은 소망하고 또 어쩔 수 없이 소망하게 되어 있다. 이 세상에 있는 그 무엇으로도 채울 수 없고, 만족할 수 없는 상태에 빠짐으로써 가슴 아픈 실망으로 인해서 사람의 영혼은 파괴되었다. 소망을 이룰 희망이 전혀 보이지 않을 때에도 소망을 포기하는 법이 없다. 이것이 타락과 함께 온 것이다. 그것을 아무리 좋게 볼지라도, 소망은 우리가 희망하는 방향으로 나아가도록 유도하는 끊임없는 압박에 불과하다. 성경은, 인간에 대해서 이제 (타락으로 인해서) 하나님처럼 되었다고 말한다. 이렇게 이 세상에 누군가가 되고 싶어 하는 욕구가 들어왔다. 사실상 하나님의 자리를 차지하고자 하는 욕구였다. 이처럼 대담무쌍한 열망은 하나님으로부터 저지를 당해왔고, 아직 그

완전한 모습을 드러내진 못하고 있다. 하지만 이러한 열망은 마음 속 깊은 곳에 자리 잡고 있으며, 최선을 다해 그 뜻을 펼치고 있다. 하나님이 모든 방해물을 제거하시면, 사탄이 그 뜻을 펼칠 것이다. 때가 오고 있다. 그것도 매우 빠르게 진행되고 있다. 죄가 들어온 첫날부터 지금까지 사람은 자신이 소유하지 못한 것을 얻고자 하는 열망을, 이 잃어버린 세상에서 불태우고 있다.

반대로 예수님이 오셨고, 영생을 주실 뿐만 아니라, 생수를 주신다. 그러면 즉시 마음을 충족시키는 것이 주어진다. 이전에는 결코 주어진 일이 없는 것으로써, 영생을 누릴 수 있는 새로운 능력과 더불어 온 것이다. 구약시대부터, 회심한 영혼은 소망했던 것을 희망하는 특성을 부여받았다. 하나님과 소위 하나님이 약속하신 모든 것에 대한 신뢰가 있었다. 하지만 이제 엄청난 변화가 일어났다. 그리스도께서 오신 것이다. 소망하던 메시야가 지금 임하신 것이다. 하나님 자신이 가장 천한 사람들이 사는 가난한 마을, 수가 성의 우물 옆에 피곤하여 앉아 계신다. 이것은 그분의 지극히 겸비한 모습을 통해서, 사랑 그 자체로 이 세상에 임하신 하나님의 참 모습을 보여주기 위한 것이다. 하나님이 우리에게 주실 수 있는 선물은 바로 하나님 자신인 것이다. 하나님은 하나님 자신에게 속한 본성을 거듭난 영혼에게 주실 뿐만 아니라, 이렇게 주어진 새로운 본성이 작용하도록 해주는 신성한 능력을 아울러 주신다. 이 능력은 새로운 본성을 가진 사람들과 관계를 맺고 교제케 하며, 새로운 본성에 합당하게 예배하고 봉사하게끔 해준다. 여기서 우리는 즉시 타락뿐만 아니라 타락으로 인해서 생긴 결과를 하나님의 기준에 합하게 해결해주는 것을 보게 된다. 타락의 문제를 해결한 것은 인간 타락에 대한 단순한 해법, 또는 표면적인 치유로 된 것이 아니라, 하나님 속에 있는 모든 자원을 동원해서 하나님이 친히 나타나시고 해결하심으로써 된 것이다. 이것은 성령의 능력 안에서 하나님의 아들의 은혜가 나타남으로써 된 일이다. 이것이 바로 가장 단순하고, 가장 높고, 가장 존엄한 특징을 지닌 기독교의 참 모습이다. 완전한 사랑으로 세상에 오신 하나님이 죄악 가운데 살아가던 사마리아 여자를 만나주시고, 자신을 위해서가 아니라 오히려 그녀를 위해서, 그녀가 줄 수 있는 지극히 작은 호의, 물 한 모금을 구하심으로써 그녀의 관심을 이끌어내신 것이다. 이렇게 함으로써 주님은 자신이 줄 수 있는 최고의 선물과 이제부터 영원히 쇠하지 않는 복으로 그녀를 축복하신다. 이것은 새로운 본성만이 아니라, 사람 속에 그리고 사람을 위해서 그 속에 현존하는 능력을 더하여 주시는 것이다. 그 자체로 하나님에게 속한, 또한 하나님에게서 오는 능력이다. 우리는 이러한 선물을 알고 우리 영혼이 기뻐해야 마땅하다. 하나님은 우리에게 하나님의 영을 주셨다. 하나님은 말씀을 이루셨다. "하나님이 그 아들의 영을 우리 마음 가운데 보내사 아바 아버지라 부르게 [하셨다]", "우리에게 주신 성령으로 말미암아 하나님의 사랑이 우리 마음에 부은 바 [되었다]" (롬 5:5)

이제 영생만 있는 것이 아니라 생명을 선물로 받은 것 외에도, 성령님을 선물로 받게 된다. 이제 주목해야 할 것은, 신자는 다시는 목마르지 아니하리라는 것이다. 이것은 단순히 거듭나는 것을 가리키거나, 아니면 영생만을 가리키거나, 아니면 영혼이 거듭날 때 더 이상 존재하지 않게 되는 것이 있음을 의미하지 않는다. 즉 영혼이 거듭난다고 해서 육신의 존재가 사라지는 것이 아니다. 하나님이 그리스도 안에서, 그리고 그리스도로 말미암아 은혜의 성령을 주시는 바로 이 순간까지 세상의 것들을 갈망하는 육신의 욕구가 있었다. 어떤 의미에서 하나님은 이것을 전적으로 정죄하지 않고 오히려 허락하셨다. 이는 인간 마음의 완악함 때문에 그리하신 것이었다. 인간은 여전히 소위 이 세상을 가지고 싶어 하고, 다음 세상도 가지고 싶어 한다. 따라서 진리에 대하여 소경되어 있고, 기독교에 대해서 무지한 사람들은 그것이 가능하다고 생각한다. 그렇다면 신자들이 거듭났을지라도 육신에 대하여, 또한 세상에 대하여 전적으로 죽은 것이 아니다. 구약성경을 보면 성도들에 대해서 그렇게 언급하고 있는 것을 찾아볼 수 없다. 이스라엘 백성들 뿐만 아니라 아브라함과 같은 조상들도 마찬가지이다. 유대인들의 전체적인 모습은 오히려 그 반대로 너무도 육신적이었다. 장차 오실 분에 대한 소망이 있었지만, 이 세상 풍속을 좇고 육체의 욕심을 따라 지내며 육체와 마음의 원하는 것을 행하는 데서 해방을 받을 수 없었다. 다만 우리의 관심의 대상이 될 만한 믿음의 행실들은 많이 있었고, 성도들은 하나님의 은혜로 자신을 둘러싸고 있는 모든 것들을 극복할 수 있었다. 따라서 하나님은 아벨, 에녹, 노아, 아브라함, 이삭, 야곱, 요셉, 모세와 같은 인물들을 통해서 우리에게 교훈하신다. 이 모든 내용들을 열거하면서, 나는 이 모든 것들 가운데서 매우 단순한 사실을 제시히고 싶다. 믿음의 선진들은 구체적으로 모습을 드러내지 않은 것을 소망하고 있었다. 아직 그 무한한 가치를 지닌 구속 사역은 성취되지 않았고, 또한 구속 사역이 믿음을 위한 기초로서 제시되지도 않았다. 다만 이 땅에 그 모습을 드러낼 것이란 기대만 있었다.

그렇다면 이제 거듭난 사람의 마음이 그리스도로 만족하고 있지 않다면, 어째서 그런 것인가? 그것은 아직 성령님이 주어지지 않았고 성령의 내주가 없기 때문이다. 게다가 예수님의 은혜가 흘러넘치도록 나의 마음이 그리스도로 가득하지 않기 때문이다. 이는 비록 영적으로는 그리스도에게 매료되었지만, 그리스도 안에서 안식하고 있지 않기 때문이다. 성령의 능력에 의해서 그리스도를 나의 생명으로 취하는 대신에, 여전히 자아로 가득한 상태에서 나의 본성이라는 진흙탕에서 뒹굴고 있기 때문이다. 따라서 나의 마음은 그리스도만으로는 만족하고 있지 않은 것이다. 그렇다면 나는 거듭났을지라도 여전히 세속적이고 육신적이며, 게다가 나의 마음은 쓰레기에 지나지 않는 것들을 동경하고 있는 것이다. 그 결과는 무엇이겠는가? 아마도, 아니 분명히 슬프고도 비통한 결과에 이르게 될 것이다. 그럴 수 밖에 없다. 이는 나의 마음이 충만한 은혜 가운데 그리스도 안에서 역사하시는 하나님으로 충분하지 않기 때문이다! 하나의 특권은 거기에 합당한 책임을 가지고 있다. 영적인 특권에 눈을 뜨게 되면 믿음은 들어가 취하도록 격려를 받는다. 하나님은 이러한 것들을 증거의 형태로 제시하심으로써 우리 마음이 이러한 것들을 추구하도록 하시며, 하나님이 우리에게 주신 능력에 의해서 그 대상을 우리 영혼의 기쁨으로 받아들이게 하신다.

    이제 내가 확신하는 바는 이것이다. 즉 기독교가 완전한 형태로 나타났으며, 또한 하나님의 지혜를 따라서 그 모습을 드러내었다. 우선적으로 신의 성품이 그 충만하고 완전한 모습으로 거듭난 사람 속에 주어졌다. 게다가 신의 성품을 따라 살 수 있는 능력, 신의 성품을 누릴 수 있는 능력 또한 주어졌다. 그 결과, 우리 영혼은 우리 마음을 만족시킬 수 있는 유일한 것, 성경에서 약속했고 또 계시된 대상을 찾게 되었다. 이렇게 소망이 헛되지 않게 되었다. 그저 아무 것도 아닌 것을 단순히 소망하는 것이 아니라 하나님이 우리에게 주시기를 기뻐하시며 또한 한번도 포기한 적이 없는, 분명한 실체가 있는 것이었다. 성령 안에서 그리스도를 즐거워할 때 다시 목마르지 않을 것이지만, 여전히 소망은 미래적이다. 그럼에도 내가 (미래적으로) 소망하는 그리스도는 내가 (현재) 마음에 영접하여 소유하고 있는 바로 그 그리스도이시다. 내가 갈망하는 그리스도는, 여전히 내 안에 모신 그리스도이시다. 나는 이 둘 사이에 아무런 차이점을 발견할 수 없다. 나는 그리스도를 더 많이 알게 될 것이고, 더욱 그분을 찬송할 것이다. 이는 나의 연약함은 사라지고, 나의 몸은 쇠하지 않고 영광스러운 몸으로 변화될 것이며, 아무 흠도 없고 방해도 없고 거리끼는 것도 없는 상태에 들어갈 것이기 때문이다. 나는 나를 지금 온전히 사랑하시는 동일한 그리스도를 그때에 뵐 것이다. 지금 우리 영혼이 이 사실을, 즉 우리가 그때 영광스러운 그리스도를 볼 것이 확실한 만큼, 지금 겸비하신 그리스도를 영접하는 것 또한 확실한 것임을 알고 누리는 것은 참으로 복된 일이다. 그렇다면 어떤 의미에서 우리 마음은 지금 실제적인 안식을 누리면서도, 여전히 미래적인 것을 추구함으로써 얻는 유익이 있다. 우리는 이 황폐화된 세상에서 힘을 다해 사역하면서 희망에 찬 미래를 추구할 소망을 잃어버린 것이 아니다. 우리가 이 세상에 사는 동안 힘써 행하는 것이 무의미할 수도 있다. 하지만 소망은 지나가게 되어 있다. 천국에서 믿음이나 소망은 더 이상 의미가 없게 된다. 왜냐하면 이 둘은 타락의 결과로 불완전해진 이 세상에서만 유용하기 때문이다. 이제 우리는 우리가 소망을 가지게 된 방식을 생각해보아야 한다. 우리의 마음이 새롭게 됨으로써 우리는 그리스도 안에서 우리 믿음의 완전한 대상을 발견하게 되었고, 그리스도께서 이루신 사역의 완전함에 따라서 복을 받았다. 따라서 우리의 양심 뿐만 아니라 우리의 마음은 완전한 안식을 누리게 되었다. 이 모든 일의 결과로 소망이 주어진 것이다. 따라서 옛 창조 세계는 여전히 그대로 남아 있고, 우리는 그 가운데 육체의 몸을 가지고 있지만, 그럼에도 우리는 소망 가운데서 사랑으로 역사하는 활동에 박차를 가한다. 그렇다면 그러한 하나님을 우리의 하나님으로 모신 것은 분명 가치 있는 일인지 묻지 않을 수 없다. 이것은 하나님이 자신의 독생자 그리스도 안에서 그리고 그리스도와 함께 복을 주어 자기 자녀 삼으신 사람들과 더불어 자신의 완전한 사랑을 따라서 역사하는 것이 아니겠는가?

이보다 더 중요한 것이 있다. 앞에서 다룬 내용들을 다시 언급할 필요는 없을 것이다. 이제 다룰 주제는 기쁨에 관한 것인데, 이것은 회심하지 않은 상태에 있는 영혼에게도 필요한 것이다. 그러므로 나는 회심하지 않은 사람들의 경우는 생략할 것이다. 왜냐하면 영적으로 각성된 양심을 통하여 마음의 변화가 전제되어야 하기 때문이다. 양심이 각성되는 것은 참으로 복된 일이지만, 분명 이러한 일이 있기 전에 사랑의 증거가 있어야 한다. 왜냐하면 내가 이해하는 바로는, 우선적으로 사랑의 증거가 없다면 양심이 가책을 받는 일은 없기 때문이다. 사랑의 증거 자체만으로 죄인에게 충분한 영향을 미칠 것이라고 누가 말할 수 있는가? 따라서 반드시 양심을 다루는 일이 있어야 한다. 따라서 우리는 그것을 여기서 발견한다.

이제 우리가 관심을 쏟아야 하는 아주 중요한 주제는 성령의 복된 능력과 연결되는 것이다. 이것은 거듭난 영혼 속에 신성한 기쁨의 샘이 자리를 잡는 것이다. 사마리아 여자는 정작 본인도 잘 모르는 주제인 예배에 대한 질문을 했다. 그녀는 지적인 욕구 때문에, 아니면 상처 입은 양심에서 일시적으로 일어난 호기심 때문에 그러한 질문을 했지만, 그렇다고 그녀가 하나님 앞에 전적으로 엎드려 경배했던 것은 아니었다. 동기가 무엇이었든지, 이 여자를 통해서 성령을 선물로 받는다는 것이 무엇인지에 대해서 참으로 복되고도 대단히 중요한 교훈을 받게 되었다. 사실 우리는 하나님의 사랑의 대상일 뿐만 아니라, 영생과 더불어 성령을 소유한 사람들일 뿐만 아니라, 하나님에 의해서 대단히 가치 있는 결말을 가진 사람들이다. 이 부분을 주목해야 한다. 내가 이해하는 바로는 이 부분은 최고의 가치를 지닌 것인데, 무엇이 (하나님에게서) 내려오는 것인가에 대한 것이 아니라 무엇이 (나에게서) 올라가는 것인가에 대한 것이다. 우리에겐 예배의 자리가 있으며, 섬김의 자리가 있다. 예배와 섬김은 성령님이 우리 안에서 역사하시는 두 가지 형태로써, 영생하도록 솟아나는 샘물처럼 우리 영혼을 이끌어가는 것이다. 하나님 곧 우리 아버지를 예배하는 것이 그 가운데 첫째이며 최고최상의 것이다. 그리고 그래야 마땅하며 반드시 그래야 한다. 그렇지 않다면 문제가 있다. 우리는 여전히 영혼들이 멸망하고 있는 이 세상에 있다. 그 가운데서 건짐받은 사람들은 마땅히 구원하시는 은혜에 감사하는 풍성한 예배를 드려야 함에도, 얼마나 많은 경우에 빈약한 예배를 드리고 있는지 모른다. 나는 거듭난 하나님의 자녀들의 예배에 대해서 말하고 있다. 이것이 오늘날 기독교계의 실제적인 모습이며 영적인 상태이다. 거듭난 사람들의 예배조차도 참으로 빈약하기 짝이 없다. 어쨌든 중요한 점은, 은혜의 사역은 그 정확한 적용을 가지고 있다는 것이다.

성도를 위한 가장 중요하면서도 절대적인 사안은, 그리스도께서 설명하신 대로, 예배와 성령님이 서로 연결되어 있다는 점이다. 사마리아 여자는 자신의 견해를 따라서 "우리 조상들은 이 산에서 예배하였는데 당신들의 말은 예배할 곳이 예루살렘에 있다 하더이다"(요 4:20)고 말했고, 예수님은 이에 "여자여 내 말을 믿으라 이 산에서도 말고 예루살렘에서도 말고 너희가 아버지께 예배할 때가 이르리라"(요 4:21)고 말씀하셨다. 아들의 현존으로 인해서 거짓 예배는 사라지고, 심지어는 (비록 하나님이 허락하셨을지라도) 부분적인 계시에 속한 예배도 사라지게 된다. 이제 사마리아 산에서 드리는 예배 뿐만 아니라 예루살렘에서 드리는 예배도 함께 사라지게 된 것이다. 어찌 이런 일이 일어난 것인가? 예루살렘이 하나님의 아들을 거절했기에, 그리된 것이다. 예루살렘은 큰 임금의 성이었다! 큰 임금이신 그리스도를 영접했더라면, 주님은 구약성경의 약속을 따라서 그 성에 자신의 보좌를 세우셨을 것이다. 하지만 주님은 거절당하셨고, 주님은 그들에게서 등을 돌리셨다. 그렇게 주님은 그 성의 가장 선하고 지혜로운 사람들로부터 멸시를 당하셨다. 그럼에도 주님은 풍성한 하나님의 은혜를 나타내셨고, 게다가 은혜의 풍성함을 증명하셨으며, 항상 그렇듯이 이것은 영광의 충만과 연결되어 있었다. 그처럼 가증스러운 죄가 영광을 이끌어내었으며, 하나님이 은혜를 베푸실만한 여지를 제공했다. 하지만 오해하지는 말자. 하나님은 결코 죄를 방관하지 않으신다. 하나님은 범죄한 자기 백성들의 죄를 대신 감당해주신 그리스도를 대적한 모든 죄를 심판하실 것이다. 자기 아들을 짓밟고 그 이름을 멸시한 자들의 죄를 엄중히 처벌하실 것이다. 만일 교회가 이러한 일에 관심을 쏟는다면, 하나님은 그리스도의 명예를 실추시키거나 또는 더럽히는 지극히 작은 죄도 용납하지 않으실 것이다. 그렇다면 기독교를 다만 종교로서 받아들인 사람은 자신의 영적인 욕구 또는 하나님의 영광을 충족시키는 일에서 종교예식이 얼마나 허망한 일인지를 철저히 깨닫게 될 것이다.

사마리아 여자는 메시야가 오리라는 것을 이미 들었고, 또한 고대하고 있었다. 하지만 그녀는 주님이 자기에게 하시는 말씀을 잘 이해하지 못한 듯하다. 메시야의 오심을 환영하는 의식도 심판도 없었다. 왕이신 주님은 물론 군대를 보내어 예루살렘 성을 불태울 수도 있었다. 하지만 아들이신 주님은 다만 이 말씀 외에는 하실 말씀이 없었다. "때가 오나니 곧 이 때라." 말씀으로 만물을 창조하신 주님은 장차 지구 상에 예루살렘이라는 장소를 다시 예배의 중심으로 삼으시는 것이 가능한 것처럼, 즉시 "예루살렘에서도 말고"라는 한 마디 말씀으로 예루살렘을 예배의 장소에서 해제하셨다. 다시 말하지만, 거짓된 사마리아 예배 뿐만 아니라 부분적인 계시에 의해서 설정된 예루살렘 예배도 이제 막을 내리고 사라지게 되었다. 주님은 "너희는 알지 못하는 것을 예배하고 우리는 아는 것을 예배하노니 이는 구원이 유대인에게서 남이니라"(요 4:22)고 말씀하셨다. 사마리아 사람들에게는 (예배에 대한) 막연한 추측과 무지만 있었다. 반면 주님은 이스라엘의 예배 방식이 가진 이점을 부인하지는 않으셨다. 여기서 주목할 점은, 주님은 결코 예배의 외형에 대해서는 언급하지 않으셨다는 것이다. 주님은 자신을 대적하는 자들 가운데 계셨고, 또 그들에게서 거절을 당하실 터이지만, 그럼에도 유대인들을 옹호하셨다. "우리는 아는 것을 예배하노니"(요 4:22) 이 어떠한 은혜인가! 하지만 때가 임박했다. 우리는 항상 하나님의 놀라운 섭리 속에서 무언가 쇼킹한 것을 찾는다. 거절당한 주님은 자신을 대적하는 행위 속에서도 존중할만한 것이 있다면 부인하지 않으신다. 주님은 유대인을 통해서 약속이 이어져온 것을 무시하지 않으신다. 주님은 이 세상에서 받을 수 있는 최고의 축복이 걸려 있는 참으로 위대하고 심오한 사실의 지극히 작은 부분도 잊지 않으신다. 그래서 "구원이 유대인에게서 남이니라."고 말씀하셨다. 주님은 "때가 오나니"라고 말씀하셨다. 그렇다. 주님은 그 사실을 강조하고 또 지금 이 순간에도 힘주어 강조하신다. 그리고 그 때가 이미 임했다. "아버지께 참으로 예배하는 자들은 신령과 진정으로 예배할 때가 오나니 곧 이 때라 아버지께서는 이렇게 자기에게 예배하는 자들을 찾으시느니라."(요 4:23) 하나님이 율법을 주셨을 때, 하나님은 자기 백성들과 맺은 관계에 합당한 것을 주셨으며 또한 그들 속에 있는 육신을 다룸으로써 거룩한 백성에게 합당한 도덕성을 갖추도록 주신 것이었다. 이제는 메시야가 오셨고 거절을 당하심으로써 엄청난 변화를 맞이했다. 아버지께서는 그리스도를 통해서 사람들을 부르시고 그들을 아들의 형상으로 변화시키신다. 더욱이 그들에게 양자의 영, 곧 아들의 영을 주심으로써, 참 예배자가 되게 하시고 아버지를 신령과 진정으로 예배하게 하신다. 아버지께서는 그렇게 자기에게 예배하는 자들을 찾으신다.

그렇다면 주님이 공표하신 예배의 방식으로 하나님 앞에 나아와 예배드릴진대, 이 세상 사람들의 견해나 의견이 무슨 상관이란 말인가? 거듭난 일이 없는 사람들의 군중이 드리는 예배, 혹은 하나의 국가교회가 드리는 예배가 무슨 의미가 있단 말인가? 그러한 예배는 하나님 아들의 말씀을 무시하고 그분의 얼굴을 노골적으로 외면하는 것이 아니면 무엇인가? 그리스도를 사랑하고 그분의 이름을 경외하는 사람들의 마음을 그처럼 근심시키는 것은 하나님을 예배하는 것이 결코 아니다. 하나님의 말씀은 성령님과 그처럼 직접적으로 연결되어 있는 예배를 경솔히 여기는 것을 매우 심각한 죄라고 밝히고 있다. "하나님은 영이시니 예배하는 자가 신령과 진정으로 예배할지니라"(요 4:24) 성령님은 사람에게는 버림을 받았으나 하나님은 지극히 높이신 인자이신 그리스도를 증거하시는 증인이시다. 그러므로 하나님은 그리스도의 이름에 많은 의미와 가치를 부여하신다. 왜냐하면 그리스도께서는 그분의 은혜와 겸비 때문에 멸시를 받으셨기 때문이다. 그렇다면 성령님도 경멸히 여김을 받으신 것이다. 왜냐하면 성령님은 사람에게서 경멸히 여김을 받으신 인자를 증거하시는 증인이시기 때문이다. 하나님은 어떠한 존재이시며, 또한 사람은 어떠한 존재인지를, 이 얼마나 확연히 보여주고 있는가!

오늘날 우리는 사람들이 마치 악한 귀신이 들린 것처럼 하나님의 아들을 밟고 은혜의 성령을 욕되게 하는 것을 본다. 가장 악독한 모습을 한 미신적인 행태가 탐욕스러운 모습으로 나타나고 있으며 사람들을 충동질한다. 이것은 무지한 사람들에게만 나타나는 모습이 아니라, 스스로 배웠다고 자부하는 사람들이나, 심지어는 성경을 좀 안다고 하는 사람들에게서도 나타나고 있다. 요한복음 4장에서 예수님이 하신 말씀에 따르면, 이처럼 조상들의 말을 믿고 있는 사람들은 스스로 하나님 백성을 자처하면서 자기 나름의 방식대로 하나님을 예배하고 있었지만, 사실은 하나님의 성령을 대적하고 있는 육에 속한 종교집단에 불과했다. 그들은 우리 구주 예수님께서 여기서 말씀하신 예배에 관한 모든 것을 전적으로 무시하고 영적으로 눈먼 상태에서, 계속 자기 식대로 나가는 사람들이었다.

오직 영생을 소유하고 있는 사람만 예배를 드릴 수 있다. 왜냐하면 예배할 수 있는 능력이 성령님을 통해서 주어지기 때문이다. 아들이 있는 자에게는 생명이 있다(요일 5:12). 자기 속에 기쁨의 샘으로서 성령님이 있는 사람만이 아버지를 예배할 수 있다. 그 외에 다른 예배는 없다. 아버지께서는 거듭난 사람의 예배만을 받으신다. 거듭난 사람들이 신령과 진정으로 드리는 예배를 찾으신다. 그렇다면 독자에게 묻고 싶다. 당신은 진정 거듭난 예배자인가? 예배의 기쁨을 맛본 사람은 항상 아버지와의 사귐 속으로 더욱 들어가고 싶어한다. 슬픔 마음을 가진 사람은 자신에게 귀를 기울여주고 동정해줄 사람을 찾지만, 아무도 자신을 도울 수 없다. 왜냐하면 오직 주님만이 슬픈 현실에서 벗어나게 해줄 수 있기 때문이다. 따라서 기쁨은 더욱 큰 기쁨을 불러오는 법이다. 기쁨은 나눌수록 배가(倍加)되기 때문이다. 당신은 언제 이런 사실을 알았는가? 성령님을 받기 전에는 결코 알 수 없을 것이다.

따라서 모든 진리가 함께 묶여 있다. 영혼이 단지 거듭났을 뿐이라면, 당신의 영혼 속에는 진리가 여기저기에 흩어져 있게 된다. 거듭난 상태에만 머무는 사람은 그리스도의 재림을 갈망하고 또 소망하기도 하지만, 항상 애통하는 마음을 하나님 앞에 쏟아내게 되고, 또 약속된 주님이 오실 날과 시간이 지체되는 상황으로 인해서 안타까운 마음에 괴로운 시절을 보내게 된다. 하지만 주님은 하나님의 은혜 가운데 오셨고 우리의 모든 죄를 제거하셨으며, 그 결과 우리에게 영생을 주셨다. 게다가 하나님의 선물로 능력을 주셨는데, 이 능력은 바로 우리로 성령 안에서 아버지께 가까이 나아가게 해주는 힘이다. 이제 믿게 된 유대인과 이방인이 아버지께 나아감을 얻게 된 것은 바로 성령으로 말미암아서 된 것이다. 진리가 가진 필수적인 특징은, 바로 우리로 하나님과 기쁨의 교통을 나누게 해주고, 이어서 아버지를 예배하는 기쁨으로 이끌어준다는 것이다. 그러므로 이러한 복된 진리 옆에는 우리를 찬송의 영으로 충만하게 해주는 풍성한 은혜가 있다. 그 결과 진리는 (진리를 경험한) 영혼들을 함께 불러내는 효과가 있다. 각자의 자리에서 진리가 주는 축복을 누리는 것도 있지만, 이 세상에서 불러내어 함께 모이게 해준다. "이렇게 자기에게 예배하는 자들을 찾으신다."는 주님의 말씀처럼, 참된 예배자들은 함께 모여서 감사와 찬미의 예배를 드리게 되어 있다. 어째서 그런가? 그들은 한 영을 가지고 있고, 성령님이 그들을 하나로 연합시키셔서 하나님의 은혜를 찬미하게 하실 뿐만 아니라 헛된 예배를 드리는 사람들과는 분리시키시기 때문이다.

이 시점까지 예배는 혼합되어 있었다. 사마리아 사람들은 알지 못하는 것을 예배했다. 유대인들의 경우, 그들은 이스라엘의 하나님, 전능하신 주 하나님, 만군의 여호와를 예배했다. 이곳저곳을 떠돌아다니면서 예배했고, 다 함께 모여서 예배드릴 엄두를 내지 못했다. 아들이 오실 때까지, 구속의 역사가 완성되기까지, 성령님을 주실 때까지 그 일은 불가능했다. 유대인과 이방인 사이에 막힌 담이 있었다. 하지만 이제 그리스도께서 오셨다. 그렇다면 진리를 거스르는 행위는 무엇인가? 하나님의 성령을 불신하는 행위는 무엇일까? 은혜와 진리를 배반하는 행위는 무엇이겠는가? 분명 진리를 배반하는 때가 오고 있다. 나는 경고의 말을 하고 싶다. 우리는 다른 사람들과의 관계에서 책임이 있다. 게다가 당신의 자녀들, 심지어 그들이 회심하지 않은 상태에 있더라도, 그들을 이 세상이 거짓된 예배자들과 더불어 헛된 예배를 드리는 일에 동참시키지 말라. 그들이 멋진 예배를 드릴진 몰라도, (거듭난 일이 없기에) 의심의 여지없이 그들은 결코 참된 예배자들이 아니기 때문이다. 만일 자녀들이 아직 회심하지 않았기에, 하나님을 예배하는 일에 자녀들로 마음대로 세상과 섞이거나 그저 일반 기독교 종교의 방식을 따르도록 허락하는 것은 아주 잘못된 일이다. 그러므로 신중하게 대처해야 하며, 단순한 호기심이나 그럴 듯한 이유로 하나님이 정하신 예배 방식이 아닌, 다른 모양을 따르는 것은 조심해야 한다. 왜냐하면 그렇게 함으로써 사단은 거짓 예배의 씨앗을 심기 때문이다. 사단보다 교활한 존재는 세상에 없다. 사랑하는 친구들이여, 하와를 속인 사단의 계략에 조심하라. 그는 그저 사람의 눈에 좋게 보이는 지극히 작은 것을 미끼로 던졌을 뿐이다. 따라서 어떤 이유로든 하나님의 뜻에 합하지 않은 것은 모양이라도 버려야 한다. "진정으로 예배할 때가 오나니 곧 이 때라 아버지께서는 이렇게 자기에게 예배하는 자들을 찾으시느니라"(요 4:23) 이 외에 하나님이 허락하시는 다른 예배가 정말 있는가?

    나는 하나님의 은혜가 우리가 상상할 수 없는 곳까지 들어간다는 점을 인정한다. 게다가 하나님의 은혜는 어느 곳에서도 역사할 수 있다. 그럼에도 나는 산 자와 죽은 자를 위한 희생제사를 의미하는 미사가 드려지는 곳에서는 하나님의 은혜가 역사하지 않는다는 것을 안다. 이는 하나님의 은혜를 가리는 것은 죄가 아니기 때문이다. 분명, 죄가 하나님의 아들을 방해할 수 있다면, 여기에 그에 대한 사례가 있다. 죄가 있었고, 죄인들을 죄에서 건지는 것은 하나님의 아들이 오셨기 때문이다. 이 모든 일은 확실히 은혜의 성령을 통해서 되어진 일이다. 그렇다고 해도, 여러분에게 당부하고 싶은 것은 은혜가 죄를 가볍게 여기도록 하거나 무조건 죄를 용납해준다고 생각해서는 안된다. 그렇게 생각하는 것만큼 참으로 악하고 비도덕적인 일은 없다. 그런 식으로는 자유를 얻을 수 없다. 다른 이가 심판을 대신 감당해줄 때에만 범죄한 사람은 실제적인 하나님의 사랑을 통해서 구원을 받는다. 이것은 죽음을 통해서만 되는 일이 아니라, 그리스도의 죽은 자 가운데서 다시 살아나신 부활의 능력으로 되는 것이다. 따라서 성령님은 이러한 선한 역사에 힘을 보태신다. 이는 성령님이 신령한 복을 실현시키는 힘과 능력이시기 때문이다. 따라서 성령님은 이 세상에서 악에 대항해 맞설 수 있는 유일한 능력이시다.

여기에 성도의 양심에 작용하는 원리가 있다. 당신은 진정 신령과 진정으로 아버지 하나님을 경배한 일이 있는가? 아니면 세상과 세상의 음악과 웅장한 건축물과 의식으로 혼합된 예배로 만족하고 있지는 않은가? 이러한 것들로 혼합된 예배를 드릴 수 있다는 것을 당신은 알고 있다. 신령과 진정, 즉 성령과 진리를 배제한 채 인간이 고안한 예배방식으로 예배드리는 것으로 만족할 수 있다. 그렇다면 세상은 자연스럽게 그러한 예배방식을 환영할 것이며, 심지어는 예배에 참여하기도 할 것이다. 이러한 예배는 본질상 우상숭배에 지나지 않는다. 사도 바울은 갈라디아서 4장에서 갈라디아 지역의 교회들이 유대인의 예배방식으로 돌아가려고 했을 때, 이러한 본질을 간파했다. 이러한 영적 상태에 대해서 사도 바울이 느끼고 생각한 것은 무엇이었는가? 무슨 일이 실제로 진행되고 있었던 것일까? 참으로 엄숙하게 생각해보아야 하는 일은, 이러한 영적인 퇴보가 오늘날까지 진행되고 있다는 것이다. 어쩌면 이 일은 주 예수께서 하늘로부터 불꽃 중에 나타나시고 하나님을 모르는 자들과 우리 주 예수의 복음을 복종치 않는 자들에게 형벌을 주실 때까지, 그렇게 종말의 때까지 결코 멈추지 않을 것이다. 하지만 우리는 신령과 진정으로 예배드리도록 부르심을 받았다.

나는 이제 그리스도 안에 있는 형제들에게 간청하고 싶다. 예배가 여러분 마음의 기쁨이 되기를 바란다. 우리가 모이는 목적은 예배에 있다. 단순히 설교를 듣기 위해서 모이는 것이 아니다. 우리가 주님을 찬양하기 위해서 모일 때에도 이러한 경향이 나타나곤 한다. 실제로 우리의 영혼이 경배의 영으로 가득해서 주님을 예배하기 보다는 예배에 대한 설교나 또는 경배가 아닌 기도의 시간으로만 끝나는 경우가 있다. 하지만 우리는 더욱 예배에 초점을 맞추고, 하나님의 말씀을 가지고 예배하며, 찬미의 제사를 드릴 필요가 있다. 사랑하는 여러분들이여, 예배에 대해서 말하는 것이 예배가 아니다. 우리는 예배가 무엇인지 설명하거나 또는 어떻게 예배를 잘 드릴 수 있을 것인지를 의논하고자 모이는 것이 아니다. 이러한 시간은 다른 집회에서 할 수 있다. 우리가 진정 아버지를 예배하기 위해서 모였다면, 예배에 몰입해서 그분을 찬미하자. 그러면 우리 모두의 영혼은 그분을 찬양하며 높이며 기뻐하는 영으로 충만하게 될 것이다. 그리스도인의 예배는 우리 마음의 감사와 찬양과 경배가 하나님에게로 흘러나가는 것이다. 그러한 예배 가운데 우리 영혼은 성령님으로 말미암아 아들 안에서 그리고 아버지 안에서 기쁨과 만족을 누리게 될 것이다.

　이처럼 예배를 향한 갈망이 없는 영혼은 그리스도로 만족함이 없는 사람이다. 하지만 그리스도 안에서 우리는 찬송하고픈 강렬한 열망이 있다. 신령한 복을 받은 모든 이들과 더불어 사귐을 나누며 더불어 하나님을 경배하고픈 열망이 있다. 하지만 은혜를 알지 못하거나 혹은 죄 가운데 있다면, 이러한 예배에 연합하기를 꺼리게 되며, 그렇다면 아들과 아버지와 함께 하는 사귐을 가질 수가 없다. 예배를 하나님의 뜻에 합당하게 드리기 위해선 능력이 요구되는데, 바로 이러한 목적을 위해서 성령님이 하늘로서 오신 것이다. 하나님의 자녀가 합당한 예배를 드릴 수 있게 해주는 능력을 아는 사람은 성령님 외에는 예배 인도자로 만족할 수 없다. 성령님이야말로 교회 안에서 하나님의 뜻대로 예배를 인도하시는 분이시다. 그렇다면 그리스도인의 예배는 항상 아버지를 계시해주시는 하나님의 아들이 그 중심을 차지할 것이고, 하나님께 합당한 찬송을 드리고 하나님을 기뻐할 수 있게 해주는 능력으로서 성령님을 선물로 받는 것이 얼마나 필수적인 것인지 확증하게 될 것이다. 예배는 참으로 거듭난 사람들만을 위한 것이다. 하나님께로부터 태어난 사람만이 아버지를 알고 신령과 진정으로 예배할 수 있는 참된 예배자이기 때문이다. 참으로 수준 낮은 예배란 우리 자신에 대한 것으로 가득하고 또한 (복을 주신 분이 아니라) 우리가 받은 복들에 대해서만 찬양하는 것이다.

심지어 성도 양육을 위한 설교도 예배가 아니다. 물론 성도의 믿음을 함양하기 위한 설교는 나름대로 가치가 있다. 설교는 성도를 대상으로 하는 것이지만, 예배는 아버지와 아들을 대상으로 하는 것이다. 여기에 큰 차이점이 있다. 가르침이나 교훈도 나름대로 가치가 있다. 우리가 진정 우리 주 예수의 아버지를 향한 찬양의 영으로 충만하다면, 거기엔 우리 영혼을 새롭게 하는 신선함과 우리 믿음을 강하게 해주는 능력이 함께 할 것이다. 그럼에도 예배의 진정한 목적은 우리 모두의 찬양을 하나님께 올려드리는데 있다. 그렇다면 예배는 그리스도의 은혜와 진리를 내려오게 함으로써 성도들을 서로 하나되게 하고, 그리스도의 몸으로서 지체간의 연합을 강화시킨다. 그렇다면 감사는 예배의 일부분으로서, 그리스도인 예배의 최소한의 형태가 된다. 왜냐하면 감사는, 하나님이 우리에게 주시는 또는 하나님 안에서 우리가 누리는 기쁨에 대한 충분한 표현이 되지 못하기 때문이다. 물론 하나님이 우리를 위해 해주신 일과 우리에게 주신 선물에 대해서 감사하는 것은 당연한 일이지만, 하나님은 어떠한 분이신지에 대한 성령의 계시에 우리 마음을 드림으로써 하나님 앞에서 기뻐하는 것이야말로 하나님의 자녀된 우리의 특권이다. 이 모든 것은 다 자기 자리가 있고, 우리 영혼의 상태와 밀접한 관계가 있다. 따라서 예배는 우리 영혼이 성령의 실제적인 인도를 받을 때에만 가장 예배다운 예배를 드릴 수 있다.

    우리가 살펴볼 또 다른 것이 있다. 구주 예수님은 단순히 아버지를 예배하라고 말씀하지 않으셨다. 오히려 "하나님은 영이시니 예배하는 자가 신령과 진정으로 예배할지니라."고 말씀하셨다. 분명 그리스도인의 예배는 형식만 갖추는 것으로 충분하지 않고 실제가 있어야 한다. 왜냐하면 예배는 영적인 것이기 때문이다. 성령님이 아들을 예배의 대상으로서 특별히 인도하시는 경우가 있고, 말할 필요도 없이, 특별히 아버지를 더욱 교회 예배의 중심으로 인도하시는 때가 있다. 우리는 예수님의 주되심이나 예수님의 은혜가 강조될 필요가 있는 때와 하나님 안에서 우리가 누리고 있는 안식이 강조되어야 할 필요가 있을 때를 안다. 따라서 이처럼 다양한 성령의 인도하심 가운데 어느 하나를 절대적인 것으로 강조할 필요는 없다. 다만 내가 말하고 싶은 것은 우리가 받은 복 가운데 이것 혹은 저것을 미리 예배의 주제로 삼을 필요성이 있는가에 관한 것이다. 미리 짜여진 예배 형태는 이러한 다양성을 말살시키며, 성령님이 역사하실 여지를 주지 않는다. 게다가 성령의 은사와 임재가 들어설 공간이 없게 되며, 거듭난 영혼들로 하여금 성령의 인도를 받는 것이 무엇인지 전혀 알지 못하도록 원천봉쇄시키는 것이 된다.

    예배를 좌지우지하는 것은 완전한 은혜에서 나온다. 성령으로 인도를 받아 드리는 예배보다 우리가 얼마나 복된 존재인지를 표현할 수 있는 것이 무엇인지 알지 못한다. 성령 안에서 자유롭게 드리는 예배는 우리로 우리 아버지를 기뻐하게 하며, 로마서 5장 11절의 구절처럼 하나님 안에서 즐거워하게 해준다. 하나님과 화목되었고, 우리에게 주신 성령으로 말미암아 하나님의 사랑을 알게 된 우리는 하나님을 우리의 하나님으로 자랑한다. 이러한 단순한 이유 때문에 하나님의 모든 본질과 하나님의 도덕적인 성품은 너무도 완벽하게 그리스도 예수 우리 주 안에서 우리가 받은 영원한 복이 얼마나 정당한 것인지를 변호해주며, 그 정당성을 부여해준다. 이제 우리는 하나님의 본질 자체는 지금부터 영원히 변치 않는다는 것을 알고 있다. 악을 미워하시는 하나님은 사실상 본질적으로 악에 대하여 완전한 혐오를 나타내신다. 따라서 하나님 속에 있는 성품과 우리 속에 있는 성품은 서로 용납할 수 없는 것이지만, 그럼에도 우리를 대신하신 그리스도 안에서 우리 또한 영광스럽게 되었기에 하나님은 사랑 안에서 안식하실 수 있으시다. 이제 우리는 기쁨과 끊임없는 찬송 속에서 하나님께 나아갈 수 있다. 그렇다고 해서 거룩해야 할 책임에서 면제된 것은 아니다. 이것이 가능하다고 할 것 같으면 우리에게 엄청난 손실이 될 것이며, 육체를 가지고 있는 우리에겐 매우 위험한 일이 될 것이다. 우리는 아버지의 성품을 그리스도로부터 받았다. 이에 합당하지 못한 행실을 할 때, 아버지로부터 징계를 받게 된다(히 12장과 벧전 1:17을 비교하라). 분명 하나님은 우리 아버지이시다. 하지만 우리 속에 있는 본성과 하나님과의 관계는 구분해야 한다. 이것은 성경이 가르치고 있는 바이다. 우리는 하나님을 아버지로 모시고 있다. 사도 요한이 말한 대로, 우리는 하나님의 자녀로서 아버지와 친밀한 사귐을 누리고 있다. 이것은 그야말로 구속의 승리가 우리를 하나님과의 화평 속으로 들어가게 해준 사실을 깨닫고, 우리로 하나님을 자랑하게 되는 궁극적인 순간이다. 이후로 하나님의 모든 본성은 예수 안에서 우리에 대하여 안식을 누리고, 예수로 말미암아 우리 안에 자리를 잡게 된다.

따라서 우리는 하나님이 우리 아버지라는 사실로 인해 기뻐할 수 있다. 이것을 보지 못하게 하고, 또한 하나님 안에서 완전한 안식과 깊은 안식을 누리지 못하게 하는 위험이 있다(벧전 1:21). 바로 우리 마음이 하나님의 의에 순종하지 못하거나, 또는 그리스도께서 성취하신 구속의 깊이를 헤아리지 못하는 것이다. 하나님을 그저 "하나님"으로 아는 것보다는 "아버지"로 아는 것이 더 큰 확신을 준다. 그리스도의 십자가 사역을 온전히 이해하지 못하거나, 그리스도께서 얻으신 영광의 의미를 제대로 보지 못한다면, 마음의 상태와 믿음에는 결함이 있게 되며, 그렇다면 영적인 자유를 제대로 누리지 못할 뿐만 아니라 감사로 충만한 예배를 드리지 못하게 된다. 그렇다면 성화의 삶도 맛보지 못하게 된다. 이 모든 것이 다 서로 연결되어 있다. "그러므로 우리가 진동치 못할 나라를 받았은즉 은혜를 받자 이로 말미암아 경건함과 두려움으로 하나님을 기쁘시게 섬길지니 우리 하나님은 소멸하는 불이심이니라"(히 12:28,29) "그러므로 예수도 자기 피로써 백성을 거룩케 하려고 성문 밖에서 고난을 받으셨느니라 그런즉 우리는 그 능욕을 지고 영문 밖으로 그에게 나아가서 우리가 여기는 영구한 도성이 없고 오직 장차 올 것을 찾나니 이러므로 우리가 예수로 말미암아 항상 찬미의 제사를 하나님께 드리자 이는 그 이름을 증거하는 입술의 열매니라"(히 13:12-15)

나는 이러한 일반적인 특징들을 기독교가 가진 실제적인 본질로 말하고 싶지는 않다. 이 모든 것들은 우리가 받은 축복들과 책임들이 성령을 선물로 받은 것과 어떻게 연결되어 있는지를 보여줄 뿐이다. 하나님의 아들이 이 세상에 오신 것과 거절당하신 일의 결과로 주어진 것은 사실은 거듭남이 아니라 성령을 선물로 주신 일이다. 선물로 성령이 주어진 것은 우리가 살펴본 대로, 하나님의 아들께서 사랑 때문에 자신을 낮추신 일의 결과이며, 그분의 영광과 겸손의 미덕에 의해서 주어진 것이다. 앞의 강의에서 거듭남은 어느 특정한 세대에 속한 것이 아니라, 모든 세대에 하나님의 나라에 들어가는데 필수적인 진리임을 주님이 말씀해주신 사실에 대해서 충분히 살펴보았다. 주님은 그후에야 자신이 세상에 오신 목적, 즉 구속의 역사를 이루고자 오신 것을 말씀하셨다. 그렇다면 거듭남은 인간의 타락 이후 모든 사람에게 필요한 일이며, 구약성도도 신약성도와 마찬가지로 물과 성령으로 거듭난 것이다. 하지만 이제 우리는 주님의 오심을 소망하는 복 가운데 있으며, 하나님의 충만한 은혜 가운데 있다. 이제 우리의 사귐은 아버지와 그 아들 예수 그리스도와 함께 하는 것이다. 하나님과의 사귐은 구속에 터를 잡고 있다. 그럼에도 구속의 역사가 직접적으로 사귐을 가능케 한 것이 아니다. 오히려 하나님의 은혜의 연속적인 역사의 결과로 보아야 한다. 왜냐하면 이것은 하나님의 아들이 영광을 받으신 일과 그 결과로 성령님이 신자들에게 선물로 주어진 일의 결과이기 때문이다.

Lecture 3

제 3강 생수의 강
요 7:1-39

    이제 우리가 이번 장에서 다룰 주제는 앞에서 다룬 내용들과 분리될 수 없으며, 우리 주님이 설정하신 상황과 배경도 마찬가지이다. 이것은 하나님의 진리가 확실한 지식인 것처럼 또한 비밀이다. 진리는 우리에게 위압적으로 주어진 것이 아니라 사랑을 인해서 주어진 것이기 때문이다. 이러한 진리는 하나님의 계시의 일부를 이루고 있으며 또 하나님 섭리의 모든 단계를 말하고 있지는 않지만, 그 모든 것들 앞에서, 적어도 하나님 앞에서 그리스도를 위대한 대상으로 삼고 있다. 하나님은 모든 것을 그리스도를 위하여 섭리하신다. 거기서 우리 영혼은, 하나님의 은혜를 인하여 단순해진다. 그래서 억지로 진리를 좇거나, 하나님의 섭리 노선에서 벗어나거나, 하나님이 그리스도를 통해서 역사하시고, 그리스도 안에서 하나님 자신의 영광을 나타내시는 것을 거부하지 않게 된다. 세대의 발전은 다소 느린 듯 진행되는 것 같이 보이지만, 실상 세대의 발전이란 전혀 없었다. 하나님이 쌓아놓은 것이 아니라면, 영혼을 위한 축복은 과연 언제 어디서 얻을 수 있는 것인가? 이 뿐만 아니라 하나님의 목적은 우리 눈 앞에 펼쳐져 있다. 따라서 진리는 인간적인 방식으로 지식을 얻는 것처럼 주어지는 것이 아니라, 신적인 방법으로 주어진다. 따라서 우리의 마음은 하나님 말씀의 영역만큼 (넓게) 형성되어야 하며, 이로써 하나님의 목적과 목표에 이르게 된다. 만일 우리가 요한복음 7장을 살펴보면 여기서 우리 주님이 성령님에 대해서 선언하신 내용들은 요한복음 3, 4장에서 이미 다룬 내용들과는 전혀 다르다는 것을 알아차리게 될 것이다. 분명한 진보가 있었다. 항상 그렇지만 이것은 그리스도에 대한 새로운 계시와 연결되어 있다. 나는 하나님께서 그리스도에 대해서 더욱 많이 계시하심에 따라서, 우리 마음은 그리스도를 아는 일에 점진적인 진보가 나타나며, 이렇게 하나님 말씀의 사역을 통해서 영적인 힘은 더욱 축적된다는 것을 알고 있다. 이 주제를 풀어 가는데 필요로 하는 근본적인 진리는 이미 다루었다. 모든 세대 모든 성도들이 하나님의 나라에 들어가는데 절대적이면서 또한 공통적으로 적용되는 진리, 하지만 그리스도께서 이 세상에 오심으로 인해서 더욱 독특성을 띠게 된 진리, 그것이 바로 거듭남의 진리이다. 이 거듭남의 진리는 하나님께서 자기 아들을 나타내심으로 인해서 우리에게 허락하신 축복 중의 축복이다.

   이 거듭남의 진리는 요한복음 3장에 소개되어 있다. 여기서 나는 복음이 가지고 있는 명확하면서도 완전한 순서에 주목하라고 말하고 싶다. 영원부터 존재해온 말씀이신 그리스도께서 계시되었다. 영원 세계에서 오직 하나님과 함께 하셨던 그리스도는 이제 자기 나라에 내려오셨다. 그리스도께서 삼위일체 가운데 제 2위의 위격을 가지신 분으로서 소유하신 영광이 충만하게 나타났다. 이 영광은 하나님에게 뿐만 아니라 사람들과 성도들에게 나타났고, 심지어는 이 세상을 향해서도 나타났다. 이렇게 영광이 영혼에게 비춘 효과는 이 시대를 지나 천년왕국의 시기까지 이르게 된다. 그리스도는 자신의 능력으로 공허하고 황폐화된 곳을 기쁨으로 가득하게 하실 것이며, 하나님을 향해 대적하던 모든 무리들을 심판으로 제거하실 것이다. 그리스도께서 친히 이 일을 이루실 것이다.

이것은 매우 분명한 사실이며, 그리스도는 하나님의 영광으로 가득한 그리스도의 왕국을 이 땅에 세우실 것이다. 그렇다면 질문이 생긴다. 어떤 방식으로 사람의 영혼은 이 하나님의 왕국에 동참하게 되는 것인가? 요한복음 3장은 바로 이 질문에 대한 대답을 준다. 게다가 하나님은 장차 오는 하나님 나라에 들어갈 사람들을 준비시키고 있었다는 사실을 설명해준다. 이러한 사실을 보여주신 주님은 자신을 하나님의 아들로 계시하심으로써 우리 영혼의 신생(新生)이 일어날 때 신적인 본성(또는 신의 성품)이 주어지는 것이야말로 매우 특별한 축복임을 밝히셨다. 따라서 그리스도께서 영광 가운데 이 세상에 오시는 지상 강림의 때에는 우리의 정욕 또는 육신을 일순간 없애주시는 특별한 은총이나 자비와 같은 것은 없다. 그 날에 참 빛으로 나타나려면, 그 이전에 신령한 축복들을 맛보아야 한다. 물론 많은 신령한 복들이 있지만, 그리스도를 아는 빛에 의해서만 그러한 복들이 우리 자신에게 임한다는 사실을 굳이 말할 필요는 없을 것이다. 그렇다면 그러한 축복들을 더욱 사모하려면, 마치 전혀 새로운 것처럼 제시되어야 하지 않을까? 그렇다. 참으로 우리를 부요하게 하고, 참으로 우리 영혼을 행복하게 하며, 참으로 우리를 복되게 해주는 것은, 그리스도께서 이전에도 근본적으로 참된 사실을, 마치 새로운 질감과 문양의 옷감으로 수놓은 옷처럼 입고 오셨다는 것이다. 따라서 하나님의 모든 성도들은 처음부터 끝까지, 구약성도나 신약성도나 동일하게 거듭남을 통해서 새롭고 신적인 본성에 동참한 자들이다. 왜냐하면 이 신의 성품을 소유할 때에라야 하나님과의 사귐을 가질 수 있기 때문이다. 이제 우리는 이 신적인 본성이 영생임을 알게 되었다. 바로 하나님의 아들 안에 있었던 영생이 거듭난 사람들의 실제적인 분복이 된 것이다.

하지만 지금부터 다루는 주제는 이러한 공통적인 분복과는 거리가 멀다. 요한복음 4장에서 보았듯이, 자신을 지극히 낮추신 하나님의 아들께서는 거듭남 때문이 아니라, 아버지와 아들과 함께 하는 사귐의 능력을 우리 속에 두시기 위해서 성령님을 주신다. 그리스도는 약속된 메시야이셨지만, 그들은 그분을 영접하지 않았다. 그 결과로, 참으로 복된 약속은 그리스도께서 입으신 영원한 영광이 계시될 때까지 연기되었다. 결과적으로 그리스도는 거절당하셨고, 그분의 영광이 가리어졌다. 하지만 이 일을 통해서 더욱 큰 영광이 나타나게 되었다. 하나님 아들의 모든 영광이 완전한 은혜 가운데 이 땅에 드러나게 된 것이다. 주님이 놀라운 은혜와 성령님에 대한 진리를 소개하신 일은 한 위대한 유대인 박사를 통해서가 아니라, 오히려 사마리아의 가난하고 아주 형편없는 여자를 통해서 이루어졌다. 주님에 의해서 성령님이 주어진 후에라야, 신자는 아버지와 및 그 아들 예수 그리스도와 함께 하는 사귐을 가질 수 있게 된다. 거듭남(또는 신생(新生))은 하나님이 영혼들을 불러내시는 일을 하시는 동안은 항상 하나님의 자비하심을 통해서 이루어진다는 것은 언제나 사실이었고, 사실일 수 밖에 없다. 왜냐하면 사람은 영적으로 죽어 있고 또한 부정한 죄인이기 때문이다. 따라서 사람은 그러한 본성 때문에 하나님의 나라를 유업으로 얻을 수 없다. 하지만 이제 거듭난 우리는 하나님 나라를 소유할 뿐만 아니라 그 나라에 대한 엄청난 특권을 소유하게 되었다. 그 이유는 하나님의 아들께서 그곳에 계시기 때문이다. 이스라엘에게 거절당하셨지만 하나님은 그리스도를 높이셨다. 모든 사람이 하나님의 아들께 무릎을 꿇게 될 것이다. 따라서 우리 영혼은 아들의 영광을 아는 지각을 통해서 성령의 능력을 힘입어 아버지의 사랑을 맛보게 된다. 그렇다면 예수님은 사랑과 영광에 속한 모든 것의 계시자이신 성령님을 거듭난 영혼 속에 내주하시도록 주신다.

따라서 이처럼 헤아릴 수 없는 가치를 지니신 성령님은 그리스도인으로 하여금 신령과 진정으로 예배드릴 수 있는 능력을 공급하는 샘이 되어주실 뿐만 아니라, 이제는 하나님이 유대인들에게 허락하신 구약의 예배 방식과 함께 인간이 나름대로 만든 자의적인 예배를 배척하신다.

이제 요한복음 7장에 이른 우리는 새로운 주제에 이르렀다. 주 예수님이 여기서 우리에게 보여주시는 것은 더 이상 유대지역에서 다니려 하지 않으셨다는 것이다. 이는 유대인들이 죽이려 했기 때문이다. 유대의 지도자들만 주님을 시기한 것이 아니라, 이제는 백성들도 그리했다. 적어도 유대 땅에 있는 백성들은 주님을 죽이려는 의사가 분명했다. 그들의 미움은 극에 달했고, 다만 기회만 찾고 있었다. 그들은 자신들이 할 수 있는 대로, 하나님의 이 빛(예수님)을 꺼버리는 일을 성사시키지 못한다면 결코 만족하지 않을 기세였다. 장막절이 다가왔을 때, 예수님의 형제들은 예수님께 그 행하시는 일을 제자들도 보도록 유대 땅에 가도록 권했다. 주님은 점진적으로 종교 그 자체에 무슨 자랑할 만한 요소가 있는 것은 무엇이나 멀리해오고 있었다. 그래서 주님의 사역은 주로 갈릴리 지역에서만 행해지고 있었다. 주님의 형제들은 그것이 불만스러웠다. 그들은 주 예수님 덕분에 점차 명성을 얻고 있었다. 이 세상을 위해 베푸시는 주님의 놀라운 행적으로 인해서 무슨 이익을 얻고자 했다. 그들의 말처럼, 스스로 나타나기를 구하면서 묻혀서 일하는 사람은 없었다. "이 일을 행하려 하거든 자신을 세상에 나타내소서." 이것은 순전히 사람의 생각일 뿐이었다. 더 안타까운 일은 이것이 예수님의 육신의 형제들의 마음과 입술에서 나온 것이었다는 사실이다.

하지만 우리 주님은 요한복음 6장에서 무엇을 행하셨는가? 주님은 사람들의 그러한 기대를 조금도 용납하지 않으셨다(요 6:15). 왜냐하면 무리들은 주님을 왕으로 삼고자 했기 때문이었다. 그들은 주님이 주신 빵 때문에, 여호와의 구원을 맛볼 수 있었다. 이 일로 인해서 그들은 희망을 가지게 되었고, 이는 유대인들이 시편 132편에 소개되어 있는 메시야의 행적들에 대해서 잘 알고 있었기 때문이다. 그들은 왕국의 즉각적인 도래에 대한 기대를 품었다. 확실히 왕이 여기에 계셨기 때문이다. 우리 주님은 절대적으로 거절하셨다. 백성들은 집요하게 주님을 왕으로 삼고자 했고, 주님은 자신이 행한 이적들을 통해서 자신의 참된 사명을 소개하고자 하셨다. 그러므로 요한복음이 담고 있는 복음은 그분을 그리스도로 영접하게 하는 것으로 끝나는 것이 아니었다. 물론 유대인들이 메시야를 거절할 것이라는 이러한 결과는 처음부터 예상된 것이었다. 심지어는 선지자들도 이미 이것을 확실하고도 충분하게 예언했다. 예언된 일이 입증된 것이다. 사람의 실패를 통해서 하나님은 더 크고 위대한 일을 성취하셨다. 주님은 자신의 메시야되심에 대한 증거를 주지 않으신 것이 아니었다. 오히려 요한복음은 거듭남을 통해서 신적인 본성을 주었고 이로써 그리스도와 그분의 영원한 위격의 영광을 바라보게 해주었다. 하지만 그리스도는 거절당하셨다. 그럼에도 하나님의 위대한 계획, 곧 그리스도의 보혈을 통한 구속의 완성과 성취를 향해 나아가고 있었다.

사람들은 참 왕이 세상에 계셨고, 자신들이 그 백성이었고 또 자신들이 약속의 땅에 있었음에도, 이 모든 것이 갖추어진 상태에서도 무언가 부족할 수 있었다는 것을 이해하지 못했고, 이해할 수도 없었고, 또 배우려고도 하지 않았다. 참 왕, 약속의 백성, 그리고 약속의 땅, 이 모든 것들은 분명 선을 이루기 위한 (하나만 빠져도 문제가 될 수 있는) 요소들이었다. 하지만 이 모든 것들이 함께 했지만 어떻게 되었는가? 하나님이 그들 생각 속에 계시지 않았다. 그들은 죄 문제를 하나님 앞에서 의식하지 않았다. 반면에 예수님은 자신을 보내신 하나님의 뜻과 영광만을 생각했다. 그러므로 하나님 나라는 그들에게 너무 멀리 있었다. 죄 가운데 있는 사람이 하나님의 나라에 어찌 들어갈 수 있단 말인가? 하나님의 영광은 어찌 된단 말인가? 따라서 예수님이 하나님 나라를 이 땅에 세우는 것은 불가능했다. 그러므로 우리 주님의 강론의 핵심은 이것이다. 즉 하나님 나라를 세우는 대신, 자기를 보내신 하나님의 뜻을 행하러 내려오신 것이다. 하나님의 뜻은 사람들을 구원하는 것이었다. 아무리 악한 죄인도, 주님께 나아오기만 하면 받아주시는 것이었다. 이는 주님이 자기의 뜻을 행하거나, 또는 자신에게 호의적인 사람들만을 선택하러 오신 것이 아니었기 때문이다. 이제 중요한 것은 영생과 마지막 날에 일어날 부활의 문제였다. 사람들이 이처럼 놀라운 진리들에 눈을 뜨게 되면, 주님은 더 깊은 진리로 인도하신다. 즉 주님은 자신이 죽기 위해 오신 것과 자기 생명을 세상에 주기 위해서 오신 것의 참 의미를 알도록 이끄신다. 더 놀라운 사실은, 주님의 살을 먹고 또 주님의 피를 마시지 아니하면 생명이 없다는 것이었다. 이것은 왕을 구하는 유대 백성들을 향해 자신을 낮추시고 고난을 당하시는 인자에 대한 설명이었다.

요한복음 5장에서 주님은 아버지와의 교통 가운데 생명을 주시는 사역을 하시는 하나님의 아들로 소개되고 있음을 주목해야 한다. 만일 백성들이 주님을 영접하지 않는다면, 그들은 주님에 의해서 심판을 받게 될 것이다. 이는 주님이 인자이시며, 아버지께서는 모든 심판을 맡기셨기 때문이다. 요한복음 6장에서는 한층 더 깊은 내용들이 소개되고 있다. 여기서는 인자가 심판하시는 분이 아니라, 죽으실 뿐만 아니라 자기의 살을 내어주어 먹게 하고, 자기의 피를 내어주어 마시게 해주시는 분으로 소개되어 있다. 이보다 더 하나님은 누구시며, 또한 그리스도는 누구신지를 복되게 또한 참되게 소개하는 곳은 없다. 그리스도께서 사람으로 오신 것은 이처럼 완전한 자기 희생과 완전한 사랑을 나타내기 위한 것이었다. 누가 과연 죽기 위해 왔는가? 오랫동안 기다리고 염원해온 메시야의 제왕적 영광은 사그라지고, 죽음에 의해서 묻히게 되었다. 하지만 이 일로 인해서, 하나님은 더욱 영광을 받으시고, 죄는 심판을 받고, 사람은 하나님에 의해서 완전한 복을 받게 되었다 이제는 하나님의 마음과 교통을 나누는 사귐 속으로 들어가게 되었고, 자기 자신을 희생한 사랑과 헌신의 그리스도와의 사귐을 나눌 수 있게 되었다. 내 생각으로는, 이것이 바로 주님의 살을 먹고 주님의 피를 마신다는 말씀이 가지고 있는 의미이다. 이것은 단지 자기 사람들을 위한 희생제사로서의 주님의 죽으심만을 의미하지 않는다. 그 이상의 내용이 있다. 주님의 죽으심과의 연합과 교통이 있다. 믿음에 의해서 죽음 속으로 연합하는 것이 있다. 당분간은 메시야의 예언된 영광은 가리어진다. 하지만 머지않아 주님은 영광을 얻으시고 통치권을 획득하실 것이다. 물론 이 일은 지체되고 있다. 예수님은 더욱 복스러운 영광을 얻으실 것이며, 진동할 수 없는 터 위에 세워진 큰 영광을 입으실 것이다. 하지만 지금은 죽음이 예수님의 몫이다. 따라서 주님은 자신의 죽음의 결과들을 백성들 앞에 열거하신다.

주님의 죽음은 인자됨을 인하여 온 것이었고, 또한 그 죽음은 자기 사람들과의 교통을 나눌 수 있는 근거가 되었다. 그들은 주님의 살을 먹고, 또 그 피를 마셔야만 했다. 그렇지 않으면 생명이 없다. 요한복음 7장은 초막절을 소개하고 있는데, 초막절은 하나님의 약속에 의해서 확실히 보증된 미래의 영광을 상징한다. 그러므로 주의 형제들은 주님 자신을 세상에 나타내도록 압박했다. 확실히 그들은 바로 지금이 그때라고 생각했던 것이다! 주님은 엄숙한 진리를 선언하셨는데, 곧 "내 때는 아직 이르지 아니하였거니와 너희 때는 늘 준비되어 있느니라."(요 7:6)고 말씀하셨다. 그들은 세상에 속했기 때문에 세상에 대해서 말했다. 세상은 그들의 말을 듣는다. 하지만 주님의 경우엔, 아직 그분의 때가 이르지 않았다. 사랑하는 형제들이여, 잠시 이 모든 말씀을 하신 주님이 어떤 분이신지 생각해보자. 주님은 이 모든 일의 상황을 다 알고 계시며, 주님은 모든 약속의 합법적인 후사이시며, 만물을 다스리시는 주님이실진대, 그러한 분이 "내 때는 아직 이르지 아니하였[다]"고 말씀하시는 것은 무한한 은혜인 것이다. 동시에 "너희 때는 늘 준비되어 있[다]"는 것은 모든 사람들의 생각에 사형을 언도하시는 것이며, 죄인을 정죄하는 것이다. 사람의 때는 현재이기에, 항상 준비되어 있다. 이것이 사람이 가진 유일한 생각이다. 사람은 항상 자신을 높이는 것을 좋아하기 때문이다. 이것이 사람을 살아가게 해주는 낙이며, 살아 숨쉬는 생명이다. 이것이 사람이 살아가는 모든 활동의 추진력이자 원천이다. 주님의 길을 더욱 복되게 하는 것은, 주님 속에는 따로 능력을 구하는 것이 없었다는 점이다. 주의 형제들은 주님을 믿지 않았다. 하지만 그들은 주님이 가지고 계신 능력에 대해서만큼은 확신했다. 그들이 믿지 않았던 것은 주님의 능력을 의심했기 때문이 아니었다. 믿는다는 것은 주님에게 자신이 원하는 일을 행할 능력이 있음을 확신하는 것과 같은 것이 아니다. 믿지 않는다는 것은 하나님을 알지 못하기 때문에, 하나님의 영광에 대한 이해가 없기 때문에, 사람의 상태에 대한 바른 이해가 없기 때문에, 그리스도를 통해 나타난 은혜에 대한 지각이 없기 때문에, 예수님을 둘러싸고 일어나는 모든 일의 모순을 느끼지 못하기 때문에 믿음을 배반하는 것이다. 하지만 모든 능력을 가지고 계시며, 즉각적으로 상황을 변화시킬 수 있으신 주님은 적당한 때를 기다리셨다. 주님의 때가 아직 오지 않았기 때문이었다.

형제들은 초막절에 올라갔다. 거기서 우리는 예수님에 대한 사람들의 생각이 드러나는 것을 보게 된다. 유대인들은 예수님의 형제들처럼 불신앙을 드러냈다. 사람들은 수군거렸고, 이러 저러한 의견을 냈다. 그것은 다만 사람들의 생각이었다. 하나님을 향하여 양심의 일깨움이 없는 사람들이 지어낸 생각에 불과했다. 사람들의 이성은 결코 하나님의 사랑에 이르지 못한다. 인간의 생각은 그저 인간의 생각일 뿐 아무것도 아니다. 거기엔 아무 힘도 없다. 그저 그 속에서 솟아나는 사망과 사랑 없음의 한 줄기 힘없는 샘물일 뿐이다. 하지만 예수님 속에 있는 것은 달랐다. 그 속엔 능력이 있었고, 감히 말하건대, 능력 보다는 비교할 수 없을 정도로 더욱 복된 것이 있었다. 주님은 하나님 사랑의 화신(化身)이었다. 주님은 이미 하나님 앞에서 전적인 겸손의 영으로 행해오셨다. 사람들은 주님을 죽이려 했지만, 주님은 자신이 마주치게 될 일들과 그 모든 것을 참고 인내해야 함을 깊이 생각하셨다. 단순한 눈으로 볼 때, 확실하게 보는 법이다. 주님의 눈으로 볼 수 없는 것이 있었을까? 전혀 기대하지 않은 일이 일어날 수 있는가? 예수님이 서두르셔야 하는 일이란 없었다. 다만 하나님을 기다리는 고요함이 있을 뿐이었다. 사람의 죄나 사람의 타락으로 인해서 주님에게 위협이 될 만한 일이 갑작스럽게 일어나는 일은 없었다. 하지만 사실, 사탄의 일시적인 성공과 사람의 어리석음이 어우러진 사건들은 있지만, 주님은 이 땅에서 일어나는 혼탁한 일들을 정화시키는 분이시다. 사랑이신 하나님은 주님의 생각의 모든 것이었고, 주님의 감정의 모든 것이었다. 따라서 예수님은 초막절이 시작될 때까지 기다리셨다. 그들이 절기를 잘 지키는 동안, 주님도 올라가셔서 (자신이 지불해야 하는 대가를 고려하신 후) 자신을 나타내셨다.

무엇보다 주님은 자신이 곧 떠나실 것을 알리셨다. 나는 이 부분에 독자들의 관심을 집중시키고 싶다. 이것은 성령님의 역사의 기초를 놓는 매우 중요한 것이며, 이번 장에서 다루고자 하는 중심 주제이다. 성령이 선물로 주어지는 것은 예수님의 죽음과 하늘로 승천하신 결과로 주어지는 것으로 설명되고 있다. 주님은 사람이 따라올 수 없는 곳으로 떠나시고, 유대인들은 버림을 받는다. 따라서 마지막 날, 이 초막절의 가장 큰 날, 유대인의 절기 가운데 마지막 날, 예수님은 서서 외치셨다.

잠시 초막절의 의미에 대해서 생각해보자. 초막절은 하나님의 백성들이 한때 광야생활을 했지만, 지금은 기쁨의 땅에 들어오게 된 사실을 기념하면서 매년 지키도록 주어졌다. 이 날은 보리 추수와 포도 수확을 기념한다. 게다가 초막절은 성경 예언의 성취 가운데 두 가지 하나님의 심판에 대한 상징이다. 첫 번째는 선한 것과 악한 것을 구분하는 심판이 있다. 그 다음에는 하나님을 대적하고 악을 행한 모든 것들을 향해 가차 없이 쏟아지는 형벌의 심판이 있다. 하나님은 항상 구원을 바라는 자기 백성들을 심판에서 건지신다. 심판이 집행되기 전에 하나님의 영광이 나타나기를 기대하는 것은 헛된 생각이다. 심판은 반드시 정해진 수순을 따라 집행될 것이며, 그 후에야 영광이 나타날 것이다. 하지만 이 초막절은 보통 이스라엘의 절기와는 달랐다. 아주 특별한 특징을 가지고 있었는데, 그것은 꼭 7일이라는 날수에 매이지 않았다는 점이다. 여분의 날이 있었다. 인간 활동의 주기를 의미하는 7일 동안 절기를 즐겼을 뿐만 아니라, 그 마지막에는 안식의 복된 시간을 가졌다. 이것은 하나님의 말씀에 따르면, 자기 백성과 땅을 위한 하나님의 계획이었다. 왜냐하면 하나님의 백성을 위하여 안식일이 남아 있는 것은 하나님의 뜻과 목적이었기 때문이었고, 하나님은 이것을 결코 포기한 적이 없으셨다. 이 절기의 안식은 일곱째 날이 아니라, 여덟째 날이었다. 그 날 예수님은 서서 외치셨다. 이 날은 창조의 선함을 기념하는 날이 아니라 부활의 영광을 기념하는 날이었다. 그 날 예수님은 "누구든지 목마르거든 내게로 와서 마시라"(요 7:37)고 외치셨다.

신령한 마음을 가진 사람이라면, 내가 이 장을 통해서 설명하고자 애써온 이 모든 것들이 가지고 있는 힘을 느낄 수 있을 것이다. 분명 이제 소개되는 성령님은 예수님이 이 세상에 오시기 전까지 항상 영혼들 위에 역사해 오신 하나님의 성령과는 전혀 다르다는 점이다. 예수님이 하나님의 아들로서 오셨을 때 예수님과의 교통의 능력으로 주어진 성령과도 다르다. 여기서 우리는 예수님이 세상을 떠나가지 않으시면, 결코 오지도 않고 또 올 수도 없는 시간을 맞이하고 있다. 게다가 우리는 주 예수님이 죽으시고, 또한 부활하시고 영광 받으시기 전까지는 인간의 마음으로 생각할 수도 없고 또 경험할 수도 없는 새로운 차원의 축복을 보게 된다. 우리 주님이 이제 강력하게 말씀하시고 또 요한복음 7장의 모든 상황을 설정하신 경이로운 지혜를 통해서 우리에게 드러내고자 하는 사실은, 하나님 나라의 도래가 아니라 바로 예수님이 영광을 받게 되실 것이란 점이다. 주님이 하늘 높은 곳에서 영광을 받으신 결과로, 믿는 사람이 이 땅에서 받게 되는 것은 모든 것을 이기고 넘쳐흐르는 생수의 강으로서의 성령님이었다. 이것은 우리가 지금까지 알고 있는 것과는 전적으로 다른 것이다. 하나님은 예수님의 죽음에 대해서 무엇을 느끼셨을까? 하나님의 아들께서 지극히 낮아지신, 그 측량할 수 없는 겸비에 대해서 하나님이 매기신 가치는 무엇이었을까?

하나님 아들의 은혜는 신자들에게 성령님을 값없이 선물로 주게 했다. 이는 신자들로 하여금 아버지와 기꺼이 자신을 내어준 아들과 함께 하는 사귐을 누리게 하려는 것이었다. 그렇지 않다면 과연 누가 아들의 위격의 위엄을 기뻐하며, 그 사랑의 깊이를 알 수 있단 말인가? 이것은 실로 우리를 그분과 동등으로 삼는 것이었다. 과연 우리가 어찌 감히 우리 자신에게 속한 그 무엇으로, 무슨 자격으로 아들과 사귐을 가질 수 있다고 생각할 수 있겠는가? 사실 새로운 본성으로도 감당치 못하는 일이다. 그렇다면 우리가 이미 살펴본 대로, 성령님만이 이 모든 것을 가능케 해주는 유일한 권능이시다.

여기서 주의해야 할 점이 있다. 신자 속에 내주하실 성령님이 주어진 것은 예수님이 하나님의 아들이시기 때문이 아니라 (강조하고 또 강조해서 말하지만) 인자이시기 때문에 가능한 것이었다. 인자로서 예수님은 전적으로 버림을 받으시고, 죽으셨다가, 다시 살아나셨으며, 하늘에서 영광을 받으셨다. 이 모든 것에도 불구하고 심판은 아직 집행되지 않았다. 의인들을 하나님 자신에게로 구분시키는 심판이건, 하나님을 대적하는 악인들을 향한 보응의 심판이건 아직 인간을 향한 심판은 집행되지 않았다. 이러한 하나님의 공의로운 형벌이 집행되기 전에, 인자는 세상을 떠나신 것이다. 하늘로 올라가셨고, 이 땅에 있는 신자들과 하나님 우편에 영광을 받은 사람으로서의 자신을 묶어주는 신성한 끈(divine link) 역할을 하게 하고자 자신이 들어간 천상에서 성령님을 보내신 것이다. 이제 성령의 능력에 의해서, 높임을 받으신 우리 구주의 승리를 인해서 신자의 마음은 기쁨을 맛보면서, 그 사실을 널리 전파하게 된다. 이제는 내가 소유하고 있는 분, 나의 생명으로 알고 있는 분이 계신다. 그 분은 나를 값을 주고 사셨으며, 또한 깨끗하게 하기 위해서 죽으셨다. 이제 주님은 마땅히 자신을 영접해야 했던 그 백성들에 의해서 거절을 당하시는 이 모든 상황을 떨쳐버리신다. 지상에 속한 약속들은, 장차 영광스럽게 성취될 날을 미래에 남겨두고 연기되었다. 왜냐하면 하나님이 약속하시고 보증하신 것은 결코 변경되거나 취소될 수 없기 때문이다. 현재에 속한 모든 것은 그리스도의 십자가 속에 함몰되었다. 하지만 하나님은 더 높은 하늘에 속한 것을 가져오기 위하여 막간(interval)을 사용하신다. 하나님은 그리스도를 대신해서 그의 우주적인 통치를 이 땅에 가져오기 위해서, 이 땅에 속한 영광 대신 사람이 전혀 상상하지 못했던 만물의 새로운 질서를 가져오신다. 내가 이 땅에 있는 동안, 하늘에서 영광 중에 계신 그리스도는 성령님을 보내심으로써, 나로 하여금 새롭게 펼쳐지는 영역에 들어가게 하신다. 나로 하여금 이 땅에 사는 동안에도 천상의 세계에 익숙하게 하신다. 나로 하여금 천상의 세계를 잘 아시는 성령님을 소유하게 하심으로써 성령님을 통해서 나의 모든 생각, 모든 애정, 모든 관심과 모든 기대를 그리스도께서 계신 그곳에 두게 하신다.

 이것이 요한복음 7장에서 주 예수님께서 우리 앞에 설정하신 내용들이다. "명절 끝날 곧 큰 날에 예수께서 서서 외쳐 이르시되 누구든지 목마르거든"(요 7:37) 사람들이 무엇을 추구하든지 상관없이, 주님은 사람이 가장 필요로 하는 영적인 실제성으로 시작하셨다. 하나님께 속한 모든 영적인 세계에서, 이론 보다 더 허무한 것이 있을까? 물론 하나님의 계획이나 진리체계를 아는 것은 중요하다. 하지만 우리는 다만 이성만을 가지고 있는 것이 아니라 영혼을 가지고 있다. 따라서 하나님 앞에 나아갈 때 우리는 마음의 진실함으로 나아가야 하며, 그러할 때 우리는 진정 하나님의 세계에 속한 보배로운 것들을 즐거워하면서 더 깊은 속으로 들어가게 된다. 거기엔 영적인 실제가 있어야 한다. "누구든지 목마르거든 내게로 와서 마시라." 이 말씀은 하나님이 자신의 실상에 대해서 보여주시는 대로 사람은 마땅히 자기 영혼의 결핍으로 시작해야 한다는 것을 말해준다. 그렇다면 하나님은 그리스도 안에서 우리 영혼의 실제적인 결핍에 부응해서 확실한 응답을 주신다. 따라서 이 구절은 하나님이 우리 영혼의 필요와 결핍의 감각을 일으키실 뿐만 아니라, 하나님은 자신의 은혜를 통해서 우리의 영혼을 만족시키신다는 것을 표현하고 있다. 그리스도께서는 "내게로 와서, 그리고 마시라 나를 믿는 자는 성경에 이름과 같이 그 배에서 생수의 강이 흘러나오리라"고 말씀하신다. 따라서 진정 목마름을 느끼는 영혼은 마실 것이며, 그렇다면 성령의 역사하심에 의해서 영혼의 만족이 있게 된다. 이제 겸손하신 주님이 거절당하시고 (실상은 속죄사역을 위해서) 죽으신 것으로 충분하지 않게 된다. 따라서 주님은 죽은 자들 가운데서 다시 살아나셔서 하늘에 오르사 영광 중에 계신 것이다. 그때부터 성령님은 신적 권능의 원천으로서 능력을 가지고 이 땅에 임하신다. (물론 그 이전에도 성령님은 능력으로 역사하셨다.) 세상은 어쩌면 황량하고 (아무 열매를 맺지 못하고) 죽은 것과 같은 광야 상태였을 것이다. 이 사실이 성령님의 경이로움을 강화시킨다. 세상 모습은 바뀐 것이 없다. 세상은 더 좋아지기는커녕 악화일로에 있었고, 그 본색을 적나라하게 드러내고 있었으며 심판받을 찰나에 있었다. 그 속에 사람의 악이 배어 있었다. 하나님을 향한 세상의 적개심은 변하지 않았다. 하나님과 전혀 조화를 이룰 수 없는 전적인 타락성이 그리스도의 죽음을 통해서 확연히 드러났다. 그러한 상태에 처한 세상에 있는 신자들에게 신자 자신을 위한 생수의 샘(a well of water)으로만 아니라, 이제 온 세상에 있는 다른 사람들을 위한 생수의 강(rivers of living water)으로서 성령님이 주어진 것이다. 이렇게 역사하시는 하나님의 방식과 말씀은 얼마나 복된 것인기! 세상의 악과 사탄의 (일시적인) 승리에 대한 하나님의 섭리는 얼마나 놀라운 것인가! 대적은 자신의 승리를 장담하고 있을 때에도, 결과적으로는 완전한 패배를 당한다. 인자의 죽음은 일순간 대적의 승리처럼 보였지만, 하나님은 그것을 구속의 역사를 이루시고, 새로운 역사의 장을 여는 합법적인 방법으로 삼으셨다. 그 방법을 통해서 하나님은 신자들에게 하늘로서 성령님을 보내주시고, 성령님을 통해서 그리스도와 현재적인 연합을 이루도록 해주셨다. 이것은 이 광야 같은 세상을 통과하고 있는 신자들을 위해서 신선한 강물의 수로를 여는 것이었다.

    이제 나는 이 글을 읽어온 독자들에게 몇 가지 진지한 질문을 하고자 한다. 예수님은 당신에게 어떻게 나타나고 계시는가? 주님은 지금 하늘에 계시는데, 당신은 그러한 주님과 어떻게 사귐을 가지고 있는가? 혹 당신은 막연하게 천국에 가기를 희망하고 있지는 않은가? 물론 천국에 가는 것은 우리 신자들에게 하나의 소망이고, 우리가 가지고 있는 확실한 복이긴 하다. 이보다 더 좋은 것은 아마도 우리가 주님과 영원히 함께 하는 것이다. 이것이 단순히 희망에 불과한 것일까? 우리 영혼에 지금 이루어질 수는 없는 것일까? 천상에 계신 예수님과 우리를 하나로 묶어주는 현재적인 능력은 없는 것인가? 이러한 질문에 대해서 주님은 자기 백성들에게 확실한 답변을 주신다. 예수님은 우리가 영광의 날을 막연히 동경하기를 원치 않으신다. 주님은 바로 지금 우리의 영혼이 그리스도와의 연합의 실제를 맛보기를 원하신다. 주님은 바로 지금 우리 영혼이, 그것이 가지고 있는 힘과 기쁨을 누리길 바라신다. 그래서 하나님의 풍성한 자비하심을 경험한 자로서 이제는 우리가 단순히 받는 자가 아니라 주는 자로서 이 세상을 통과하기를 바라신다. 이상의 것들을 단순히 소망하는 것이 아니라, 실제적으로 내게서 이루어지는 것이다. 자신의 깊은 곤고함 가운데 그리스도에게 나아온 신자들은, 자신의 전적인 갈함과 필요(결핍)를 따라서 풍성히 마심으로써, 비록 외적인 상황이나 환경은 그대로이거나 심지어 이전보다 더 황폐해질지라도, 사람의 모든 생각을 초월하는 풍성함을 맛보게 된다. 주님은 비록 세상을 떠나 하늘로 돌아가실지라도, 이 세상에서 모습을 감추실 지라도, 이렇게 자기의 사랑하는 자들을 위하여 실로 엄청난 풍성함을 남겨두신 것이다. 따라서 이 모든 복락은, 과거의 성도들이나 선지자들이 이 세상에서 누릴 수 있는 복락으로 알았고 또는 바라보았던 것과는 질적으로 다른 것이다. 구약시대 성도들을 생각해보라. 이것은 새로운 세대를 가르는 분기점이다. 시편에 표현된 영혼의 갈망들을 생각해보라. 예레미야나 에스겔, 그리고 다른 성경기자들의 예언을 자세히 살펴보라. 이러한 것이 그들의 영적상태였는가? 그렇지 않다. 어째서 그렇지 않은가? 구약성도들이 영적인 복을 받지 않아서 그런 것이 아니다. 하나님이 그들을 존귀하게 여기지 않아서 그런 것이 아니다. 그들 가운데 몇 사람은 하나님의 말씀을 받는 거룩한 그릇이었다. 그럼에도 불구하고 그들의 실제적인 경험을 들여다보면, 이 하나님의 성도들은 미래에 이루어질 소망으로 가득한 비전으로만 가지고 있었을 뿐, 현재적인 예배 혹은 증거의 능력을 경험하지 못했다.

나는 오늘날 그리스도인이 에스겔이나 예레미야가 경험한 것보다 더 깊은 슬픔을 경험하지는 않을 것이라고 말하려고 하는 것이 아니다. 이 세상 어느 누구보다 가장 큰 슬픔과 가장 큰 고통을 겪으신 그리스도는 우리를 슬픔으로부터 격리해서 그분 자신과 연합시키시는 것이 아니다. 내가 확신하는 바로는, 그렇지 않다. 능히 우리 작은 영혼이 감당할 수 있는 그리스도의 고난에 동참하는 것에서 면제를 해주는 것이 아니다. 분명한 것은, 우리가 그리스도와의 연합을 통해서 그리스도의 가장 큰 기쁨을 맛보는 것과 세상이 하나님의 백성들을 미워하는 것이 극심해지는 것은 함께 간다는 것이다. 그에 비례해서 우리 존재는 마치 사회악처럼 버림을 받게 되고, 이전에는 경험하지 못했던 경멸을 세상 사람들에게서 받게 된다. 따라서 신약의 그리스도인이 당하는 고통은 구약의 성도가 당한 고통과는 비교가 되지 못한다. 이것은 참으로 고통스러운 부분이지만, 그럼에도 우리가 그리스도인의 자리에서, 실상은 그리스도의 자리에서 더 많이 생수를 마실수록, 성령님은 기독교의 총체이신 그리스도와 우리를 더욱 결속시키신다. 성령의 능력을 통해서 영혼이 그리스도와 함께 하는 자신의 자리를 차지할 때, 그는 세상에 의해 더욱 멸시를 받게 된다. 하지만 그 결과는 영광, 기쁨, 그리고 충만한 복 속으로 더욱 깊이 들어가는 것이다!

그리스도인이 자주 낙담하는 것은 왜 그런 것일까? 시련과 슬픔과 근심 때문에 너무 극심한 고통을 받기 때문이라기보다는, 하나님 앞에서 영광 가운데 계신 주님을 생각하지 못하고, 자신이 하늘에 계신 주님과 연합되어 있다는 사실을 잊어버리기 때문이다. 어째서 그리스도 안에서 연합을 이루고 있는 주님으로 인해서 충만하고도 신선한 기쁨을 누리지 못하고, 대신 주님과 자신 사이에 검은 구름이 끼어 있는 것일까? 자신이 속해 있는 천상의 멜로디가 그 마음을 채우고 있어야 함에도 어찌 그 마음에 먹구름이 끼어 있는 것일까? 그 이유는 바로 그들이 성령님을 통해서 천상의 영광을 바라보지 못하고, 그저 광야 같은 세상을 바라보기 때문이다. 따라서 그들을 통해서 흘러나가야 할 생수의 강이 막혀 있는 것이다. 그렇다면 그들은 예수님이 주신 가르침을 잊었다. 그들은 이 세상을 살만한 곳으로 바라보고 있는 것이다. 그리스도는 이 땅에서 찬양받지 못하는 것인가? 그리스도와 우리는 이 땅에서 영광의 이름을 소유하지 못하는 것인가? 그렇지 않다. 다만 그분의 때가 아직 오지 않았다. 마찬가지로 우리의 때도 오지 않았다. 그렇지만 우리는 그리스도와 하나이다. 여기서 사람의 때는 그리스도를 경멸하고, 거절하고, 죽이는 것이었다. 이것이 그리스도의 자리였다. 우리의 자리도 이것과 다르지 않다. 사람들에게 전적으로 멸시를 받고 미움을 받는 것이다. 이것이 이 세상에서 그리스도의 분깃이었다. 이 세상에서 더 나은 것을 기대할 수 있는가? 그리스도께서 친히 받으신 것과 비교할만한 것이 있을까? 하나님은 어느 누구도 그리스도께서 받으신 고난을 감당할 수 없다는 것을 아셨다. 하지만 적어도 우리는 이제 하나님의 은혜를 인하여 그리스도께 나아가 하나됨을 이룸으로써, 우리의 분량만큼 그리스도의 고난에 참여할 수 있게 되었다.

이러한 것이 여기서 성령님이 주어진 목적이다. 생수의 강이란 표현과 연관해서 주목할 것이 있다. 성령의 능력은 그리스도께서 들어가신 영광으로 우리 마음을 가득 채운다. 광야가 다만 황량한 것 뿐임을 증명한다면, 광야에 가장 적합한 것은 무엇일까? 주변의 모든 것이 전적인 황무지라고 할 때, 마실 물을 조금도 얻을 수 없을 뿐만 아니라 푸른 초장이라곤 눈을 씻고 보아도 보이지도 않고, 쉴만한 장소, 그림자를 드리운 야자 나무 한 그루 찾아볼 수 없는 곳이 광야가 아닌가? 이러한 광야의 모습이 세상임을 우리 영혼이 바르게 인식하게 되면, 이제 우리 영혼은 하나님만을 의지하게 되며, 오직 하나님에 의해서만 힘을 얻게 된다. 그렇다면 이제 질문을 해보겠다. 만일 요한복음 4장에서 신자를 아버지와 아들과 함께 하는 사귐을 누리게 해주시는 (물론 신자로 하여금 아버지를 예배하도록 해주시는) 성령님을 볼 수 있었다면, 여기 요한복음 7장에서 약속하고 있는 새롭고 특별한 복은 무엇일까? 분명한 것은 여기 요한복음 7장은 예배 보다는 봉사(섬김)에 더 초점을 맞추고 있다. "그 배에서 생수의 강이 흘러나오리라"는 말은 무언가 풍성하게 흘러넘치는 것을 의미한다. 이것은 신자가 은혜를 인해서 자신이 통과하고 있는 광야보다 절대적인 우위(absolute superiority)를 가지고 있음을 전제로 하고 있다. 따라서 성령으로부터 흘러나와 다른 사람에게로 흐르는 능력이 있다. 성령님은 안식 가운데 계신 그리스도와 신자를 친밀한 관계로 묶어 주시며, 그분의 안식을 신자에게 주실 뿐만 아니라 천국이 매우 가까운 곳에 있는 것처럼 느끼게 해주신다. 이처럼 천국에 들어갈 자격을 주는 것은 은혜이다. 왜냐하면 그리스도께서 이미 천국에 들어가셨기 때문이다. 따라서 성령님은 지금 신자를 주 예수님과 하나로 묶으심으로써, 이 세상이 줄 수 있는 모든 것은 다만 헛된 것(가짜 보석)일 뿐임을 알게 하신다. 한편으로는 사람의 마음으로 감히 상상하지 못했던 부요함의 자각을 주신다. 우리가 그러한 부요함이 우리의 것임을 알게 되면, 우리는 모든 것이 우리에게 주어진 우리 구주의 은혜의 산물임을 알게 된다. 요약하면 이렇다. 우리가 여기서 보는 것은 아들의 영이 그분의 신성에 속한 위격과 은혜를 통해서 또한 아버지의 사랑 안에서 우리를 기쁨으로 이끄시는 은혜에 대한 것이 아니라, 그보다는 하나님의 영광 속으로 높이 오르신 인자에 의해서 보내심을 받은 성령님의 능력을 통해서 그 영광이 그리스도 안에서 우리의 것이 되었다는 의식을 우리 영혼에 주시고 또한 성령으로 우리를 충만케 하사 그리스도의 선물을 다른 사람들에게로 흘러보내게 하시는 은혜에 대한 것이다.

이것은 베드로전서 2장에서 말한 "거룩한 제사장"(벧전 2:5)과 "왕 같은 제사장"(벧전 2:9) 사이에 있는 약간의 차이점을 생각나게 한다. (사실은 다른 주제이다.) 우리 앞에 놓인 요점을 분명히 하기 위해서 잠시 이 부분을 생각해보자. 사도 베드로는 우리에게 이중적인 제사장직이 있음을 말하고 있다. 어떤 점에선 이것은 불필요한 반복이 아니다. 굳이 같은 말을 반복한 것이 아니라 우리가 하나님 앞에 나아갈 때 우리가 취하는 별개의 독특한 자리에 대한 설명인 것이다. 그렇다면 "거룩한 제사장"의 기능은 무엇일까? 신령한 제사를 드리는 것이다. 성별된 존재로서 하나님께 나아갈 때, 우리는 이러한 제사를 하나님과의 관계 속에서 드린다. 다른 한편, 우리는 왕 같은 제사장들이다. 그렇다면 더 이상 찬송과 감사의 제사를 드리는 것이 아니라, 우리를 어두운 데서 불러내어 그의 기이한 빛에 들어가게 하신 이의 아름다운 덕을 선포하는 것이다. 따라서 거룩한 제사장은 주 예수님으로 말미암아 우리 하나님을 찬양한다. 왕 같은 제사장은 하나님이 홀로 계획하시고 이루신 사역을 통해서 나타난 하나님의 위엄을 높이며 경배한다. 그리스도인으로서 자신의 이러한 높은 신분과 존엄 의식을 가지는 것은 이 세상에서 순례자의 삶을 잘 살아가는 비결이다. 그렇다면 그리스도인이 땅에 속한 영광을 구하는 것은 사실상 영적인 타락이며 퇴보인 것이다.

분명 많은 그리스도인은 이 세상을 순례자로서 통과하는 동안 자신과 가족을 부양해야 한다. 생계를 위한 직업을 갖는 것은 잘 하는 일이다. 소수의 사람들만이 직업에 매이지 않고 주님을 섬길 수 있다. 우리 손으로 생계를 위한 최소한의 일을 하고 난후 주님을 섬기는 일에 헌신한다면, 우리 주님의 이름에 합당하고도 참된 사랑으로 가득하며 또한 혼신의 힘을 다하는 섬김의 삶을 살 수 있다. 그렇다면 그러한 삶에 대해서 전심으로 우리의 찬송받으실 주님을 섬기는 삶이 아니라고 말할 수 없다. 따라서 신자는 일용할 양식을 얻기 위한 목적으로 일을 해야 한다. 그 이상의 의미는 없다. 당신이 직업에 너무 많은 의미를 부여하고, 직업을 이 세상에서 명예를 얻기 위한 수단으로 여기는 순간, 당신은 높은 곳에 계신 그리스도와 연합된 참된 그리스도인의 증거를 잃어버리게 된다. 그렇다고 나는 사람들에게 높이 칭송을 받는 직업세계로 사람들을 부르시는 하나님의 은혜를 부정하는 것은 아니다. 하나님은 분명, 사람들이 높이 평가하는 직업이나 높은 신분으로 사람들을 부르신다. 당신은 그러한 사회적 지위와 환경에 속해 있는 사람들이 예상외로 매우 단순한 사람들임을 보았을 것이다. 나는 결코 믿음의 사람들이 직업을 갖는 것을 나쁜 뜻으로 말할 의도가 없다. 다만 그리스도의 하늘에 속한 영광을 통해서, 이 세상에 있는 것이 전부인 것인 양 생각하는 세속의 영을 판단하고자 하는 것이다. 이 세상이나 또는 이 세상에 있는 것들을 사랑하는 사람들의 헛된 영광을 좇지 말자. 세상의 것들을 열망하고 갈망하는 것은, 비록 자신과 가족들을 위해서 그리 한다 할지라도, 우리의 생각과 감정을 세상의 가치관에 매이게 만든다.

    그리스도의 때가 오지 않았듯이, 우리의 때도 아직 오지 않았다. 만일 우리가 그리스도의 사람이라면, 우리는 세상과 관계할 것이 없다. 심지어 세상의 한 꼭지라도, 전혀 없다. 하나님의 자녀로서 당하는 수모는 지극히 경한 것임을 알라. 세상의 교만에 대해서 신경 쓸 여유가 없다. 우리가 그것을 바랄 이유가 무언가? 모든 것이 우리의 것이 아닌가? 우리는 장차 세상을 판단할 사람들이 아닌가? 그렇다. 우리는 세상과 천사들을 심판할 것이다. 나는 이 세상에 있는 것들은 종종 그 자체로 무의미함과 가치없음이라는 도장이 찍혀 있다는 사실과, 세상의 현자들은 세상에서 선(善)이란 실현될 가망성은 없지만 추구해야만 하는 대상이라고 고백한다는 사실 때문에, 더 이상 의미없는 세상에 대한 논증을 마치고자 한다. 인간 삶의 애환과 애증의 결론이 장례식 화환으로 끝난다는 사실을 모르는 사람이 누구인가! 이것을 모르는 사람이 있다면, 그는 이상주의자일 것이다. 장례식 화환을 하나 더 추가하겠다고, 세상에서 가장 부유하고 가장 고상한 사람들이 거기에 매달릴 것이 무엔가?

따라서 자신과 가족을 위해서 무슨 일을 하든지, 세상을 경계하면서 위에 계신 그리스도를 바라보는 일은 그리스도인에게 매우 중요한 일임을 강조하고 싶다. 나는 기독교가 모든 신자들로 하여금 밑바닥 일자리를 찾도록, 마치 그런 곳에서만 하나님을 만날 수 있는 것처럼 오도한다거나 또는 자신이 부르심을 받은 삶의 자리에서 떠나 자신에게 전혀 어울리지 않는 직업을 구하도록 권장하는, 이상한 믿음을 소개하는 것이 아니다. 그렇게 하는 것은 믿음이 아니라 오히려 어리석음에 불과하다. 내가 힘주어 강조하고 싶은 것은, 우리가 날마다 하는 일이, 그것이 구두를 수선하는 일이든, 아니면 금융업계에 종사하는 일이든, 그리스도인에게 합당한 직업윤리는 바로 모든 일을 주님께 하듯 해야 한다는 것이다. 만일 우리가 주님의 뜻을 행하고 있다는 확신이 있다면, 우리는 선한 양심과 행복한 마음을 가지고 이런 일을 할 수도 있고 또 저런 일을 할 수도 있다. 그리스도인에게 있어서는 안되는 재앙과도 같은 일은, 우리가 이 땅에서 사는 목적이 하나님의 뜻을 행하는데 있음과 이 세상에서 거절당하셨지만 지금은 하늘에서 영광 중에 게신 그리스도의 증인으로서 사는 것임을 망각하는 것이다.

그렇다면 세상의 가장 큰 갈망은 무엇일까? 무언가 위대한 것을 행하는 것이다. 더 나은 내일을 위하여 오늘 하나의 디딤돌을 놓는 것이다. 이 모든 것은 그리스도인의 신분을 망각하게 하며, 이러한 일에 열을 내고 있는 것은 세상의 조류에 흘러 떠내려가고 있음을 입증하는 것이다. 세상에서 더 편한 것과 더 위대한 사람이 되는 것을 추구하는 것은 오히려 자연스러운 일이다. 하지만 사랑하는 독자들이여, 그리스도를 향한 충성스러운 마음은 어디에 있는가? 그렇다면, 그리스도 보다는 첫 사람 아담을 더 좋아하는 것이 아닌가? 이것은 정말 문제이다.

"나는 과연 첫 번째 아담과 두 번째 아담 중에서 누구를 더 중요하게 여기고 있는가?" 만일 나의 마음을 두 번째 아담이신 그리스도께 드렸다면, 내가 날마다 하는 일을 통해서 그것을 입증해야 하지 않겠는가? 주일에만 그리스도를 존중할 것인가? 그렇다면 그것은 우리 주인되시는 주님께 충성스러운 것은 아닌 것이 분명하다! 당신은 진정 세상이 천하고 수치스럽게 여기는 자리에 있을지라도, 그곳에서도 하나님의 아들이 당신을 통해서 나타나도록 하나님의 은혜로 부르심을 받은 것을 아는가? 그렇게 되어야 한다. 당신이 하나님과 함께 하늘의 영광 속에 거하고 있다면, 그 영광 안에 계신 그리스도로 사는 사람들에겐 자신의 믿음을 나타낼만한 이 얼마나 놀라운 기회인가? 나는 당신으로 하여금 이 사람 혹은 저 사람을 본받으라고 요구하는 것이 아니다. 직접 하나님의 말씀을 상고해보고, 당신이 하늘 영광 중에 계신 그리스도를 존귀하게 해드릴 수 있는 그리스도인의 높은 자리에서 얼마나 멀리 떨어져 있는지를 판단해보라는 것이다. 이는 우리가 모든 사람이 알고 읽을 수 있는 그리스도의 편지가 되어야 하기 때문이다. 생수의 강이 그리스도로부터 흘러나와 우리를 통해서 흘러나가야 하기 때문이다. 따라서 그리스도인이 꼭 붙들어야 하는 것은, 세상의 눈으로 아무리 그럴 듯하게 보여도, 권위를 경시하는 이 세대에서 우리 그리스도인의 권리와 존엄을 떠받쳐줄 것은, 그리스도 외에는 없다. 영적으로 저급한 수준에 있는 사람에게서 그리스도의 모습은 찾을 수 없다. 그러한 사람은 자신이 이 세상에서 가치 있다고 생각하는 것을 향해서 꾸준히 자신의 길을 갈 수 있는 기회만을 찾을 뿐이다. 다른 한편, 사람들이 흔히 말하는 대로 당신이 높은 지위에 있건 낮은 지위에 있건, 당신은 당신 자신이 그리스도에 대해서 생각하는 바를 그대로 입증할 기회를 가지고 있다. 시련의 종류가 어떤 것인지 상관없이, 그 시련은 다만 우리의 눈에 비친 그리스도의 모습을 그대로 보여주는 기회에 불과한 것이다.

　이러한 영적 삶을 위한 지침서는 하나님의 말씀 외에는 없다. 이러한 영적인 일에서 사람의 지혜는 헛되고 어리석을 뿐이다. 오직 주님의 뜻이 중요하다. 모든 진리는 거기서 나온다. 그리스도인의 양심과 관련된 전체적인 일은, 신자의 사회적 신분이 어떠하든지, 여기로 귀결된다. 즉 우리 각 사람은 하나님의 종으로서 하나님의 뜻을 행할 책임이 있으며, 또한 하나님을 세상 보다 더 큰 가치를 가지신 분으로 여기고 있다는 사실을 나타내어야 한다. 내가 누리고 있는 복은, 주님이 나에게 무엇을 하라고 정하시든지 상관없이 거기에 자족하는 것이다. 하나님의 종으로서 내가 그분의 영광을 위해 살아가는 최고의 환경이란, 하나님만이 나를 제대로 판단하실 수 있는, 그것도 선하신 재판장이시라는 것이다. 우리로 하나님의 찬송을 위해서 설정된 환경이나 기회들을 평가해보면, 세상이 미워하는 것들이 대부분이다. 직업에 대해서 다시 말하자면, 세상 사람들의 눈에 좋게 보이건 나쁘게 보이건, 다만 일용할 양식을 얻는 수단일 뿐이다. 분명 세상은 이러한 생각을 혐오할 것이다. 고결한 직업이 다만 일용할 양식을 얻는 수단일 뿐이라고! 정확히 그렇다. 십자가에 못박히셨으나 지금은 영광 중에 계신 구주 예수님은 세상과 세상에 있는 모든 것을 그렇게 평가하셨다. 예를 들어, 나의 직업이 구두수선공이라고 해보자. 나의 목표가 런던에서 최고의 구두수선

공이 되는 것일까? 아니면 내가 의사라고 생각해보자. 내가 과연 이 도시에서 가장 큰 병원을 경영하려는 욕심을 내야 하는 것인가? 이러한 소원 가운데 그리스도께서 들어설 자리가 있는가? 이러한 소원이 영광을 받으신 예수님을 실제적으로 영화롭게 하는가? 나는 실제로 그리스도를 위해서 직업을 선택했으며, 그분을 위해서 일을 하는 것인가? 우리 양심이 잘 알 것이다. 만일 주님이 우리에게 그분을 위하여 일할 수 있는 그 어떤 직업으로 인도하신다면, 그 일을 잘 감당하면서 어떻게 사랑을 나타내야 하겠는가? 그리스도인은 직업을 가지고 생계를 책임지는 것을 소홀하게 생각하거나 또는 태만히 하는 것을 하나의 미덕처럼 여겨서는 안된다! 한량이 되는 것은, 성도다운 것이 못된다. 그리스도인이 가진 믿음의 핵심은 이것이다. 즉 무엇을 하든지 다 하나님의 영광을 위하여 하라.

따라서 우리는 자신이나 세상을 위해 살지 않고, 오직 죽었다가 다시 사신 주님을 위해서 사는 사람들이라는 것을 삶을 통해서 그리고 날마다 대화를 통해서도 증거하는 사람들이다. 그렇다면 모든 일에 우리와 함께 하시는 성령의 능력을 소유하게 될 것이다. 세상에 속한 것들은 아무리 그럴듯해 보여도 멸망할 것들 뿐이다. 하지만 그리스도인의 증거는 영원히 남게 될 것이다. 우리는 이 세상에서 낯선 땅을 거쳐 지나가는 순례자이다. 우리의 본향은 장차 그리스도와 함께 하게 될 곳이다. 하지만 우리는 주님이 부르신 그곳에서, 현재 신앙의 삶을 살아가야 한다. 주님이 하라고 하신 일을 이루기까지는 그곳에 머물러야 한다. 우리는 주님의 계명을 따라 살아야 한다. 우리가 머물 곳은 주님의 계명이다. 따라서 우리는 주님의 처분에 따라 사는 존재이다. 우리는 지금 광야 노정에 있다. 우리는 우리 밖에 있는 반석에서 나오는 물을 마시는 것이 아니라, 우리 속에 있는 샘에서, 그렇다, 우리 속에서 흘러나오는 생수의 강에서 마신다. 이것은 이 땅에서 하늘에 계신 주님의 기쁨을 맛보는 삶이다. 성령의 능력에 의해서 위에 계신 주님 안에 있는 현재적인 기쁨이 우리 마음에 주어진다. 우리가 하늘 영광 중에 계신 주님께 속한 사람들이라는 놀라운 인식이 있다. 이럴 때 이 세상에 속한 모든 영광은 가장 더러운 찌꺼처럼 여겨지게 된다. 마귀가 주는 반짝거리는 모조 보석을 가지고 즐거워하는 것은 정죄받아 멸망의 길을 가고 있는 세상과 영합하는 것이다.

사랑하는 독자들이여, 당신의 영혼이 이 세상이나 이 세상에 있는 것들을 사랑하지 않기를 간구한다. 나 자신에게도 동일한 것을 구한다. 우리가 지금까지 살펴본 진리 가운데 어느 것 하나라도 헛된 말에 불과한 지식은 없다. 우리로 하여금 우리의 삶을 변화시키지 못하는 공허한 지식에 떨어지지 않도록 하나님의 은혜를 구한다. 이러한 위험에 떨어지는 것을 스스로 경계해야 할 터인데, 나는 괜찮다고 생각하는 어리석음에 빠지지 않기를 바란다. 자기 자녀들을 자신의 긍휼과 자비하심으로써 영적으로 각성시키신 하나님께서 모든 하나님의 자녀들을 이 진리 속으로 불러주시고, 성도에게 단번에 주신 믿음을 붙일 듯 일으켜주시기를 바란다. 이 진리는 엄청난 축복이지만 동시에 큰 책임이 따른다. 많이 노출될수록 (진리를 경험하지 못했다면) 오히려 진리를 잃어버릴 수 있고, 그 진리를 대적하는 사람으로 전락할 수가 있다. 이 진리를 경험하는 사람은 세상의 쾌락을 좇아 사는 삶에서 돌이키며, 세상 사랑하는 것을 멈추게 된다. 만일 우리 영혼의 목표가 그리스도가 아니라 자아일진대 어찌 그러한 삶을 살 수 있단 말인가?

그리스도를 저버리고 세상의 안락이나 명성을 좇는다면, 모든 것이 부패하게 되고, 심지어 우리 인생의 초석마저도 오염될 것이다. 주님만이 그처럼 어리석은 사람의 종말이 어찌될 것인지 아신다. 오직 하나님의 은혜만이 그러한 어리석음에서 우리를 건지신다. 우리가 그리스도를 향하여 합당하지 못한 태도를 가질 때에도, 우리의 모든 비천함에도 불구하고 우리를 붙드시는 것은 하나님의 은혜이다. 따라서 오직 은혜만이 우리의 성실치 못함과 배은망덕에서 초래되는 모든 결과에서 우리를 지켜준다. 그럼에도 그리스도를 통해서 영광을 받으신 하나님은 이제는 우리를 통해서 영광을 받기를 바라시며, 동시에 성도가 불신앙에 따라 산 결과에 대한 책임 때문에 도덕적 책임을 물으신다. 하나님은 회복시킬 수 있는 능력이 있으시며, 또한 회복시키는 일을 하신다. 우리를 지키실 뿐만 아니라 회복시키시는 하나님의 은혜를 의지할 수 있다. 그럼에도 우리는 모든 일과 모든 사람을 심판하시는 하나님을 생각해야 한다. 하나님은 자신의 말씀을 소홀히 여기고, 우리 주 예수 그리스도의 영광을 부인하는 일에 빠져서 은혜를 남용한 모든 사람들에게 형벌을 아끼지 않으실 것이다.

주님께서 우리를 겸손하게 만드시고 낮은 자리에 서서 섬길 수 있는 은혜를 주시길 빈다! 우리의 눈을 열어주셔서 영광 안에 계신 주님을 볼 수 있기를, 이 세상에 속한 모든 것은 심판을 통해서 지나가는 것임을 볼 수 있기를 바란다. 머지않아 추수와 수확의 계절이 올 것이다. 우리의 기쁨은 그리스도의 영화로움과 우리에게 주신 성령 안에 있다. 하늘의 영광에 들어가신 예수님은, 그 영광이 가지고 있는 현재적 능력 안으로 우리를 이끌어 들이기 위해서 이미 성령님을 보내셨다. 그리하여 우리를 그분의 증거의 그릇들로 삼기를 바라신다. 우리가 더욱 깨어질수록, 생수의 강물은 더욱 풍성하게 흘러나갈 것이다. 우리는 다만 생수의 강이 흘러나가는 통로일 뿐이다. 오직 하나님의 은혜와 영광만이 찬송을 받으시길 빈다!

Lecture 4

제 4강 보혜사 성령
요 14:26, 요 15:26,27, 요 16:7-14

우리는 이제 하나님의 성령과 관련된 진리의 현저하게 다른 측면을 다루고자 한다. 여기서는 더 이상 은혜로 주신 거듭남이나 하나님과의 사귐, 곧 아버지와 그 아들 예수 그리스도와 함께 하는 사귐을 위한 능력의 원천으로서 성령의 문제를 다루고 있지 않다. 또한 속에서 밖으로 흘러나가는 능력으로서의 성령, 세상은 거절했으나 영광을 받으신 천상의 주님을 증거하는 능력으로서의 성령에 대한 것도 아니다. 이러한 주제들은 요한복음 3장, 4장, 그리고 7장에서 소개된 성령에 대한 내용들이다.

이제 우리 앞에 있는 성경구절들을 통해서 주님이 우리에게 보여주시고자 하는 위대한 진리는 무엇일까? 이 구절들을 읽고 하나님의 말씀에 순종하고자 하는 영혼에게 가장 뜨겁게 다가오는 감동과 감화는 무엇인가? 여러 가지가 있을 수 있지만 가장 주도적인 것이 있다. 요한복음 14, 15, 16장을 두루 아우르는 원대한 진리가 있다. 이전에는 소개된 적이 없을 정도로 그만큼 엄청난 가치를 지니고 있으며, 이 진리가 가진 엄청난 가치 때문에 어마어마한 결과를 만들어내는 진리이다. 우리로서는 우리 주님이 이전에 교훈하신 그 어떤 것으로도 감히 추론할 수 없었던 진리이다. 여기 요한복음 14, 15, 16장을 아우르는 공동의 원리가 있다. 이 원리는 신자에게 주신 새로운 생명을 통해서 자연스럽게 나타나는 특징에 속한 것이 아니다. 게다가 내적인 것이건, 외적인 것이건 증거와 예배를 위해서 사용할 수 있는 능력에 대한 것도 아니다. 그 이상의 것이 있다. 이 몇 개의 장에는 강력하게 소개되어 있는 그리스도의 증거가 있다. 앞에서 우리가 배운 내용을 넘어서는 내용을 담고 있을 뿐만 아니라, 지금 우리 앞에 제시되어 있는 본문들에 의해서 현저히 드러나 있는 새로운 진리이다. 이 본문들은 우리 앞에 신성한 인격체를 소개하고 있다. 중요한 점은, 단순히 어떤 힘 또는 능력의 원천이 아니라 하나의 인격체로서 성령님을 치음으로 소개하고 있는 것이다.

새로운 상황 때문에 이러한 차이점이 발생했다. 주 예수님이 떠나야 하는 상황이 온 것이다. 제자들을 부르신 찬송을 받으실 주님, 지상 사역의 기간 동안 아버지를 계시해주신 주님이 이제 이 세상을 떠나야 했던 것이다. 이제 주님의 죽음이 임박했고, 하나님은 그 죽음을 통해서 영광을 받으실 것이다. 그래서 주님은 "지금 인자가 영광을 받았고 하나님도 인자로 말미암아 영광을 받으셨도다."(요 13:31)라고 말씀하셨다. 여기서 주님은 아버지께서 인자로 말미암아 영광을 받으셨다고 말씀하지 않고, 하나님이 인자로 말미암아 영광을 받으셨다고 말씀하고 있다. 여기에는 달리 시사하는 바가 있다. 죄는 하나님을 대적했고, 하나님 앞에 죄 문제가 놓여 있었다. 따라서 하나님이 죄를 그냥 간과하시는 것은 불가능했다. 하나님의 도덕적인 본성은 죄에 대해서 전력을 다해 분노하며 심판해야 했다. 예수, 인자, 거절당하신 그리스도는 친히 죄를 담당하시고, 자기 백성들이 지은 모든 불법과 죄에 대한 책임을 지셨다. 따라서 십자가에서 하나님은 이전에는 소유하지 못했던 영광을 얻으셨기 때문에, 또다시 영광을 얻으시는 것은 불가능하다. 하나님은 무한히 영광을 받으셨고, 영원한 영광을 얻으셨기 때문이다. 그 결과, 하나님에게는 그 순간부터 영원토록, 원대하면서도 동시에 보배로운 과업이 생겼다. 즉 예수님이 무한한 고통 값으로 자신에게 영광을 돌렸기 때문에, 하나님은 가능한 모든 형태로 그 영광을 예수님에게 돌려야하는 과업이었다. 십자가 사역의 결과로, 아버지의 영광으로 죽은 자 가운데서 다시 살아나신 예수님은 하늘에 있는 하나님의 보좌 우편에 앉으셨다. 그 외에는 십자가의 가치를 제대로 평가하여 예수님에게 영광을 돌릴 수 있는 방도가 없었다. 게다가 제자들의 경우, 그들의 시대에 성취되어야 하는 결과들이 남아 있었다. 주 예수님의 십자가를 떠나서는 하나님이 주실 수 있는 축복이란 없다. 십자가는 하나님의 공의, 거룩, 엄위하심과 사랑, 게다가 하나님의 모든 본성을 모두 완벽하게 충족시켰다. 이제 하나님이 그리스도에 대해서 뿐만 아니라 그리스도를 영접한 사람들에 대해서도 애정을 가지고 있다. 하나님의 성품에 따른 충만한 복과 하나님의 마음 안에 있는 모든 것을 쏟아 부으시는 복으로 모두를 만족시킬 행복한 과업을 가지고 계신다. 이것이 바로 하나님이 지금 하시고 있는 일에 대한 유일한 설명이다. 십자가 사역의 결과로, 하나님은 예수님을 자신의 우편에 앉게 하셨고, 모든 피조물에게 (이전에는 전파된 적이 없는) 복음을 전하게 하셨다. 수천 년의 세월이 흘렀지만, 하나님은 결코 이러한 복음을 사람에게 보내 주신 적이 없었다. 물론 아브라함이나 이스라엘 자손들에게 이러 저러한 기쁜 소식을 보내주시긴 했다. 하지만 모든 피조물에게 전파하게 하신 하나님 은혜의 복음은 없었다. 사랑을 시작한 것은 하나님이 아니었다. 예수 그리스도 혹은 그리스도의 십자가도 하나님 안에서 사랑을 만들어내지 못했다. 이 점이 하나님 안에 있는 사랑이 가진 독특한 특징이다. 즉 이 사랑은 외부에 있는 무슨 원인에 의해서 움직이거나 발생되지 않으며, 스스로 점증하는 특징을 가지고 있다. 이 사랑이 하나님 본성 안에 있다. 사랑은 그 사랑을 받을만한 대상이 없을지라도 여전히 존재하며, 또 그렇게 존속한다. 동시에 하나님의 주권적인 뜻 안에서 하나님의 사랑은 계속해서 (사랑할 대상을 향해서) 나아간다. 그러므로 가장 가련한 사람에게도, 가장 절망적인 죄인에게도, 가장 혐오스러운 악인에게도, 가장 하나님에게서 멀리 떠난 자에게도, 하나님은 기꺼이 사랑을 나타내신다. 그렇게 사랑하시는 하나님을 변호하는 것이 그리스도의 십자가이다.

이것이 전부가 아니다. 예수님은 이제 세상을 떠나신다. 그렇게 되어야만 한다. 세상은 주님에게 적합한 곳이 아니었다. 하나님이 세상에서 무슨 선한 일을 할 수 없어서가 아니라, 하나님의 섭리를 완성시킬 수가 없어서가 아니라, 다윗의 보좌를 세우실 수 없어서가 아니라, 열국과 민족과 여러 방언을 향한 인자의 우주적인 통치로는 주 예수님의 십자가에 대한 하나님의 충분한 보상이 아니기 때문이다. 그래서 하나님은 예수님을 하늘의 영광 가운데서 자신의 보좌 우편에 앉게 하셨다. 이것은 요한복음 14장에 나타난 놀라운 가르침에 대한 기회를 제공한다. 무엇보다 우리 주님은 다시 돌아오실 것의 확실성을 강조하셨다. 주님이 하늘에 가신다고 해서, 그것이 자기 사람들을 향한 사랑의 중단일수는 없었다. 오히려 주님은 그들을 위하여 처소를 예비하러 가시는 것이었다. 따라서 주님이 아버지 집에 가시는 것이 분명한 사실이듯이, 다시 와서 그들을 자신에게로 영접하는 것도 확실한 것이었다. 주님이 계신 곳에, 그들도 함께 있을 것이기 때문이다. 주님은 제자들에게 아버지를 나타내셨다. 여기 이 땅에서 아버지를 보여주셨다. 그들은 아버지께서 주님 안에, 주님은 아버지 안에 계신 것을 알았고, 또한 알아야만 했다. 주님은 신성한 위격을 가진 분이셨다. 주님은 아들이셨다. 물론 이 사실은 주님의 사역과는 별개의 사안이었다. 하지만 동시에 주님이 이루실 사역에 무한한 가치를 더해준다. 이제 주님은 여기서 더 나가서, 자신이 아버지 집에 가 계신동안 제자들과 함께 할 수 없는 상황을 설명하신다. 자신의 사랑을 나타낼 준비를 하면서 십자가의 가치를 드높이신다. 십자가는 전례가 없는 축복이며, 이전 지구상에 살았던 인간이 알았던 그 모든 것을 초월하는 복이다. 그리고 나서 주님은 이렇게 말씀하신다. "너희가 나를 사랑하면 나의 계명을 지키리라"(요 14:15) 주님은 자신의 부재로 인해서 제자들이 쓸데없는 근심에 빠져 시간과 세월을 낭비하는 것을 허락지 않으시고, 다만 그들로 주님을 향한 그들의 사랑이 참되고 실제적인 것이 되도록 "나의 계명을 지키라."고 명하셨다. 한편 주님은 자신의 사랑을 신성한 방식으로 나타내신다. "내가 아버지께 구하겠으니 그가 또 다른 보혜사를 너희에게 주사 영원토록 너희와 함께 있게 하리니 그는 진리의 영이라 세상은 능히 그를 받지 못하나니 이는 그를 보지도 못하고 알지도 못함이라 그러나 너희는 그를 아나니 그는 너희와 함께 거하심이요 또 너희 속에 계시겠음이라." (요 14:16,17) 그리고 아버지께서 보내실 보혜사에 대해서, 주님은 "보혜사 곧 아버지께서 내 이름으로 보내실 성령"(요 14:26)이라고 추가적으로 설명하심으로써, 성령님의 인격성을 강조하신다. "내 이름으로 보내실" 이라는 구절을 주목하라. 단순히 주어질 것으로 말하고 있지 않다. 왜냐하면 우리는 주님의 이 약속을 단순히 능력을 주시는 것으로, 또는 우리 속에서 솟아나는 축복의 신성한 원천으로, 또는 흘러넘치는 축복의 무한한 공급 정도로만 이해할 수 있기 때문이다. 그렇지 않다. 이보다 더 큰 것이 내포되어 있다. 조금도 모호함이 없도록 신성한 인격체로서 성령님을 소개하고 있다. "보혜사 곧 아버지께서 내 이름으로 보내실 성령 그가 너희에게 모든 것을 가르치고 내가 너희에게 말한 모든 것을 생각나게 하리라" (요 14:26)

여기서 잠시 생각해보자. 하나님이 우리에게 주신 것은, 아니 우리에게 주신 분은 아버지께서 주 예수님, 곧 아들의 이름으로 보내신 분이시다. 물론 성령님은 흘러넘치는 것이나, 또는 부은 바 된 것의 표상(表象)을 통해서 소개되었다. 이것은 우리 모두가 아는, 의심할 바 없는 사실이다. 그러한 표상을 통해서 축복의 풍성함과 한량없이 주어지는 축복의 부유함을 선명하게 전달하고 있다. 게다가 이렇게 표현할 수 있다면, 하나님 아버지께서는 아들의 영광을 위해서 최선을 다하시는 것을 의미심장하게 표현하고 있는 것이다. 게다가 신물의 풍성함과 은혜의 풍부함 외에도, 우리는 여기서 이 모든 것이 함께 어우러져서 전혀 다른 이미지를 만들어내는 것을 보게 된다. 즉 극도의 탁월함과 희귀성을 볼 수 있다. 당연하다. 단순한 능력이 아닌 인격체로서의 성령님을 소개하고 있기 때문이다. 단지 축복의 풍성이 아닌, 신성한 인격체를 강조하는 것이다. 따라서 이러한 고도의 언어적인 표현을 통해서 주님은 이처럼 광대한 진리를 강화하고 드러내고자 하신다. 하지만 그럼에도 주님은 하나님의 교회가 이 진리를 쉬이 잊어버릴 것도 아셨다.

나는 사람들이 곧 성령의 또 다른 부어짐을 받을 것을 인정한다. 이른 비와 마찬가지로 늦은 비를 내려주실 것을 인정한다. 나는 출애굽기 28장에서 그려져 있는 아름다운 모형이 성취될 것을 인정한다. 대제사장이 성소 안에 있을 때에 방울 소리가 나는 것이 아니라, 대제사장이 성소에 들어갈 때와 나올 때에 방울 소리가 났다. 마찬가지로 대제사장이 성소에 들어갈 때 하나의 증거가 주어진 것처럼, 대제사장이 거기서 나올 때에는 성령의 새로운 증거가 주어질 것이다. 마찬가지로 예수님이 하늘에 들어가실 때에, 성령의 능력에 의해서 소리가 났다. 따라서 주님이 다시 오실 때에는 성경에 약속된 것처럼 모든 육체에 부어주시는 성령의 새롭고도 충만한 축복이 쏟아 부어질 것이다. 하지만 차이점이 있다. 미래에 부어지는 축복은 성령님에 의해서 하나님의 은혜의 축복을 최초로 받은 교회에 주어지는 것이 아니라, 그보다는 우리가 아는 대로 하나님의 옛날 백성인 이스라엘에 주어질 것이다. 하나님은 은혜로 이스라엘을 다시 받아주실 것이다. 이것은 이스라엘에 주어지는 축복을 제한하는 것이 아니라, 오히려 하나님이 지금 하늘 아래서 모든 민족을 교회로 불러내시는 일을 하고 있음을 강조하는 것이다. 그 후에 그리스도께서 다시 오실 때에 이스라엘은 복을 받고, 세상 열국을 통치하게 될 것이다.

　이 모든 것은 우리에게 희미하게 보일 수 있다. 이 부분에 대해 희미하다면, 우리는 성령님에 대해서 분명한 빛을 가질 수 없다. 그렇다면 우리는 다만 성령님이 미치는 영향력에 대해서만 알 뿐이다. 우리는 참으로 어마어마하고 중요한 진리 앞에 있으며, 이것은 주님이 친히 말씀하신 핵심 진리이다. 이것은 우리에게 미치는 선한 영향력 정도나, 하나님 은혜의 샘이나, 속에서 흘러나와 밖으로 넘치는 무슨 능력의 문제가 아니다. 이 모든 것 위에 있고, 더 나은 영광스러운 사실은, 내가 믿기론, 성경에 의하면, 성령님이 신자 속에 인격적으로 거하시기 위해서 이 땅에 내려오시는 최초의 순간이며 또한 유일한 순간이라는 점이다. 성령님이 하늘로서 내려오시는데, 십자가를 통해서 이루신 구속의 열매로서 또한 주 예수 그리스도께서 하늘에 들어가신 결과로서 되어진 일이다.

이러한 성령님의 인격적인 임재와 더불어 (신자의 영적인 삶에 필요한) 능력이 무한히 공급되는 일이 가능해졌다. 물론 주 예수님이 하늘로서 다시 오실 때에는, 온 세상을 덮을 수 있는 하나님의 엄청난 축복이, 거대한 축복의 분출이 있을 것임을 의심하지 않는다. 하지만 과연 그때에도 하나님이 성령님을 보내신다는 구절을 발견할 수 있는가? 과연 아버지께서 그 아들 그리스도의 이름으로 보혜사를 보내신다는 것을 발견할 수 있는가? 그때에는 성령님을 보내시는 시기가 아니다. 오직 여기서만 성령님의 인격적인 강림이 있다. 이러한 구절들만이 이 사실을 언급하는 성경의 전부는 아니지만, 하나님의 말씀에서 성령을 선물로 주시고, 성령을 부어주시는 시간과 상황과 조건, 그리고 성령의 사역에 대해서 언급하고 있는 유일한 구절이다. 여기서 중요한 점은, 다시 반복해서 말하지만, 하늘로서 강림하시는 성령님의 인격적인 임재이다. 우리가 계속해서 살펴보겠지만, 이보다 더 우리 주님의 말씀을 명확하게 실현하고 있는 구절은 없다고 할 것이다.

이 모든 진술의 열쇠는 여기에 있다. 바로 보혜사의 임재이다. 성령님의 인격적인 임재는 구속 이후 성령님의 인격적인 부재의 시기와 맞물려 있다. 즉 주님이 재림하시는 영광스러운 날은 성령님의 인격적인 부재의 시작이다. 그럼에도 이 시기는 그리스도의 부재가 끝나고 그리스도의 임재가 시작되는 시기이다. 천상에 계신 그리스도의 영적인 임재에 의해서가 아니라, 땅을 통치하려 오시는 그리스도의 가시적인 임재로 특징되는 시기인 것이다. 이 시기에는 더 이상 성령의 인격적인 임재가 없다. 그럼에도 더 큰 능력이 수반되어 나타날 것이 확실하다. 모든 것이 함께 어우러져 새로운 상태를 만들어낼 것이다. 가장 놀라운 차이점 가운데 하나는 여기서 대충 언급하고 있는 것이 사실로 나타날 것이다. 즉 그 날에 성령님은 지성소에서 하나님을 경배하도록 누군가를 인도하는 일을 하지 않으실 것이다. 지금은 하나님을 예배하는 일에 성령의 인도가 필요하지만, 그 날에는 이 모든 필요들이 그칠 것이다. 주 예수 그리스도의 왕국이 이 땅에 세워지고 천년왕국이 시작되면, 더 이상 휘장이 필요 없게 될 것이다. 교리적인 편견을 가지고 있는 사람들에겐 이러한 진술이 강하게 들릴지 모른다. 어떤 신학자들에겐, 구속의 역사가 성취되었는데, 장차 천년왕국 시대 이 땅에서 휘장이 있는 성소가 다시 세워지게 될 것이며 또한 인간 제사장이 세워질 것이란 말이 충격으로 다가올 수 있다. 하지만 우리가 주님이 다스리시게 될 천년통치 아래서 이 땅에 일어날 일들에 대해서 잘 기술하고 있는 시편과 선지서들을 잘 읽고 묵상해보면 이 보다 더 확실하고 분명한 것이 없음을 알게 될 것이다. 비유대계 학자들은 오히려 이 사실을 보다 더 잘 분별하고, 최소한 그럴 가능성에 대해서 논하는 것을 들은 적이 있다. 하지만 결코 쇠하지 않는 하나님의 말씀이 그 사실을 보증하고 있다는 사실이 중요하다. 게다가 구약성경에서 예언된 그러한 말씀들은 결코 성취된 적이 없기 때문에 미래에 성취될 것이 분명하다. 하나님의 말씀 안에는 이러한 표지들이 매우 독특한 방식으로 서로 연결되어 있다. 그 날이 오게 되면, 하나님은 자신의 지상 백성인 이스라엘에 대한 경륜을 새로이 시작하실 것이며, 새로운 절기들이 기념될 것이다. 하지만 거기에 오순절은 없다. 초막절뿐만 아니라 유월절이 새롭게 기념될 것이다. 그밖에 다른 절기들은 더 이상 기념될 필요가 없다. 이것은 지금까지 살펴본 대로, 성령님의 엄청난 쏟아 부어짐과 일맥상통하고 있다. 따라서 오순절에 성령의 외적인 표적과 기적적인 일들이 일어난 것과 같이 장차 올 세상(천년왕국)은 권능과 능력으로 특징지어질 것이다. 어째서 그러한 것들이 "내세의 능력, 또는 장차 오는 세상의 권능"(히 6:5)으로 불리는 것일까? 왜냐하면 그러한 초자연적인 것들은 구주 예수님께서 믿는 사람들 뿐만 아니라 "만물"을 위해서 성취하신 위대한 구원을 온 우주로 하여금 알도록, 아무 방해를 받지 않고 강력으로 역사하게 될 능력과 권능에 속한 것이기 때문이다. 주님이 하늘로 승천하신 후에 성령님을 통해서 주어진 권능, 즉 질병을 치유하고, 문둥병자를 깨끗하게 하고, 죽은 자를 살리고, 소경을 보게 하고, 절뚝발이를 걷게 하는 등 이 모든 초자연적인 기적들은 엄밀하게 말하면, "장차 오는 세상의 능력"으로 부르는 것이 맞다. 왜냐하면 이 모든 것들은 주님이 다스리시게 될 천년왕국 시대에 일상적으로 보게 될 능력의 나타남이기 때문이다. 주님은 그 날에 천년왕국 백성들의 죄를 사하실 뿐만 아니라 그들의 모든 질병을 고치실 것이다. 주님은 죄 사함과 질병 치유의 복을 내리시고, 이 두 가지 복을 하나로 묶어서 역사하실 것이다. 우리가 지금 알고 있는 것들과는 다른 상태의 축복들이 나타난다는 것은 매우 분명하다.

따라서 이 모든 것은 하나님이 주 예수 그리스도의 사역에 대해 부여하신 엄청난 가치와 기쁨을 널리 알리시는 위대한 시간인 것이다. 어떻게 이 일이 이루어질 것인가? 이 일은 하나님이 보실 때에는 끝없이 무한한 가치를 지닌 일이다. 참으로 인상적이면서도 그에 대한 하나님의 평가가 나타나야 하는 이 일은, 과연 어떻게 진행될 것인가? 그렇게 믿는 이유가 있다. 장차 오는 그 날은 성경의 약속과 예언이 성취되는 날이 될 것이다. 그 시간은 하나님이 자신의 지상 백성에게 약속하신 모든 축복이 이루어지는 기쁨의 시간이다. 이스라엘은 지상 백성이었다. 그러므로 약속은 문자적인 의미 그대로 성취될 것이다. 따라서 그 날은 하나님이 이스라엘 민족에게 약속하신 대로, 그들은 지상 백성이 되고 이 땅의 중심에 서게 될 것이며, 땅에 속한 모든 약속이 그들에게 성취될 것이다. 하지만 하나님은 자신이 약속하신 모든 약속의 성취에 있어서 제한받지 않으신다. 사실상, 하나님의 깊은 은혜에서 멀어질수록, 사람들이 흔히 말하는 대로, 우리는 약속에만 집착하게 되고, 그렇다면 여지없이 이 세상에 속한 사람들, 땅에 있는 사람들 혹은 땅 자체에게나 적합한 한계에 부딪히게 된다. 하지만 하늘이 땅보다 높음같이 은혜는 항상 하나님의 품속에서 요동하지 않으면서도 약속이나 예언에 매이지 않고, 다만 하나님 자신의 선하심의 크기에 따라서 역사한다. 이것은 이처럼 복된 예비하심 속에 하나님이 숨겨놓으신 진실의 한 측면이다. 물론 이렇게 숨겨놓으시는 목적이 일정한 것은 아니지만, 그럼에도 이것은 만세와 만대로부터 "하나님 안에 감추어 온 것"이었다. 이제 다른 측면은, 더 이상 감추어놓은 비밀은 없다는 것이다. 왜냐하면 하나님은 이제 공개적으로 일하실 수가 있기 때문이다. 하나님은 세상이 거절한 그리스도를 자신의 우편에 앉히셨다. 이렇게 말할 수 있다면, 하나님은 그리스도를 십자가에서 바로 자신의 보좌에 앉게 하신 것이다. 왜냐하면 그리스도는 십자가의 구속이 가지고 있는 모든 가치 있는 것을 하나님께 드리셨기 때문이다. 따라서 하나님은 지상 백성들의 필요에 따라서가 아니라, 또 이 가련한 세상에게 적합한 것에 따라서가 아니라, 오직 하나님 자신과 그리스도의 존귀함을 따라서 (성령님을) 주신 것이다. 하나님은 천국이 가지고 있는 그 자체의 영예를 따라서 (성령님을) 주셨다. 찬송 받으실 성령님을 보내주시는 것 외에, 그보다 더 큰 것이 무엇이랴? 성령님은 천국을 잘 아실 뿐만 아니라, 아들에 대하여 그리고 구속에 대하여 하나님 아버지께서 느끼시는 모든 애정과 정서를 가장 잘 헤아리는 분이 아닌가? 따라서 우리는 이처럼 무한한 축복의 충만 속으로 들어온 것이다.

    따라서 우리 앞에 놓여 있는 이처럼 중대한 진리의 무게를 통감하면서, 주님이 제자들에게 말씀하고 있는 성령님의 오심이 얼마나 크고도 깊은 하나님의 은혜인가를 느끼게 된다. 성령님은 하나님 아버지의 마음과 구주 하나님의 은혜를 계시해주시고, 하나님의 모든 계획 속으로 제자들을 인도해주실 것이다. 주님이 자신의 이름으로 보증하신 모든 일들과 또 아버지께서 성도들에게 반드시 이루실 약속은 "또 다른 보혜사"의 임재를 통해서 성취되는 것이다. 나는 "위로자(Comforter)"로서의 성령님은 그 단어가 주는 뉘앙스 때문에, 우리 주 예수님께서 성령님에 대해서 진정으로 의도하신 의미를 종종 놓칠 수 있다는 생각을 한다. (사실 대부분 놓치고 있다.) 가능한 자연스럽게 그 단어가 가진 의미를 유추해보면, 그 단어는 슬픔과 연관이 있기 때문에 보혜사는 이 낮은 세상에서 당하는 시련 때문에 우리를 위로하시는 분으로 생각하게 된다. 하지만 이것은 보혜사(Paraclete)께서 수행하시는 많은 역할 중 지극히 작은 한 부분에 지나지 않는다. 파라클레테(Paraclete)로서의 성령님이야말로 우리 주님이 의도하신 단어가 가지고 있는 가장 적절한 영어식 표현이다. 파라클레테라는 단어의 의미는 단순히 위로자의 의미만 있는 것이 아니라, 우리의 관심을 소상히 알고 있으며, 우리의 내적인 동기를 알고 있고, 우리가 겪는 어려움을 통해서 우리의 미래 일까지 내다보고 있으며, 모든 일에서 우리의 대표가 될 뿐만 아니라 우리 자신을 위해서 모든 일을 감당하는 개인적인 비서의 의미도 가지고 있다. 따라서 이 단어는 변호자, 중재자, 그리고 위로자, 그리고 그 외에도 이에 상응하는 의미를 모두 가지고 있다. 따라서 크게 보면 한쪽 끝에선 변호자의 의미가, 다른 쪽 끝에선 위로자의 의미가 있다. 그리고 그 사이에 무수히 많은 비슷하면서도 다른 역할들을 내포하고 있다. 사실 우리에게 호의를 베푸시고, 우리의 필요를 무한히 채워주시며, 우리가 처한 어려움이 무엇이든지 다 감당해주시고, 우리 영혼의 복을 위하여 하나님 은혜를 즉각적으로 베푸시면서, 우리를 위한 이 모든 일들을 절대적으로 또 무한히 감당하시는 분은 한 분이시다. 그러한 분이 바로 성령님이시다. 그러한 분을 소유한 사람은 얼마나 복이 있는가! 여기서 다시 한 번 강조하지만, 이러한 일은 이전에는 존재하지 않았다. 이미 언급했지만 이러한 일이 또다시 반복되는 일도 없다. 하지만 장차 오는 세상, 즉 천년왕국 시대는 분명 엄청난 성령의 축복이 쏟아 부어지는 시기가 될 것이다. 그럼에도 지금 이 시대에 성령님의 인격적인 임재가 가능한 것은 그리스도께서 하나님의 우편에까지 높이 되시고, 영광을 입으신 일의 결과이기 때문이다. 따라서 이 일은 결코 반복될 수 없는 사건이다. 대제사장이신 그리스도께서 하늘 성소에 계신 동안 성령님이 오셨고, 이제 성령님은 그리스도의 천국 입성의 영광과 구속 역사의 완성에 대한 증거를 하신다. 대제사장이신 그리스도께서 하늘 성소에서 나와 왕으로서 지상의 보좌에 앉으실 때, 성령님은 엄청난 축복을 내리심으로써 주님이 통치하시는 땅을 향해서 합당한 증거를 주실 것이다.

우리가 이 사실을 마음에 새긴 후에, 세상의 복만을 구하고 있는 기독교계를 바라보면 엄청난 충격을 받는다! 나는 이것이 사실이라고 확신한다. 만일 그렇다면 이것은 의미심장한 일이며, 진지하게 고민해보아야 하는 문제이다. 성령의 인격적인 임재, 이것은 항상 진리를 시험하는 척도이며, 교회사에서 첫 번째로 상실한 진리이며, 또한 마지막으로 회복되어야 하는 진리이다. 회복되어야 한다는 말은 진작 잃어버린 사실을 전제로 한다. 이것은 변함없이 그리고 최고로 하나님의 영광을 반영하는 것이다. 성령님께서는 여기 이 땅에서 아버지를 영화롭게 하신 아들을 영화롭게 하고자 하는 목적으로 오셨다고 하면, 무엇이 성령님께 사랑스러운 것이 될 수 있는가? 그렇다면 성도들에겐 무엇이 가장 인상 깊은 순간이 될 수 있는가? 만일 사탄이 자신이 파괴할 수 없는 것을 전복하고 부패시키고자, 자신의 모든 계략을 사용해서 흐리고 오도하기 위해서 모든 신경과 전략을 쏟아 붓는다 해도 놀라지 말라. 만일 내가 그러한 기준을 가지고 기독교계를 판단한다면, 과연 어떤 슬픈 결론에 도달할 것 같은가? 만일 다른 것이 아니라 오직 한 가지 기준만으로 하나님의 자녀들의 특징을 논해야 한다면, 우리 구주께서 여기 요한복음에서 말씀하신 이러한 구절들을 따라서 해야 하지 않겠는가? 바로 성령님의 임재, 인격적인 임재가 그 유일한 기준이다. 분명 이 거룩하신 인격체로서의 성령님이 주님을 대신하기 위해서 오신 분이시다. "세상은 능히 그를 받지 못[한다.]"(요 14:17)고 말씀하신 것처럼, 세상의 감각으로는 성령님을 느낄 수 없고, 육신의 마음으로는 성령님을 감지할 수 없다. 만일 성령님을 받는 것이 감각이

나 마음의 문제라면, 세상도 충분히 그럴 수 있을 것이다. 하지만 그와는 반대로 성경은 "세상은 그를 보지도 못하고 알지도 못함이라 그러나 너희는 그를 아나니"라고 말하고 있다. 주님이 하신 말씀에 근거해 볼 때, 첫째로 우리는 성령님을 알고 또 함께 하시는 성령님을 알고 있다. 둘째로, 우리는 임재하시는 성령님을 통한 기쁨을 자각하고 있다.

주님의 말씀에 근거해서 성령님을 받게 된다는 단순한 사실에서 시작해보자. 내가 진리를 내 영혼 속에 받아들일 때, 나는 과연 성령의 임재에 대한 의식 없이 그렇게 할 수 있는가? 과연 내 속에 혹은 하나님의 교회 안에 임재하시는 성령의 기쁨을 조금도 맛보지 못하는 것이 가능한 것인가? 분명 그렇지 않다는 것을 우리 마음은 알고 있다. 그러므로 이것은 단지 믿음에만 한정된 문제가 아니다. 그래서 사도 바울은 "너희가 알지 못하느냐?"라고 말했다. 즉 "너희 몸은 너희가 하나님께로부터 받은 바 너희 가운데 계신 성령의 전인 줄을 알지 못하느냐?"(고전 6:19)는 것이다. 즉 이것은 다만 믿음의 문제가 아니다. 우선적으로 나는 한 영혼이 그리스도를 믿음으로써, 적어도 신령한 복 가운데로 들어온다는 것을 의심하지 않는다. 하지만 성령 안에 있는 희락을 누리는 문제는 차후의 문제라는 여지를 남겨두어야 한다. 그렇지 않다면, 즉 하나님의 말씀을 통해서 주 예수님을 영접하는 것으로 모든 것이 다 해결되는 것으로 여기게 되면, 내주하시는 성령의 능력에 대한 우리의 경험이나 간증, 또는 우리 구주의 풍성한 은혜에 대한 계시는 약화될 수 밖에 없다. 결혼한 남자가 혼인 신고를 통해서 자기 아내의 이름이 구청에 등록되었다는 사실 외에는, 자기 아내와 아무런 관계도 없고 친밀한 관계를 나눌 수 없다면 그 사람이 느낄 수 있는 좌절감은 과연 어떠하겠는가? 결혼을 위해서 진행된 모든 일은 참으로 유감스러운 통과의례에 불과한 일이 되고 말 것이다. 이 경우와 당신이 주님을 믿은 경험과 비교해보라. 당신은 진정 성령님을 그리스도를 아는 지식에 기초해서 하나님 은혜의 능력, 기쁨, 축복, 신선함을 생생하게 우리에게 주시도록 보내심을 받은 거룩한 인격체로 생각하는가? 당신은 진정 이 현생의 삶에 속한 모든 것을 함께 누리도록 하나님이 사람에게 주신 배우자를 통한 위로보다 거듭난 사람을 위해서 주신 성령님의 위로를 비실제적인 것으로 생각하는가? 그러한 생각은 가당치 않다. 그러므로 다시 반복해서 말하지만, 이것은 참으로 우리가 주목하고 진지하게 생각해야 하는 문제이다.

영혼이 각성된 상태에서 하나님의 복음의 말씀 가운데 다만 죄 사함의 복음만을 받아들였다면, 정작 이 땅에서 그리스도를 영화롭게 하기 위해서 오신 성령님은 주의하지 않거나 바라보지 못하는 것이 보통이다. 그렇다면 다른 사람들이 맛보고 있는 성령의 기쁨에 대해서, 나는 정작 무관심하다고해서 이상할 것이 하나 없다. 왜냐하면 성령님은 성령의 은혜에 대하여 그처럼 무시하는 태도에 대해서, 그리고 그저 그리스도의 속죄를 아는 정도로만 만족하는 태도에 대해서 안타까움을 나타내시기 때문이다. 만일 내가 더 이상 (천국행 티켓을 얻는 것 외에는) 아무것도 기대하는 것이 없는 것처럼 생각하고 그대로 안주해버린다면, 거기엔 손실이 있기 마련이다. 이 부분을 숙고해보면, 이것은 매우 성경적인 분별 위에 서있는 것을 알게 될 것이다. 따라서 우리는 하나님의 말씀을 문자적으로 해석하는 것을 배울 필요가 있다. 하나님의 말씀을 옳게 분변하는 훈련이 되지 않은 사람의 마음은 성령님의 복된 임재와 능력의 기쁨 속으로 더욱 깊이 들어가는 것을 꺼려하는 경향이 있다. 왜냐하면 구원의 복음을 처음 듣고 믿을 때 모든 것이 다 되었다고 생각하기 때문이다. 하지만 이와는 달리 개인적으로 성령의 능력을 통해서 하나님과 우리의 관계에 대해서 새롭게 인식하게 되는 때가 있는데, 여기까지 이르는 데에는 치러야 하는 특별한 고통과 시련이 있기 마련이다. 마찬가지로 하나님의 교회에서 우리는 성령님이 교회 안에 계시다는 것을 믿어야 할 뿐만 아니라, 또한 성령님의 임재가 가지고 있는 달콤하면서도 강력한 효력을 맛볼 수 있다는 것 또한 믿어야 한다. 이러한 주제는 로마서 8장에 전개되어 있다. 로마서 8장은 우리 영혼이 "그리스도 안"이라고 하는 새로운 지위(new standing)에 들어가는 것을 다루고 있는데, 이것은 성령님이 신자인 내 안에 거하신다는 사실을 단순히 언급하는 것이라기보다는 오히려 "성령이 친히 우리의 영과 더불어 우리가 하나님의 자녀인 것을 증언"(롬 8:16)하시는 것을 천명하고 있다. 이것은 사람이 복음을 믿는 것보다 더 위대한 것이 아닌가? 물론 이 또한 믿음에 속한 일이다. 우리는 반드시 우리 영혼을 향한 하나님의 은혜에 대한 복음의 증거를 믿는 것으로부터 시작해야 한다. 믿음은 결코 감정이나 무슨 경험에 터 잡고 있지 않고, 오직 그리스도를 통한 구원의 복음에 대한 하나님의 말씀에 터 잡고 있다. 하지만 은혜로 나에게 주어진 이 모든 것들에 대해서 다만 처음 복음을 믿는 것으로 다 이루어졌다고 말한다면, 내가 지금까지 해온 모든 것은 믿음과 감정을 혼합하고 또 믿음과 경험을 섞는 것이기에, 악한 것일 뿐만 아니라 오류라고 생각해야 할 것이 아닌가? 그렇지 않다. 참된 믿음이 있다면, 그 믿음은 우리 영혼을, 하나님의 교회를 깊은 체험으로 인도한다. 이것은 내가 지금 다루고 있는 주제를 적절히 표현하는 것이다. 나에겐 이 주제를 다루는 것이 매우 필요한 일로 보였다. 왜냐하면 보통 자기 속에 무슨 내적인 증거들이 있는지 찾아봄으로써 혼돈스러워하는 데서 단순한 믿음으로 전환하도록 권해보면, 흔히 영혼들은 주님이 성령님에 대해서 하신 말씀으로만 제한해서 생각하는 한계에 봉착하게 된다. 이것은 사실이며, 기본에 속한 일이다. 하지만 우리는 그 이상을 바라보아야 한다. 우리가 조심해야 하는 것은, 또 다른 극단에 빠지는 오류를 피해야 한다는 것이다. 주님은 나에게 생명의 말씀을 주셨고, 나는 그리스도인의 삶을 시작하는 기초로서 그 말씀을 전적으로 받아들였다. 이것은 주님이 우리에게 알려주신, 참으로 복되고도 칭찬받을 만한 일이다. 때로는 사탄에 의해서 눌린 마음에서 강압적으로 복음을 받아들인 경우도 있다. 그럼에도 성령님이 우리 속에 거하기 위해서 하늘로서 오신 거룩한 인격체이신 것이 너무도 분명한 것처럼, 우리 영혼 속에 또는 하나님의 교회 내에 성령님의 임재하심으로 인해서 주어지는 기쁨을 인식하고 맛볼 수 없다는 것은, 나의 판단으로는, 무언가 잘못돼도 한참 잘못된 것이다.

무엇보다도 주님이 "내가 아버지께 구하겠으니 그가 또 다른 보혜사를 너희에게 주사 영원토록 너희와 함께 있게 하리니"라고 말씀하신대로, 주님은 아버지께 기도하셨다. (요한복음 14장에서 주님은 중보자의 자리를 취하셨다.) 따라서 우리는 성령님에 대한 엄청난 진리를 대면하고 있다. 성령님은 우리에게 주어졌을 뿐만 아니라, 거기에 더하여 "영원토록 너희와 함께 있게 하리니"라고 말씀하신대로 성령님이 오신 후로는 영원히 함께 하신다. 다른 누구에 대한 언급은 없었다. 여기서 중요한 것은 그리스도인의 정체성이다. 요한복음 14, 15, 16장을 통해서 우리는 성령님이 오시는 근거로서, 구속의 역사가 지상에서 완성되고, 또 그리스도는 하늘에서 영광을 받으시는 것을 보게 된다. 이 두 가지가 여기서 말하고 있는 축복, 즉 성령님을 받을 수 있는 근거이다. 십자가의 대속(代贖)의 사실만으로는 충분하지 않다. 거기에 더하여 그리스도께서 높은 곳에서 영광을 받으신 사실의 결과로 성령님이 이 땅에 강림하신 것이다. 따라서 성령님은 여기서, 주 예수님처럼 잠시 머물다 떠나는 방문자로서가 아니라, 일시적으로 방문하는 것과는 대조적으로, "영원토록 너희와 함께 있[는]" 존재로서 약속되었다.

이 사실은 즉시 우리가 기독교계를 바라볼 때 얼마나 큰 슬픔을 느끼게 하는지 모른다. 만일 거기에 무언가 빠진 듯한 것이 하나 있다면, 그것은 바로 성령님의 인격적인 임재에 대한 것이다. 전혀 성령님에게 합당한 증거를 찾아볼 수 없다. 이것은 그저 경솔하게 내뱉는 말이 아니다. 큰 도시 뿐만 아니라 작은 시골에 있는 교회들의 모습도 마찬가지이다. 프로테스탄트 교회들을 보아도, 교파와 상관없이, 나라와 상관없이, 국교회나 비국교도나 마찬가지 상황이다. 그들의 신앙고백을 살펴보면, 고백서를 작성했던 종교개혁 시대에는 지금의 사람들보다 더욱 단순하면서도 성서에 철저하게 했던 것이 분명하다. 종교개혁 시대나 혹은 그 이후 영적인 위기의 순간에, 만일 이러한 신앙고백서들 가운데서 특별히 문제가 생기거나 혹은 누락된 진리 가운데 하나를 꼽으라면, 역시 성령의 인격적인 임재에 관한 진리가 있다. 물론 독자들은 거듭남의 필요성, 그리스도 속죄 사역의 가치, 하나님이면서 사람이신 그리스도의 신성한 위격이 가지고 있는 영광과 같은 진리들을 꼽을 지도 모른다. 물론 그들은 성령님이 신성한 인격체임을 부정하지는 않는다. 나는 성령님의 인격성 혹은 신성 그 자체에 대해서 말하는 것이 아니라, 이 세상에 오신 성령님의 사명과 그리스도인들과 함께 하시는 성령님의 임재와 하늘로서 땅으로 보내심을 받은 성령님의 개인적인 임재와 단체적인 임재에 대해서 말하고 있다. 어디서 성령님의 역사에 대한 간증을 들을 수 있으며, 내주하시는 성령님에 대해서 고백하는 것을 들을 수 있는가? 나는 심지어 책에서도 그러한 내용을 본적이 없다. 물론 어떤 사람들은 내가 그 주제에 대한 책을 충분히 찾아보지 않았기 때문이라고 말할 것이다. 하지만 나는 최선을 다해 열심히 찾아보았고, 다른 누군가 그 주제에 대해서 쓴 것이 있다면 열정적으로 배우길 소원했다. 하지만 어느 신앙고백서에서도, 어느 신앙경전에서도, 무슨 신앙 잡지나 무슨 기독교 공동체의 신앙규칙에서도 기독교의 핵심 진리라고 할 수 있는 이 부분에 대한 표현을 전혀 발견할 수 없었다. 이 진리는 가능한 지속적으로 설파되고, 또 교회 내에서 계속해서 설교되어야 한다. 그렇다면 이보다 더 그리스도인의 영광과 하나님 교회의 능력을 보여줄 수 있는 것이 있을 것이다. 그리스도께서 떠나가시면서 예비해주신 특별한 특혜가 아니면 무엇인가? 하지만 현재 기독교계에는 이것의 어느 한 부분도 내게 보여주지 못했다.

물론 정통 기독교계에는 탁월한 신앙인과 훌륭한 설교들이 많이 있음을 인정한다. 그럴지라도 앞서 지적한 사실을 부인할 수는 없지 않은가? 이것이 부족한 부분을 보충해주는가? 물론 어떤 사람들은 적어도 퀘이커라고 불리는 친우회(the society of Friends) 만큼은 성령에 대해서 많이 강조하고 있지 않느냐고 반론할 것이다. 퀘이커는 성령님을 인격적인 존재로 대하고자 애썼지만, 나의 판단으로는, 자신들도 모르는 사이에 성령님의 인격적인 임재의 진리에 대해서 가장 모르는 사람들로 나타났다. 그 이유는 이렇다. 그들은 그리스도인 속에 인격적으로 거하시는 성령님에 대한 진리를 적대시

했으며, 전적으로 거부했다. 친우회에 대해서 너무 강한 의견을 낸 것은 아닌가 두려운 마음이 있기에 그들이 가지고 있는 성령에 대한 교리에 대해서 조금 더 설명할 필요를 느낀다. 퀘이커의 교리는 주님이 여기 요한복음에서 제시하신 진리와는 전적으로 불일치를 이루고 있다. 그들은 모든 사람들 속에는 예외 없이 하나님의 성령이 내주하고 있다고 믿는다. 즉 유대인이건 터키인이건(무슬림이건), 불신자이건 신자이건, 모든 영혼 속에는 예외 없이 성령님이 내주하고 있다고 믿는다. 그 결과, 그들은 어떤 특정한 사람 속에만 성령님의 인격적인 임재가 있다는 사실을 거절한다. 왜냐하면 그들은 모든 사람 속에 거하시는 성령의 존재를 합당하게 사용하는 사람만 구원을 받을 수 있다고 생각하기 때문이다. 그렇게 되면 이러한 오류는 또 다른 극단으로 치닫게 된다. 그들은 칭의(justification)의 진리, 즉 믿음으로 의롭다 함을 받는 진리도 그리스도와 그리스도의 사역을 믿음으로 단번에 완성되는 것이 아니라, 점진적이고 진보적으로 이루어지는 것으로 만들어버림으로써, 사람들은 자기 속에 있는 내적인 빛을 따라 살아가는 것에 비례해서 의로워진다고 믿는다. 그렇다고 나는 친우회 사람들이 다 그렇게 믿고 있다고 말하고 싶지는 않다. 그들 가운데 많은 사람들이 복음의 진리를 깨닫고 있음을 의심하지 않는다. 최근에는 그들 안팎에 있는 많은 사람들이 복음을 전하고 있으며, 영혼을 회심시키는 일에 몇몇 사람들이 하나님께 쓰임 받음으로 인해서 세간에 많은 존경을 받고 있는 것이 사실이다. 하지만 본인들의 영혼을 위해서 받아들이고 있으며, 또한 다른 사람들로 하여금 복을 받도록 그들이 전파하고 있는 교리는 사실상 친우회의 설립자들 혹은 친우회 교리서인 바클레이의 변호(Barclay's Apology)라는 책이 가르치고 있는 친우회의 정통 교리가 아닐뿐더러, 오히려 자신들이 쳐놓은 울타리를 넘어뜨릴 만한 복음주의 신앙인 것이다. 그런데도 그들은 그것을 다른 사람들에게 설파하고 있다.

성령의 인격적인 임재에 대한 친우회의 근본적인 입장은 이렇다. 성령님은 예외 없이 모든 사람에게 주어졌으며, 성령의 나타남을 합당하게 사용하는 사람은 결국 자신의 영혼을 구원하게 된다는 것이다. 이것이 과연 하나님의 진리와 일치하는가 아니면 대립하고 있는가? 성경은 결코 성령님께서 세상에 있는 모든 사람에게 주어진 것으로 말하고 있지 않고, 다만 성령의 나타남은 교회 안에 있는 신자들에게만 주어진 것으로 가르치고 있다. 그리스도인만이 성령님을 마음에 모시고 있다. 구약성도들도 이것을 경험하지 못했다. 게다가 천년왕국 시대의 성도들도 이것을 경험하지 못한다. 물론 천년왕국 시대에는 모든 육체에 성령님이 부어지는 일이 있을 것이다. 하지만 성령님의 인격적인 임재는 현재 우리 그리스도인만 소유한다. 그때 이스라엘 백성들도, 우리처럼 성령님을 소유하지 못할 것이다. 머지않아 그들은 성령의 복을 받고 또 능력을 덧입을 것이지만, 모두가 외적으로 주어지는 축복일 뿐이다. 그러므로 교회의 품속에서만 경험할 수 있었던 지극히 작은 복이, 추측하건대, 천년왕국 시대에는 이 세상에서 영원토록 사람들 사이에서 역사해온 신성한 능력에 의해서 가장 경이로운 모습으로 나타나는 것을 보게 될 것이다. 나는 사람들이 그토록 자랑스럽게 생각하는 것, 즉 인간의 발명품, 전자 통신 기계, 기차, 대형 선박 등이 (대환난 기간을 통과하는 중에) 사라지고, 세상은 이전에는 상상도 하지 못했던 것들로 대치되는 것을 보게 될 것을 조금도 의심하지 않는다. 하나님은 결코 인간이 쌓아올린 문명의 금자탑을 통해서 하나님을 능가하는 것을 허락지 않으실 것이다. 혹 그럴 가능성을 생각하는 것은 죄로 점철된 날, 인간의 자기 의(self-will)가 극도로 표출된 날, 그래서 수치와 부끄러움의 날, 즉 예수님이 거절을 당하시고 또 성령님이 무시를 당하신 날을 오히려 하나님의 아들께서 세상과 화목하고, 또 그렇게 화목된 세상을 통치하는데 필요한 것들을 준비시키는 날로 생각하는 망상에 불과하다. 하나님은 그러한 오해의 소지를 조금도 남겨두지 않으신다. 하나님의 말씀과 성품을 아는 사람 가운데 누가, 하나님이 이스라엘로 하여금 자기 메시야의 통치 아래서, 메시야께서 자기 백성들을 세우시고, 시온에 여호와의 영광으로 가득 채우시는 그 시기에, 반역했던 이방인들에게 빛을 지게 할 만한 사건을 허락하실 것이라고 누가 말할 수 있을까? 나의 분별로는, 하나님이 그처럼 광명한 날에 이처럼 약해 빠진 사람을 도구로 사용하신다는 것은 있을 수 없는 일이다. 그 옛날 여리고 성이 무너진 것처럼, 거룩한 땅의 한 가운데서 일어난 모든 일에는, 하나님이 자기 백성들을 위해서 새로운 방식으로 역사하시는 것을 볼 수 있다. 내가 확신하는 바로는, 성령님이 이 땅에 쏟아 부으시는 무한한 능력으로 사람들을 친히 가르치시는 그 날이 오고 있다. 이것이 그 시대의 독특한 특징을 이루게 될 것이다. 그러므로 성령님은 땅에서, 그리고 땅을 위하여 일하실 것이다. 성령님이 맡으신 일이 지연되는 일은 없을 것이다. 그럼에도 능력이 발현되는 것은 주님이 세상을 통치하는 것과 보조를 맞출 것이며, 성령님의 뜻대로 모든 일이 진행될 것이다.

　이제 성령님은 다양한 방법으로 역사하시며, 끝까지 그렇게 일하신다. 사도 시대에는 엄청난 능력의 역사가 있었다. 하지만 그처럼 위대한 역사의 시작점은 하나님의 우편에서 영광을 받으신 그리스도에 의해서 보내심을 받은 성령님이었고, 그 성령님은 영혼들로 하여금 천상에 계신 그리스도와 생생한 연합을 이루게 해주었다. 이러한 연합은 하늘에 계신 그리스도에게로 이끌어준다. 이것은 성령님에 의해서 우리를 하늘에 속한 자가 되게 해주고, 하늘에 계신 그리스도와 땅에 있는 사람들을 신성한 끈으로 묶어 줌으로써, 천상적인 연합을 이루게 해준다. 이것이 바로 우리 앞에 있는 본문이 말하고 있는 실제인 것이다. (따라서 우리는 세상과는 대조를 이루고 있는 신자의 진면목을 보게 된다.) 그리스도는 성령님에 대해서, "그는 진리의 영이라 세상은 능히 그를 받지 못하나니"(요 14:17)라고 말씀하셨다. 앞에서 언급한 잘못된 교리는, 세상도 성령님을 받으며, 신자에게만 독점적으로 주어지는 것은 아니라고 강하게 주장하는 것이다. 반면에 성령님을 소유하는 것은 매우 특별한 것이다. 성령님의 인격적인 임재는 그리스도인만 소유하는 복이며, 세상은 결코 받을 수 없다. 왜냐하면 세상은 성령님을 보지도 못하고 알지도 못하지만, 우리 그리스도인은 그를 알기 때문이다(요 14:17). 성령의 내주하심은 절대적으로 신자들에게만 주어지는 특권인 것이다. "그는 너희와 함께 거하심이요 또 너희 속에 계시겠음이라"(요 14:17) 성령님이 내주하시는 복은 일시적으로 주어지는 것이 아니다. 그보다 더욱 큰 것이다. 이것은 단순히 신자들과 함께 거하시는 것을 의미하지 않고, 성령님이 그 속에 내주하시는 것을 의미한다. 이러한 성령의 내주는 이중적인 측면을 가지고 있다. 즉 함께 거할 뿐만 아니라 그 속에 내주하신다. 이 두 가지는 모두 중요하다. 성령님이 오신 이후, 성령님은 내주하신다. 신자들 밖에 존재하는 분으로서 성령님은 신자들과 함께 거하시는데, 이것은 성도들의 교회에서 성취된다. 또한 성령님은 신자 속에 거하신다. 성령님이 우리와 함께 거하시는 것은 신자들이 꼭 붙들어야 하는 중요한 요소이다. 왜냐하면 성령님은 단순히 가끔 방문하시는 분이 아니라, 실제적으로 우리와 함께 거하시는 분이시기 때문이다. 따라서 우리는 성령님을 실제로 교회 안에 거하시는 분으로 알고 그렇게 바라보아야 한다. 거기에 더하여 주님은 성령님이 우리 속에 계실 것이라고 말씀하셨다. 그렇다면 이것은 성령님의 임재가 가져다줄 친밀성을 말해준다. 주님이 승천하신 후 장차 임하실 성령님은 "함께" 그리고 "속"에서 거하시는 분이시다. 더군다나 성령님은 "영원토록" 함께 하실 것이다.

그 효과는 다음 구절에 있다. "내가 너희를 고아와 같이 버려두지 아니하고" 여기서 주님은 자신의 떠남을 염두에 두고 강조해서 말씀하셨다. "너희에게로 오리라"(요 14:18) "조금 있으면 세상은 다시 나를 보지 못할 것이로되 너희는 나를 보리니 이는 내가 살아 있고 너희도 살아 있겠음이라"(요 14:19) 이것은 성령님께서 우리를 한 몸으로 만드시고, 그리스도를 머리로 해서 신자들을 하나로 연합시키는 것이다. 이보다 더 중요한 것이 있다. 여기서는 공동체의 본질을 가르치고 있다. 이것은 바울의 서신서에서 우리가 발견하는 몸의 하나됨과는 다른 개념이다. "내가 살았고 너희도 살겠음이라" 이보다 더 친밀한 것은 없다. 게다가 "그 날에는" 여기서 주님은 그 방식을 소개하고 있다. "내가 아버지 안에, 너희가 내 안에, 내가 너희 안에 있는 것을 너희가 알리라"(요 14:20) "그 날"이 왔다. 이것은 다시금 성령님의 인격적인 임재 방식이 천년왕국 기간 동안 성령의 쏟아 부어짐과는 어떻게 다른지를 보여준다. 이 구절은 천년왕국 시대에도 성도들에게 이루어지는 것인가? 그렇지 않다. 분명한 것은 이와 같은 성령의 임재 방식은 현재 시대에 한정된 것이며 다시는 반복되지 않는다는 것이다. 하지만 이 세상에 필요한 성령의 축복들은 하나님의 자비와 능력 가운데서 여전히 주어질 것임을 나는 부인하지 않는다. 하나님 은혜의 대상인 하나님의 백성들 가운데서 하나님의 선하심이 여전히 역사할 것임을 나는 부인하지 않는다. 분명 그러한 역사는 있을 것이다. 하지만 분명한 것은, 여기서 주님이 설명하고 계신 총체적인 것, 즉 "그 날에는 내가 아버지 안에, 너희가 내 안에, 내가 너희 안에 있는 것을 너희가 알리라"는 것은 천년왕국시대에는 절대적으로 불가능하다는 것이다. 이것은 지금 현 시대에만 가능하다. 이것을 가능하게 해줄 근거가 되는 구속의 역사는 이미 이루어졌다. 지금이 바로 그 날이다. 그리스도는 하늘에서 영광스러운 자신의 보좌에 앉으셨다. 단지 하늘에 계신 것만이 아니라, 주님이 말씀하신대로, 이제는 "아버지 안에" 계신다. "그 날에는 내가 아버지 안에, 너희가 내 안에, 내가 너희 안에 있는 것을 너희가 알리라" 주님은 하늘에 계신 동시에, 여기 이 땅에서도 우리 안에 계신다. 그러므로 이 20절은 우리 주님이 우리에게 경이로운 선물을 주실 것, 즉 여기서 주님이 말씀하시는, 하늘에서의 주님의 임재와 땅에서의 주님의 임재가 동시에 이루어지게 될 것이라는 사실에 대한 결정적인 증거이다. 이 방법을 통해서만이 보내신 성령님을 통해서 위에 계신 주님과 땅에 있는 우리의 연합이 가능해지는 것이다. 우리 주 예수 그리스도께서 하늘을 떠나서 이 땅에 왕국을 세우시는 천년왕국 시대에는 이 모든 것들이 변화될 것이며, 우리 주님이 차지하실 새로운 위치와 연관해서 새로운 상태에 들어가게 될 것이다. 그렇다면 성령님은 항상 그리스도의 자리와 관련해서 역사하고 또 주어진다. 그리스도의 인격적인 부재의 시기 동안, 이 땅에는 성령님의 인격적인 임재가 그 자리를 대신하는 것이다. 주님이 다시 오시고 장차 오는 세상인 천년왕국이 시작되면 성령의 초자연적인 역사가 특징을 이루는 시기가 될 것이지만, 성령의 역사는 근본적으로 변모되어 지금과는 전혀 다른 모습과 특징을 띠게 될 것이다.

요한복음 14장의 나머지 구절들에 대해선 다루지 않을 것이다. 우선적으로 나는 진리를 가능한 진술하게 제시하고자 했다. 지금까지는 우리가 받은 축복의 독특성을 드러내면서, 장차 오는 그 날에 임하게 될 축복들과 비교했다. 믿음은 항상 그리스도를 바라봄으로써 하나님의 현재 마음과 하나님의 섭리와 역사하는 방식 속으로 들어간다. 그러므로 믿음은, 하늘에서 하나님의 보좌 우편에 계신 그리스도의 임재를 자기 영혼 앞에 지속적으로 둠으로써 모든 것을 제자리에 있게 한다. 세상과 관련해서 뿐만 아니라 하나님과 관련해서, 이것이 우리 영혼의 위대한 핵심 진리가 아니라면, 모든 것을 잃게 된다. 이것은 우리 그리스도인이 가지고 있는 독특한 특징이다. 물론 그러한 특징 중에는 그리스도를 믿음으로 인한 죄 사함이나, 하나님과의 화평의 은총이 있을 수 있다. 하지만 나는 여기서 영혼의 안식이나, 세상을 벗어난 우리의 존재, 그리스도에 의해서 영원히 구원받는 것에 대해서 말하고 있지 않다. 나의 관심은 우리 영혼이 하나님의 영광과 하나님의 정서에 합당하게 되는 것에 있다. 그것은 선하고 거룩하게 되는 것이며, 그리스도인이 하나님과의 관계에서 능력을 얻고 풍성한 복을 누리는 것이다. 만일 믿음의 눈으로 그리스도께서 계신 곳을 바라보지 않는다면, 거기에서 시선을 돌린다면, 확실히 이 모든 것들은 다 허사가 될 것이다. 우리의 눈이 천상에 계신 그리스도를 지속적으로 바라보게 되면, 우리 영혼 안에서 일하시는 성령님의 자유로운 역사를 보장하게 될 것이다. 성령의 인격적인 임재를 믿지 않는 사람은 하늘에서 교회의 머리로 계신 그리스도에 대한 이해가 전혀 없다는 것을 발견하게 될 것이다. 물론 그들이 그리스도께서 하나님의 우편에 계신 것을 부정하거나 조금도 이의를 제기하지 않을 수도 있다. 그들은 그저 형식적으로 자신들이 성령을 믿고 있고, 또 성도가 교통하는 것, 등등을 믿고 있다고 고백할 뿐이다. 하지만 이것은 단순히 형식적인 신앙고백을 입술로만 되풀이할 문제가 아니다. 나는 이러한 것들을 특정 교파에만 한정해서 말하는 것이 아니다. 왜냐하면 나의 견해로는, 개혁주의 모든 교회들이 성령님의 인격적인 내주하심과 교회 안에서 역사하시는 성령의 역사에 대해서 전적으로 무시하는 태도와 견해를 가지고 있는 것으로 보인다. 따라서 현재 기독교계의 상태는, 국가교회든 비국교도들의 교회든 관계없이 모든 교회들이, 신약교회의 주요한 진리 뿐만 아니라 성령에 관한 진리까지도 성경대로 믿고 있지 않는데 있다.

 이것은 하나님의 자녀들이 마음에 새겨야 하는 매우 중요한 진리이다. 문제는 자신들의 영혼에 유익한 것을 얻느냐 혹은 어디서 얻을 것이냐에 있지 않다. 성령님은 이처럼 다양한 교파로 나누어진 상황에도 불구하고, 이 가운데서도 복을 내려주신다. 그들 가운데에는 그리스도께 사랑스러운 존재들이 있다. 내가 믿는 바에 의하면, 그들 가운데에는 그리스도의 인격과 사역이라는 견고한 터 위에서 생명을 얻은 그리스도의 지체들 뿐만 아니라 그리스도의 사역자들도 있다. 하지만 그들이 한결같이 이렇게 말하는 것은 별개의 사안이다. 즉 "과연 하늘에서 오신 성령님께서 주님이 의도하신 대로, 하나님의 말씀 그대로 자유롭게 역사하실 수 있을까? 과연 성령님이 우리 가운데 임재하신다고 믿어야 하는가? 내가 속해 있는 교회에 성령님은 정말로 임재해 계시는가?' 나는 지금 설교나 교회의 다양한 집회나, 여러 형태의 강좌나, 혹은 하나님의 말씀을 읽는 집회 등에 대해서 말하고 있지 않다. 이 모든 것들은 각자 나름의 가치가 있다. 하지만 그리스도의 지체들로 이루어진 교회, 주 예수님의 이름으로 모이고 있는 교회에게 가장 핵심적이면서도 중요한 것이 있다. 여차 여차한 경우라 할지라도 우리 영혼 앞에 중차대한 진리는, 모든 어려움에도 불구하고 가장 결정적인 요소는 우리가 한 분 성령님을 모시고 있다는 것이다. 그리스도의 영광을 위하시는 분, (그리스도를 영접하고 그리스도의 사역을 의지하고 있는 우리를 위해서 은혜를 베푸시며) 우리의 유익을 위해서 일하시는 분, 우리를 돌보시는 분, 우리에게 기쁨을 주시는 분, 우리의 시련 중에 우리를 도우시는 분, 마귀의 계략으로부터 우리를 보호하시는 분, 하나님의 은혜를 인하여 우리를 단순하게 만드시고 우리 자신을 낮추게 해주시고 참되게 신실하게 만드시는 분, 하나님의 말씀으로 우리를 연단하시는 분, 바로 보혜사 성령님을 우리 속에 모시고 있다.

이제 내가 강조하고 싶은 것은, 모든 진리 가운데서, 특별히 땅에 있는 그리스도인의 공동체와 관련되어 있는 진리 가운데서 이보다 더 긴급하고 중요한 우선순위를 가진 진리는 없다는 것이다. 그 이유는 매우 단순하다. 만일 사람이 하늘로서 오신 신성한 인격체가 존재하며, 그가 실제로 우리와 함께 하면서 또한 교회를 인도하려는 목적을 가지고 있을 뿐만 아니라 그렇게 역사하고 있다는 것을 믿는다면, 당신은 이것을 그처럼 중요한 사실이 아니라고 생각하겠는가? 이것은 성령님의 단순한 작용을 의미하지 않는다. 왜냐하면 성령님은 감리교회에서 역사하실 수도 있고, 아니면 영국 국교회 성직자를 통해서도 역사하실 수 있기 때문이다. 성령님의 역사가 없다면, 어느 누구도 회심할 수 없으며, 하나님의 말씀에서 그 무슨 진리도 얻을 수 없다는 것에 전적으로 동의한다. 따라서 성령님의 역사는 하나님의 주권적인 은혜의 흐름과 맥락을 같이한다. 게다가 주님이 성령님을 임의로 부는 바람으로 비교하신 것 같이 역사하신다. 그럼에도 이러한 성령의 외적인 역사는 모두 성령의 인격적인 임재, 즉 그리스도인 교회에서 성령님께서 자유롭게 역사하시면서, 주권적으로 지체들을 자기 뜻대로 불러 사역을 맡기시는 것과는 질적으로 다른 것이다.

현대 그리스도인들은 과연 의지할 만한 그러한 성령님의 임재가 있다는 것을 믿는가? 그에 대해서 하나님의 말씀은 확실하다. 하나님의 성도로 부르심을 받았다는 것은 성령의 내주를 소유하도록 부르심을 받은 것이며, 그러한 복락으로 부르심을 받은 것이다. 그렇다면 당신은 단지 신앙으로 고백하는 것 말고, 이것을 실제로 경험하고 싶은가? 나는 모든 그리스도인이 같은 크기의 믿음을 가지고 있다고 믿지 않는다. 우리 가운데 어떤 사람은 이러한 진리에 대해서 문외한인 경우도 있을 것이다. 우리는 대부분 이 성령의 진리 뿐만 아니라 기다 디론 진리에 대해서도 매우 희미하다. 그러므로 하나님의 교회는 그것을 갈망하도록 그리스도의 모든 지체들에게 요구할 수는 없다. 따라서 모든 신자가 이제는 우리의 소유가 된, 성령의 인격적인 임재에 대한 단순한 믿음과 확신에 이른다는 것은 사실이 아니다. 모든 진리가 다 단순한 진리이긴 하지만 특별히 성령의 내주에 대한 진리는 최상의 진리 가운데 하나이다. 흔히 최상의 진리들은 겉으로 볼 때에는 지극히 단순해 보이는 경향이 있다. 예를 들어서, 하늘에서 하나님의 우편에 계신 그리스도라는 진리만큼 단순한 진리가 어디 있겠는가? 하지만 이것은 그리스도 안에서 하나님이 우리에게 주실 수 있는 최고 최상의 축복이며, 또한 모든 비밀의 핵심이 아닌가? 따라서 나는 지상에 강림하신 성령의 임재보다 더 심오하면서도 또한 단순한 진리를 알지 못한다. 왜냐하면 이 진리는 하나님의 우편에 계신 그리스도에 대한 위대한 진리의 결과이기 때문이다. 동시에 이것이 얼마나 단순해 보이는가에 상관없이, 이것은 가장 장엄한 진리이다. 모든 그리스도인은 이 위대한 진리를 배워야 한다. 내가 확신하는 바로는, 우리가 가는 곳마다 거기에 그리스도를 영접한 사람들이 있다면, 이 진리를 힘을 다해 하나님의 자녀들에게 가르쳐야 하는 중차대한 책임이 있다. 그렇다면 그들도 이 세상에 오신 성령님의 임재에 대한 믿음을 실제로 가지게 될 것이다. 그렇다면 이제 막 그리스도를 영접한 모든 사람들이 성령의 내주를 받아들일 사전 준비를 하거나 또는 성령의 내주에 대한 믿음을 따로 행사해야 한다고 보지는 않는다. 사실 너무도 많은 그리스도의 지체들이 성령의 내주에 대한 인식이 미약할 뿐만 아니라, 현저하게 그 가치를 알고 있지도 못하다. 그럼에도 불구하고 교회의 집회는 총체적으로 성령님이 인도하신다. 성령의 임재를 느끼지 못하는 사람이 있을지도 모르지만, 그럼에도 성령님을 방해하는 것은 제재를 받고 바로 잡히게 된다. 말씀대로 성령이 활동하도록 역사하는 것을 방해하는 인간의 장치나 인위적인 규칙, 기타 인위적인 조정이 없다면, 거기엔, 내가 확신하는 바로는, 모든 하나님의 자녀들은 스스로 경계하고 자중하게 됨으로써 결국에는 전체적으로 행복한 모임을 갖게 된다. 물론 얼마든지 예상치 못한 사고가 있을 수 있다. 우리는 모두 잘못될 수 있는 가능성이 있다. 그럼에도 우리가 안심할 수 있는 것은 모든 오류를 바로 잡으실 수 있는 분이 우리와 함께 계심을 알기 때문이다. 그렇게 성령님은 성도들에게 하나님의 은혜를 보여주시려고 하늘로서 내려오셨다. 그러므로 우리는 어떠한 어려움이 와도 절망에 빠질 필요가 없다. 우리는 성령님에 대한 우리 영혼의 확신을 결코 포기해서는 안된다. 우리와 함께 그리고 우리 속에 거하시는 성령님은 우리가 처하게 될 모든 방해와 위험을 내다보신다. 성령님을 의지하는 믿음을 갖자. 주의 이름을 부르도록 하자. 성령님은 지금 목적을 가지고 이 세상에 계심을 확신하자. 나는 우리의 믿음을 강조하는 것이 아니라, 더 확실하고 더 나은 것, 그리스도를 영화롭게 하는 것이 무엇인지를 강조하고자 한다. 이것은 결코 실패하지 않을 것이다. 동시에, 모든 지체들에게 기대할 수는 없지만, 어쨌든 우리에게 성령님의 임재에 대한 믿음이 있다면, 우리의 집회는 총체적으로 거룩한 능력이 함께 하는 집회가 될 것이다. 하지만 이러한 위대한 진리에 대해서 전혀 무감각한 집회라면, 거기엔 틀림없이 성령의 역사를 부정하는 인위적인 규칙들만이 즐비할 것이 분명하다. 이에 대한 상세한 내용들이 사실은 신약성경 서신서에 여기 저기 흩어져 있다. 나는 지금까지 요한복음 14장을 통해서 성령의 임재에 대한 주제를 다루었고, 가능한 성령의 인격적인 임재라는 위대한 진리의 중요성을 설명하고자 애썼다.

  여기서 나는 몇 가지 의구심에 대해서 다루고자 한다. 프로테스탄트(개혁주의) 그리스도인이나 혹은 당신과 같은 교단의 사람들이 신자들과 함께 하기 위해서 이 세상에 오신 어떤 신성한 인격체를 믿고 있다고 가정해볼 때, 당신은 모든 사람이 그처럼 중요한 진리에 의해서 신앙이 형성되어 있거나 또는 그 진리에 따라 신앙생활을 하고 있다고 생각하는가? 만일 사람들 가운데 유일한 권위를 가진 존재가 있다면, 나는 과연 그 권위자가 무슨 일을 결정할 때 주도적인 역할을 하는지를 당신이 살피고 있는지를 알고 싶다. 한 나라의 국왕이 자신이 통치하는 나라의 여러 지역을 방문하면서, 국정이 잘 시행되고 있는지를 감찰한다고 생각해보자. 그렇다면 신하된 자의 의무는, 그가 아무리 높은 지위에 있다할지라도, 왕에게 존경과 순종의 태도를 나타내야 하지 않겠는가? 적어도 그리해야 한다는 것이 나의 견해이다. 사람이 절대주권자의 권리를 생각하고 존중하고 그것을 느끼는 것보다, 일시적으로 행복하게 해주는 것은 없다. 나는 너무도 많은 사람들이 그저 겉으로만 그런 태도를 취하고 있는 것은 아닌지 두려운 마음이 든다. 오늘날 권위에 대한 존경심이 외적으로나 내적으로나 모두 무디어져 있으며, 심지어는 계시된 진리에 대해서도 마찬가지라는 사실에 가슴이 아프다. 이 세상에 권위를 세우신 하나님의 뜻에 대한 바른 이해와 합당한 태도가 있는 곳에는, 심지어 자기 집에서부터 주권자를 모시고 사는 사람이라면 그러한 사실을 무시하거나, 마치 하나님이 없는 것처럼 행동하지 않을 것이다.

    그렇다면, 사랑하는 독자들이여, 우리가 하나님의 교회를 생각할 때, 교회는 우리의 집이 아니라 하나님의 집이라는 사실을 생각해야 한다. 하나님의 집에 합당한 것이 무엇일까? 누군가 완전한 권한과 권리를 가진 존재가 있다면, 그것은 바로 하나님이시다. 따라서 교회 안에서 역사하시는 성령의 임재에 대한 믿음이 없다면, 성령님께 우선권을 내어드리는 것도 없게 되고, 그렇다면 성경에서 말하고 있는 대로 다양한 지체들을 통해 역사하시는 성령의 역사를 기대하는 것은 망상에 불과하다. 사실 오늘날 교회에서 이러한 것은 거의 기대하기가 힘들다. 초대 교회시대에는 다양한 이적이 있었지만, 오늘날에는 모든 것이 변했다. 따라서 성령의 초자연적인 역사를 기록하고 있는 성경구절들은 더 이상 쓸모없게 되었다. 따라서 사람들이 성령님에 대해서 말할 때, 대부분 그들은 그러한 위대한 능력과 초자연적인 역사를 행했던 사람들의 이야기를 과거지사로만 한정해서 말하는 것이다. 하지만 처음에 거룩하신 성령님께서 이 땅에 강림하셔서 이 세상에 머무시고, 또 하나님의 교회 가운데서 역사하시는 이유는 주님을 경배하고, 주의 만찬을 행하고, 그리스도인의 예배와 덕을 세우는 모든 활동 등을 돕기 위한 것이었다. 하지만 오늘날 교회는 이것을 믿지 않고 있다. 그렇게 믿지 않는 이유는 교회의 모든 활동을 사람이 처음부터 끝까지 주관하며, 마치 성령님이 교회 안에 계시지 않는 것처럼 모든 일이 기계적으로 돌아가기 때문이다. 그들은 다만 자신들이 준비한 모든 프로그램 위에 하나님이 복을 주시기를 바랄 뿐이고, 자신들의 뜻대로 미리 정해진 계획을 진행시킬 뿐이다. 성령님이 개입할 여지가 없이 모든 일이 그렇게 잘 돌아가기만을 바라는 것이다. 성령님을 교회 안에서 모든 위엄과 권위를 가진 인격체로 생각하는 사역자라면, 교회 사역을 그렇게 하지 않을 것이다. 이러한 분별은 교회를 전혀 다른 곳으로 만들 것이다. 대부분 교회들의 노선과는 전혀 다른 교회사역을 하게 될 것이다. 만일 왕께서 자신의 집에 계신다면, 함부로 행동하지 않을 것이다. 적어도 그렇게 행동하는 사람을 칭찬하지 않을 것이다. 그러한 사람은 대단히 흔치 않은 사람으로서, 자아로 가득한 사람처럼 보일 것이다. 동시에 분명한 사실은, 만일 거룩한 인격적인 존재를 충분히 인식하고 있다면, 그분을 사랑하는 마음과 경외하는 태도를 갖고서 그분의 인도하심에 순종함으로써 자신의 믿음을 나타내고자 할 것이다.

그러므로 우리가 주님께 그토록 많은 빚을 지고 있다고 느낀다면, 우리가 함께 모일 때마다 성령의 인도하심을 구하며 성령의 임재를 믿는 사람들로서 행동하는 것이 필요하다. 우리의 모든 행동과 행동거지를 삼가 조심하자. 지극히 작은 일일지라도 성령의 실제적인 임재를 훼방하고 방해할 수 있다. 심지어 찬송을 선택하고, 기도하고, 무슨 말을 하고 행동을 할 때에도 성령의 도우심을 의지하도록 하자. 우리 주님은 주님이 우리 영혼에 주신 참으로 귀한 진리를 우리가 훼손하거나 혹 불명예를 끼치는 일이 없도록 경계하신다! 내가 확신하는 바로는 성령의 임재를 믿는 믿음을 가진 사람을 넘어뜨릴 수 있는 것은 세상에 아예 없다. 어떠한 공격도, 능욕도, 대적의 핍박도, 거짓 형제의 위험도, 세상의 조롱도 그러한 사람을 흔들 수는 없다. 하지만 동시에 (성령의 임재를 믿지 못하는) 우리 자신의 실제적인 불신앙, 우리의 고의적인 범죄, 혹은 반복되는 우리의 실수나 약점 등은 대적을 향해 문을 열어주는 꼴이 될 수 있다. 무슨 외적인 여건들보다는 오히려 이러한 것들이 현재 기독교계의 혼돈되고 뒤죽박죽인 상태를 바라보는 사람들로 걸려 넘어지게 하고, 현재 혼돈 상태 중에서도 안식의 항구를 찾고자 하는 사람들을 극도로 불안하게 만들게 하는데, 이러한 것들이 바로 사탄이 사용하는 도구들이다. 따라서 나는 형제들에게 이 점을 강하게 어필하고 싶다. 왜냐하면 우리 모두는 다 넘어지기 쉬운 연약한 존재들이기 때문이다. 나는 그리스도인들에게 자신들이 부르심을 받은 그 위엄과 책임의 자리가 무엇인지를 깊이 생각해보기를 권한다. 그리고 성령의 임재에 대한 자신의 믿음과는 어울리지 않는 정신(스피릿)과 외적인 용모와 언행심사에 대해서 심사숙고해야 한다.

이번 장을 마치기 전에 몇 가지를 더 생각해보자. 요한복음 15장의 끝부분은 요한복음 14장과는 약간 다른 방식으로 보혜사 성령님을 제시한다. "보혜사 곧 아버지께로부터 나오시는 진리의 성령이 오실 때에" 다시 한번 나는 독자들의 주의를 환기시키고 싶다. 즉 이제 오시는 분은 인격적인 존재라는 것이다. "보혜사 곧 아버지께로부터 나오시는 진리의 성령이 오실 때에 그가 나를 증언하실 것이요 너희도 처음부터 나와 함께 있었으므로 증언하느니라"(요 15:26,27) 내가 강조하고 싶은 포인트는 여기서 가르치고 있는 핵심으로서, 성령님이 증거하시는 증거의 하늘에 속한 특징에 있다. 요한복음 14장에서 성령님은 예수님이 말한 모든 것을 기억나게 하신다. 요한복음 15장에서 성령님은 그리스도를 증언하시며, 제자들도 증언한다. 왜냐하면 그들은 처음부터 주님과 함께 있었기 때문이다. 제자들이 처음부터 주님과 함께 하면서 그들이 보았던 것은 물론 땅에 속한 일이었다. 이제 성령님이 오심으로써 하늘에 속한 일을 말씀하실 참이었다. 따라서 하늘로서 오시는 성령님은 그리스도께서 들어가신 영광의 자리와 그리스도께서 얻으신 영광을 아신다. 따라서 성령님은 제자들이 땅에서 보고 들은 것을 생각나게 해주실 뿐만 아니라, 성령님만이 그들에게 말씀해주실 수 있는 그리스도의 하늘 영광을, 그들 영혼의 기쁨과 앎을 위하여 증언하기 위해서 오셨다. 다른 말로 하자면, 우리는 새로운 지식의 전달자로서 성령님을 모시고 있는 것이다. 제자들은 이전 땅에 속한 증거를 잃어버리지 않고 간직한 채, 그리스도에 대한 완전히 새롭고 천상적인 증거를 받은 것이다. 성령님은 이런 식으로 그리스도를 증거하도록 제자들을 힘있게 하신다.

요한복음 16장에서 우리는 하나님의 성령에 대한 한결 진일보된 것을 보게 된다. 우리 주님은 요한복음 14장에서 자신이 떠나가시는 것에 대해서 슬퍼하지 말고 도리어 기뻐하라고 말씀하셨다. 참으로 은혜로운 말씀이다. 왜냐하면 이것은 주님이 우리의 사랑을 참으로 높이 평가하시는 것과 자신의 복됨과 영광에 대해서 우리가 아무 이기심 없이 기뻐하는 것에 대해서 주님이 어떻게 생각하시는지를 보여주고 있기 때문이다. 확실히 그렇다. 이것은 주님이 가장 큰 슬픔과 십자가의 고통을 떠나서 하늘에 계신 아버지 하나님의 임재 속으로 들어가는 참으로 복된 이주(移住)였다. 그러므로 주님이 제자들이 느끼는 모든 감정을 다 헤아리신 것을 이상히 여길 필요가 없다. 다만 제자들은 기뻐하면 되는 것이었다. 왜냐하면 주님이 아버지께로 가기 때문이었다. 물론 제자들에겐 엄청난 상실로 여겨질 수 있었지만 그럼에도 주님이 아버지께로 가시는 것은 그들에게도 좋은 일이었다. 이제 주님은 다른 측면에 대해서 알리시면서, 제자들로 하여금 이전처럼 자신을 위해서 기뻐하라고 말씀하셨다. 슬픔이 그들의 마음을 가득 채웠다. 하지만 주님은 "그러하나 내가 너희에게 실상을 말하노니 내가 떠나가는 것이 너희에게 유익이라"(요 16:7)고 말씀하셨다. 요한복음 14장에서는 주님의 떠나가시는 것은 주님에게 유익한 일이었다. 요한복음 16장에서 그것은 제자들에게 유익한 일이다. 바로 이런 이유 때문이었다. 즉 주님이 떠나가지 아니하면 보혜사가 오실 수 없기 때문이다. 이미 앞에서 언급한 내용을 확증하고 있는 것인데, 즉 보혜사 성령께서 오시려면, 그리스도께서 이 땅을 떠나 하늘로 가시는 일이 필수적인 일이었다. "내가 떠나가지 아니하면 보혜사가 너희에게로 오시지 아니할 것이요 가면 내가 그를 너희에게로 보내리니" 따라서 우리는 요한복음의 이 몇 개의 장에서 공통적으로 서로 연결되어 있는 성령의 사명을 보게 된다. "그가 와서 죄에 대하여, 의에 대하여, 심판에 대하여 세상을 책망하시리라"(요 16:8) 여기서 우리는 무엇보다도 우선적으로, 성령님과 세상의 관계를 볼 수 있다. 가장 중요한 측면에서 성령님은 율법의 자리를 차지하신다. 이스라엘을 다루는 측면에서 율법은 무엇보다도 책망의 역할을 감당했다. 이제는 한 특정한 백성을 대상으로 하던 것에서 벗어나 온 세상을 책망하기 위해서 성령님이 오시는 것이었다. 이제는 장소에 상관없이, 이전 민족성과 연결된 영적 상태와도 상관없이, 도덕적인가, 종교적인가, 혹은 율법에 열심이 있는가와 상관없이, 성령님은 다만 죄에 대하여 세상을 책망하신다. 단순히 사람이 지은 죄들만이 아니라, 그 속에 있는 죄성에 대해서도 책망하신다. 이는 세상이 죄 아래 있기 때문이다. 게다가 성령님은 의에 대하여, 심판에 대하여 세상을 책망하신다. "죄에 대하여라 함은", 그들이 율법을 깨뜨렸기 때문이 아니라, "그들이 나를 믿지 아니함이요", "의에 대하여라 함은" 신자들의 의로움을 위하여 주님이 율법을 지켰기 때문이 아니라 오히려 "내가 아버지께로 가니 너희가 다시 나를 보지 못함이요"라고 말씀하셨다. 이제 의는 그리스도와 분리될 수 없다. 그리스도는 한 영혼이 하나님 앞에서 바로 설 수 있게 해주는 유일한 의로움이다. 사람들은 이 세상에서나 의미 있는 사회적인 가치를 가지고 자신을 치장하려 들지도 모른다. 물론 나름대로 의미는 있다. 하지만 영원세계의 관점에서 볼 때에는, 그리스도만이 유일한 생명이며 또한 생명의 길이다. 그러므로 그리스도를 믿지 않는 것은, 그 자리에 그 무엇으로 채운다한들, 치명적인 것이다. 따라서 무슨 자기 의를 내세운다 해도, 하나님 앞에서는 전혀 의(義)로 인정받을 수 없다. 비록 이 세상 사람들의 눈에는 보이지 않아도 그리스도는 하나님의 보좌 우편에서 영광스럽게 되셨다. 하나님 아버지께서 이 세상이 거절한 그리스도를 영광의 자리에 앉게 하신 것, 이것이 바로 의(義)이다. 그리스도는 위에 계신 아버지에게서 영광과 존귀를 받으셨고, 우리는 그리스도 안에서 은혜로 말미암아 하나님의 의가 되었다(고후 5:21).

여기 요한복음 16장 10절에는 더욱 엄숙한 것이 있다. 즉 "너희가 다시 나를 보지 못함이요." 세상은 그리스도를 잃어버렸다. 그리스도께서 이 세상에 오신 것은 세상을 심판하려 하심이 아니요, 복을 주시기 위함이었다. 그리스도는 모든 능력을 가지고 계셨고, 그의 능력과 영광으로 하나님 나라를 이 땅에 임하게 하실 수 있었다. 하지만 세상의 상태는 죄를 짓기에 바빴고, 하나님의 영광이 나타나는 것에는 관심이 없었다. 사실상 메시야가 오셨고, 그분에게 아무런 흠이 없었음에도, 사람들은 그분을 영접할 책임이 있었음에도, 사람들은 하나님 앞에서 유죄상태였기에, 하나님 나라가 이 땅에 세워지는 것은 도덕적으로 불가능했다. 그것은 사람의 타락과 하나님의 영광을 부정하는 것이었다. 그래서 요한복음에서 발견하는 것처럼, 예수님은 자신을 그리스도로 나타내지 않으려고 하셨던 것이다. 사람들이 예수님을 그렇게 여겼을 뿐, (사람들이 예수님을 주님으로 고백했을 때 진리를 알게 되었던 것을 제외하면) 정작 예수님은 자신을 메시야로 소개하지 않으셨다. 여기에는 다 이유가 있다. 요한복음에서 주님은 자신을 거절당한 그리스도로, 항상 하나님과 함께 계시는 아들로 인식하셨다. 그러므로 주님은 땅에서 성경의 예언을 성취하신 분이셨지만, 사람들은 그분을 그리스도, 다윗의 아들로 불렀다. 그럼에도 주님은 자신을 인자로 부르는 것을 좋아하셨다. 그럼에도 주님은 창세 전에 가졌던 자신의 영광 가운데 계시는 하나님의 유일하신 독생자셨다. 주님이 입으신 신성에 속한 위격의 영광은 한순간도, 그 무엇으로도 방해하거나 훼손할 수 없었다. 따라서 우리가 들어간 독특하면서 경이로운 축복은, 거절당하셨지만 가장 영광스러운 그리스도의 위격 위에 세워져 있으며 또한 하나님 아들의 부활의 능력을 통해서 지극히 높임을 받으신 사람이신 그리스도께서 들어가신 영광에 대한 응답으로 주어진 것이다.

이제 하나님의 영은 이 현 시대에 세상을 향해서, 그리스도를 증거하는 일을 하시며 또한 그리스도에 대해 기록하고 있는 성경구절의 의미를 부각시키는 일을 하신다. 따라서 그리스도를 믿지 않는 세상은 죄에 대한 책망을 받는다. 마찬가지로 성령님은 의에 대하여, 심판에 대하여 세상을 책망하신다. 세상은 의에 대하여 관심이 없고, 그저 무시할 뿐이다. 심판도 아직 집행되고 있지 않기 때문에, 세상은 그저 자기 길을 갈뿐이다. 그리스도의 십자가 뿐 아니라 그리스도의 높이 되심은 이 세상 임금이 하나님 앞에서 심판을 받았다는 영구한 표지이다. 그리스도의 십자가가 높이 세워진 이후, 이 세상은 믿는 사람에게는 더 이상 관심을 둘 만한 아무런 가치가 없게 되었다. 그때까지 하나님은 오래 참으셨고, 은혜로 인내해오셨다. 하지만 십자가 이후 하나님은 세상을 원수로 여기신다. 따라서 영적인 지각이 있는 성도는 세상을 하나님의 불구대천의 원수로 알아야 한다. 육신도 세상과 마찬가지 입장에 서있다. 세상과 육신은 모두 그리스도의 십자가에 의해서 그 본질과 운명이 결정되었다. 세상에 대해서 성령님은 이러한 증거를 유지하신다. 어떻게 하시는가? 세상 모든 사람이 성령님을 소유하고 있다는 교리에 의해서 되는 것이 아니라, 그 반대로 소수의 사람들만이 성령님을 소유한다는 진리에 의해서, 그리고 성령님은 세상과는 동떨어진 존재라는 진리에 의해서 그렇게 하신다. 만일 세상이 그리스도를 믿는다면, 성령님은 세상에 거하실 것이다. 반대로 세상은 믿지 않기 때문에, 성령님은 세상 밖에 계신다. 결과적으로 성령님은 보혜사로서, 세상에 거하는 분이 아니라 도리어 세상을 책망하는 분이시다. 따라서 성령님은 하나님의 성도들 가운데 거하시는 분이시다.

따라서 성령님은 제자들을 어떻게 인도하시는가?에 대한 새로운 문제가 대두된다. 이에 대해 주님은 전적으로 새로운 방식으로 전개될 것으로 설명하고 있다. "내가 아직도 너희에게 이를 것이 많으나 지금은 너희가 감당하지 못하리라 그러나 진리의 성령이 오시면 그가 너희를 모든 진리 가운데로 인도하시리니"(요 16:12-13) 성령님은 모든 것을 기억나게 하실 것이다. 단순히 하늘 영광 가운데 계신 그리스도를 증거하는 것이 아니다. 이제는 아무 제한이 없다. 우리가 살펴본 대로, 성령님은 성도들과 함께, 그리고 성도들 속에 거하기 위해서 거룩한 인격체로서 오셨다. 따라서 성령님은 제자들을 모든 진리 속으로 이끄신다. 여기서 그리스도는 "그가(성령님은) 스스로 말하지 않고"라고 말씀하셨다. 이것을 기억하기 바란다. 이 말은, 결코 성령님은 자신에 대해서는 아무 말씀도 하지 않을 것이란 뜻이 아니다. 이 구절의 의미를 그렇게 생각하는 사람들이 많이 있다고 생각한다. 그들은 실수하고 있는 것이다. 성령님은 로마서, 고린도전후서, 에베소서, 갈라디아서 등에서 자신에 대한 많은 부분을 교훈하셨다. 나는 감히 성령님이 우리에게 주신 대부분의 서신서들이 성령님에 대한 가르침으로 가득하다고 말하고 싶다. 그러므로 "그가 스스로 말하지 않으신다."는 말씀의 의미는 그런 뜻이 아니라, 자신만의 독립된 권위로 말씀하지 않을 것이란 뜻이 된다. 성령님은 아들을 영화롭게 하기 위한 목적에서, 아버지와의 교통 속에서 일하신다. 따라서 이 구절은 "그가 스스로 말하지 않고 오직 들은 것을 말하며 장래 일을 너희에게 알리시리라."는 문맥 속에서 이해해야 한다. 성령님은 그리스도를 존귀하게 하기 위한 일을 위해서 오셨다. 따라서 성령님은 아들에게서 들은 것 뿐만 아니라 아버지에게서 들은 것을 말씀하신다. 이것이 이 구절이 담고 있는 의미이다. 성령님은 이 세상에서, 이렇게 표현할 수 있다면, 이러한 하나님의 계획에 종속적인 자리를 차지하는 것을 기뻐하신다. 이것은 마치 아들께서 이 땅에서 아버지께 복종하는 자리를 차지하셨던 것과 같다. 아들은 아버지와 동등한 위격 가운데 계셨지만, 그럼에도 아들 하나님은 이 세상에서 아버지 하나님의 뜻을 행하기 위해서 종의 자리를 차지하셨다. 아들께서 아버지의 사역자로 섬기셨던 것과 마찬가지로 성령님은 아버지의 목적과 아들의 영광을 위한 종으로 섬기신다.

따라서 성경은 "그가 스스로 말하지 않고 오직 들은 것을 말하며 장래 일을 너희에게 알리시리라"고 말하고 있다. 예수님께서 이전에 계시하셨던 모든 진리 속으로 우리를 인도하시는 것이 아니다. 우리가 감당할 수 없었던 것들이 있었다. 이제 성령님은 우리 영혼에 중요한 말씀인 "장래 일"을 말씀하시다. 장래 일에 대한 하나님의 계시를 경시하는 영혼에게도 이것은 중요한 말씀이다. 내가 이해하는 바로는, 우리는 하나님의 계시된 말씀을 가지고 있는 것이 아니라, 하나님 계시의 완결성 덕분에, 우리 속에 성령님을 소유하고 있는 것이기에, 교회는 이 세상을 둘러싸고 일어나는 모든 일에 대한 해석자가 되어야 하는 것이다. 만일 신자가 성령의 능력으로 하나님의 말씀을 사용하기만 한다면, 신자는 성령님에 의해서, 세상의 일을 이해하는 일에 부족한 것이 있을 수가 없다. 따라서 어떤 면에서 그리스도인은 제사장의 직분 뿐만 아니라 예언자의 직분도 가지고 있다. 그리스도인은 시대를 분별하도록 부르심을 받았기에, 세상에서 일어나고 있는 일을 읽을 수 있어야 하며, 마땅히 그래야 한다. 하지만 그리스도인 가운데에는 선악을 분별하지 못하는 사람들이 있다. 그렇다면 사도가 히브리인들을 책망했던 것처럼, 듣는 것이 둔할 수가 있다(히 5:11 참조). 반면에 우리는 성령님 덕분에 영적으로 분별하는 일을 능숙하게 잘 할 수가 있다.

"그가 내 영광을 나타내리니"(요 16:14)라고 주님은 말씀하셨다. 여기서 우리는 성령의 가장 주요한 사역이 명확하게 표현되고 있는 것을 볼 수 있다. 진리를 계시함으로써 모든 진리 가운데로 인도하시고, 듣는 것을 말하시고, 장래 일을 알리시는 것은 이 주요한 사역을 위한 것이다. 성령의 직분과 성령의 역할의 중심에 "그가 내 영광을 나타내리니"라는 핵심이 있다. "그가 내 영광을 나타내리니 내 것을 가지고 너희에게 알리겠음이니라"(요 16:13) 내가 믿는 바로는, 이러 저러한 이유들 때문에, 우리는 교회를 통치하시고 다스리시는 성령님에 대한 이야기를 전혀 듣지 못하고 있다. 어떤 교회에서 이것은 일상적인 이야기일 수 있지만, 대부분 그렇지 못한 것이 현실이다. 다른 어떤 사람들 보다 영적인 그리스도인들의 모임에서는 흔히 일어나는 일일 것이다. 그렇지만 성령의 역사에 대한 최상의 이야기는 아닐 수 있다. 우리는 (진리를 가지고) 억지로 이야기를 지어낼 수는 없다. 성령의 임재를 인정하는 것은 매우 중차대한 진리임이 틀림이 없다. 하지만 성령의 임재와 주권적인 역사가 성령의 통치와 동일한 것은 아니다. 우리는 성령의 임재와 역사에 대해서 말하지만, 정작 성령의 통치를 받아들이지는 않을 수 있기 때문이다. 나는 이 부분에 대해서 다른 견해를 가지고 있는 사람들도 존중하지만, 나의 분별이 더 성경의 가르침과 일치를 이루고 있다고 믿는다. 그 이유는 이러한 분별을 가질 때에라야, 성령께서 바라시는 대로 그리스도의 주재권이 확립되기 때문이다. 성령님은 자신이 아니라 그리스도를 높이신다. 따라서 하나님의 영은 교회를 다스리는 존재로 소개된 적이 없다. 그럼에도 성령님이 교회 안에서 주권적으로 역사하시는 인격체라는 것은 너무나 분명하고 확실하다. 바로 이 점이 부족한 내 자신이 인정하고 붙들고 있는 바이다. 당신이 "교회를 다스리는 것"에 대해 말할 때, 당신은 무언가 성경의 가르침과는 다른 것을 주장하고 있는지 모른다. 그렇다면 그것은 진리를 정확히 따르지 않고 있는 것이며, 주님이 마땅히 차지해야 할 합법적인 자리를 빼앗는 것이며, 주님을 향해서 성도가 마땅히 가져야 하는 바른 관계를 허무는 것이 된다. 거절당하신 예수님은 이제 교회 안에서 공식적인 의미에서 유일하신 주님이시다. (물론 삼위일체 하나님으로서 아버지와 성령님도 주님이시다). 성령님은 이것을 위해서, 즉 하나님의 뜻과 진리를 이루기 위해서 교회 안에 임재하신다. 따라서 성령님은 우리 눈 앞에서 그리스도를 높이기 위해서 성도 가운데 일하신다. 이제 성령님은 우리 속에서, 우리와 함께, 그리고 우리를 통해서 역사하신다. 이제 주 예수님은 우리의 주님이시다. 따라서 주님은 우리에게 성령님을 소개하시고, 한편 성령님은 우리를 그리스도께 복종하는 위치에 두신다. 성령님은 그리스도를 영화롭게 하는 자리를 차지하시고, 그리스도의 종으로서 합당한 자질을 우리 영혼에 각인시키신다.

 이것은 한 단면이다. 나는 하나님 아버지의 보좌 우편에 앉으신 예수 그리스도께서 보내신 성령님의 인격적인 임재가 가지고 있는 특징을 독자들의 마음에 충분히 새기고자 하는 마음으로, 요한복음에 기록된 구주 예수님의 말씀이 가지고 있는 특징을 최대한 인상 깊게 소개하고자 했다. 이 보배로운 진리가 우리 개인들의 마음에 깊이 새겨질 뿐만 아니라, 지상에 있는 하나님의 교회가 이 진리를 더욱 소중하게 여길 수 있기를 바란다. 이 진리가 아무리 어렵게 보일지라도 한 영혼도 이 진리를 포기하는 일이 없게 하시고, 성경에 기록된 대로 교회 안에 성령님이 차지하셔야 하는 자리를 성령님께서 실제적으로 얻으시는 일에 이 책을 사용해주시길 기도한다.

제 5강 성령을 받으라
요 20:17-23

성경은 본문과 문맥에서 벗어나면 손상을 받지 않는 곳이 없다. 특히 우리가 읽은 본문의 경우, 그것을 문맥과 분리해서 본다면, 상당한 의미의 손상을 입게 된다. 만일 우리가 죽은 자 가운데서 다시 살아나신 주님의 부활과 연결해서, 또한 하나님의 아들과 연결해서 이 사건을 생각하지 않는다면, 이른 아침 주님과 막달라 마리아와의 대화 뿐만 아니라 같은 날 저녁 주님이 하신 말씀과 행동이 가지고 있는 특별한 힘을 느낄 수 없게 된다. 주님은 사도 바울의 말처럼, 죽은 자 가운데 부활하심으로써 하나님의 아들로 선포되셨다(롬 1:4). 이 점이, 다른 사람들의 부활이 아닌 바로 그리스도 자신의 부활을 통해서 여기 요한복음 20장에서 성령님이 강조하는 포인트이다. 평온한 새벽의 분위기, 아무도 건드리지 않은 세마포 옷, 어지럽게 널브러져 있는 것이 아니라 오히려 잘 정돈된 상태로 머리를 쌌던 수건이 딴 곳에 쌌던 대로 놓여 있는 모습 등. 이러한 것들은 적어도 분별력을 갖춘 사람들의 눈에는, 사람이 하룻밤을 잔

후에 침상을 정리함으로써 모든 것이 평화롭게 정돈되었음을 보여주는 확실한 증거였다. 사실 이 모든 것은, 하나님의 아들께서 아버지께서 하라고 보내신 은혜의 역사를 완수하신 결과였다. 이것은 단순히 하나님의 능력이 발현되어 죽은 자를 살리신 사건이 아니었다. 정해진 장소와 정해진 시간에 일어난 확실한 사건이었다. 하나님은 그리스도를 죽은 자 가운데서 살리셨다. 바울과 베드로는 이 부활 사건을 저마다 독특하게 설명한다. 중요한 점은 죽은 자 가운데서 살아나신 이가 바로 그리스도라는 점에 있다. 주님은 요한복음의 처음 부분에서 이 말씀을 하셨다. "너희가 이 성전을 헐라 내가 사흘 동안에 일으키리라"(요 2:19) 또한 주님은 요한복음 10장에서 "내가 내 목숨을 버리는 것은 그것을 내가 다시 얻기 위함이니 … 이를 내게서 빼앗는 자가 있는 것이 아니라 내가 스스로 버리노라 나는 버릴 권세도 있고 다시 얻을 권세도 있으니"(요 10:17-18)라고 말씀하셨다. 그리고 나서 "이 계명은 내 아버지에게서 받았노라"는 말씀을 덧붙이셨다. 따라서 여기에는 아버지 하나님을 향한 전적인 순종과 그러한 부활을 통해서 하나님의 아들로 선포되는 과정 속에 운동력 있게 역사하는 신적인 능력도 있다. 주님이 친히 죽은 자를 살리신 능력, 즉 야이로의 딸과 과부의 아들과 나사로 등등을 살리신 능력과 주님을 죽은 자 가운데서 살리신 능력은 같은 능력이었다. 주님은 나사로를 보시며 "이 병은 죽을 병이 아니라 하나님의 영광을 위함이요 하나님의 아들이 이로 말미암아 영광을 받게 하려 함이라"(요 11:4)고 말씀하신 적이 있었다.

이제 주님은 부활하셨다. 하지만 성경에서 말하고 있는 그리스도의 부활의 진리에 대해서 처음에는 베드로와 요한이 얼마나 피상적으로 알고 있었는지를 보여준다. 요한은 자신이 보고 믿은 것을 통해서 비록 자신에겐 (베드로를 포함해서) 수치스러운 일이 될지라도, 그 사실을 말하고 있다. 베드로와 요한은 참된 하나님의 자녀였다. 그럼에도 그들은 하나님이 마음에 품고 계신 부활의 진리에 대해서 너무도 몰랐다. 그들은 성경에서 그리스도에 대하여 "기록된 모든 것이 [반드시] 이루어져야 하리라"(눅 24:44-46 참조)는 말씀을 깨닫지 못했다. 게다가 그들은 그리스도의 부활을 통해서만 온전히 표현될 수 있었던 하나님의 아들의 위격을 통해서 나타난 하나님의 은혜 혹은 하나님의 영광을 제대로 이해하고 있지 못했다. 그들은 일어난 사실들을 보았고, 그들은 눈에 보이는 증거들을 인식했다. 그리곤 자기 집으로 돌아갔다. 그처럼 눈에 보이는 증거에만 의존하는 것은 아무런 결과를 만들어낼 수 없는 무능한 분별력일 뿐이었다. 게다가 단순히 인간의 정신력을 가지고 평가하는 것은 허망한 결론으로 끝맺음을 할 뿐이었다.

  하지만 마리아의 경우는 달랐다. 마리아는 베드로나 요한처럼 부활의 영광에 대해서 잘 알지 못했거나 또한 부활에 대한 하나님의 말씀을 잘 몰랐을 것이다. 그렇지만 마리아의 경우, 일어난 모든 사건들은 예수님을 향한 마리아의 갈망에 대한 응답으로 다가왔다. 마리아의 마음 속에는 예수님을 잃은 슬픔으로 가득했기에, 주님의 시신이 누워있는 그곳을 떠날 수 없었다. 마리아의 마음은 두 사도들처럼 그렇게 쉽게 충족되지 않았다. 사실상, 마리아에겐 돌아갈 곳이 이 세상에는 없었다. 그래서 마리아는 구주의 빈 무덤 주변에서 머뭇거렸다. 마리아의 정신 속에는 예수님에 대한 사랑으로 가득했고, 예수님에 대한 생각으로 몰아(沒我) 상태에 있었기 때문에, 마리아는 무덤이 비어 있는 줄 알았지만 그럼에도 다시금 들여다보아야 했다. 그러자 이제는 흰 옷 입은 두 천사가 예수의 시체 뉘었던 곳에 하나는 머리 편에, 하나는 발 편에 앉아 있는 것이 보였다. 하지만 마리아는 천사를 보고도, 여성들이 흔히 나타내보일 수 있는 반응인, 두려움에 떨지 않았다. 보통 상황에서 그러한 광경을 목격했다면 그녀는 매우 놀라며 두려움에 떨었을 것이다! 요한복음 기자는 마리아가 조금도 그러한 두려운 마음을 나타낸 일이 없다고 기록하고 있다. 마리아의 마음은 예수님을 잃어버린 상실감이 너무도 컸고, 예수님을 향한 거대한 갈망의 마음으로 가득했기 때문에, 천사들의 현현에도 조금도 놀라지 않았던 것이다. 그곳에 있던 두 천사는 "여자여 어찌하여 우느냐?"고 말했고, 마리아는 자기 마음의 감정 상태를 그대로 드러내었다. "사람이 내 주를 가져다가 어디 두었는지 내가 알지 못함이니이다 이 말을 하고 뒤로 돌이켜 예수의 서신 것을 보[았다.]" 하지만 처음에는 주님을 알아보지 못했고, 그저 동산지기로만 생각했다. 그래서 마리아는 "여자여 어찌하여 울며 누구를 찾느냐?"는 주님의 물음에 "주여 당신이 옮겨 갔거든 어디 두었는지 내게 이르소서 그리하면 내가 가져가리이다."고 대답했다. 그리고나서 한 마디 말씀이 마리아를 미몽(迷夢)에서 깨어나게 하고, 진리에 이르게 하며 또한 주님 자신을 계시해주었다. 그것은 바로 주님의 음성이었고, 자기 양의 이름을 각각 불러 인도하여 내시는 선한 목자의 음성이었다. 예수님께서 "마리아야"라고 부르셨다. 즉시 마리아는 몸을 돌이켜 주님을 향해 "선생님"이라고 고백했다. 이제 이 부분에 대해서 잠시 더 묵상해보자.

우선 "나를 만지지 말라."는 주님의 말씀은 적절한 번역이 아님을 지적하고 싶다. 독자가 성경에 매우 익숙한 사람이라고 가정하고, 내가 말하는 바를 분별할 수 있는 능력과 소양을 갖추고 있다는 전제 하에서 말하자면, 내가 진리라고 믿고 있는 바를 표현하기가 훨씬 쉬울 것이라고 생각한다. 사실 여기서 사용된 단어는 단순히 만지는 것 이상의 의미를 담고 있다. 이 단어는 "다루다(handle)"는 동사로 번역되어야 한다. 잠시 골로새서 2장으로 가보자. 사도 바울은 그리스도를 좇지 못하게 하는 인간의 전통과 규례를 따르는 것과 죽었다가 다시 사신 그리스도를 따르는 것 사이에 놓인 차이점에 대해서 언급했다. 우리는 그리스도 안에서 죽은 사람들에게 해당되는 것이 아니라, 세상에 사는 사람들에게나 적당한 의문(儀文; 규례)을 "붙잡지도 말고 맛보지도 말고 만지지도 말라(touch not, taste not, handle not)"는 명령을 받았다. 이 모든 것을 생각해보면, 마지막 클라이맥스 부분으로 갈수록 영어성경은 그 순서를 바꾸었다. 이 순서는 진리와는 정확히 반대로 설정되었다. 이 명령이 실제적으로 실현되려면, 우선 "만지지 않는 것"으로 시작해서, 그 다음으로는 "맛보지 말고", 최종적으로 "붙잡지 말아야" 한다. 이렇게 표현해도 옳다면, 이것은 내림차순식 클라이맥스법이다. 이것은 모든 사람에게 가장 익숙한 것인 만지는 것으로 출발해서, 그 다음으로는 조금 조심해야 할 것인 맛보는 것, 그리고 마지막으로 붙잡지 않는 것으로 순서가 이어지는 방식이다. 이것은 인간을 보호하는 일반적인 안전 지침이며, 이 세상에서 육체를 보존하는 인간적인 방식이다. 이 방법을 따르지 않으면 우리는 매우 위험해질 수 있다. 이 방법 외에 이처럼 악으로 창궐하는 세상에서 스스로를 지킬 수 있는 장치가 무엇이 있으랴? 과연 악을 향해 조심하고 경계할 수 있는 무슨 방법이 있으랴? 하지만 기독교는 이처럼 자연세계와는 전적으로 다르다. 기독교는 구주 하나님의 계시이다. 한 위격 안에 신인(神人)이신 하나님의 아들께서 이 세상에 오사 구속의 역사를 이루시고 악을 소멸시키기 위해서 죽으셨으며, 모든 악을 이기고 승리하사 하나님 보좌 우편에까지 높아지셨다. 그리하여 부활 승리하신 그리스도는 자기와 천상에서 연합을 이룬 자기 사람들을 장차 데리고 오실 것이다. 이 사실은 그리스도인을, 그리스도의 사역을 근거로 해서 하나님과 화목을 이루신 그리스도와 및 하나님 보좌 우편에까지 높아지신 그리스도의 승리와 연합을 이루게 해준다. 따라서 기독교는 우선 그리스도인의 영혼 속에 성령에 의해서 이러한 효과가 실제적으로 나타나는 것이며, 머지않아 육체에도 나타나게 된다. 이것이 바로 에베소서와 골로새서에서 다루고 있는 위대한 가르침이며 교리이다. 그리스도와 연합되고 세상에 대하여 죽는 복을 받은 사람은 그러한 규례들을 "만지지도 말고, 맛보지도 말고, 붙잡지도 말아야" 하지 않겠는가?

누군가 원어에 대한 충분한 실력을 갖춘 사람이 이 구절을 충분히 연구해보았다면, 내가 내린 것과 동일한 결론을 내릴 것으로 확신한다. 물론 이 해석은 진리를 대적하는 자들이 해석하는 독특한 견해들과는 거리가 멀다. (어떻게 그렇게 이상한 해석을 할 수 있는지 이해할 수는 없지만, 하나님의 말씀을 제대로 해석하는 것이 또 하나의 독특한 해석처럼 취급받는 것은 이해하기 어렵다.) 나는 이 문제가 이러한 해석을 받아들인 사람들의 숫자는 얼마, 저러한 해석을 받아들인 사람들의 숫자는 얼마, 이런 식으로 취급되지 않기를 바란다. 하지만 그럴지라도, 내가 지금 말하고 있는 내용의 진상을 그들이 실제로 자세히 살펴보고 또 내가 지금 다루고 있는 문제를 직접 연구해보기를 바라는 마음이 간절하다. 만일 그렇게 한다면, 우리 주님이 막달라 마리아에게 하신 표현이 "나를 붙들지 말라"는 것이 아니라, 오히려 "나를 만지지 말라."는 것임을 알게 될 것이다. 주님은 그녀에게 충동적으로 평소처럼 주님을 만지는 것을 허락하지 않으셨다. 이것은 다음과 같은 사실로 확증이 된다. 즉 이 구절의 특정한 부분은 (단순히 $\mu\eta\alpha\psi\eta$가 아니라 $\mu\eta\mu ov \alpha\pi\tau\alpha v$인데,) 주님을 계속해서 만지는 행위를 내포하고 있다. 골로새서에서 만진 다는 의미는 그렇지 않다. 골로새서는 단회적인 행동을 의미하며, 따라서 일시적인 행위를 의미한다. 하지만 여기 요한복음에서 이 단어는 지속적인 행위를 뜻한다. 즉 이 구절은 "집요하게 내게 매달리지 말라."는 의미가 강하게 표현되어 있다. 여기에 표현된 이 단어와 문장 구조가 이러한 의미를 전달하고 있는 것이다.

이 사실은 이 본문에 나타난 독특한 성격과 특징에 주목하도록 우리의 눈길을 끈다. 왜냐하면 여기서 막달라 마리아는 개인의 마음의 갈망을 따라서 뿐만 아니라 자기 민족의 소망을 따라서 예수님을 여전히 바라보고 있는 사람들을 대표하고 있기 때문이다. 그러한 사람은 주님의 육체적인 부재만을 애통해하며, 비록 그곳에 있는 주님의 시신만을 생각하면서 애절해하는 감정만을 가질 뿐이다. 따라서 우리는 쉽게 그녀가 주님을 알고 있던 대로 구주를 만지려고 했던 인간적인 본성을 이해할 수 있다. 하지만 주님은 즉시 그것을 금지하셨다. 이 사실은 매우 충격적인 일이다. 왜냐하면 마태복음에서 종종 표현하고 있는 대로, 갈릴리 여인들이 주님의 발을 붙잡았을 때 주님은 그것을 거절하지 않으시고, 오히려 그들이 표현하고 싶어 하는 대로 그들의 존경을 받으셨다. 더욱 놀라운 사실은, 여기 요한복음 20장에서 주님은 의심하는 도마에게 나타나셔서 그의 손가락을 내밀어 주님의 손을 보고 또 그의 손을 내밀어 주님의 옆구리에 넣어보는 것을 허락하셨다.

그렇다면 확실히 우리는 그처럼 다양하고, 심지어는 정반대되는 행동들을 통해서 전달되고 있으며, 또한 동시에 주님이 한편에서는 거절하셨고, 다른 편에서는 허용하신 사례를 통해서 나타내고자 하는 중요한 교훈을 배우는데 실패해서는 안된다. 주님의 마음 속에는 분명 지혜로우신 의도가 있었다. 결코 우리 주님이 막달라 마리아를 갈릴리에서부터 주님을 좇아온 사람들보다 덜 사랑하시기 때문에 그렇게 하신 것이 아니었다. 그렇다면 무엇 때문에 그러한 차이점을 허용하신 것일까? 우리는 동일한 성령님께서 마태복음에서는 육체의 접촉을 허락하시고, 요한복음에서는 그것을 허락하지 않은 이 사실을 어떻게 설명할 수 있을까? 그 이유는 단순하다. 즉 우리의 교훈을 위해서 그렇게 하신 것이다. 마태복음에서 우리는 자기 백성들인 유대인들에게 거절당하신 메시야를 본다. 하나님의 은혜가 목적을 따라 그러한 거절당함을 허용했다. 바로 이방인들에게 복음을 보내시고, 만국에서 제자들을 불러내시기 위한 것이었다. 그 때문에 택함 받은 유대민족이 자기 왕을 거절한 것이다. 하나님의 은혜가 결코 수동적이거나 소극적이지 않은 것을 인해 하나님을 찬송할지라! 하나님의 은혜는 그 사랑의 힘 안에서 힘차게 뻗어나간다. 설사 유대인들이 거절할지라도 계획이 변경되는 법이 없다. 오히려 더 나은 복을 가져다주신다. 만일 옛 언약의 백성들이 자신들에게 베풀어진 자비를 배신할지라도, 상대적으로 하나님의 사랑을 받지 못한 채 버림받은 상태에 있었던 다른 가련하고 곤고한 백성들이 있었다. 만일 유대인들이 그처럼 불신앙으로 가득하여 감사치도 아니하고, 또한 돋는 해가 위로부터 임하여 이방인들을 비추는 것에 대해 눈을 닫고 있었다면, 만일 그들이 자신들의 메시야를 거절하고 죽음에 넘기는 것으로 불신앙의 정점을 이루었다면, 그렇다면 하나님은 바로 그 거절을 구속의 완성으로 바꾸시고, 이제는 복음을 천하만국에 보내시는 것으로 화답하신 것이다. 이방인들을 향해서 힘있게 뻗어나가는 은혜의 역동적인 역사를 감지한 마태는 갈릴리 여인들이 부활하신 예수님을 붙들고 또 그분을 경배하는 것이 허락된 것을 포착할 수 있었던 것이다(마 28:9). 메시야께서 자기 백성에게 거절당하시고, 하나님은 그 거절을 은혜로 역전시키셨지만, 그럼에도 이스라엘의 소망은 변경할 수 없는 반석과 같은 터 위에 서있다는 것은 얼마나 놀라운 일인가! 메시야를 거절한 결과, 유대인들은 황폐화된 상태에 있다. 이것이 전부인가? 그렇게 된 것은 공의로운 일이었다. 그렇다면 은혜는 어찌되는 것인가? 하나님의 자비하심이 그들의 회개치 않는 마음을 돌이켜 자신들이 그토록 오랜 시간 증오했던 그리스도를 다시 앙망하게 하고, 또 그들을 소망의 하나됨으로 묶는 때가 오고 있다. 다시 말해서 하나님이 세상을 공의로 심판하는 순간이 올 때 그들은 영광의 보좌에 인자께서 앉아계신 것을 볼 것이며, 거기에서 은혜를 얻게 될 것이다. 하나님의 은혜와 자비로 엮어진 사슬이 주님의 죽음과 부활하심에 견고하게 묶여 있는 것을 볼 것이며, 비록 이스라엘의 소망이 지연되고 있지만 결코 흔들리지 않는 기초 위에 놓여있기에 하나님의 은혜는 말일에 하나님의 주권적인 목적을 온전히 성취하면서 그들을 한량없이 축복할 것이다.

   이것이 마태복음이 우리에게 주는 교훈이다. 따라서 요한복음의 마지막 장은 이 사실을 보증해주고 있는데, 마태복음 24장에서 예언된 대로 단순히 말씀으로만 아니라, 마태복음 28장에 나타난 전형적인 예배를 통해서 보증되고 있다. 여러 가지 사실들이 이러한 내용들을 내포하고 있다는 나의 확신은 우리 앞에서 일어난 행동을 통해서 이미 암시되어 있었다. 갈릴리 여자들은 말일에 은혜를 통하여 예수님께 나아와 믿게 되는 유대인 남은 자들의 모형으로서,

그들은 주님을 간절히 찾다가 마침내 주 예수님을 만나게 되고, 주님을 앙망하다가 마침내 주님을 굳게 붙들게 될 것이다. 주님은 그들의 예배를 거절치 않으실 것이며, 그 예배 형태도 주님의 실제적인 임재와 육체의 현존 가운데 드러지는 예배가 될 것이다. 주님이 재림하신 후에, 주님은 그렇게 자기의 택하신 백성들을 만나주실 것이다. 이처럼 유대인은 그리스도인처럼 "믿음으로 행하고 보는 것으로 행하지 아니[하는 것]"(고후 5:7)이 무척 어렵다. 이는 유대인은 주님을 문자적으로, 친히 그 눈으로 보고 믿을 것이기 때문이다. 이것은 스가랴서 12장 10절의 말씀대로, "그들이 그 찌른 바 그를 바라볼 것"이기 때문이다. 유대인들은 주님을 바라볼 것이다. 이것은 단순히 믿음을 의미하지 않고, 친히 자신의 눈으로 주님을 보게 될 것을 의미한다. 따라서 이 갈릴리 여자들이 주님을 영접하고, 또 주님의 발을 붙잡고 경배한 사실과 및 주님이 그들의 예배를 열납하신 사실은 주님이 장차 이 땅을 통치하기 위해서 재림하시는 말세에 이스라엘 백성 가운데 남은 자들을 향해서 주님의 크신 자비가 베풀어질 것에 대한 보증인 것이다. 이런 이유 때문에, 마태복음 28장에는 승천 장면에 대한 기록이 없다. 이에 대해 비평가들 사이에는 많은 논쟁이 있지만, 거듭난 신자에게는 매우 단순한 사실을 전달해줄 뿐이다. 여기에 그리스도의 승천이 삽입되었다면 이러한 연결고리에서 그리스도를 제거시키게 될 것이지만, 반면 유대 백성 가운데 함께 하시는 그리스도의 육체적인 현존과 및 하늘로 올라가신 그리스도의 승천에 대해서는 아무런 언급이 없고 오히려 세상 끝날까지 함께 하실 것에 대한 약속이 있는 것은, 다시 자기 백성을 찾아오시고 또 그분의 긍휼을 다시 회복하게 될 백성들에게는 영원한 기쁨이 되는 것이다. 요한복음 20장에서 우리는 이것과는 정확하게 반대되는 상황을 볼 수 있다. 우리는 이스라엘 백성들의 애환으로 가득한 한 여인을 볼 수 있다. 그녀는 무덤에서 다시 살아나신 그리스도를 향해서 유대인으로서 자연적인 감정에 몰입된 채, 구약적인 기대감을 가지고 이전보다 더욱 굳세게 주님께 매달리고 있다. 십자가와 무덤이 잠시 동안이나마 그녀에게서 모든 소망을 빼앗았기 때문이다. 따라서 마리아는 그리스도를 놓아 보내 주지 않으려 했던 것이다. 이처럼 본능적인 사랑으로 마리아는 주님을 붙들려고 했지만, 주님은 자기에게 매달리는 것을 허락하지 않으셨다. "내가 아직 아버지께로 올라가지 아니하였노라"(요 20:17) 주님이 아버지께로 올라가지 않으신다면, 주님은 그대로 유대인들에게 알려지실 것이다. 따라서 주님은 이스라엘의 남은 자들이 메시야와 이렇게 연결되어지는 것을 거부해버리셨다. 그러한 소망이 영영히 사라진 것이 아니라, 앞으로 그리스도의 지상 재림을 통해서 합당한 때와 장소에서 재개될 것이라는 의미이다. 하지만 지금 주님은 이스라엘 중에서 남은 자를 취하고 계신다. 사실상, 이렇게 이스라엘 중에서 남은 자를 취하는 역사는 기독교의 시작과 함께 시작되었다. 따라서 성경은 "주께서 구원 받는 사람을 날마다 교회에 더하고 계시니라"(행 2:47, KJV 참조)고 기록하고 있다.

막달라 마리아는 이러한 역사의 한 본보기였다. 마리아는 지금까지 주님이 오실 것이며, 영광 가운데 오시고, 또 이스라엘 백성들에게 주실 축복을 가지고 이 땅에 오실 것이란 소망을 붙들고 있었다. 하지만 주님은 정작 주님이 지금 복주시기를 기뻐하는 방식은 이런 것이 아니며, 또한 요한복음에서 계시하고 있는 진정한 복도 이런 종류가 아닌 것을 그녀로 알게 하신다. 주님이 그리스도인들에게 복을 주시는 방법은 자기 아버지께로 올라감으로써 이루어지는 것이었다. 그러므로 주님을 이곳에 붙들어두는 것은 전혀 합당한 것이 아니었다. 혹 그런 일이 가능하다고 할 것 같으면, 깜짝 놀란 막달라 마리아에게 하신 "너는 내 형제들에게 가서 이르되 내가 내 아버지 곧 너희 아버지, 내 하나님 곧 너희 하나님께로 올라간다"(요 20:17)는 말씀 속에 표현된, 주님의 마음 속에 품고 계셨던 제자들과의 친밀한 관계의 시작은 어찌 되는 것인가! 그렇다면 주님은 성도들에게서도 너무 멀리 떨어진 채로 따로 거하셔야 할 것이다. 하지만 반대로 주님이 아버지께로 올라가심으로써 우리는 하나님 우편에 계신 예수님과 연합을 이루게 되고 그처럼 가까울 수가 없는 관계를 이룰 수가 있게 된 것이다. 이것은 다소 이상해보일 수는 있지만 실제적인 연합을 이루는 방법이었다. 이것은 결코 육신적인 사람들의 생각을 만족시키지 못한다. 사실 육신은 우리가 구주와 연합을 이루는 방식 또는 방법과는 아무 상관이 없다. 우리가 이스라엘을 생각해보면, 그들은 육신(또는 육체)을 따라 난 사람들이다. 주님도 유대민족 가운데서 나셨다. 따라서 유대인은 혈통과 출생에 의해서 유대인이 된 것이다. 하지만 그리스도인은 주님을 육체대로 알지 않고, 오히려 그 반대로 알고 있다. 사도 바울은 "비록 우리가 그리스도도 육신을 따라 알았으나 이제부터는 그같이 알지 아니하노라"(고후 5:16)고 말했다. 우리는 그보다는 더 나은 방식으로 주님을 알고 있다. 이 땅에서 그리스도, 메시야를 아는 것은 참으로 복이었다. 그리스도는 갈릴리 여자들에 관해서는, 장차 미래의 어느 한 날에 이루어질 일에 대한 보증을 주신 것이다. 그럼에도 불구하고 이렇게 그리스도를 아는 것은 기독교적인 방식이 전혀 아님을 알아야 한다.

우리 그리스도인이 가지고 있는 특권의 본질은, 구속의 역사가 완성되었을 때, 그리스도께서 하나님의 우편에 하늘에 속한 사람으로서 자기의 자리를 차지하신 사실에 터잡고 있다. 따라서 기독교는 단순히 축복을 이 땅에 내려주는 것이 아니다. 물론 이것도 신령한 복을 주기 위한 길을 여는데 있어서 기본적으로는 사실이다. 하지만 우리 그리스도인이 가진 축복의 장소와 특징은 하늘에 속한 것이다. 따라서 찬송 받으실 주님의 위격은 하늘에 속해 있기에, 하늘에서 내려오셨다가 지금은 높은 하늘에 계신다. 우리는 우리가 받은 복이 하늘에 계신 그리스도 안에 있음을 알고 있다. 하나님의 현신(現身)으로서 주 예수님이 이 땅에 오신 것보다 더 복스러운 일은 없다. 그럼에도 그리스도께서 우리의 죄들을 제거하는 사역을 완성하시고, 부활을 통해서 하나님의 영광을 나타내심으로써 하나님의 본질을 천명하신 이후, 그리스도와 함께 하는 우리의 자리와 연합을 가능케 해준 특별한 지위는 오직 천상에서 계신 그리스도 안에서만 가능하다. 이제 그리스도는 하늘에 올라가셨고, 그곳에서 자신을 우리 영혼에 계시해주시며, 또한 우리도 그곳에서 그리스도와 연합되어 있음을 알게 하신다. 결과적으로 이를 위해서 그리스도께서 하늘에 올라가실 필요가 있었고, 또한 성령님께서 내려오실 필요가 있었다. 따라서 이 땅에 성령님이 임재는 구속이 완성된 이후에, 예수님께서 하나님의 우편에 앉아 계심으로써, 이 땅에 예수님의 부재하시게 된 일에 대한 응답인 것이다. 이 두 가지 사실이 기독교의 위대성이며, 절대적인 필수요건이다.

그러므로 우리 주님은 이러한 내용들을 염두에 두고서 막달라 마리아에게 자신을 붙들지 말라고 말씀하신 것이다. 이는 주님이 아직 아버지께로 올라가지 않으셨기 때문이다. 하지만 주님은 곧 자신을 (부활 영광을 입고서) 나타내실 것이다. 그렇다면 신자들은 주님과 새로운 관계 속으로 들어가게 될 것이다. 그들이 가지고 있었던 옛 생각과 옛 기대에서 벗어나, 주님이 이제 막 들어가실 곳, 즉 천상에 있는 아버지 집에 계신 주님이 누리게 될 사랑과 영광으로 서로 연결될 것이다.

하나님의 현재적인 역사에 대해서 약간을 도움을 줄 수 있는, 구약성경을 언급하고자 한다. 미가서 5장을 보면, 거기엔 우리 주님의 탄생과 관련된 잘 알려진 성경구절이 있는데, 이 구절은 항상 이해하기가 어려운 성경구절이다. "베들레헴 에브라다야 너는 유다 족속 중에 작을지라도 이스라엘을 다스릴 자가 네게서 내게로 나올 것이라 그의 근본은 상고에, 영원에 있느니라"(미 5:2) 여기에서 우리는 주님이 이스라엘에서 출생하시는 것과 그럼에도 그분은 영원한 영광을 가진 분으로 소개되고 있는 것을 보게 된다. 주님은 여자에게서 나시고, 또한 유대인으로 나셨지만, 그럼에도 "그의 근본은 상고에, 영원에 있[다.]"

이 분이 누구신가를 결정하는 것은 전혀 어려운 일이 아니다. 그는 1절에서 설명하고 있는 것과 동일한 인물이다. 그는 바로 성경이 말한 대로, 이스라엘의 재판자이시며, 또한 이스라엘 민족이 "막대기로 이스라엘 재판자의 뺨을" 치시게 될 분이시다. 분명히 이것은 메시야의 겸비를 설명하는 구절이다. 베들레헴에서 나시고, 유다 지파에서 나신 분, 그는 이 세상에 출생하셨지만, 그럼에도 영원에 속한 분이셨다. 그는 사람이실 뿐만 아니라 하나님이셨다. 우리는 이 구절 속에서 예수 그리스도에 대한 참으로 중요하고도 복된 진리들을 발견하게 된다. 사람은 감히 상상조차 할 수 없었던 일이며, 오직 전지전능하신 하나님만이 생각해낼 수 있는 신적인 지혜에 속한 것이었다. 이 신적인 지혜는 또한 이스라엘 민족의 죄를 여실히 드러내고 있다. 영원에 속한 위격을 가지신 주님은 그들의 재판자이실진대, 그들은 그분의 뺨을 치게 될 것이다. 따라서 3절에서는 "그러므로 주께서 그들을 내버려두실 것이며"라고 기록되어 있다. 이것은 그들이 메시야의 뺨을 친 이후에 일어나게 되는 일이었다. 뺨을 맞은 이스라엘의 재판자는 잠시 동안 "여인이 해산하기까지" 그들을 내버려 두실 것이다. 요한계시록 12장에 보면 위대한 영광에 들어갈 운명을 가진 한 여인이 "아이를 배어 해산하게" 된 것을 볼 수 있다. 이것이 말세에 이루어질 위대한 하나님의 목적이다. 이 사실이 기술된 후에, 용이 하늘에서 떨어지고, 땅과 땅에 속한 백성들에게는 싸움이 계속되는데, 이스라엘의 재판자가 다시 오실 때에는 이 옛 백성들은 다시 한 번 자신들의 신분을 되찾게 되고, 이 땅에서 자신들의 메시야의 통치를 받게 된다. 따라서 우리는 말세에 유대인들을 향한 하나님의 섭리가 재개되는 것을 배우게 된다.

그리스도께서 이 세상에 오셨지만 유대인들에게 거절당하셨고, 주님은 그들을 내버려두셨다. 십자가에서 그들은 민족적으로 버림받았다. 게다가 하나님은 천상에 있는 그리스도와 연합을 통하여 그리스도의 몸을 이루도록 믿는 이방인 뿐만 아니라 유대인들 중에서도 불러내신다. 이 사실이 사도행전 2장에서, "주께서 구원 받는 사람을 날마다 교회에* 더하게 하시니라"(행 2:47)는 구절에 표현되어 있다. 하나님의 미래 계획과 이스라엘을 향한 지상에서의 영원한 목적이 이루어지는 순간이 올 터인데, 그때에 주님은 (지금처럼 자신의 몸된 교회를 이루기 위해서 불러내는 대신에) "그 후에는

---

* 역자주: KJV에는 "교회에"라는 단어가 있다.

그의 형제 가운데에 남은 자가 이스라엘 자손에게로 돌아오리니" (미 5:3)라는 말씀을 이루실 것이다. 하지만 지금 그들은 한 새 사람, 즉 그리스도의 몸된 교회에 더해질 때에는 자신의 이스라엘으로서의 정체성을 상실하게 된다. 하지만 장래에 그들은 하나님의 지상 백성으로서 하나님의 옛 계획과 섭리로 다시 돌아가게 될 것이다. 구약과 신약에 계시되어 있는 모든 진리를 종합해볼 때, 나에게는 이보다 더 선명하고도 조화를 이루는 것은 없다. 이것은 진리를 옳게 분변함으로써 얻게 되는 열매이자 결론이며, 이 토대 위에 굳게 설 때에만 추가적인 진리의 아름다움과 새로운 영적 질서를 볼 수 있게 된다. 이러한 영적인 지식이 없다면, 참으로 광대한 양의 진리를 체계화시킬 방도가 없게 되므로, 모든 진리가 그저 동떨어져있는 듯 보이기만 할 것이다. 하지만 하나님이 우리 영혼을 향해 자신의 진리를 깨우쳐주시고자 "빛이 있으라." 명하신다면, 모든 것이 변하기 시작할 것이다. 비록 영적인 빛비춤이 있을지라도, 여전히 하나님은 자신의 영광스러운 방식을 따라서 우리에게 구약의 진리와 신약의 진리가 얼마나 놀랍도록 맞아떨어지는지를 보여주신다. 그렇다면 하나님의 목적이 중단되거나 또는 혼동을 일으키고, 게다가 분명히 폐기된 듯 보이는 것은 전혀 없게 된다. 사실상 하나님의 목적은 결코 실패할 수 없다. 거기에 기다림이 필요하고, 지체된 듯이 보이는 상황 속에서 오랜 동안 기다리는 일이 필요할 뿐이다. 불신앙은 하나님의 목적이 반드시 이루어진다는 것을 부정하는 것이다. 믿음만이 항상 옳다. 하나님이 말씀하신 모든 말씀은 성취되며, 뜻하신 모든 목적은 영락없이 이루어진다.

우리 주님은 여기서 전적으로 새로운 것을 강론하심으로써, 유대인들로 하여금 그것을 최선으로 여기도록 하신다. 독자는 요한복음에서 모든 것이 주님의 신성한 위격과 연결되어 있는 것을 볼 수 있을 것이다. 이것은 세대의 문제가 아니라 지금은 승천하신 주님 자신에 관한 것이다. 우리가 그리스도의 구속을 의지하고 진정한 기독교 안으로 들어가고자 한다면, 이것을 이해하는 것보다 더 중요한 것은 없다. 만일 당신이 다른 것을 바라본다면, 참 기독교와 연결된 그리스도의 위격과 성령의 위격은 비교적 사소한 문제로 전락하게 될 것이다. 이는 기독교에서 그리스도를 제거하는 일이 될 것이며, 그렇다면 무엇이 남게 될 것인가? 그렇다면 그것은 주 예수님에게 불명예를 돌리고, 그리스도의 위격을 상실시키고, 그리스도께서 얻으신 영광을 무시하는 일에 성령님이 인을 치는 꼴이 되지 않겠는가?

예수님은 자신이 이제 막 아버지께로 올라가게 될 것을 마리아에게 우선적으로 알리셨고, 따라서 신체 행위를 통하여 경외심을 표시하는 것은, 요한복음에 나타난 것과 같이 주님 자신을 계시하는 방식과 더 이상 어울리지 않는 일임을 나타내셨다. 만일 당신이 요한복음을 묵상하면서, 요한의 증거를 종합적으로 검토해보면, 크게 두 부분으로 이루어진 것을 볼 수 있을 것이다. 첫 번째 부분은 하나님 아들의 위격에 대한 계시와 그분의 사역에 대한 계시이며, 두 번째 부분은 그리스도께서 떠나가시고, 제자들에 대해서 그분의 자리를 대신하게 될, 동등한 신성을 가지신 또 다른 신성한 위격에 대한 계시로 된 것을 볼 수 있다. 당신이 이 두 가지 진리를 알고 있다면, 진정한 기독교를 알고 있는 것이다. 이는 당신이 믿음의 대상이신 그리스도를 마음에 모시고, 또한 그리스도인 개인 속에서 뿐만 아니라 교회 안에서 그리스도의 영광을 밝히는 능력이신 성령님을 모시고 있기 때문이다.

이 두 가지는 특별히 그리스도인에게만 해당되는 부분으로서, 이것은 마리아가 주님에게서 받아 제자들에게 전하는 메시지 속에 담겨 있다. 주님은 "내 형제들에게 가서" 전하라고 이르셨다. 여기서 우리는 주님과 그리스도인이 맺고 있는 관계의 첫 번째 특징을 발견한다. "내 형제들에게 가서 이르되 내가 내 아버지 곧 너희 아버지, 내 하나님 곧 너희 하나님께로 올라간다 하라."(요 20:17) 우리를 주님과의 관계 속으로 넣어주는 것 외에도 (이 자체로도 어마어마한 가치가 있지만), 주님은 우리를 하나님과의 관계 속으로 넣어주셨다. 이것은 구약시대 성도들이 받은 복과는 전혀 다른 형태의 복이다. 이것은 또한 환난기를 통과해야 하는 지상에 있는 가련한 순례자들이 주님의 강력한 능력으로 보호를 받게 되는 것과도 차원이 다른 계시이다. 두 경우 모두에서 전능하신 하나님이 (육신을 입고) 친히 말씀하신 적은 없었다. 또한 이것은 이스라엘 가운데 행하시는 섭리적인 차원도 아니다. 그 가운데서 주님은 그 백성의 여호와 하나님이셨다. 하지만 이제 모든 것은 하늘로 승천하신 그리스도와 연관되어 있다. 그러므로 주님은 "너는 내 형제들에게 가서 이르되 내가 내 아버지 곧 너희 아버지, 내 하나님 곧 너희 하나님께로 올라간다 하라."(요 20:17)고 말씀하셨다. 이 얼마나 복된 일인가! 아버지께서 아들(예수님)에게 어떠하듯이, 이제 그 아버지께서는 아들들(그리스도인들)에게도 그러하시다. 아버지이신 하나님이 죄를 제거하신 복된 사람이신 주님께 하나님이셨듯이, 그 죄를 없애주신 자들에게도 하나님이 되어주신다. 이렇게 하나님이 예수님과의 관계에서 하나님과 아버지로서 나타나셨던 것처럼, 그리스도의 구속의 역사와 부활의 역사를 통해서 우리에게도 자신을 하나님과 아버지로서 나타나신다.

나는 하나님이 아버지로서 행하신 섭리에 대해서 모호하게 말하는 것이 아니다. 우리는 이스라엘이 장차 큰 시련 가운데 처하게 될 것이며, 이사야 선지자가 그들에 대해 말한 대로, "아브라함은 우리를 모르고 이스라엘은 우리를 인정하지 아니할지라도 여호와여, 주는 우리의 아버지시라"(사 63:16)고 부르짖게 될 것을 알고 있다. 물론 이러한 표현이 그들과 하나님과의 관계를 설명하는데 목적이 있는 것이 아니라, 다만 그들이 위로를 필요로 하는 상황에 처하게 될 것을 의미하고 있는 것이다. 이것은 마치 누군가 거리에서 학대를 당하고 있는 고아를 향해서, "가련한 아이야, 네가 너무도 혹사를 당하며 살아왔구나. 이제 내가 네게 아버지가 되어 주겠다."라고 자비를 표현하는 것과 같다. 그렇다고 해서, 이것이 합법적인 입양을 통해서 아들과 후사로서 가족으로 맞아들이는 것을 의미하는 것은 아니다. 이것은 다만 우리가 출애굽기 4장 22절에서 보는 것처럼, 이스라엘을 민족적으로 그러한 장자의 자리(신분)에 두는 것을 의미할 뿐이다. 하지만 여기 요한복음 20장에서는 상황이 다르다. 땅에 강림하신 이는 아들이셨고, 아들 외에는 아버지를 아는 자가 없었다. 사람의 몸을 입고 이 세상에 오신 이는 철저하게 아버지의 기쁨의 대상이셨고, 단순하게 하나님의 임재를 이 세상에 나타내셨다. 하나님 자신의 선하심을 반영하지 못할 말은 한 마디도 하지 않으셨고, 그러한 것은 조금도 가슴에 품지 않으셨으며, 그러한 생각조차 한 일이 없으셨다. 오직 예수님만이 하나님 안에 있는 모든 것과 도덕적으로 화답하며, 모든 행사에서 본질적으로 그리고 영적으로 조화를 이루실 수 있었다. 따라서 하나님이 하늘에서 자기 마음에 합한 대상을 찾으신 유일한 분이, 주 예수님이셨다. 하나님의 눈과 마음에 잠시라도 합한 존재는 하늘에 있는 피조물 가운데서도 없었다. 하나님이 이 세상을 내려다보았을 때에도, 이 세상은 죄와 불법으로 가득할 뿐이었고, 악으로 오염된 공기가 하늘에까지 닿을 정도였다. 그래서 가끔 범죄한 인간을 향해서 무시무시한 심판이 집행되기도 했다. 하지만 이제, 세상이 시작된 이래 최초로, 하나님이 에녹이나 노아와 같이 복받은 사람들을 향해서 비추신 영광의 희미한 빛이 아니라, 하나님 자신이 이 세상에 현현(顯現)하시고, 그 후에 하늘이 열리고 하나님 아버지께서 성령님을 보내시는 일이 일어났다. 이것은 사람이신 그리스도께서 하늘에 오르사 영광을 받으셨기 때문이다. 그렇지 않다면 어떻게 이런 일이 가능하단 말인가? 이것은 그리스도께서 하나님으로서 성령님을 보내신 이야기가 아니다. 사람으로서 그리스도는 성령으로 기름부음을 받으셨다. "인자는 아버지 하나님께서 인치신 자니라"(요 6:27) 이렇게 성령으로 인치는 것은 너무도 복된 일이었다. 왜냐하면 하나님께서 처음으로 사람을 하나님의 모든 심판과 하나님의 모든 도덕적인 성품과 하나님의 모든 애정을 충족시키는 존재로 바라볼 수 있게 되었기 때문이다. 물론 나는 지금 모형적으로만 이것을 말할 뿐이다.

이제 복되신 주님이 엄청난 변화를 통과하셔야만 했다. 새로운 장면이 펼쳐지면서, 하늘들은 온통 어둠의 휘장으로 가리어졌고, 하나님은 가장 짙은 어둠 속에 남겨졌다. 그 시간은 사람들로 하여금 사탄의 충동을 받아, 메시야를 향해서 반기를 들고 그를 대적하도록 허락된 시간이었다. 그 순간에 하나님은 죄를 향한 절대적인 미움과 그분의 전능성 가운데 (하나님의 거룩하신 자로 하여금 죄를 위한 속죄제물이 되게 하심으로써) 죄의 권세를 깨뜨리는 역사를 하셨다. 그 두려운 심판의 시간이 임했다. 모든 불의와 불법, 사람을 향하여 죄지은 잘못된 행실들 및 하나님을 향하여 반역을 저지른 죄에 대한 신성한 심판이 거룩하신 주님에게 쏟아졌다. 이는 단순히 사람의 시간이 아니었다. 단지 어둠의 권세의 때만이 아니라, 무엇보다도 하나님의 시간이었다. 하나님의 거룩성이 죄를 지고 가는 구세주의 머리를 가차 없이 내리치는 시간이었다. 그는 하나님의 독생자이셨고, 자신을 버리심으로써 죄에 대한 책임을 대신 지신 희생양이셨다. 그렇게 나무에 달려 우리가 지은 모든 죄에 대한 심판을 대신 받으셨다. 그 결과, 하나님이 품으실 수 있는 모든 분노와 진노가, 조금도 약화시키거나 완화시킴이 없이 그 하나님의 아들을 향해 다 쏟아 부어졌다. 그러므로 그리스도의 피를 통하여 완성된 구속의 역사는 절대적으로 완전하다. 하나님은 (완전히 만족하셨기에) 더 이상 하실 말씀이 없으시다. 이 사실을 입증하기 위한 더 이상의 행동은 필요치 않으며, 또한 이것을 입증하는 것도 주 예수 그리스도의 책임이 아니다. 이는 하나님의 본성에 대한 계시와 아버지 사랑의 계시에 속한 문제이다. 하나님의 거룩한 성품 속에는 감출 것이 아무 것도 없다. 하나님이 죄에 대해서 느끼시는 모든 감정이 주 예수님에게 쏟아졌다. 그 결과, 아버지와 하나님으로서 하나님 안에 있는 모든 것이, 이제는 우리를 향한 절대적인 호의로 바뀌었다. 우리의 악은 완전하게 심판을 받았기에, 주 예수님이 이루신 구속(救贖) 안에서 하나님은 단순히 아버지로서가 아니라 하나님으로서, 자신의 완전한 만족을 나타내 보일 수 밖에 없게 되었다.

이것이 주 예수님이 제자들에게 메시지를 통해서 전달하고자 하는 내용이다. 제자들은 이미 주님을 통해서 아버지를 알고 있었다. 이 세상에서 슬픔의 사람으로 사시면서 주님이 느끼셨던 주님의 슬픔을 진정으로 동정할 수 있는 사람이 단 한 사람도 없었고, 또한 아직 죄를 위한 속죄가 이루어지기 전에도 제자들은 주님의 아버지를 알고 있었다. 그들은 새로운 날이 동터오기 전에도 아버지께서 주님과 함께 하는 것을 알고 있었다. 또한 그들은 다른 제자들이 잠에 빠져있을 때, 주님은 여전히 아버지 앞에서 계셨던 것을 알고 있었다. 하지만 제자들은 주님이 이제 맞닥뜨려야 하는 고통의 짐이나, 주님이 대신지고 통과해야하는 사람들의 슬픔에 대해서 조금도 알지 못했고, 주님의 마음을 조금도 헤아리지 못했다. 다만 주님 홀로 아버지께 나아가도록 했다(마 8장). 하지만 전혀 새롭고, 더 깊은 것이 나오게 되었다. 하나님이 우리 죄에 대해서 느끼시는 모든 것을 주님에게 쏟아 부으셨다. 반면에 주님이 우리의 죄에 대한 심판을 감당하시는 바로 그 순간만큼, 사실 주님이 하나님에게 그처럼 형용할 수 없을 정도로 기쁨의 대상이신 적도 없었다. 그렇지만 이 일에 하나님의 성품이 관여된 만큼, 주님이 받으신 고통은 허상이어서는 안되고, 하나님 앞에서 그리고 우리를 대신하는 자리에 들어간 주님에게 내려진 하나님의 심판은 실제적인 고통이어야만 했다. 그렇게 해서, 자신의 목숨을 바쳐 이루신 구속을 통해서 아버지를 기쁘시게 한 결과, 이제는 아버지와 함께 하는 교통의 기쁨을 실제적으로 나누실 수가 있게 된 것이다.

우리는 마리아를 통해서 전달하고자 하는 메시지 안에 이처럼 복된 내용이 담겨 있는 것을 볼 수 있다. 주님을 이 세상에 성육신하신 하나님의 아들로 아는 것이 우리에게 유산으로 남겨졌다. 그리스도에게 속했던 신성한 위격을 우리가 소유할 수 있는 것은 아니다. 그리스도는 온 세상 앞에서, 유일하신 독생자이셨으며, 지금도 유일하신 독생자이시다. 이 부분은 우리가 그리스도와 함께 할 수 없는 영역이다. 왜냐하면 이 영역 안에서 그리스도는 우리의 예배의 대상이시며 또한 우리가 충성스럽게 봉사해야 하는 대상이시기 때문이다. 하지만 온 세상 앞에서 아들이신 주님은, 또한 하나님의 아들로 태어나셨다. 주님은 이 세상에 태어나신 사람으로서 하나님의 아들이셨고, 바로 이 점이 전도자 누가가 추적하고 있는 주제이다. 아! 반면에, 나는 진노의 자녀이며 이것은 당신도 마찬가지이다. 우리는 나면서부터 본질상 진노의 자녀이다. 그리스도는 하나님의 아들로서 신성 뿐만 아니라 인성을 가지신 분이셨다. "이러므로 나실 바 거룩한 이는 하나님의 아들이라 일컬어지리라"(눅 1:35)

타고난 본성대로라면 사람은 하나님과 교통할 수 없다. 반대로 하나님과 관계를 맺는데 있어서, 그리스도와 사람은 절대적인 차이점이 있었다. 그리스도는 하나님 아버지를 온전히 기쁘시게 해드린 유일한 존재이셨다. 죄인인 사람은 죄악된 상태에 있었고, 진노 아래 있었다. 하지만 십자가 구속은 믿는 사람을 모든 죄악과 모든 진노에서 구원시킨다. 이것이 사실이 아니라면, 어찌 하나님의 말씀을 신뢰하는 것이 가능하겠는가? 믿음에 대한 지속적이고 엄중한 경고의 의미는 무엇일까? 십자가의 의미가 완전히 이해되었다면, 과연 나의 영혼은 거기서 안식하겠는가? 그리스도를 믿는 신자로서, 나에게 남겨진 악은 전혀 없다는 사실을, 심지어는 하나님 앞에서도 무죄하다는 사실을, 하나님의 권위로 기록된 성경을 통해서 확신하고 있는가? 과연 모든 죄가 제거되고 사라졌다는 성경의 선언에 만족하고 있는가? 나는 이것을 경험의 문제로 말하고 싶지 않다. 물론 민감한 양심을 가지고 자신의 악을 더욱 깊이 깨닫는 일이 있다. 이는 우리가 성도가 되었기에 때문이다. 우리가 죄에 대한 혐오감을 깊이 느낄수록, 우리는 더욱 큰 하나님의 사랑을 알게 된다. 우리는 낱낱의 죄에 대해서 정확하게 판단해야 한다. 그래야 그 죄에 대해서 심판을 받지 않게 된다. 만일 우리가 자신을 판단했다면 그 때문에 심판을 받지 않을 것이다. 따라서 그리스도께서 하신 일은 믿는 우리를 지금 죄를 스스로 판단하는 자리에 넣은 것이다. 그리스도인은 죄에 대한, 소위 하나님의 판결을 지금 내려야 하는 책임 있는 존재이다. 우리 자신에게 뿐만 아니라, 그리스도의 이름을 믿는 사람들에게도 그리해야 한다. 왜냐하면 우리는 그리스도 몸의 한 지체로 연합되어 있기 때문이다. 만일 죄를 혐오하는 곳이 있다면, 그것은 특별히 하나님의 자녀들에게서 나타나야 한다. 바로 이것이 구속의 위안과 성령의 능력을 필요로 하는 이유인 것이다.

따라서 우리는 구주께서 여기서 의도하신 바를 깊이 성찰해야 한다. 이것은 단순히 죄 사함을 받고, 또 우리가 하나님에게서 거듭난 것에만 머무는 것이 아니다. 너무도 많은 그리스도인들이 여기서 더 이상 나아가지 못하고 있으며, 하나님의 마음에 합한 삶을 살지 못하고 있다. 그렇다면 그들은 자신들이 서있는 은혜의 새로운 관계를 전혀 이해하지 못하고 있는 것이다. 하나님과 그리스도와 함께 하는 이 새로운 관계의 기초와 방식에 대해서는 이미 살펴보았다. "너는 내 형제들에게 가서 이르되 내가 내 아버지 곧 너희 아버지, 내 하나님 곧 너희 하나님께로 올라간다 하라." 이제 나는 예수님이 자기 형제라 부르기를 부끄러워하지 않는 사람이 되었다. 나는 이제 예수님과 동일한 가치와 동일한 친밀감으로 하나님 앞에 서 있다는 절대적인 확신을 가지고, 그리스도의 아버지를 나의 아버지로 부를 수 있으며, 그리스도의 하나님을 나의 하나님으로 모실 수 있게 되었다. 이것은 그리스도께서 이루시고, 하나님께서 받아주신 사역을 통해서 된 일이며, 이 십자가 사역은 나의 구원과 축복에 대한 도덕적 기초를 이루고 있다. 이 사역 때문에, 하나님은 우리에게 자신의 은혜 안에서 공의를 이루신다. 만일 하나님이 예수님의 말씀을 따라 우리를 그처럼 선대하지 않으신다면, 공의는 그처럼 무한한 가치를 지닌 십자가의 사역에 대해서 제대로 기능하는 것이 아니라고 말하는 것은 너무 과한 말일까? 사실 이렇게 말한다해도, 그리 과한 말은 아니다. 왜냐하면 이것이야말로 하나님이 뜻하신 바이기 때문이다. 하나님은 자신의 사랑 안으로 들어올 대상을 갈망하셨다. 게다가 이 사랑의 관계를 형성하기를 무엇보다도 바라셨다. 하나님은 땅에서 주 예수님만을 아들로 두셨다. 이제 하나님은 이렇게 말씀하신다, "나는 많은 아들들을 소유할 것이다. 나는 과거에 죄인이었던 많은 영혼들을 거두어 나의 자녀로 삼겠다. 전에는 한 백성을 소유했으나, 그들은 풍성한 자비에도 불구하고 비참하고 부끄러운 죄에 빠졌다. 이제 나는 새로운 한 백성을 나를 위하여 새롭게 창조할 것이며, 세상에 있지만 결코 세상에 속하지 않은 한 가족을 이루도록 하겠다."

이것이 바로 하나님이 그리스도 주님을 통하여 십자가의 완성된 사역과 부활 사건의 결과로, 이제 자신의 사랑으로 충만하신 이유이다. 이러한 것들이 부르심을 받은 사람들이 들어가 누려야 할 관계이다. 예수님은 자신의 죽음과 부활 이후에 제자들을 자기의 형제들로 소유하셨다. 주님이 이 세상에 계실 때에는 왜 제자들을 자기 형제들로 삼지 못하셨는가? 어째서 이성주의 혹은 율법주의적 종교만으로는 예수님과 함께 하는 우리의 관계를 형성하지 못하는 것일까? 이에 대한 대답은 단순하다. 즉 그것이 종교든 이성주의든, 거기에 속한 사람은 하나님을 알지 못하며, 진리의 빛에 의해서 죄가 무엇인지 판단하지 못하기 때문이다. 물론 그들도 하나님이나 죄에 대해서 말은 한다. 하지만 거기엔 아무런 실제가 없는, 그저 장황한 말장난에 불과하다. 하지만 우리가 알아야 할 것은 십자가에서 이루어진 죄에 대한 하나님의 심판 앞에 진정으로 부복하고 엎드릴 때까지, 하나님과 죄에 대한 모든 생각은 절대적으로 진리에 이르지 못하는 한낱 허상에 불과하다는 것이다. 그러므로 하나님의 마음에 합하도록 하나님과의 거룩한 관계를 맺게 해주는 유일한 것이 있는데, 그것은 철저하게 그리스도의 십자가에 터잡고 있다.

이 경우, 어빙주의로 알려진 사상을 검토해보아야 하는데, 굳이 언급하자면 초기에는 매우 건전해보였다. 초기에는 광신적인 운동이나 거짓 예언을 신봉하거나, 가톨릭의 성상숭배 사상을 가지고 있지 않았다. 그러한 것들이 하나님의 자녀에게 큰 고통을 가져다줄진대, 예수님의 이름을 가진 사람들에게 이 모든 것들이 얼마나 근심스러운 일인지 굳이 말할 필요가 없을 것이다. 무엇 때문에 그처럼 악한 길로 들어선 것일까? 첫째로, 가장 중요한 이유는 그리스도와 우리의 연합을 이루기 위한 방도로 그리스도의 위격을 손상시킨 것이었다. 우리는 죄인이고 또한 실제적으로 범죄한 자들인데, 그리스도와 우리와의 연합을 강조하기 위한 목적에서, 그리스도께서 우리의 연약한 인성을 취하신 것으로 설명함으로써 그리스도를 우리와 같이 타락하고 실제적으로 죄를 지을 수 있는 상태로 강등시켰다. 그러한 것이 어빙주의의 근본적인 교리였다. 이것은 그리스도를 희생시킴으로써, 구속의 역사를 무용지물로 만든 오류이다. 그처럼 파괴적인 이단사설로 인한 직접적인 결과는 구원의 기초로서 십자가에서 이루어진 죄에 대한 하나님의 심판을 헛것으로 만든 것이었다. 성육신은 구속을 위한 발판을 만든다. 그런데 성육신 속에서 예수님과 우리의 연합을 찾는 것은 어불성설이다. 오히려 그리스도의 십자가 희생을 통해서 죄 문제를 해결한 결과, 하늘에서 그리스도와 우리가 연합되었다는 것이 진정한 기독교이다.

성육신과 연합을 섞는 것은 사탄의 간교한 술책이다. 어빙주의가 그러한 이론들로 하나의 체계화되었다는 것은 결코 과장이 아니다. 게다가 성직자주의, 퓨지주의, 의식주의, 혹은 사람들이 세상의 온갖 예식과 사제들로 이루어진 종교 체제 등을 선호하는 것은, 결국 어느 특정한 부류의 사람들이나 국가에 한정되는 것이 아니라 온 세상으로 점점 더 퍼져나가게 되지만, 마침내 바벨론의 최종적인 몰락으로 끝나게 될 것이다. 그렇다면 그리스도와 우리의 연합을 굳이 그리스도의 성육신에 한정시키는 목적은 무엇인가? 어째서 그들은 그리스도의 탄생을 우리와의 관계를 결정하는 주춧돌로 삼고자 하는 것인가? 이에 대한 이유는 단순하다. 즉 예수님이 이 세상에 계실 때, 주님이 율법 아래 있었기 때문이다. 주 예수님은 성전을 소유하고 있었고, 절기마다 성전에 올라가셨으며, 여러 제사들과 제사장들과 백성들을 소유하셨다. 바로 그런 이유 때문이다. 이 모든 종교시스템을 원하는 소위 크리스천들, 또는 세상 사람들은 오늘날에도 성전과 희생 제사와 절기와 금식과 제사장들과 백성들을 소유하기를 원하는 것이다. 이것은 오히려 유대주의의 부활에 가깝다. 그들은 성경의 진리를 떠나, 그리스도의 그림자라고 할 수 있는 세상 초등학문으로 돌아가고자 한다. 하지만 실상 이것은 그리스도를 다시 십자가에 못박는 행위이다. 게다가 그들은 구약의 모형과 그림자를 소생시켜서 다시 시행하는 것을 그리스도인의 예배라고 정의를 내리고 있으며, 십자가 이전 상태를 그리스도인이 그리스도와 연합된 상태라고 상상하는 것이다.

성경은 변함없이 영광을 받으신 우리의 머리되신 주님과 우리가 그분의 죽음과 부활과 승천 안에서 연합되어 있다고 말한다. 따라서 그리스도와의 연합은 육신과 이루어지는 것이 아니라 영으로 이루어지는 것이다. "주와 합하는 자는 한 영이니라"(고전 6:17) "한 육체"가 된다는 것은 성경과는 이질적인 사상이다. 고린도전서 6장에 보면 "한 육체"가 되는 것은 매우 부정적인 것으로 설명되어 있다. 사실상, 주님이 육체로 연합을 이루신 것은 이스라엘 민족과 이루어진 것이지, 우리와 이루어진 것은 아니다. 그리스도의 성육신은 매우 심오한 중요성과 매우 값진 결말을 가지고 있다. 하지만 그리스도와의 연합, 머리되신 주님과 우리가 한 몸으로 연합된 것은 열매로서 나타나지 않는다. 만일 그리스도께서 육체를 입지 않으셨다면, 분명 연합은 있을 수 없었을 것이다. 하지만 성경은 우리의 연합이 구속의 사역 완성 이후에 이루어졌으며, 우리가 하늘에 높이 오르신 그리스도의 몸의 지체로서 이루어진 것임을 가르치고 있다.

다른 사람들처럼 실제적인 한 사람으로서 그리스도는 육체를 입으셨지만, 다른 사람들과는 다른 상태의 피를 취하셨다. 확실히 그리스도는 성령의 초자연적인 개입에 의해서 죄와는 전혀 상관없는 피를 가지게 된 것이다. 그래서 성경은 "모든 일에 우리와 똑같이 시험을 받으신 이로되 죄는 없으시니라"고 말한다. 지은 죄(sins)가 없을 뿐만 아니라 죄 자체(sin)가 없으셨다. 그리스도 안에는 죄에 의한 영향이나, 죄를 짓고 싶은 충동이나, 죄로 인한 갈등이 전혀 없었다. 모든 것이 선하고 거룩할 뿐이었다. 나는 아타나시우스와 같은 사람들에 의해서 작성된 기독교 신경 또는 신조로 인해서 감사한 마음을 갖는다. 왜냐하면 그들은 인간 장벽처럼 견고하게 서서, 이 나라에 사는 허다한 사람들로 하여금 참된 것을 들을 수 있도록 해주었기 때문이다. 그들은 주 예수 그리스도의 무흠한 인성을 모든 정통 신앙의 본질과 정수로 고백했다.

그러므로 이 신앙고백은 완전한 사람이시며 완전한 신성을 가진 신적인 존재로서 하나님의 아들을 소개하는데 절대적으로 필요하다. 구속(속죄)은 완성되었고, 그 결과로 우리는 하나님과의 관계 속으로 들어왔다. 구속을 통해서 성취된 일 가운데 이 보다 더 중요한 것은 없다. 십자가가 없다면 하나님의 의(義)는 우리를 정죄하고 심판해야 하지만 오히려 우리를 하나님의 앞에서 그리스도의 자리에 합법적으로 넣어주었다. 우리 하나님은 얼마나 선하고 지혜로우신가! 신자들을 하나님의 아들이시며 또한 다시 살아난 사람으로서의 그리스도의 자리로 일으켜 세운 그리스도의 죽으심과 부활은 얼마나 위대한 힘과 능력으로 가득한 효력 있는 역사인가! 이제 신자는 이러한 높은 신분과 지위를 성령의 능력을 통해서 누릴 수 있게 되었다. 그럼에도 우리가 영원히 경배를 드려야 할 대상으로서 하나님의 아들이신 그리스도의 높은 승귀를 망각해서는 안된다. 하나님은 친밀한 관계를 통한 기쁨과 애정의 대상으로서 우리를 아들들이 되게 해주셨다. 이것은 이스라엘처럼 지상에 속한 특별한 특권을 가진 백성들의 일원이 되거나 또는 단순히 성도가 되는 것과는 차원이 다르다. 오히려 이것은 우리 주 예수님이 신약시대에 최초로 제시하신 것이었다.

이보다 더 큰 것이 있다. 같은 날 저녁 우리 주님은 자기 백성들이 모인 곳에 나타나셨다. 이 사실은 나로 하여금 그 날을 더욱 특별한 날로 부르고픈 열정을 가지게 한다. 주님이 하신 첫마디는 평강이었다. 즉 "너희에게 평강이 있을지어다."(요 20:19) 이 얼마나 보배로운 말씀인가! 이것은 단순히 죄 사함이 아니라, 그보다 더욱 복된 것으로, "너희에게 평강이 있을지어다." 였다. 평강은 죄 사함을 받는 것보다 더 큰 것이다. "이 말씀을 하시고 손과 옆구리를 보이시니"(요 20:20) 주님은 평강을 가능하게 해준, 십자가에서 흘린 피의 증거와 표식을 제자들에게 보여주었다. "제자들이 주를 보고 기뻐하더라."(요 20:20) 그리고 나서 주님은 제자들에게 "너희에게 평강이 있을지어다."라는 말을 반복하셨다. 이렇게 두 번째로 말씀하신 경우는 마치 제자들에게 부여하신 사명에 대한 서론처럼 들리는데, 이는 주님이 "아버지께서 나를 보내신 것 같이 나도 너희를 보내노라"는 말씀을 더하셨기 때문이다. 따라서 첫 번째 평강을 말씀하신 것은 제자들의 기쁨을 위한 것이며, 두 번째 평강을 말씀하신 것은 제자들에게 사명을 부여하시면서 격려차원에서 하신 말씀이라는 생각이 든다. 이것은 제자들을 다른 사람들에게 보내면서 하신 말씀이다. 그러므로 제자들이 세상을 향해 나아갈 때, 이러한 평강의 능력으로 충만한 상태에서 나아가도록 반복해서 말씀하신 것이다. 아버지께서 자신을 보내신 것처럼, 마찬가지로 아들도 제자들을 보내신다. 이는 주님이 항상 아버지와 늘 교통하고 계시며, 그러한 사귐 속에 계신 하나님의 아들로서 말씀하시기 때문이다.

이제 추가적으로 중요한 사안이 있다. "이 말씀을 하시고 그들을 향하사 숨을 내쉬며 이르시되 성령을 받으라."(요 20:22) 어쩌면 많은 사람들이 우리가 상고해온 교훈들을 피상적으로만 생각하고, 바로 이 구절 앞에 머물러 있을 수가 있다. 다양한 신학적 사상을 가진 지도자들이 서로의 견해와 충돌을 일으키는 것도 이 구절이다. 그럼에도 지금까지 많은 기독교 지도자들이 한결같이 이 구절에 대한 해석을 완전한 불확실성을 가지고 모호하게 내리는 것을 보면 놀랄 수밖에 없다. 그들은 다만 정확한 해석 언저리에서만 결론을 내릴 뿐이다. 당신이 만일 하나님의 교훈을 당신에게 주신 성령님을 통하여 깨닫게 해주실 줄로 믿는 믿음으로 성경을 읽는 일에 익숙하다면, 당신은 그리스도의 사람들이 진리에서 벗어날 수 있다는 것을 상상하기 어려울 것이다. 우리는 모두 하나님에게 속한 것들을 아는 지식에 있어서, 우리 시대에 엄청난 진보가 있었다는 것을 알고 있다. 그렇다면 이처럼 중차대한 순간에 우리 구주께서 하신 말씀들을 통해서 하나님께서 의도하신 뜻이 무엇인지를 분명하게 제시할 수 없는 이러한 무능성에 대해서 우리는 무슨 말을 할 수 있는가? 지금 18세기나 흐른 지금, 옛날 사람들의 조잡스러운 해석이나 그 자손들의 추측에 가까운 해석보다 더 나은 해석을 들을 수 없는 것은 어찌된 일인가?

거기에는 자신이 옳다고 주장하는 두 가지 모순된 이론이 있다. 하나는, 여기서 우리 주님은 자신의 죄를 합당하게 고백하는 모든 사람들의 죄를 주님 자신의 이름으로 사할 수 있는 자격과 권세를 제자들과 그들의 후계자들에게 주심으로써, 성직자의 권위를 세우신다는 이론이다. 나는 가능한 정당하게 이 견해를 검토하고자 한다. 물론 그들은 이러한 권세를 사용할 수 있는 합당한 상태에 이르는데 실패할 가능성이 있고, 그렇다면 결국 그러한 상태에서 죄를 사하는 권세를 사용해도 무효가 될 것이라는데 동의한다. 하지만 사람 쪽에서 합당한 자격을 갖추기만 한다면, 주님은 자기 종이 행한 일을 추인해주신다고 주장한다. 다시 말해서, 그리스도의 죄 사면권은 이러한 권세를 가지고 있는 인간 성직자들의 덕분으로 세상 끝날 까지 발효되는 것이다. 하지만 반대쪽 의견을 가진 사람들은 "그런 것은 없다. 다만 여기엔 초자연적인 역사가 개입된다. 오늘날 누군가 사람들을 죄에서 사면한다고 선언하면, 문둥병자가 깨끗하게 되고 죽은 사람이 다시 살아나지 못할 이유가 어디 있는가? 주님이 제자들에게 부여하신 영적인 능력으로 기적들이 일어나지 못할 이유가 무언가?"라고 대답한다. 크리스천들이 그처럼 하나님의 진리에 이르지도 못하는 이론들을 펼치는 것을 보는 것이 놀랄만한 일로 보이는가? 다만 나에게는 한 가지 이론은 다른 것보다 많이 부족해보이기는 하다. 후자의 경우, 이 이론은 복음주의 계열에서 나온 것이지만 전자의 이론보다 훨씬 못한 견해이다. 오히려 본문 속에서 기적적인 요소를 말살시킴으로써 진리를 왜곡하고 얼버무리고 있다. 만일 사람이 문둥병자를 깨끗하게 하고 또 죽은 사람을 다시 살릴 수만 있다면 그들은 능히 죄를 사면할 수 있다는 것이 분명해질 것이다. 하지만 그렇게 죄를 사면할 수 있는 권한이 제자들에게 주어졌다는 주장에 나는 동의하지 않는다. 우리가 옥스퍼드 노선을 따르던 아니면 복음주의 노선을 따르던 그것은 자유지만, 어느 쪽이 성경과 더 거리가 먼 것인가를 가리는 것은 쉽지 않다.

 그렇다고 해서 본문의 의미를 가릴 수 없다는 뜻일까? 그렇지 않다. 이 주제에 대한 단서는 여기서 제시된 주님의 부활에 있다. 만일 누군가 그리스도를 잘 알고 또 그의 부활의 능력을 더 잘 안다면, 그는 이 문제가 부활의 열매에 속한 것임을 이해하게 될 것이다. 따라서 부활에 속한 특권에 대한 무지가, 여기서 계시된 진리를 덮어버림으로써 사람을 이쪽 저쪽 편에 서서 서로 옳다고 다투게 만들었다. 잘 관찰해보면, 주님은 평강으로 제자들을 무장시키신 후 파송하시면서 그들을 향해 숨을 내쉬었다. 이외에 다른 행동을 했는지 성경은 전혀 언급하고 있지 않다. 이러한 행동은 뚜렷하고도 교훈적인 의미를 내포하고 있다. 창세기 2장을 살펴보면, 주 하나님께서 사람을 창조하시는 행위와 다른 동물들을 창조하시는 행위 사이에는 놀라운 차이점이 있는 것을 발견할 수 있다. 하나님이 다양한 동물들, 새와 파충류 등을 만드셨을 때, 각각은 적절하게 조직되었다는 단순한 사실에 의해서 "생령"이 되었다. 하지만 사람의 경우엔 달랐다. 사람은 땅의 흙으로 지음을 받았다. 하지만 사람은 그렇게 지음 받았다는 이유만으로 생령이 되지 않았다. 사람과 다른 피조물 사이엔 근본적인 차이가 있었다.

그 차이란 동물의 모든 왕국이 사람의 다스림 아래 있었다는 것이 아니라, 사람만이 위로부터 온 생명을 가지고 있었다는 것이다. "여호와 하나님이 땅의 흙으로 사람을 지으시고 생기를 그 코에 불어넣으시니 사람이 생령이 되니라" 다른 동물들은 이러한 방식으로 생령이 되지 않았다. 오직 사람만이 주 하나님의 생기를 받아들였다. 그 생기가 영혼의 불멸성의 참 근원이었다. 이것은 왜 사람만이 직접적으로 하나님 앞에서 도덕적인 책임 있는 존재인지를 설명해주며, 혼과 영을 주신 하나님께 자기 몸으로 행한 모든 일들을 직고해야 하는 이유가 된다. 짐승의 경우에도 물론 영을 가지고 있지만, 사람과는 달리 죽은 후에는 하나님께로 올라가는 것이 아니라 아래로 내려가게 된다. 왜냐하면 하나님이 결코 생기를 불어넣어주신 일이 없기 때문이다. 짐승의 경우, 생명의 원리는 죽음과 함께 끝나게 된다. 이것은 그들이 단순히 물질로 이루어진 조직체이기 때문이며, 이렇게 창조하신 것은 하나님의 뜻이었다. 그러므로 비이성적인 존재인 동물이 죽게 되면, 그저 소멸하게 된다. 하지만 사람의 경우엔, 육체와는 근원이 다른 혼과 영이 있으며, 이 두 가지는 하나님과 더욱 직접적인 관계가 있다. 따라서 본질상 이 땅에 속한 몸과는 달리 영혼은 불멸성을 가지고 있다. 이렇게 된 것은 하나님의 뜻이며, 불멸성이야말로 혼과 영이 내재적으로 가지고 있는 특징이다. 그러므로 사람의 몸이 부활을 통해서 다시 살아나게 될 때 혼과 영이 재결합하게 될 것이며, 우리 모두는 다시 살아서 하나님께 자기 일을 회계하게 될 것이다.

이제 여기 요한복음에서는 주 예수 그리스도는, 사람이실 뿐만 아니라 다시 부활한 사람이라는 두 가지 특징을 결합해서 우리 앞에 서 있다. 게다가 그리스도는, 도마가 즉각적으로 "나의 주님이시요 나의 하나님이시니이다"라고 고백한 것처럼 주 하나님이시다. 이처럼 그리스도는 신성과 인성이 연합된 독특한 위격을 가진 분이시다. 이러한 주님이 일주일의 첫날에 다시 살아난 사람, 그리고 "둘째 사람"으로서, 살리는 영 혹은 생명을 주는 영으로 서서 제자들에게 생기를 불어넣고 있는 것이다. 즉 이 생기란 바로 죽은 자 가운데서 다시 살아나신 그리스도 예수의 영이다. 이 영은 부활 생명을 동반하는 성령님이시며, 또한 부활의 능력으로서, 새로운 가족의 머리이신 주님이 그 몸의 지체들에게 주시는 것이다. 제자들은 이미 주님을 믿었고, 영생을 소유하고 있었다. 이제야 제자들은 더욱 풍성한 생명(또는 삶)을 받고 있는 것이다.

따라서 이러한 경험은 우리 주 예수 그리스도께서 그 숨을 불어넣으시는 행동을 통해서 임하게 된 엄청난 변화이다. 나는 사람들이 이 주제에 대해서 매우 이성적으로 접근하면서, "만일 사람들이 이미 영생을 가지고 있었는데, 새롭게 부활 생명을 받는 것이 무슨 차이를 만드는 것이 알지 못하겠네요. 이미 얻은 생명과 주 예수님의 부활 안에 있는 이 생명은 상당한 차이가 있잖아요."라고 말하는 것을 충분히 이해한다. 그럼에도 당신은 진정으로 이해하지 못하고 있다. 다시 말하지만, 죽음과 사투를 벌이는 삶, 각종 율법적인 규례 아래서 갈등하는 삶, 둘러싼 악과 싸움으로 점철된 삶, 선한 것을 추구하지만 항상 실패하는 삶, 나쁜 일을 행치 않으려고 노력하지만 늘 그 아래 사로잡히는 삶과 완전한 승리의 삶은 다르다. 이것은 정확하게 말하자면, 거듭남을 통해서 생명은 소유하고 있지만 아직 영적 해방을 경험하지 못했기에 늘 죄와 율법에 묶여 있는 사람의 상태를 가리킨다. 이 상태는 신자가 주 예수 그리스도의 죽음과 부활에 연합하는 믿음을 통해서 새로운 신분과 지위에 들어가기까지, 즉 해방을 경험하기까지, 어쨌든 갇혀 있는 상태이다. 이제 내가 새롭게 부활하신 주 예수님을 통해서 받은 생명은 율법 아래 있는 생명도 아니고, 이 세상이나 율법의 규례와도 아무 상관이 없는 생명이다. 이것은 나를 하나님과의 완전한 평강 속으로 들어가게 하신 부활의 주님의 생명이다. 따라서 이 생명은 그들이 육신으로 살았을 때 하나님의 아들을 믿는 믿음을 통해서 받은 생명과는 전혀 새로운 특징을 가진 생명인 것을 보여주기 위해서, 우리 주님이 이렇게 숨을 내쉬는 방식을 통해서, 가장 함축적인 방식으로 그리고 가장 충만한 능력에 의한 방식을 선택하신 것이다. "이제는 내가 사는 것이 아니요 오직 내 안에 그리스도께서 사시는 것이라"(갈 2:20) 이 고백은 그리스도께서 제자들에게 숨을 내쉰 사실을 통해서 확증된다. 이제는 그리스도께서 살았던 삶에 참여하게 되고, 특별히 그리스도 안에 있었던 생명을 통해서 그분이 사신 삶에 참여하게 된다. 이제야 모든 의문이 해결되고, 그리스도께서 획득하신 완전한 해방에 참여하게 되며, 그 결과로 더 풍성한 삶이 주어지게 된다.

따라서 이것은 사도 바울이 "그러므로 이제 그리스도 예수 안에 있는 자에게는 결코 정죄함이 없나니"(롬 8:1)라고 선언한 것과 일치한다. 어째서 그러한가? "이는 그리스도 예수 안에 있는 생명의 성령의 법이 죄와 사망의 법에서 나를 해방하였[기 때문이다.]"(롬 8:2) 사도 바울은 생명의 성령의 법이 해방의 역사를 이루었다고 말한다. 이것은 사도 요한이 요한복음 20장에서 말한 것과 일치를 이룬다. 이 모든 일의 근원은 바로 성령님이시다. 그것도 생명의 영으로서 성령님이시다. 성령님은 단순히 기적을 일으키는 영이나 혹은 그러한 초자연적인 역사를 일으키는 에너지가 아니다. 혹 사람들에겐 그러한 힘이 더 큰 의미가 있을지 모른다. 그렇다면 그것은 사람이 하나님의 자리를 의도적으로 찬탈해서 이 땅에서 죄 용서를 공언하는 것에 불과한 것이다. 그러한 생각을 품은 사도는 없었다. 그럼에도 이것은 예수님이 죽은 자 가운데서 다시 살아나신 그 날 뿐만 아니라 오늘날에도 실제적인 하나님에게 속한 특권이다. 이처럼 신성한 특권은 성령님께서 죽은 자 가운데서 다시 사신 둘째 사람, 예수 그리스도로 말미암아 부활의 능력과 부활의 특징을 따라서 생명을 주시는 것으로 실현되고 있다.

그렇다면 이제 나는 "성령을 받으라."(요 20:22)는 표현이 가지고 있는 의미를 살펴보고자 한다. 왜냐하면 하나님의 성령께서는 항상 그리스도께서 주시는 생명과 동행하시기 때문이다. 그렇다면 믿음의 대상은 그리스도이시며, 또한 생명을 주시는 분도 그리스도이시다. 하지만 이제 그리스도는 성령의 역사를 통해서 생명을 주신다. 그리스도의 공생애 당시나 지금이나 생명과 함께 역사하는 것은 생명의 영이었다. 결론적으로 이 생명의 영이 생명의 능력으로 역사하는 것이다.

주님은 "너희가 누구의 죄든지 사하면 사하여질 것이요 누구의 죄든지 그대로 두면 그대로 있으리라"(요 20:23)는 말씀을 더하셨다. 어떤 사람은 이 구절을 보며 "당신은 그것을 믿으시나요?"라고 묻는다. 나는 확실히 믿는다. 여기엔 더 큰 의미가 있다. 나는 그리스도인들이 능력을 가지고 있으며, 또한 하나님 앞에서 그 능력을 사용할 책임이 있다고 믿는다. 어떤 사람들은 죄를 사하고 또 죄를 그대로 두게 하는 권세는 사람이 사용하기엔 너무도 큰 것이라고 생각한다. 물론 사실이다. 하지만 주님은 그 부활의 날 누구에게 이 말씀을 하셨는가? 사도들 뿐만 아니라 모든 제자들에게 말씀하셨다. "이 날 곧 안식 후 첫날 저녁 때에 제자들이 유대인들을 두려워하여 모인 곳의 문들을 닫았더니 예수께서 오사"(요 20:19) 만일 이것이 사도들의 무리에게만 한정된, 몇몇 사람들에게만 제한된 특권이었다면, 이 사실을 부각시키기 위해서 몇 가지 주의사항이 제시되었을 것이다. 분별력 있는 사람이라면 이 사실을 쉽게 알아차릴 수 있다. 만일 여왕이 자신의 각료들에게 특별 지시를 내린다면, 하원 의원이나 상원 의원들에게 내리지 않을 것이다. 그것은 적법한 절차가 아니기 때문이다. 반면, 국왕의 조서가 하원 또는 상원 의원들에게 내려졌다고 생각해보자. 이 조서는 누가 이해하고 받들도록 내려진 것일까? 만일 모든 국회의원들에게 공지되었다면 그것은 합당하게 처리된 것이 된다. 여기서도 마찬가지이다. 우리 주님은 모든 제자들에게 말씀하고 계셨다. 이 자리에 모인 모든 사람들을 향해서 이 말씀을 하고 계신 것이다. 우리가 말씀을 기록된 대로 받아들이는 순간, 우리는 주님이 말씀하신 것을 모든 제자들에게 적용하는 것이 옳다는 사실을 확실하게 볼 수 있다. 과연 누가 주 예수 그리스도의 부활 생명이 열두 사도들만을 위한 것이라고 말할 수 있는가? 과연 주님이 그처럼 엄중하고도 반복해서 말씀하시면서 주신 평강이 사도들만을 위한 것이라고 말할 수 있을까? 결코 그럴 수 없다. (물론, 사도들도 여기에 동참하고 있으며, 그들도 이것을 개인적으로 자신들의 영혼에 가장 값진 것으로 소유해야만 했다.)

　주님의 이름을 고백하는 교회를 형성하려면 주님에게서 온 특별한 권위가 있어야 했고, 그러한 영적 권위야말로 (개인들이 가지고 있는 권세가 아니라) 교회를 이루었을 때 교회의 지체들을 다스릴 원리인 것이다. 거기엔 터를 닦고 기초를 놓는 권위가 있고, 새로이 원칙을 세우고 조직하는 권위가 있는데, 성경에 의하면 그러한 영적 권위는 사도들에게 부여되었다. 하지만 요한복음의 목적이나 특성상, 이것을 공식화하기는 어렵다. 왜냐하면 요한복음에서는 "사도"란 단어가 한번도 나타나고 있지 않기 때문이다. 권위의 정신과 형태와 본질은 사라질 수 없는, 내적이고 본질적인 문제이다. 더욱 특별히 교회로 모이는 것을 생각해보면, 이 주제는 기독교의 근본 토대에 관한 것으로 압축되는데, 거기엔 하나님과 사람 앞에서 매우 독특한 특징을 수반한다. 여러 가지 이유로, 내가 확신하는 바로는, 주님이 하신 이 말씀들은 결코 열두 사도나 혹은 그들의 후계자들에게만 속하는 것으로 볼 이유가 없다는 것이다. 더구나 이러한 죄를 사하고 또 죄를 그대로 두는 권세는 어떤 종교 기관이나 조직체에서 정한 자격을 얻은 사람들에게만 부여된 것으로 볼 수도 없다. 결코 이것은 감독들이나 목사들이나 장로들만의 기능으로 이해해서도 안된다. 진실은 이렇다. 주 예수님은 자기 앞에 **제자들**을 세우시고, 그들에게 그 영을 불어넣으셨다. 이 사실에 근거해서 주님은 그들에게 지상 대명령을 내리신 것이다.

　교회 역사는, 그리고 서신서들은 사도들이 이해한 바를, 또 우리가 해석한 그리스도의 말씀을 확증하고 있을까? 예를 들어보자. 오순절에 회심한 사람들과 주님이 계속해서 더해주신 사람들이 있다.

그들은 누구를 통해서 죄 사함을 받았는가? 그들은 개인적으로 복음을 믿는 것에 만족하지 않을지 모른다. 그들은 주님의 이름에 대한 신앙 고백을 자신들 보다 먼저 그리스도인이 된 사람들에게 했다. 그럴지라도 중요한 것은 이것이다. 나는 내 개인적인 견해 위에, 또는 내가 고백하는 신앙 위에 그리스도인이 되는 근거를 삼을 수 있는 자격이 없다. 하지만 나는 나보다 먼저 그리스도 안에 있는 사람들에게 나의 신앙을 고백할 의무는 있다. 하나님이 아무리 초자연적인 방법으로 사도 바울을 부르셨을지라도, 여기에 예외는 아니었다. 그래서 바울도 어떤 한 제자에게 세례(침례)를 받았다. 그 결과로 바울은 다른 사람들에게 영접을 받았다. 이것은 많은 위로가 되지만, 어떤 사람들에겐 피하고 싶은 과정이기도 하다. 왜냐하면 사람이 매우 실제적인 믿음을 가질수록, 그는 더욱 다른 사람들로 하여금 그것을 시험해보고 싶은 욕구를 느끼게 하기 때문이다. 심지어 사도 바울도 처음에는 이것의 쓴 맛을 보아야만 했다. 그 이유인즉, 어떤 사람들이 바울의 (또는 바울의 믿음의) 진정성을 의심했기 때문이었다. 이처럼 가장 존경을 받는 그리스도의 종들조차도 그 진정성을 시험받는 일을 감내해야 했을진대, 우리 가운데 누구라도 주님의 이름을 고백하는 신자로서 진정성을 시험받을 때 우리의 자존심을 내세우지 말고 동시에, 그것이 주님의 뜻이며, 또한 그렇게 하는 것이 세세토록 하나님 교회의 축복이 되는 것임을 알고 순복해야 할 것이다. 만일 당신이 그렇게 그리스도인으로 영접 받는 것을 문제 삼아서, 자신만을 예외로 하고자 한다면, 그로 인해서 사탄이 얻게 될 이익을 엄중하게 생각해야 한다. 피차 복종하는 것은 선을 이룬다. 이것은 사람보다 더 지혜로우신 하나님을 두려워하는 가운데 초대교회부터 시행해온 것이다. 하나님은 주 예수님의 말씀들을 통해서 이러한 자신의 뜻을 세우셨다.

우리가 사도들의 서신들을 진리를 설명하고 있는 주석서처럼 받아들일진대, 이러한 영접과정은 그 진리를 실천하고 실제적으로 적용하는 것이다. 누군가 회개와 믿음을 통해서 하나님께 돌아온 것을 고백하고, 그가 주 예수 그리스도의 이름을 믿었을지라도, 이것만으로 자기 영혼의 구원을 위하여 복된 구주를 의지한 것으로 판단하기에 충분하지 못하다. 반드시 "마음으로 믿을 뿐만 아니라 입으로 시인하는 과정을 거쳐야 한다."(롬 10:9,10 참조) 이러한 신앙고백은 세상을 향해서 하나의 간증으로 선언되어야 한다. 자기 입술로 신앙을 고백하는 일은 주님의 이름을 고백하는 사람들에게 그 신앙의 진위를 판단하기 위해서 반드시 필요한 것이다. 어떤 사람은 이 과정에서 그리스도를 경멸하는 언사를 하기도 하며, 어떤 사람은 자기 영혼에 해로운 사상을 갖고 있기도 하고, 다른 사람들에게 나쁜 영향을 미칠 수 있는 악한 생각을 품고 있는 것이 드러난다. 이러한 과정을 거친 후에 먼저 믿음을 가진 사람들은 그리스도께서 받으신 사람을 받아야 한다. 이것은 먼저 믿은 사람들이 해야 하는 지극히 중요한 역할이다. 우리는 이에 대한 교훈을 로마서 15장에서 볼 수 있다. "그러므로 그리스도께서 우리를 받아 하나님께 영광을 돌리심과 같이 너희도 서로 받으라."(롬 15:7) 성경은 이것에 적지 않은 무게를 두고 있으며, 하나님의 영광을 위하여 그것을 신중하게 하도록 교훈하고 있다. 그렇다면 내가 확신하는 바로는 하나님의 교회로서 제자들은 어떤 경우에는 죄 사함을, 다른 경우에는 죄가 그대로 있음을 확증하는 일을 했다. 과거에 다양한 죄에 빠져 살던 사람들이 갑자기 하나님께로 회심함으로써 제자들은 그러한 사람들을 예수의 형제로 인정하면서 기쁘게, 또한 단순하게 받아들였다면, 그것은 이 세상에서 모든 권세를 가지고 계신 주님, 부활 생명을 소유하고 있을 뿐만 아니라 부활 안에 있는 더욱 풍성한 생명의 권세를 가지신 성령을 소유하신 주님에 의해서 이루어진 한 몸의 지체로 더해지는 엄청난 순간이 아니었겠는가? 이렇게 제자들은 신앙을 고백한 모든 사람들의 주장을 면밀히 검토하고 점검함으로써 그 신앙고백의 진위를 가려야 한다. 이것은 결코 참된 하나님의 자녀들에게 어떠한 해를 입히지 않는다. 반대로 그 마음에 엄청난 위로와 기쁨을 더해준다. 이 세상에서 자신을 인정해준 다른 사람들의 환영을 받는 것은, 회개한 사람이 하늘에 있는 하나님의 존전 앞에서 천사들의 인정을 받는 것만큼이나 기쁨을 선사해준다. 그럼에도 진지한 점검이 이루어져야 한다. 조금의 의혹이나 의구심이 없어야 하며, 사람의 얼굴을 봐주기식이나, 혹은 육신적인 동기나 무슨 비밀스러운 욕망이 개입해서는 안된다.

따라서 우리는 이러한 정신으로 하나님의 교회가 행한 것을 알고 있다. 어떤 사람이 죽어가는 현장에서 그의 죄를 사하고, 또 죄를 그대로 두는 것을 말하는 것이 아니다. 죄인의 죄를 사하는 것은 회개의 결과에 따른 공적인 회복의 과정으로 이루어진다. 또 다른 사례가 있을 수 있다. 이미 영접된 사람의 경우, 그의 죄는 이미 공개적으로 사함을 받았다. 하지만 고린도전서 5장에서처럼 악한 사람으로 드러나 출교된 경우이다. 고린도전후서는 두 가지 측면을 설명하고 있다. "이러한 사람은 많은 사람에게서 벌 받는 것이 마땅하도다 그런즉 너희는 차라리 그를 용서하고 위로할 것이니 그가 너무 많은 근심에 잠길까 두려워하노라 그러므로 너희를 권하노니 사랑을 그들에게 나타내라"(고후 2:6-8) 여기서 우리는 한편으로는 죄를 용서하고, 다른 한편으로는 죄를 용서하지 않고 그대로 두는,

두 가지 경우를 볼 수 있다. 어째서 그리스도인들이 이 세상에서 자신의 성별된 자리를 지킴으로써, 기쁨과 희락 가운데 믿음의 길을 걷고 또 다른 사람들에게 풍성한 축복의 통로가 되는 특권을 잃어버리게 되는 것인가? 여러 가지 이유가 있을 것이지만, 그 가운데 하나를 꼽는다면, 이러한 성별의 책임에 대한 영적 분별력을 잃어버렸기 때문이고, 또한 그러한 책임을 사역자만의 것으로 돌리거나 혹은 이미 오래 전에 영적인 능력을 잃어버린 때문이다.

아! 그에 대한 이유가 참으로 굴욕스럽게 느껴진다. 교회는 주 예수님의 사랑과 영광을 덧입고 있는, 성별된 백성으로서 자신의 자리를 지키지 못하고 있다. 교회는 온 세상을 사랑으로 품고자 해왔다. 하지만 그 사랑은 불신자들에게 아무런 감흥을 주지 못하고 있으며, 심지어 신자들에게도 아무런 영향을 주지 못하기는 마찬가지이다. 은혜와 성결이라는 교회의 공적인 표지가 무너져 내렸다. 결과적으로 죄를 사하고 또 그대로 두는 것을 사제들에게 주어진 권세로 믿는 미신적인 사람들을 제외하면, 그러한 행위는 (전적으로 무시되지는 않지만) 조롱과 조소를 받고 있다.

하지만 나는 만족스러운 신앙고백을 한 사람들은 영접함으로써 은혜가 행한 것을 공개적으로 선포하고, 또한 우리 신앙 양심에 합하지 못하는 고백을 한 사람들은 거절하는 것이, 이 세상에서 기독교 교회가 견지해야 하는 본질적인 사역임을 주님의 말씀이 분명히 밝히고 있다고 믿는다. 하지만 강조하고픈 것은, 우리가 주께로부터 받은 것은 얼마간의 지식이 아니라는 점이다. 이 말은 내가 다른 사람들보다 영적인 지식을 가볍게 여긴다는 뜻이 아니다. 분명 영적인 지식은 나름대로 자신의 자리와 시기와 가치가 있다. 우리가 확신하는 것은, 분명 예수님이 제자들을 향해서 내쉰 것은 단순한 영적인 지식이 아니라, 그분 자신의 부활 생명이었다는 점이다. 그렇다면 이것은 주님이 우리에게 주시고 싶어 하는 것임이 틀림없다. 게다가 이것은 다음 세대에게 알려줄 의무가 있는 것이기도 하다. "너희를 하나님이 그와 함께 살리시고 우리의 모든 죄를 사하[셨다.]"(골 2:13) 이로써 그리스도 안에 있는 생명이 우리에게 주어진 것과 함께 우리의 죄성이 제거되었다는 의미가 아니다. 오히려 우리는 그리스도의 양들을, 또는 어린 양들을 영접할 의무가 있으며, 잘못된 가르침에 빠진 그들의 연약과 실수를 다루는데 있어서 지극히 부드럽게 대해야 한다. 우리는 그리스도의 양들을 교회에 영접하는 근거를 실행이나 교리의 차이에 두거나, 또는 이 두 가지를 혼합시키는 사탄의 간교한 계략을 조심해야 한다. 우리는 중요하고 단순하지만 엄청난 사실, 즉 예수님이 제자들을 향하여 자신의 부활 생명을 불어넣으셨다는 것을 꼭 붙들어야 한다. 지극히 연약한 자라도 그리스도 교회의 한 지체로서 대해야 한다. 한편으로 영접해야 하지만, 다른 한편 예수님의 이름에 합당하지 못한 행실을 나타내는 지체를 거절하는 것을 두려워해서도 안된다. 만일 누가 실제로 그리스도의 부활 생명을 가지고 있다면, 그 선한 양심에 합당한 거룩성이 나타나는지 살펴야 한다. 또한 그리스도께서 그 사람의 모든 축복의 근원이신 것과 마찬가지로 진정 그리스도께서 그 영혼이 추구하고 있는 대상이시며 또한 그의 모든 판단의 기준이 되는지도 살펴보아야 한다. 그러므로 예수님의 이름은 그리스도 안에서 영생을 소유하고 있는 모든 사람의 마음을 열고 닫을 수 있는 유일하고도 충분한 열쇠가 될 뿐만 아니라, 마찬가지로 그 이름은 그리스도의 영광을 가리는 허풍장이는 거절할 수 있는 근거가 된다. 참으로 주 예수님을 우리의 가장 완전하고 유일한 모본으로 고백하는 것처럼, 그분을 우리의 기준으로 삼자. 만일 그리스도를 영접했고 또 존귀히 여기고 있다면, 매우 안전하고 복된 일이다. 그리스도를 죄와 엮으려는 시도는 치명적인 것이다. 그리스도와 그분의 이름을 경솔히 대하는 모든 것을 우리에게서 떠나게 하라! 그보다 더 하나님에게 모욕적인 것은 없다. 그러므로 중요한 것은 계속해서 그리스도를 의지하고, 우리가 버리고 떠나온 국교회의 모든 사상과 이론을 다시 붙잡는 올무를 피해야 한다. 그리스도의 가치를 약화시키는 모든 국교회의 이론은 거짓된 것이다. 그리스도의 명예를 실추시키거나 또는 죄를 적극적으로 허용해주는 국교회의 실수를 용납해줄 수 있는 것처럼 다루는 것을 나는 전적으로 반대한다. 그리스도의 가르침 또는 그리스도에 대한 교리가 아닌 것을 묵인하는 것이 있거나, 누군가 그리스도의 가르침이 아닌 것을 교회에 가져오는 것을 보고도 침묵한다면, 그것은 타락하여 영적 폐허 상태에 빠진 것이다. 그러한 사람은 자신을 건전한 교회 진리를 가지고 있는 사도처럼 위장할 것이지만, 그 사람의 손끝에는 신약 성경의 교리와는 다른 교리의 독을 묻히고 있다. 하지만 그리스도의 이름이 능욕을 당하고 있는 곳에서, 그러한 일의 가치가 과연 무엇일까? 반면 그리스도께서 우리 영혼의 유일한 목적이 되는 곳에서는, 그리스도의 이름을 고백하는 자들은 하나됨을 이룰 것이며, 그러한 곳에서 그리스도는 자신의 생명을 불어넣으실 것이고, 그렇게 우리가 그리스도께 복종하게 되면, 우리가 걸어가야 하는 길이 아주 명료해질 것이다. 그리스도의 이름을 우리 마음에 환영하며 그처럼 존귀히 여기도록 하자. 모든 영혼을 그 길로 가도록 안내하고 또 그들을 그렇게 양육하는 것이 교회의 사명이다. 만일 그러한 일이 하나님의 교회 안에서 이루어질 수 없다면, 사람들의 영혼은 어떻게 더 많은 신령한 빛을 얻을 수 있으며 또한 어그러진 뼈마디를 어디서 교정하여 곧추 세울 수 있단 말인가? 그들이 저절로 올곧게 될 때까지 그저 손을 놓고 있다면, 그들은 결단코 고침을 받을 수 없게 되고, 도움을 주어야 할 책임과 특권을 가진 우리는 결국 우리 자리를 상실하고 말 것이다. 나는 하나님의 교회가 진리의 기둥과 터이며, 또한 우리가 사는 세상에서 교회만이 유일하게 진리를 배울 수 있는 곳이라고 생각한다. 지금까지 내가 설명한 사람들은 그리스도를 영접하여 마음에 그리스도를 모시고 있는 사람들과 그리스도가 마음에 없는 사람들, 두 종류의 사람들이 있다는 것이다. 더 이상 설명할 것이 무언가? 그렇다면 그리스도를 마음에 모신 사람들은 영접하고, 그리스도를 마음에 모신 일이 없는 사람들은 거절하는 일에, 왜 주저함이 있어야 하겠는가?

   주님은 자기 사람들이 이 둘을 구분하는 일에 어려움이 없도록 기꺼이 도우실 것이며, 믿음과 행실에 있어서 경건치 않은 모양이 없는 영혼들을 기쁘게 환영하도록 해주실 것이다. 나는 여기서 믿음에 의한 칭의의 교리를 언급하고 싶지 않다. 그러한 교리를 견지하고 또 가르치고 있지만 실제로는 악한 사람들이 많이 있다. 우리 주 예수 그리스도께서 하신 말씀들은 불변의 법칙이며, 우리는 거기에 근거해서 행동할 책임이 있다. 우리가 진정 그리스도의 이름으로만 모이는 교회라면, 우리가 취하고 있는 자리와 우리가 가진 특권을 변함없이 선명하게 드러내야 한다. 우리의 행동, 우리의 단체적인 행동은 우리 개인의 행실과 마찬가지로 진리를 위해서 견고해야 한다. 우리가 그리스도를 모시고 있고 또 그리스도를 존귀히 여기고 있음을 천명하고 있기에 우리는 그리스도와 일치를 이루는 영혼들에겐 죄를 사하고, 그리스도와 일치를 이루지 않는 영혼들에겐 죄를 그대로 두는 권세를 행사할 의무가 있다. 우리는 하나님과 사람 사이에 서있는 중보자 행세를 하려고 해서는 안된다. 교회는 결코 그러한 권세를 주장해서는 안된다. 그리스도의 사도들도 그러한 행세를 결코 하지 않았다. 하지만 분명 예수님은 제자들을 죄를 사하고 또 죄를 그대로 두는 일을 하도록 부르셨다. 우리가 이미 살펴보았듯이, 이 일은 그리스도인의 교회가 집행하도록 위임된 일이다. 하나님과 영혼 사이에서 영원한 죄의 문제를 독단적으로 행사하는 것이 아니라, 그리스도께서 받으신 영혼을 분별하고 그리스도를 대신해서 참된 영혼은 영접하고 거짓된 영혼은 거절하며, 어떤 사람은 출교하고, 어떤 사람은 회복시키는 일을 행정적으로 행사하는 것이다.

제 6강 성령을 선물로 받는 것과 성령의 은사의 차이

행 2:33-38

이제 때가 되었다. 하나님이 자신을 나타내셨다. 이스라엘은 메시야께서 임마누엘, 곧 우리와 함께 하시는 하나님으로 오신 것을 고백해야만 했다. 믿음을 가진 사람은 그리스도께서 죽으시고 부활하신 것을 통해서 하나님이 우리를 어떻게 위하시는지를 볼 수 있게 되었다. 그리스도는 이제 새로운 모습으로, 영적으로 엄청난 진보와 도약으로 나아가실 것인데, 곧 우리 안에 계신 하나님으로 나타나실 것이었다. 이것은 예수님이 보배로운 피를 흘리지 않았다면 있을 수 없는 일이었다. 그리스도의 피가 뿌려진 곳에만, 성령님이 임하시고 또 거기에 내주하실 수 있기 때문이다. 그러므로 여러 날이 못되어서 성령으로 세례를 받을 것이란 주님의 말씀을 따라서 제자들은 한 곳에 모였고, 그들은 성령으로 세례를 받을 것이란 기대를 가지고 있었다.

"오순절 날이 이미 이르매 그들이 다같이 한 곳에 모였더니 홀연히 하늘로부터 급하고 강한 바람 같은 소리가 있어 그들이 앉은 온 집에 가득하며 마치 불의 혀처럼 갈라지는 것들이 그들에게 보여 각 사람 위에 하나씩 임하여 있더니 그들이 다 성령의 충만함을 받고 성령이 말하게 하심을 따라 다른 언어들로 말하기를 시작하니라"(행 2:1-4) 하나님은 이렇게 자신의 지혜에 합당한 방식으로 새로운 것을 소개하셨다. 갑자기 위로부터 소리가 났는데, 그것은 성령님이 하늘로서 오셨기 때문이다. 하나님은 이러한 전례 없는 사건에 걸맞는 외적인 징후를 주시는 것을 기뻐하신 것이다. 성령님은 이전에도 강림하셨다는 것은 사실이다. 그때에는 오직 한 사람, 그리스도 예수 안에 거하기 위해서 오셨다. 그리스도의 경우엔 예비적인 절차가 필요치 않았다. 하지만 성령님이 강림하신 방식에는, 물론 주 예수님에게 임하셨던 모습을 포함해서, 죄가 없으신 그리스도와 우리 사이에는 엄청난 차이점이 있었다. 그럼에도 성령님이 오신 것은 우리에겐 참으로 복된 일이고 또한 구원을 완성하는 것이었다. 이는 우리가 모든 죄들을 사함을 받았고, 또 우리 속에 내주하는 죄에서 해방되었기 때문이다. 이러한 강력한 하나님의 은혜의 역사는 죄가 없으신 그리스도께서 우리 대신 심판을 받으시고 죽으셨으며, 또한 다시 살아나신 부활의 능력을 통해서 된 일이다.

예수님에게 성령님은 비둘기의 모습으로 나타났다. 이것은 성령님이 유일하게 예수님에게만 피가 없이도 임하시고 또 내주하실 수 있음을 보여주는 참으로 놀라운 표현인 것이다. 이처럼 인자 속에 내주하기 위해서 내려오신 성령님은 우리에게 친숙한 순수의 상징으로서 비둘기의 모습을 취하셨다. 하지만 사람의 경우엔, 즉 주님이 말씀하신대로 위로부터 능력을 덧입기를 바라며 예루살렘에 모인 신자들의 경우엔, 성령님은 비둘기의 모습이 아니라 혀의 모습을 취하셨다. 불의 혀같이 갈라지는 이미지를 선택하신 것이다. 왜일까? 갈라진 불의 혀의 모습은 처음과 마지막을 아시는 하나님이 이제 강력하면서도, 또한 땅 끝까지 미칠 기쁜 소식의 역사가 시작되었다는 상징적인 의미를 표현하는 것이다. 이스라엘의 책임이 무엇이든지, 그들의 땅과 그 백성들에게 증언해야하는 증거가 무엇이든지, 시작부터 끝을 다 아시는 하나님은 유대인 뿐만 아니라 이방인에게까지 이 기쁜 소식이 확산될 것을 내다보시고 있었다. 그래서 혀의 모습이 "갈라져" 있었다. 하지만 그러면서도 불의 혀와 같았다. 거기엔 십자가에서 죄에 대한 심판이 내포되어 있었다. 사람속에는 심판받아야 하는 죄(sin)의 문제가 있었고, 사실상 하나님은 죄에 대한 희생제사를 그리스도를 통하여 성취하셨다. 따라서 불의 혀는 (이것은 분명 성령의 능력이 강력하게 역사하고 있음을 보여주는 그림 언어이다. 그 뿐 아니라 은혜의 충만성을 보여준다.) 죄가 통치하던 영역을 예수 그리스도 우리 주로 말미암아 의(義)로운 백성으로 삼고 의의 지배 속으로 편입시키는 강력한 은혜의 복음에 대한 상징인 것이다.

따라서 주님은 지금까지 제자들을 준비시켜 오신 그 일을 성취하고 계셨다. 다양한 나라의 방언을 말하며, 하나님의 노여움을 샀던 옛 언약의 백성들에게, 하나님의 자비하심이 이르렀다. 하나님의 큰 일이 하늘 아래 모든 민족에게 선포되고 있었다. 게다가 이처럼 이상하고 전례 없는 현상에 대한 추측이 난무하고 있었다. 그때 베드로는 일어서서, 이것을 확실한 예언의 말씀에 대한 성취로 보아야 한다고 설명하기 시작했다. 그렇지만 이 사건이 요엘의 예언에 대한 완전한 성취, 즉 세세한 부분까지 성취된 것이라고 못박지는 않았다. 이것은 다만 "선지자 요엘을 통하여 말씀하신 것"이었고, 전혀 이상한 일이 아니었다. 완전한 의미에서의 예언 성취는 다른 날을 기다려야 했다. 그럼에도 이것은 사람들이 말하듯 술에 취한 결과로 빚어진 사건이 아니라, 오히려 하나님의 역사로 생각하고, 받아들이고, 또한 소중히 여겨야만 하는 사건이었다. 즉 "이는 곧 선지자 요엘을 통하여 말씀하신 것이니 일렀으되 하나님이 말씀하시기를 말세에 내가 내 영을 모든 육체에 부어 주리[라]"(행 2:16,17)는 예언의 성취였다. 이것은 예언의 부분적인 성취였다. 사실상, 여기에 다양한 방언을 말하는 사람들이 천하 각국으로부터 와서 모여 있었지만, 그럼에도 이들은 모두가 유대인이었다. 이 사람들은 유대인이었지만 이방인의 언어를 익힌 사람들이었다. 하지만 중요한 것은 이 사람들 가운데 하나님이 때가 찬 경륜을 이루시는 것을 분별할 수 있는 눈을 가진 사람들이 있었다는 것이다.

   이제 하나님의 말씀에 따라서 세워진, 우리가 경계해야 하고 또 결코 포기할 수 없는 매우 중요한 사안이 있다. 즉 그 날에 성령의 능력이 나타난 것은 단순히 한 가지 모습이 아니라 다양한 모습으로 나타났다는 점이다. 우리는 성령께서 자신의 사역을 한 가지 모습 또는 한 측면으로만 역사하는 것으로 제한할 수 없다. 성령의 강림하심이 가지고 있는 가장 중요한 점은 아버지께서 약속하신 것의 성취라는 점이다. 성령께서 하늘로서 내려오신 것은 참으로 위대하면서도 무한한 가치를 지닌 진리였다. 우리 주님이 약속하신대로 제자들에게 성령으로 세례를 주심으로써, 그들을 "한 몸"으로 연합시키셨다. 그럼에도 그들은 한 몸이 되는 것이 무슨 의미인지 충분히 알지 못했다. 사실 필자가 담대히 말할 수 있는 것은 그 당시 신자들은 하나의 몸처럼 움직이는 것은 없었다는 점이다. 몸의 교리는 아직 충분히 계시되지 않았다. 거기에 합당한 하나님의 종이 일어나 그러한 사역을 개시할 때까지 기다려야 했다. 사실 하나님의 지혜에 의하면, 유대인들이 하나님의 은혜의 증거를 거절할 때까지 한 몸의 진리는 계시되지 않았고, 누군가 말한 것처럼 계시될 수도 없었다. 이방인들이 실제적으로 부르심을 받고 혹은 부르심을 받는 과정에서, 각자의 혈연적인 관계에서 나옴으로써 유대인과 이방인의 구분이 없는 한 몸을 이루게 되었고, 하늘로서 보내심을 받은 성령님으로 말미암아 하나로 묶이게 되었으며, 이로써 지속적으로 하나님의 경륜을 이룰 수 있게 되었다. 이러한 것이 하나의 몸이 가지고 있는 힘이었다. 성령이 주어지는 것도 마치 한 사람에게 주는 것처럼 묘사되고 있다. 그래서 성령을 받으려면 한 사람처럼 모두가 그 날 그 시간 그 장소에서 기다려야만 했다. "너희는 몇 날이 못되어 성령으로 세례를 받으리라"(행 1:5)

이 외에도, 선지자 요엘의 말처럼 기사와 징조가 있어야 했고, 그대로 되었다. 게다가 이 땅에서 주님의 사역을 위하여 주님으로부터 다양한 은사들이 주어졌다. "그가 위로 올라가실 때에 사로잡혔던 자들을 사로잡으시고 사람들에게 선물을 주셨다"(엡 4:8), "그가 어떤 사람은 사도로, 어떤 사람은 선지자로, 어떤 사람은 복음 전하는 자로, 어떤 사람은 목사와 교사로 삼으셨으니 이는 성도를 온전하게 하며 봉사의 일을 하게 하며 그리스도의 몸을 세우려 하심이라"(엡 4:11,12) 이것은 분명 고린도전서 12장 7절, "각 사람에게 성령을 나타내심은 유익하게 하려 하심이라."는 말씀과 같이 성령님에 의해서 성취되었다.

이 모든 각각의 일들은, 최소한 서로 혼동되지 않는 범위에서, 같은 날 동시에 성취되었다. 게다가 하나님의 성령께서는 믿는 사람들 각자 속에 내주하는 존재로 주어졌다. 이것은 분명 동일한 진리의 결과였다. 따라서 우리는 개인적이면서 단체적인 것, 우주적이면서 지역적인 것을 소유하게 되었고, 이 모든 것은 오순절에 이루어졌다. 하지만 그럼에도 각각은 서로 구분되어야 하는 것이었다. 신약의 서신서들은 이처럼 광대한 주제의 다양한 면들을 각각 다루고 있다. 이 주제를 계속해서 다루다보면, 이 주제의 세부적인 사항에 대해서 좀 더 세밀하게 알게 될 것이다. 하지만 지금 이 시점에선, 성령님이 선물로 주어졌다는 것 자체만으로도 엄청난 진리라는 점과 이것은 특정한 성도들을 통해서 나타나는 성령의 능력의 다양한 역사들과는 구분될 필요가 있다는 점이 강조될 필요가 있다. 이러한 은사들은 다양하지만 은사 자체는 동일한 성령에 의해 주어진 것이다. 성령의 은사들은 광범위하고도 종류가 많지만, 그 은사들의 기원에는 차이가 없다. 이것은 성령님이 하나의 신성한 인격체로서 그리스도인 각자 속에 거하시면서 또한 교회 안에 거하시기 위해서 강림하셨다는 진리가 이해될 때에만 선명해질 것이다. 누군가 다른 종류의 성령에 대해서 말한다면 그것은 진리를 혼잡케 하는 것이 될 것이다. 성령의 능력이 나타나는 것은 다양한 모습과 다양한 단계가 있을 수 있다. 성령의 임재로 인해서 느끼는 기쁨의 정도에도 차이가 있을 수 있다. 하지만 분명한 사실은, (이 사실보다 더 영광스럽고 복된 것은 없다고 말할 수 있을 정도로) 성령님은 그리스도 예수의 완성된 구속을 신뢰하는 모든 신자 속에 내주하신다는 것이다.

게다가 우리가 알고 있듯이, 성령님이 존재하시는 형태는, 우리 안에 계실 뿐만 아니라 우리와 함께 계신다는 것이다. 따라서 우리가 처음부터 발견하는 사실은, 불의 혀가 각 사람에게 하나씩 임하였고, 그들이 앉아 있는 온 집을 가득히 채우는 급하고 강한 바람이 있었다는 것이다. 따라서 거기엔 하나님의 영의 임재에 대한 이중적인 징후라고 부를 수 있는 것이 있었는데, 하나는 각 사람에게 임한 불의 혀와 다른 하나는 일반적인 방식으로 그들이 앉은 집을 충만하게 한 강한 바람이었다. 이것이 우리가 사도행전에서 볼 수 있는 것이며, 더 나아가기 전에 분명히 해두어야 하는 것은 그곳에 성령님이 임재하셨다는 것과 각 사람 속에 성령님이 내주하시기 시작하셨다는 사실이다. 예를 들어서, 사도행전 4장에서 제자들이 모인 곳이 진동한 일과 성령님이 각 사람 속에 내주하신다는 특별한 사실과는 무슨 관계가 있는 것일까? 성령님은 그곳에 계셨으며, 또한 그들 가운데 자신의 임재를 느끼도록 해주셨다는데 의의가 있다. 또한 아나니아와 삽비라가 거짓말을 했을 때 그들은 신자들에게만 거짓말을 한 것이 아니라 다른 누군가에도 한 것이었다. 과연 누구에게 거짓을 고한 것이었는가? 성경은 그에 대해서 "사람에게 거짓말한 것이 아니요 하나님께로다."(행 5:4)라고 선언하고 있다. 즉 하나님이 교회 안에 임재해 계셨던 것이다. 하늘로서 내려오신 분은 하나님이셨고, 그 성령 하나님은 하나님의 충만한 은혜에 따라서 합당하게 역사하실 수 있는 분이셨다. 은혜가 지상에 있는 사람들을 향해서 품을 수 있는 가장 복된 방식으로 성령님은, 과거 죄인이었을 뿐만 아니라, 태어날 때부터 아담으로부터 유전 받은 악한 본성에 젖어 살던 참으로 비참한 인생행로를 걸어왔던 사람들 속에 내주하기를 시작하셨다. 이 모든 것이 사실임에도 불구하고, 그들이 살아왔던 이 모든 환경에도 불구하고, 그리스도를 떠나서 살아왔던 자신들에 대해서 느끼는 감정이 어떠하든지, 그들에게 성령님이 선물로 주어진 것은 참으로 복된 하나님의 은혜였다. 주님의 죽음과 부활을 통해서 나타난 참으로 풍성한 하나님의 사랑 때문에, 성령님은 아버지와 아들의 영광을 위해서, 하늘로서 내려오셨고 제자들 속에 거하시는 일을 합법적으로 하실 수 있게 된 것이다.

따라서 이제 우리가 성경이 하나님의 영에 대해서 말하고 있는 모든 것을 통해서 발견하는 것은, 성령님은 신자 각자 속에 내주하시는 분이실 뿐만 아니라, 함께 모일 때 신자들과 함께 하시며 또한 이 땅에서 사역을 위해 역사하시는 분이시라는 것이다. 예를 들어서 사도행전 8장을 보면, 성령께서 전도자 빌립에게 "이 수레로 가까이 나아가라"(행 8:29)고 말씀하시는 것을 볼 수 있다. 이전에는 주의 천사가 빌립이 가야할 방향을 지시했었다(행 8:26 참조). 하지만 영혼을 직접적으로 다루는 일에 있어서는 천사가 아니라 성령님이 개입하셨다. 천사는 빌립이 가야하는 방향과 같은 하나님의 섭리를 전달하는 일을 할 뿐이다. 물론 이것도 나름 영구한 가치를 지니고 있다. 우리는 천사들이 무슨 자의식을 가지고 행동하는 것인지 그 증거를 찾아 볼 수 없다. 이것은 옛날이나 지금도 마찬가지이다. 하나님의 영의 경우엔 분명 자기 뜻대로 역사하신다. 우리는 사도행전 시대에 빌립에게 했던 것과 같은 성령의 역사에 대해서 더 이상 듣지 못한다. 그 날에 일어난 사건만이 확실한 사실로 남아 있다. 성령님은 다만 그리스도께서 약속하신 바를 따라서 역사하신다. 그럼에도 성령님은 합당한 상태, 즉 성령님이 역사하실 수 있는 마음의 상태가 될 때까지 기다리신다. 이렇게 성령님은 지금까지 역사해오셨다. 따라서 우리는 사도행전 13장에서, 성령님이 불러 시키는 일을 위하여 "바나바와 사울을 따로 세우라."(행 13:2)고 말씀하시는 것을 보게 된다. 여기서 우리는 하나님의 성령께서 사람 속에서만 일하시는 것이 아님을 분명히 보게 된다. 성경은 여기서 성령님이 바나바나 사울 속에서 어떻게 역사하셨는지에 대해서는 아무 말도 하지 않는다. 참으로 인상적인 사실은, 이 모두가 다 외적인 것이라는 점이다. 여기서 성령님이 하신 말씀은 그들에게 주시는 말씀이 아니라, 그들에 관하여 하신 말씀이며, 더더구나 그들 속에서 무슨 일이 일어났는지에 대해서는 아무 것도 보여주고 있지 않다는 것이다. 물론 우리는 이 모든 것들이 시기(時期)와 관련되어 있음을 알고 있다. 성령님은 참으로 그들 속에 거하고 계셨다. 물론 성령님은 이전에도 세상에 계셨다. 그럼에도 성령님은 여기서 하늘로서 오신 신적인 인격체로서 자신을 나타내시며, 주님의 영광을 위할 뿐 아니라 강력한 은혜의 역사의 주체로서 임재해 계신다. 이 것은 사도행전 전체를 관통하는 사도행전의 주제로서, 우리는 쉽게 이것을 알아차릴 수 있다. 따라서 또 다른 경우엔 예수의 영으로서 바울이 가야 할 길을 안내하는 것을 볼 수 있다(행 16장). 이 정도면 더 많은 사례를 찾아볼 필요가 없을 줄로 안다.

종종 영혼들에게 혼동을 주는 또 다른 중요한 요소가 있다. 즉 성령님이 주어지는 방식의 차이점에 관한 것이다. 사람을 미신적으로 높이는 모습을 띠고 나타나는 불신앙은, (사실 불신앙은 하나님께 속한 것을 항상 불신하고 부인하는 형태를 띠지는 않을지라도, 지속적으로 사람을 미신적으로 높이는 특징을 수반한다.) 이러한 재료들을 통해서 적극적으로 활동한다. 불신앙이 이와 같은 방식으로 사람을 높이는 방향으로 나타나던, 아니면 하나님에 대한 무관심이나 영혼과 관계된 모든 것에 대한 무심한 반응으로 나타나던, 양쪽 모두는 하나님의 영이 주어지는 다양한 방식과 연결되어 있으며, 당신도 성령님을 마음에 모실 수 있다는 사실을 부정하거나, 아니면 어느 정도는 종교적인 꾸밈도 (성령을 받는 일에) 보탬이 된다고 주장하는 것으로 나타난다. 후자의 경우에 속한 사람들은 전혀 성령을 받을 자격이 없음에도 자신도 성령을 받을 자격이 있다는 헛된 꿈을 꾸기도 한다.

　이제 나는 성령께서 우리의 교훈을 위해서 기록하신 다양한 사례들을 통해서 이에 대한 근거들을 검토해볼 것이다. 그렇게 함으로써 하나님의 말씀에 순종하려는 사람들에게, 성령을 주시는 방식에는 무슨 변덕이나 까탈스러움이 개입될 수 없으며, 그렇게 주어지는 방식에는 사람에게 중요치 않은 요소란 전혀 없을 뿐만 아니라, 하나님의 자녀 가운데 지극히 연약한 자의 믿음을 약화시키는 것이 아니라, 오히려 모든 것이 영혼을 위로하고 견고하게 하려는 하나님의 마음에서 나오는 것임을 분명히 함으로써, 하나님의 은혜와 지혜에 대한 우리의 영적 감각을 강화시키고자 한다. 우리는 이 모든 가능한 상황을 설정하신 하나님의 거룩한 배려심의 풍성한 증거들을 보게 될 것이다. 하나님에게 속한 것들 속에 녹아 있는 단순함이야말로 보이는 모든 것들 속에 감추어 있는 실제적인 비밀인 것이 명백히 드러날 것이다! 이는 단순함은 우리 자신에게 속한 것들과 엮이지 않으며, 다른 사람들의 생각에 의해서 영향을 받지도 않고, (다른 사람의 생각 때문에 버거워하지도 않고) 다만 하나님에 대한 확신을 가지고, 또한 하나님은 항상 아버지를 영화롭게 하신 그리스도에게 영광을 돌리려는 원대한 계획을 가지고 계심을 알 뿐이다.

　오순절, 성령님이 오신 첫 번째 사건에서 우리는 하늘로서 성령님이 주어지는 굉장히 광범위하면서도, 또한 어떤 의미에서는 가장 풍성하게 주어진 모습을 볼 수 있다. 그러므로 우리는 하나님이 이 사건을 통해서 의도하신 바가 무엇인지 세심한 주의를 기울여야 한다. 우리는 이렇게 성령님이 주어진 이유가 "하나님이 오른손으로 예수를 높이시매 그가 약속하신 성령을 아버지께 받아서 너희 보고 듣는 이것을 부어 주셨[기]"(행 2:33) 때문임을 알고 있다. 즉 그들 앞에는 뚜렷한 증거들이 있었다. 아버지께서 약속하신 것이 성취되었음을 그들 스스로 부인할 수 없을 만큼 명백한 징표였다. 약속대로 오신 성령님은 정신적이거나 감각적인 요소에 불과한 것이 아니라, 외적인 능력을 동반하면서 오신 신성한 인격체이셨다. 이 점은 우리가 분별력 있게 견지해야 하는 매우 중요한 요소이다. 그렇게 하지 않는다면, 이러한 외적인 징후가 없을 경우, 사람들은 이러한 외적인 효력보다 더 중요한 성령의 은사를 무시하거나 부인하게 될 위험에 처하게 되기 때문이다. 이러한 외적인 징후도 나름대로 의미를 가지고 있지만, 그럼에도 외적인 표적은 다만 이 땅에 전혀 새로운 존재로서 강림하신 성령님의 현존과 및 성령의 은사가 사람들에게 주어진 것에 동반해서 나타난 현상에 불과할 뿐이었다.

여기에 더하여 예루살렘에서 당혹감에 놀라 이것이 어찌된 일인가 묻는 사람들을 향해서 베드로가 한 대답을 통해서 우리는 이 진리에 대한 적절한 빛을 얻을 수 있다. 성령의 강림으로 인해서 일어난 현상 때문에 놀라며 기이히 여긴 사람들은 사도 베드로에 의해서 메시야를 거절하고 십자가에 못박아 죽인 죄에 대해 추궁을 받았고, 또 하나님은 그분을 자신의 우편으로까지 높이신 이야기를 통해서 하나님께 대한 두려운 마음이 든 그들에게 베드로는 다시 "너희가 회개하여 각각 예수 그리스도의 이름으로 세례를 받고 죄 사함을 얻으라 그리하면 성령을 선물로 받을 것이라"(행 2:38)고 도전했다. 우리는 상당히 주의해서 베드로가 한 말을 숙고해보아야 한다. 베드로는 그들에게 단순히 믿으라고 말하지 않았다. 여기서는 믿으라는 요청보다는 회개하라고 요청하는 것이 하나님의 지혜였음은 두말할 필요가 없다. 성경에는 아무 의미 없이 기록된 것은 전혀 없다. 다른 경우를 살펴보면 그 반대의 경우를 볼 수 있는데, 빌립보 감옥에서 사도 바울과 실라는 영적으로 각성된 빌립보 간수에게 회개보다는 믿을 것을 강권했다.

필자는 어느 누구에게도 혼동을 주려는 뜻이 없다. 그 반대로 아무리 믿음이 작은 자라도 이러한 차이점을 이해하지 못한 채 그냥 지내도록 하는 것이 아니라 오히려 혼돈을 제거하려는데 있다. 이러한 말씀을 설정한 것은 사람이 한 것이 아니다. 사람은 그렇게 할 수 없다. 하나님이 그렇게 성경이 기록되도록 하셨다. 따라서 하나님은 항상 신뢰할 수 있는 분이시다. 우리는 이렇게 설정된 차이점을 사소한 것으로 여기면서 무시해서는 안된다. 비록 그러한 태도를 취하려는 사람이 있을지라도, 믿음이 없다면 하나님을 향한 참된 회개는 일어날 수가 없다. 모양만 갖춘 믿음이 있는 것처럼, 모양만 갖춘 회개도 있다. 하나님의 능력에 의해서 하나가 존재하면, 다른 하나도 존재하는 법이다. 하지만 우리가 경험을 통해서 알고, 또 하나님의 말씀 속에서 동일한 것을 보는 것처럼, (하나님의 말씀은 우리가 알고 경험하는 모든 것에 대한 열쇠이다.) 사람마다 하나님 앞에서 느끼고 표현하는 방식에는 분명 차이가 있다. 그래서 어떤 사람은 다른 사람보다 양심 속에서 깊은 도덕적 각성을 경험하며, 또 어떤 사람은 믿음을 통해서 평안과 기쁨을 남들보다 두드러지게 경험한다. 하지만 여전히 믿음이 없다면 양심 속에서 일어난 일이 가지고 있는 영적인 가치는 퇴색되고, 양심 속에서 성령님의 참된 역사가 없다면, 하나님을 향한 믿음도 있을 수 없게 된다. 따라서 베드로는 예루살렘에 있는 유대인을 향해서 회개하라고 외쳤고, 마찬가지로 바울은 아테네 사람들을 향해서 "[하나님이] 이제는 어디든지 사람에게 다 명하사 회개하라" 고 하셨음을 알렸다. 다른 경우를 보면, 유대인과 이방인 모두 믿도록 초청을 받고 도전을 받는 것을 볼 수 있다. 진실은 이렇다. 모두가 회개해야 하고 또 모두가 믿어야 하는 것이다. 여기에 중요하고 또 영구적인 가치를 지닌 의미가 담겨 있다. 경우나 상황에 따라 하나가 다른 하나보다 더 강조되고 있을 뿐, 둘(믿음과 회개)은 항상 같이 가는 것이다.

사도행전 2장 상황에서 필요한 것은, 하나님의 지혜에 따르면, 이처럼 교만한 유대인들이 겸손케 되는 것이었다. 따라서 회개는 육신적인 마음을 제하고, 사람을 선한 것이 전혀 없는 존재로 만드는 데 있다. 그래서 사도 베드로는 "너희가 회개하여 각각 [너희가 거절하고 십자가에 못박아 죽인] 예수 그리스도의 이름으로 세례를 받[으라]"(행 2:38)고 외쳤던 것이다. 각 사람에게 축복의 근원이 되는 유일한 원천이 있다. 그것은 주 예수 그리스도이시다. 그분은 우리 영혼의 유일한 소망이다. 그들은 절망 가운데 엎드러졌고, 낮아졌다. 시편 110편에서 말한 대로 아직 주의 권능의 날은 도래하지 않았다. 그렇다면 지금은 하나님 은혜의 날이다. 은혜가 그들의 마음을 터치했다. 은혜는 그들을 향한 하나님의 판결에 동의했으면서도 그들을 받아들였다. 그들은 겨우 자신들의 악함만을 믿을 수 있을 뿐이었다. 이것만이 사람이 스스로 믿을 수 있는 유일한 사안이다. 그들은 마침내 자신들이 하나님 앞에서 얼마나 악한 존재인가를 기꺼이 믿을 수 있는 지점에 이르렀다. 그러므로 하나님은 이 지점까지 밀어붙이신 것이었다. 하나님은 그들을 가엾게 여기신 나머지 이렇게까지 못하시는 분이 아니다. 오히려 그들은 마음에 찔림을 받았고, 이에 베드로는 그들로 하나님 앞에 더욱 겸손한 자세와 태도를 취하도록 만들 필요를 보았다. 베드로는 이 일을 매우 쉽게 할 수 있었다. 왜냐하면 베드로는 예수님 안에 있는 광대한 은혜를 잘 알고 있었기 때문이다. 따라서 베드로는 "각각 예수 그리스도의 이름으로 세례를 받으라"고 말했던 것이다. 은혜를 더욱 풍성하게 선포할수록, 우리는 더욱 담대히 요청할 수 있고, 영혼들은 더욱 잘 받아들이게 된다. 그렇다면 전인적인 회개가 일어난다. 따라서 우리는 이 사실을 더욱 강조할 필요가 있다. 다만 "믿었다면 회개해야 한다."는 식으로 모호하게 말해서는 안된다. 이렇게 먼저 믿어야 나중에 회개할 수 있다는 식으로 영혼들을 혼동시키는 일은 하나님의 방식이 아니다. 오히려 하나님은 우리 영혼으로 하여금 하나님 앞에서 자신의 참된 상태를 철저하게 느끼도록 해주신다. 당신이 이제 믿었으니 머지않아 영혼을 위해서 자신을 낮추는 고통스러운 회개의 과정이 시작될 것이라는 식이 아니라면, 이렇게 영적으로 각성되는 일은 항상 각 사람에게 엄청난 복이다. 신앙의 시작 단계에서 우리는 우리가 진정 누구인가를 단순한 마음으로 볼 수 있어야 하고, 진정 죄가 무엇이며, 또한 나는 얼마나 악한 죄인인가를 철저하게 각성할 필요가 있다. 이렇게 하는 대신, 우리가 충분히 믿을 수 있고 또 믿은 후에 회개할 수 있을 것처럼 젊은 회심자들을 오도(誤導)한다면, 거기엔 깊은 타락에 의해서, 공개적인 죄를 통해서, 하나님을 명백하게 떠남에 의해서, 하나님을 떠나 유리방황하다가 돌이키는 고통스러운 귀환에 의해서, 그 사실을 입증하게 될 것이다. 왜냐하면 신앙고백의 초기에 너무도 죄의식이나 죄에 대한 자각이 없었기 때문이다. 얼마나 많은 영혼들이 이 사실을 알고 있을까! 우리가 관계하고 있는 사람들에게 이 사실을 빼먹고 말해주지 않는 것보다 더 위험한 것은 없다. 주님의 은혜를 매우 크게 경험했을지라도, 하나님 앞에서 양심을 바르게 하는 일이 따르지 않는다면, 더 큰 위험을 초래하게 된다. 이러한 일은 특히 젊은 사람들에게 나타날 수 있다.

사도행전의 경우, 사도는 회개하고 각각 예수 그리스도의 이름으로 세례(침례)를 받음으로써 죄 사함을 받으라고 권했다. "그리하면 성령을 선물로 받을 것이라"고 말했다. 우리는 이 부분을 주목해야 한다. 분명 그들이 회개했을 때에는, 성령을 받지 못했다. 그들의 회개는 성령이 없는 상태에서 이루어졌다. 그들이 주 예수 그리스도의 이름을 받아들였을 때, 주 안에 죄사함이 있는 것을 알게 되었고, 거기에 근거해서 세례(침례)를 받았다. 예수 그리스도의 이름으로 세례(침례)를 받는 것은, 물론, 그들이 그리스도의 이름을 믿지 않는다면 그들의 영혼에 아무 효력이 없을 것이다. 반면 회개와 그분의 이름을 믿는 믿음에 근거해서 성령님이 주어졌음은 말할 필요도 없다. 그러므로 여기서 사도가 말한 바에 따르면, 성령을 받는 것은 사람에게 믿는 것과 회개하는 것 중 어느 것이 먼저 오느냐와는 아무 상관이 없는 것이 확실하다. 성령을 받는 것은 부차적인 역사이며, 믿음과 회개와는 별도의 추가적인 복이다. 이러한 복은 이미 마음 속에서 역동적으로 역사하고 있는 믿음에 근거해서 주어지는 특권인 셈이다. 이것은 사람이 믿는 순간에 성령을 선물로 받는다는 것과는 상당히 거리가 먼 이야기일 수 있기에, 세상이 시작된 이래 과연 그런 경우가 있을 수 있는지 의심을 살만하다. 나는 성령을 선물로 받는 일이 실제적으로 같은 기회(on the same occasion)에 일어날 수 있다는 것을 부인하려는 뜻은 없지만, 그럼에도 같은 순간(in the same moment)에 일어나지는 않는다고 본다. 적어도 나는 하나님의 말씀에서 이에 대한 증거를 한 가지 제시해 보고, 실제적인 경험에서 한 가지 사례를 제시해보고자 한다. 나는 믿을 때 성령을 받았다는 그런 경우를 한 번도 본적이 없을 뿐만 아니라 들어본 적도 없다. 더욱이 성경은 그러한 가능성을 배제하고 있다. 그 이유는 의외로 간단하다. 성령을 선물로 받는 것은 신자가 그리스도 안에 있는 구속을 의지하면서, 그리스도를 믿음으로 아들이 된 사실에 근거해서 주어진다. 그러므로 분명한 사실은, 하나님의 영께서 우리를 이미 거듭나게 하신 사실이 전제되어야 한다는 것이다. 우리는 이 사안의 중요성을 여러 서신서들에 나타난 다른 경우들을 살펴봄으로써 확인할 수 있다. 여기서 나는 요점만 다루고자 한다. 왜냐하면 사도행전의 구절이 그 사실을 담고 있기 때문이다. 따라서 성령을 선물로 주는 일은 회개토록 하기 위한 것도 아니고, 또한 믿음으로 그리스도를 영접하도록 하기 위한 것도 아니다. 진실은 이렇다. 즉 영혼이 이미 회개를 했고, 죄 사함을 위하여 그리스도의 이름으로 세례(침례)를 받았다면, 그 결과에 따르는 하나의 특권으로써 성령을 선물로 받게 되는 것이다.

여기서 주목해야 하는 또 다른 내용은, 성령을 선물로 받는 것이지, 성령의 은사들을 받는 것이 아니라는 점이다. 성령을 선물로 받는 것과 성령의 은사들을 받는 것을 혼동하는 사람들이 많이 있다. 하나님의 말씀을 살펴보면, 이 둘은 결코 섞여 있지 않다. 이 둘은 전혀 다른 개념을 가지고 있다. 이 둘을 언급하고 있는 말씀도 전혀 다르다. 성령님이 사용하신 언어에는 분명 차이가 있다. 이 둘은 항상 별개로 구분되어 있다. 물론 이 둘은 동시에 주어지는 것은 말할 것도 없다. 성령을 선물로 받고 또 자기 영혼 속에 하나님의 영의 임재를 누릴 수 있다. 그는 어쩌면 온 세상에 복음을 전하도록 성령의 능력을 덧입을 수 있고, 교회에서 교사나 목사로 부르심을 받을 수 있다. 그럼에도 여전히 성령을 선물로 받는 것은 또 다른 특권인 것이다. 하나님이 특별한 목적으로 신자 속에 주신 것은 단순히 능력 자체가 아니라, 오히려 성령 하나님이시다. 따라서 이렇게 성령을 선물로 주시는 것은 회개하고 세례(침례)를 받은 모든 영혼에게 주어지는 공통의 축복인 것이다.

이것은 그들이 말씀을 기쁘게 받아들임으로써 즉시 따라왔다. 흠정역은 "그 말을 기쁘게 받는 사람들은 세례를 받으매"로 되어 있는데, 여기서 "기쁘게"라는 말은 원본에는 없는 단어이다. 그들은 베드로의 말을 받아들였다. 이것이 중요한 요소이다. 그렇게 말씀을 받아들일 때, 엄숙함이 있었을 수도 있고, 아니면 너무 큰 기쁨 때문에 감정의 동요가 심했을 수도 있다. 그들은 이제 자신들이 전에 멸시했던 메시야의 이름으로 세례(침례)를 받았다. "그 말을 받는 사람들은 세례를 받으매 이 날에 제자의 수가 삼천이나 더하더라"(행 2:41) 이 사람들은 사도행전 2장 후반부에 기록된 것처럼, 하나님의 충만한 은혜와 능력을 받았다.

사도행전에 나타난 커다란 위기의 장면으로 들어가면, 우리는 전혀 새로운 장면에 맞닥뜨리게 된다. 스데반은 유대인들을 향해 증거했지만, 그 결과는 유대인들의 전적인 거절이었다. 스데반은 성령으로 충만했고, 유대인들은 성령을 대적했다. 유대인들은 그들의 조상처럼 성령을 거스렸다. 스데반은 피로써 자신의 증거를 인쳤고, 박해의 첫 번째 희생자로서, 그에게 일어난 박해를 시작으로 해서, 예루살렘의 온 교회는 사도들 외에는 전부 흩어지게 되었다. 온 세상에 나가 복음을 전하도록 주님의 부르심을 받은 사도들은 예루살렘을 떠나지 않았고, 남아 있었다. 하나님 은혜의 목적을 수행하도록 부르심을 받은 사람들이, 그 목적을 수행하는데 있어서 최고 최상의 상태에 있었을지라도 사람은 너무도 느렸다. 하지만 하나님은 그들에게 고통스러운 일을 허락해서라도 은혜의 사역을 해나가도록 하신다. 만일 사랑이, 만일 은혜의 능력이, 만일 영혼의 필요에 대한 의식과 그리스도의 영광에 대한 의식이 천하만민에게 복음을 전하라는 명령을 받은 사람들을 일으키지 못했다면, 하나님은 보다 더 연약한 그릇들, 그럼에도 하나님 은혜의 강력한 복음으로 충만해진 사람들로 하여금 사방으로 생명의 향기를 날리도록 하실 것이다. 그래서 "그 흩어진 사람들이 두루 다니며 복음의 말씀을 전[했던 것이다.]"(행 8:4) 그 가운데 빌립이 있었다. 빌립은 매일 구제하는 일을 하도록 사람들에게 선택을 받았고, 사도들을 통해서 세움을 받았다. 좋은 평판을 얻은 그는 이제 이 일을 할 수 없게 되었으므로 복음을 전하기 위해서 예루살렘을 떠났다. 그는 오랫동안 예루살렘 성과 라이벌 관계에 있었던 사마리아 성을 방문했다. 그곳엔 율법의 권위를 세우는데 전적으로 실패한 유대인들이 있었고, 그들은 사마리아인들과는 상종도 하지 않으면서 관계를 끊고 살았다. 유대인들은 유대인으로서 스스로를 자랑스럽게 생각하지도 못했고, 자신들에게 맡겨진 "율법에 있는 지식과 진리의 모본을 가진 자로서"(롬 2:20) 이방인으로부터 칭찬을 받지도 못했다. 하지만 복음은 이제 율법이 아무 효력을 발휘하지 못한 곳에서 그 능력을 입증하고 있었다. 빌립은 그처럼 단순함과 열정으로 예수님을 전파했고, 하나님의 복을 내려주었다. 그래서 온 성이 기쁨으로 가득했다. 심지어 그 사마리아 성에 가장 악한 사람이 있었지만, (사람의 영혼을 노략해온 마귀의 궤계와 역사를 드러내기 위해서 성경은 이것을 길게 언급하고 있다.) 그는 거룩한 영향력에 의해서 압도를 당했다. 그럼에도 그의 양심에는 아무 변화가 없었고, 그의 마음은 여전했다. 어쨌든, 그 당시 일어난 일은 그에게 강하게 역사했다. 시몬 마구스는 복음의 진리 앞에 무릎을 꿇었지만 안타깝게도 지적인 동의에 불과했다. 게다가 그는 세례(침례)를 받았다. 여기서 주목해야 할 사실은, 어느 곳에서도 성령을 선물로 받았다는 언급이 없다는 점이다.

  이러한 사실로부터 우리는 성령을 선물로 받는 것과 성령의 역사 혹은 성령의 사역 사이에 놓인 뚜렷한 차이점을 모을 수 있다. 성령의 역사는 영혼으로 하여금 회개하고 복음을 믿을 수 있게 해준다. 사마리아의 회심자들이 참된 신자였다는 데에는 아무 문제가 없지만, 시몬의 경우는 달랐다. 그럼에도 "아직 한 사람에게도 성령 내리신 일이 없었다"(행 8:16) 이것은 그들이 방언을 말하지 않았다거나, 또는 초자연적인 역사가 없었다는 말이 아니다(행 8:6,7,13을 참조하라). 성령님이 내리시는 일은, 성령의 능력이 동반되어 나타난 외적인 사건들과는 전적으로 다른 것이었다. 이 둘이 마치 같은 것처럼 혼동해서는 안된다. 성령의 임재와 같은 중차대한 진리에 든든히 서지 못함으로써 입는 가장 치명적인 독소는 이 진리를 옳게 분변하지 못하게 만들고 사람들을 혼동 가운데 빠뜨리는 것이다. 왜냐하면, 만일 그것이 사실이라면, 능력의 외적인 나타남이 없다면 더 이상 성령의 임재도 없는 것이 되기 때문이다. 이렇게 표적과 외적인 징후를 성령님과 동일한 것으로 혼합시키면 결국에는 불신앙으로까지 나아가게 된다. 다시 반복해서 말하지만, 사마리아 성에 아무런 능력이 없었던 것이 아니라 분명 표적과 징후들이 있었음에도, 성령님은 아직 그들에게 내리신 일이 없었다. 성경은 바로 이 사실을 확증하고 있다. "예루살렘에 있는 사도들이 사마리아도 하나님의 말씀을 받았다 함을 듣고 베드로와 요한을 보내매 그들이 내려가서 그들을 위하여 성령 받기를 기도하니 이는 아직 한 사람에게도 성령 내리신 일이 없고 오직 주 예수의 이름으로 세례

만 받을 뿐이더라"(행 8:14-16)

즉시 우리는 오순절과는 전혀 다른 뚜렷한 차이점을 발견하게 된다. 오순절, 그들은 회개하고 주 예수님의 이름으로 세례(침례)를 받았기에 성령님이 그들에게 임하셨다. 여기서 그들은 믿고 세례(침례)를 받았지만 성령님은 아무에게도 내리지 않으셨다. 어찌된 일인가? 나는 여기서 하나님이 의도하신 중대한 이유를 발견한다. 빌립의 전도로 사마리아 신자들에게 성령님이 내리셨다면, 옛적부터 있어온 예루살렘 사람과 사마리아 사람 사이에 있는 인간적인 감정인 적대감은 그대로 남아 있게 되었을 것이다. 사마리아 사람들은 다시 한 번 교만의 머리를 들었을 것이며, 그렇다면 은혜의 복음은 그들의 종교적인 허세를 지지하는 꼴이 되고 말았을 것이다. 사실 예루살렘은 복음이 주는 새로운 감동과 축복을 전유물처럼 생각하고 기뻐했다. 그렇다면 사마리아도 그렇지 않겠는가? 따라서 예루살렘과 사마리아는 서로 반목하는 관계를 이어갈 것이며, 하나님이 성령을 주시면서 의도하신 목적은 좌절되고 말 것이다. 사랑 안에서 하나됨을 도모하기 보다는, 하나의 머리를 붙들기 보다는, 서로 힘을 합치기 보다는, 예루살렘에 새로운 공동체가 세워진 것과 같이 사마리아에도 또 다른 공동체가 형성되었을 것이다. 하지만 성령님은 그리스도께서 영광을 얻으신 것에 대한 응답으로서 신자들을 위에 있는 머리되신 예수 그리스도와 하나로 연합시키고, 또 하나의 몸 안에서 역사하는 하나의 능력으로 역사하도록 주어진 것이다. 하나님은 예루살렘과 사마리아가 분리되는 것을 허용치 않으셨다. 적어도 하나님의 섭리를 아는 사람들은 이러한 분리가 불가능하다는 것을 알 것이다. 이러한 분리를 허용한 것처럼 보이는 것은 전혀 없었다. 게다가 이러한 분리는 지상에 있는 하나님의 교회의 하나됨을 파괴하는 것으로써 결코 있을 수 없는 일이었다.

따라서 예루살렘에 있는 교회 또는 사도들이 이 소식을 들었을 때, (교회는 현재 사방으로 흩어져 있었기에) 그들은 교회의 기둥과 같은 사람들인 베드로와 요한을 사마리아로 보냈다. 두 사도는 기도했다. 하지만 하나님이 성령을 선물로 주시는 일을 지연시키신 뜻을 분별하고 있었던 것 같이 보인다. 그리고나서 그들은 안수했다. 이러한 안수는 이중적인 의미를 담고 있는데, 하나는 하나님으로부터 복이 임하는 것을 외적으로 표현하는 것과 다른 하나는 사도들을 통해서 예루살렘 교회와 하나됨을 표현하는 것이다. 이것은 온 세상 앞에서 하나님은 교회 안에 그러한 라이벌 의식과 같은 것을 전혀 허용하지 않으신다는 것을 입증하는 것이었다. 하나된 교회 안에서 사역을 할 때 주도권을 가진 지도자들은 서로를 보완하는 관계에 있는 것과 같다. 이러한 사실 때문에, 성령의 복을 주시는 방법에 차이를 두신 하나님은, 그러한 차이점은 하나님의 지혜에 따른 것일 뿐만 아니라, 선물 그 자체 외에도 우리 영혼을 돌보시는 하나님의 배려임을 우리로 알기를 바라신다. 물론 성령을 선물로 받는 것은 하나님이 우리에게 주시는 복 가운데 최고의 복이지만, 그럼에도 하나님의 말씀이 우리 앞에 제시하고 있는 지극히 작은 차이점이 있을 때에는 항상 그 속에 하나님의 선하심과 지혜가 담겨있음을 알아야 한다. 비록 여기서 우리가 오순절과는 현저하게 다른 차이점을 보고 있지만, 모든 차이점은 하나님이 우리를 얼마나 사랑하시는지, 주님은 교회를 얼마나 애정을 가지고 돌보시는지를 입증하는 증거물일 뿐이다. 하나님이 하나님의 영이라는 최고의 복을 주시는 방법을 달리하셨지만, 만일 성도가 하나님의 섭리 방식을 주의 깊게 살필 만큼 지혜롭고 또 선물을 주시는 하나님의 방법을 이해하고자 노력한다면, 하나님은 우리의 본성에 (또는 단순히 이성에 의지해서 내리는 판단에) 대항할 수 있도록 하나님이 우리를 어떻게 무장시키는지를 보여주실 것이다.

이제 사도행전 10장에 보면 또 다른 케이스가 나온다. 여기서 우리는 성령이 주어지는 세 번째 다른 경우를 본다. 사도 베드로는 하나님의 목적의 이중성을 소개하도록 부르심을 받았다. 가이사랴 지역 이방인 백부장이었던 고넬료는 금식하고 기도하던 중 천사의 방문을 받았다. 천사는 사람을 보내어 시몬 베드로를 청하라고 말했다. 베드로의 경우, 그는 욥바에서 기도하던 중 황홀경에 빠졌고, 이 일에 대한 환상을 세 번이나 보았다. 거기에 더하여 성령의 감동과 권함을 받은 베드로는(행 10:19-23) 고넬료가 보낸 사람들을 따라 갔다. 베드로는 입을 열어 자신이 깨달은 바에 대해 말했다. 베드로는 처음에는 내키지 않는 걸음으로 따라 나섰다. 왜냐하면 큰 보자기 환상을 보고 주님과 변론했기 때문이다. 베드로는 잡아 먹으라는 주님의 명령을 듣고도 자신은 속되고 깨끗하지 않은 것은 무엇이든지 먹어본 일이 없다고 했다. 그리고 베드로는 세 차례나 계속해서 "하나님께서 깨끗하게 하신 것을 네가 속되다 하지 말라"(행 10:15)는 책망을 받았다. 마침내 베드로는 이러한 교훈이 주는 의미를 깨달았다. "내가 참으로 하나님은 사람의 외모를 보지 아니하시고 각 나라 중 하나님을 경외하며 의를 행하는 사람은 다 받으시는 줄 깨달았도다."(행 10:34,35)

그렇다면 첫 번째 사례에서는, 복음의 초청이 이방의 우상숭배자들에게까지 나아간 것은 아니었음이 분명하다. 이제 베드로는 하나님을 경외하고 의를 행하고 있는 사람을 향해서 말하고 있다. 여기에 해당되는 사람이 고넬료였다. 고넬료는 회심하지 않은 영혼이 아니었다. 그는 참으로 하나님을 경외하는 사람이었다. 그는 기도와 구제에 풍성한 사람이었다. 확실히 자기 의로 가득한 기도나 자신의 의를 드러내는 구제는 하나님 앞에 상달될 수 없는 법이다. 그러한 것들이 하나님 앞에서 우리 영혼을 구속하는 수단으로 드려진다고 할 것 같으면, 그것은 불신앙으로 가득한 거룩하지 못한 제물이 될 것이다. 하지만 고넬료는 하나님을 경외하는 사람이었고, 이것은 사실상, 단순히 입술로만 신앙고백을 한 사람이 아니었음을 의미한다. 그는 중생했고, 하나님은 그의 신앙과 그의 의로움을 천사들의 전언을 통해서 인정하셨다. 이것은 나에겐, 고넬료가 참되신 하나님을 그저 입술로만 믿는다고 고백하는 사람일 수 없다는 사실을 확증해주는 것으로 보인다. 입술에만 신앙을 달고 있는 것, 이처럼 사람의 눈에 지극히 무의미해 보이는 것은 항상 하나님의 눈에는 가증스럽게 보이는 법이다. 사도행전 10장의 이야기를 새롭게 읽어본 후 내가 담대히 말할 수 있는 것은, 고넬료의 상태는 주님이 역사하신 결과이며, 또한 이 이야기는 주님이 기뻐하신 사람을 소유하시는 이야기인 것이다. 이방인에게까지 복음이 전해지는 것은 주님의 지극한 은혜이며 또한 주님의 지혜이다. 주님은 유대인조차도 부인할 수 없는 경건한 이방인과 더불어 새로운 시작을 시작하시는 것이다. 이것은 사실상 잃어버린 바 된 불쌍한 영혼, 심지어 죄인의 괴수라도 구원하시는 무한한 자비였다. 하지만 여기서 다루고 있는 포인트는 죄 가운데 죽어있는 영혼을 처음으로 살리는 역사가 아니라, 오히려 이미 영적으로 살아난 상태에 있는 영혼을 하나님과의 새로운 관계와 완전한 자유 위에 세움으로써, 하나님을 경외하고 하나님의 말씀을 순종하는 사람은 누구나 자신의 신분을 부정할 수 없게 하는데 있다. 대부분의 경우에선 이 두 가지, 즉 회심과 영적 자유를 얻는 일이 한번에 일어나기도 한다. 하지만 고넬료의 경우엔 달랐다. 때가 되었고, 그의 온 가족은 베드로를 통해서 구원 얻을 말씀을 들었다.

이제 주목할 것은, 그들이 들은 말씀은 처음으로 듣는 것이 아니었다는 것이다. 베드로는 "만유의 주 되신 예수 그리스도로 말미암아 화평의 복음을 전하사 이스라엘 자손들에게 보내신 말씀 (곧 요한이 그 세례를 반포한 후에 갈릴리에서 시작하여 온 유대에 두루 전파된) 그것을 너희도 알거니와"(행 10:36,37)라고 말했다. 그러므로 고넬료는 이미 하나님을 경외하고 하나님께 기도하는 사람이었을 뿐만 아니라, 온 유대 지역에 두루 전파된 복음을 알고 있었던 사람이었다. 그렇다면 어찌 복음을 자기 영혼에 적용하고 온전히 받아들이지 않았을 수가 있겠는가? 단순하게 그리했을 것이다. 왜냐하면 그는 이미 하나님을 경외하고 하나님의 말씀 앞에서 떠는 사람이었기 때문이다. 하지만 이것은 이제 하나님이 역사하시는 믿음의 모습은 아니었다. 다만 그 때가 된 것이었다. 이렇게 하나님을 경외하는 신앙은 그로 하여금 하나님의 일하시는 때를 고대하면서 준비시켜주었다. 어쩌면 고넬료는 "하나님이 이스라엘을 위하여 말씀을 보내셨다면, 그것은 그들을 위한 것이 확실하다. 그러한 하나님을 둔 백성은 참으로 복이 있도다. 하지만 나는 누구인가?" 라고 말했을 법하다. 바로 이러한 이유 때문에, 고넬료는 말씀이 자기에게도 주어질 때까지 기다렸다. 이것이 바로 복음이 하고 있는 일이다. 바로 하나님 은혜의 말씀을 천하만국 백성들에게 선포하는 것이다. 하지만 복음은 그 당시 새로운 것이었다. 물론 그는 성경을 아주 잘 알고 있었고, 약속을 의심하지 않았다. 성경이 절대적인 진리라는 사실 뿐만 아니라 이스라엘을 위하여 그리스도께서 그 모든 약속을 성취하신 사실에 대하여 전혀 의심이 없었다.

이제 그 말씀이 하나님의 권위를 덧입은 사도 베드로를 통하여, 이방인인 고넬료에게도 증거되었다. 이것을 성경은 이렇게 표현하고 있다. "그에 대하여 모든 선지자도 증언하되 그를 믿는 사람들[은 누구나] 다 그의 이름을 힘입어 죄 사함을 받는다 하였느니라 베드로가 이 말을 할 때에" 이렇게 복음의 진리가 그의 영혼에 임했다. 적어도 이것은 직접적인 증거이며, 모든 선지자들의 말에 따르면 누구에게나 문을 열어두는 것이다. "그를 믿는 사람들은 누구나 다 · · · 죄 사함을 받는다 하였느니라 베드로가 이 말을 할 때에 성령이 말씀 듣는 모든 사람에게 내려오시니" 이게 어찌 된 일인가! 세례(침례)도 받지 않았는데? 안수도 없었는데? 기도도 하지 않았는데, 성령이 임하시다니? 그렇다. 이 모든 것들 가운데 하나도 없었지만, 지체 없이, 즉시, 사도 베드로를 통해서 말씀이 증거되고 있는 중에 성령님이 그들 모두에게 주어졌다.

이것은 지금까지와는 전혀 다른 새로운 국면이다. 예루살렘에서 경험한 것과도 다르고, 사마리아에서 목격한 것과도 달랐다. 예루살렘에서 유대인들은 먼저 세례(침례)를 받아야만 했고, 그렇게 할 때에만 성령을 받을 수 있었다. 복음을 믿는 것만으로 충분하지 않았다. 죄 사함을 받으려면 예수 그리스도의 이름으로 세례(침례)를 받아야만 했다. "그리하면 성령의 선물을 받으리니"(행 2:38) 사마리아에서는, 물로 세례(침례)를 받아야했을 뿐만 아니라, 사도들의 기도와 안수가 있어야 했다. 그 세 가지가 없다면 성령님은 아무에게도 임하지 않으실 것이다. 하지만 여기서는, 세례(침례)를 받기도 전에, 사도의 안수도 없었지만 성령님이 그들 모두에게 내려오셨다. 어찌된 일일까? 홀로 지혜로우시고 홀로 선하신 하나님은 깊은 은혜로 이 이방인들을 품으신 것이다. 이 순간은 하나님의 마음이 완전한 모습으로 나타나고, 또한 이방인을 향한 하나님의 은혜가 최초로 그 모습을 드러내되, 이처럼 풍성하고도 아름답게 그 모습을 드러내고 있었다. 이것은 삼천여명이 하나님의 은혜 속으로 들어가는 공개적인 사건이 아니었다. 하지만 이렇게 나타난 모습은 나사렛 예수를 대적했던 강퍅하고도 높은 마음을 가졌던 유대인들의 교만을 꺾기엔 충분했다. 그들은 그 이름 앞에 무릎을 꿇어야 했으며, 또한 그 이름으로 세례(침례)를 받아야만 했다. 그렇지 않으면 결코 성령을 받을 수 없었다. 반면 사마리아 사람들의 경우엔, 그들이 가지고 있는 (예루살렘과 분리하려는) 독특한 근성을 꺾고, 하나님이 지상에 세우시는 교회의 하나됨이라는 중대한 원리를 세우기 위한 특별한 교훈을 가지고 있었다. 하지만 여기 고넬료의 경우에선, 베드로가 그동안 멸시해온 이방인들을 격려하는 방식으로 그들의 영혼을 얻을 필요가 있었다. 주님은 이미 "너희는 가서 모든 민족을 제자로" (마 28:19) 삼으라는 지상 대명령을 주셨다. 베드로는 가서 모든 이방인을 제자로 삼아야 했지만 그렇게 하지 않았다. 교회가 세워진 후 천하만국에 복음을 전해야 함에도 그는 꾸물거렸다. 그들은 너무도 늑장을 부렸다. 그들은 주의 사역을 지연시켰다. 그들은 하나님의 자녀들이 생각하는 것보다 훨씬 초월해 있는 주의 강력한 은혜를 아주 조금만 맛보았던 것 같다. 비록 하나님의 손에 인도함을 받고 있었지만 그럼에도 이 은혜의 사역을 아주 냉담한 마음으로 받들고 있었다. (베드로가 이 시점에 이르기까지, 그는 좀 심했다.) 하지만 베드로가 가이사랴에서 복음을 전해야 했을 때에는 (비록 충만한 자비의 모습을 띠었지만) 하나님은 자기 종의 아둔함을 책망하셔야만 했다! 베드로의 입술에서 말씀이 흘러나

갔을 때, 예루살렘도 그러한 자비를 경험하지 못했고, 사마리아도 마찬가지였다. 사실 사마리아의 경우, 성령을 선물로 받는 충만한 복이 주어지기 전에 사도의 안수가 필요했는데, 이것은 하나님의 지혜에 의한 것이었다.

하지만 여기선 그러한 것이 전혀 없었다. 여기엔 순전한 은혜만 있다. 물론 영혼 속에 이미 일하셨던 성령의 선행 역사가 있었고, 이제는 하나님을 향한 회개와 예수님을 믿는 믿음을 주시고 있다. 이것은 항상 필요하다. 그럼에도 다른 사람들에 의한 외적인 도움이나, 그들을 통해서 믿음에 순복하는 것은 없었다. 세례(침례)가 하나의 특권으로 따랐다. 유대인들과 사마리아 사람들에겐, 그들을 겸손하게 만드는 일이 있었다. 반대로 이방인들에겐, 따뜻한 격려가 있었다. 하나님은 그렇게 이방인들을 얻으셨고, 모든 말쟁이들의 입을 막으셨다. 이 방식을 통해서 성령님이 선물로 주어진 것은, 더 큰 은혜를 보여주시기 위한 가장 장엄한 증거인 것이다. 이렇게 불쌍한 이방인들을 찾으시고 얻으시는 것만큼 더 큰 자비란 없기 때문이다.

이제 중요한 것은 우리가 성령을 받았다는 것이다. 우리는 이방인이요 유대인이 아니다. 게다가 사마리아인도 아니다. 어쩌면 유대인은 오순절에, 사마리아인들은 그 후에 성령을 받은 사실로 자랑스러워할 지도 모른다. 사실 이방인들에게 안수하도록 부르심을 받은 사도는 없었다. 베드로는 사마리아 사람들에게 안수했던 사람 가운데 하나였지만, 그렇다고 그가 사도들의 수장격으로 그리한 것은 아니었다. 다만 가이사랴 지역에 제일 가까이 있었다는 이유만으로, 하나님의 은혜를 더욱 빛나도록 하는 일에 쓰임을 받은 것이었다. 베드로는 참으로 놀라운 소식을 모두에게 전했지만, 그 이상 그가 할 수 있는 일이란 없었다. 안수나 또는 세례(침례)를 받는 등 사람 쪽에서 할 수 있는 준비 작업이란 필요치 않았다. 만일 필요했다면, 사도 베드로가 그곳에 있었기 때문에 세례(침례)를 주거나 안수하는 일을 했을 터인데, 성령님이 주어지기 전에 아무 일도 없었다. 그러므로 주변 환경은 하나님의 역사를 막을 수 없다. 모든 것이 하나님의 섭리를 따라 이루어진다. 소위 사람은 흘러넘치는 하나님의 은혜 속에 함몰당할 뿐이다. 그 은혜 속에서 우리의 복을 찾고 또 하나님 앞에서 합당한 우리의 자리를 찾는다는 것은 얼마나 복된 일인가! 이 속에서 하나님은, (사도들이 더 이상 필요치 않은 이 시대에) 우리에게도 사도가 필요하다고 주장하는 모든 사람들을 향해 완전한 (또는 충분한) 해답을 주셨다. 불신앙은 사도들이 존재하던 시대에는 그들을 멸시했다. 불신앙은 오늘날 사도들이, 성령을 받는 유일한 통로로서 없어서는 안될 존재라고 주장한다. 하지만 지금은 그러한 인간 통로가 필요 없는 시대이다. 우리를 위해서 기록된 말씀을 증거로 남겨두신 주님은 얼마나 선한 분이신가! 성경의 증거는 이 사람들이 말하는 것과 맞지 않고, 그들이 확신하고 있는 바와도 같지 않다. 그렇다면 자신들이 원하는 대로, 사마리아인의 자리나 유대인의 자리로 가서 성령 받기를 기다리게 하자. 그리고 그들로 유대인의 행세를 하게 하자. 하지만 주님은 자신을 그저 이방 죄인으로 인정하고 시인하는 사람들에겐 가장 풍성한 자비를 베푸실 것이다. 여전히 형식과 규례에 집착하거나, 또는 각 가지 인간을 통로로 붙들고자 하는 사람들은 하나님이 정하신 대로 복을 받을 수 있는 자신만의 자리를 박탈당하고 말 것이다. 하나님은 그렇게 복을 주시고, 또 그렇게 복 주시기를 기뻐하신다. 그렇다면 우리는 더욱 큰 하나님의 은혜를 맛보게 된다. 사도가 말한 것처럼, 그는 자신의 직분을 영광스럽게 여겼다. 마찬가지로 우리도 나면서부터 다만 이방 죄인에 불과한 우리에게 베풀어진 은혜를 영광스럽게 여겨야 할 것이다. 있는 모습 그대로 우리를 복주실 수 있는 주님께 우리는 많은 감사를 올려야 할 것이다. 만일 그것이 그 당시 베풀어진 하나님의 축복이었다면, 그 축복의 근거는 변화되지 않았기에, 지금도 여전히 복받는 근거는 은혜이다. 나는 간증이 항상 같아야 한다는 것을 말하는 것이 아니라, 하나님이 이방인들에게 복을 주시는, 계시된 원리의 항상성을 말하고 있다. 만일 당신이 땅끝까지 전해지는 하나님의 복음 앞에 있다면, 만일 당신이 성경대로 말해서 유대인이 아니라 이방인이라면, 어떻게 성령을 받을 것인가? 전파된 말씀을 통해서 성령을 받게 될 것이다. 그렇다면 그것은 하나님 은혜의 말씀이라고 하는 동일한 매개체를 통해서 되는 것이 아니겠는가?

어떤 경우에는 성령을 받는 일에 지연이 있을 수가 있다. 당신은 하나님의 영으로 터치된 영혼들을 만나보았을 것이다. 나는 단순히 그들의 감정이나 혹은 일시적인 감동을 받은 경우를 말하는 것이 아니라, 그들의 마음과 양심에 참된 은혜의 역사가 있지만, 아직은 그 사람에게 평안이나 구주를 발견함으로써 주어지는 영혼의 안식과 자유가 없는 경우를 말하고 있다. 이것은 이상한 일이 아니다. 그런 경우 우리는 하나님의 역사를 부정해야 하는가? 우리가 기대하는 만큼 또는 바라는 정도에 이르지 못했다고 해서, 명백한 부분을 무시해야 하는가? 하나님 앞에서 완전한 영적 해방을 경험하지 않았다고 해서, 아무 일도 일어나지 않은 것처럼 말해야 하는가? 다른 사람들은 그리 생각할지 모르겠지만, 나의 경우엔 감히 그렇게 말하거나, 그렇게 생각하지 않는다. 나는 형제들에게 호소하고 싶다. 그러한 사람들 가운데 어느 누구도 불신자처럼 다루어서는 안 된다. 나는 모든 독자들이 한 영혼 속에서 일어난 하나님의 역사의 실제를 의심하면서 부인하는 어리석음을 범하지 않기를 바란다. 왜냐하면 그런 영혼의 경우 그리스도께서 이루신 역사에 대한 완전한 이해와 구속에 필요한 모든 일을 성취하신 복음에 대한 순전한 믿음에 이르지 못했기 때문이다. 우리는 종종 영혼들을 성급하게 재촉하는 경우가 있다. 만일 우리가 하나님이 역사하실 여지를 남겨두지 않는다면 우리는 그들에게 치명적인 상처를 입히게 될 것이다.

여기에 또 다른 위험 요소가 있다. 어떤 사람이 참으로 통회하는 마음으로 회개했고, 또 그리스도를 바라보지만, 그럼에도 영적인 자유를 얻지 못했다면 우리는 여기서 만족해서는 안된다. 이것은 거의 불신앙에 가까운 상태이며, 하나님의 말씀과 은혜를 온전히 알지 못하는 상태에 있는 것이다. 영혼 속에 하나님의 영의 충만한 임재와 역사에 이르지 못하도록 무언가 막고 있는 상태이다. 우리는 그것들이 무엇인지 분명히 밝혀야 한다. 어떤 사람은 죄에 대한 깨달음이 너무도 강하기 때문에 구속의 역사를 이루신 하나님의 은혜에 응답하지 못하기도 한다. 하지만 여전히 그 영혼이 예수님을 갈망한다면, 비록 마음과 양심에 평안을 얻지 못했을지라도, 우리는 이 사람의 경우에 회심으로 인정해주고, (더 이상 죄 문제로 괴롭히지 말고) 하나님의 은혜를 부각시킴으로서 평안을 얻도록 해주어야 한다. 그러한 상태에 있는 사람을 (구원받은 것으로 인정해주고) 그저 안돈시키는 것도 마찬가지로 잘못된 것이다. 그가 비록 죄에서 돌이켜 하나님에게 나아왔고, 자신에 대한 미움 때문에 예수님을 바라보기 때문에, 그것으로 충분하다고 생각하는 것도 위험하다. 무작정 긍정적인 평안을 말하는 것보다 예수님을 더욱 붙잡도록 해주는 것이 필요하다. 그렇지 않으면 복음이 가지고 있는 완전한 축복에 이르지 못하게 된다. 따라서 우리는 단순히 마음이 각성이 되고, 양심이 자극을 받는 것보다 예수님을 믿는 것은 더 큰 것임을 강조할 필요가 있다. 죄를 더욱 실제적으로 인식하도록 해주어야 하고, 하나님에게 속한 것을 더욱 갈망하도록 해주어야 한다. 내가 믿기론, 그러한 상태에 있는 사람을 아직 성경에서 규정하고 있는 대로 하나님 앞에서 참된 그리스도인의 상태에 들어가지 않은 사람으로 분별하지 않는다면, 우리는 모두 실패하고 말 것이다. 만일 하나님의 말씀이 하나님의 자녀된 자들을 완전한 평안에 이른 사람으로 규정하고 있다면 우리는 그 무엇으로 만족해야 하는 것인가? 마음은 새롭게 되었지만 여전히 율법 아래 있다면, 우리는 예수님 안에 있는 진리가 주는 완전한 복을 결코 알지 못할 것이다. 물론 진리를 조금씩 알아가기는 하겠지만 그럼에도 사람마다 진리를 깨닫는 차이는 있을 것이다. 하지만 하나님이 자기 자녀들을 위하여 준비한 더 크고 놀라운 것이 있다. 의심과 두려움, 염려, 그 모든 것들을 녹여버릴 만큼 완전한 은혜와 축복의 자리가 있다. 우리를 조금의 죄 의식이 없는 상태에서 하나님께 기까이 나아가게 해주고 또 아무 문제없이 하나님 앞에서 서 있게 해줄 수 있는 은혜의 의식만을 가지고 서있을 수 있는 축복의 자리가 있다.

내적인 고민과 갈등, 그리고 투쟁이 있다는 것은, 그러한 감정 상태는 구약성도들의 상태임이 분명하다. 다만 그 차이점은 그들은 그 이상 나아갈 수 없었다는 것이다. 아직 때가 되지 않았다. 해방자가 아직 오지 않았기 때문이다. 영적 해방은 아직 이루어질 수 없었다. 하나님의 은혜를 통하여 평안을 얻는 것을 다만 믿음의 문제로 만드는 그 복된 근거는 아직 그들 앞에 제시되지 않았고, 그렇게 해주시는 하나님의 방법이 무엇인지는 소개되지 않았다. 우리는 하나님보다 먼저 달릴 수는 없다. 우리는 다만 하나님을 좇을 뿐이며, 우리 앞에 펼쳐 보이시는 하나님의 선하심을 기뻐할 뿐이다. 우리는 하나님이 이렇게 하실지 저렇게 하실지 미리 측량할 수 없다. 하지만 이제 구원이 임했다. 그리스도는 이 세상에 오셨고, 죽으셨으며, 그리고 다시 살아나셨다. 하지만 다시 살리심을 받은, 즉 거듭난 영혼일지라도 하루 아침에 하나님의 전능한 역사의 결과들을 다 이해할 수는 없다. 물론 그럴 가능성은 있다. 빌립보 간수와 같은 사례들이 더러 있다. 사람의 양심이 각성되고, 동시에 하나님의 초자연적인 역사가 일어났다. 그것이 그와 그의 온 가족이 기뻐하고 즐거워하는 일이 되었다. 이전에 그는 무서워 떨며 자결을 하려고 했지만, 이내 그는 하나님의 은혜를 통해서 말로 표현할 수 없는 행복에 들어갔다. 따라서 나는 이러한 일이 항상 일어날 수 있는 흔한 일이라고 보지는 않지만, 그렇다고 이 일이 한 시간도 경과하지 않아서 일어날 수 있었던 것에 대해서 부정하지도 않는다.

   사도 바울을 예로 들어보자. 그는 분명 다메섹으로 가는 길에서 회심했고, 그것도 아주 특별한 현상을 목격함으로써 이루어졌다. 분명 하나님은 회심 즉시 그에게 완전한 영적 자유를 주시지는 않았다. 그는 며칠 밤낮을 기도하면서, 보지도 먹지도 마시지도 않았다. 이것이 그가 회심한 후의 영적인 상태였다. 그는 실제로 영광 중에 계신 그리스도를 보았고, 이것은 그의 영혼을 위한 것이었다. 그렇다고 해서 그가 완전한 평안을 누리는 상태에 들어갔는가? 이를 위해선 새롭고도 또 다른 역사를 필요로 했으며, 속 사람을 다루는 진리가 필요했다. 아나니아가 와서 세례(침례)를 주기까지, 그는 완전한 안식과 자유를 전혀 누리지 못했다. 이제 성령님으로 충만하게 되자, 그 이후로, 그는 충만한 축복 속으로 들어갈 수 있었다. 이렇게 말한다고 해서, 복음의 충만성에서 영적 자유를 제거하는 것은 아니다. 하지만 영적 자유에 들어가려면 충족시켜야 하는 조건이 있다. 즉 거기에 합당한 영혼의 상태에 있다. 이것을 하나의 이론처럼 도식화하기는 어렵다. 다만 날마다 우리 눈 앞에서 벌어지는 부인할 수 없는 사실들이 있다. 심지어 그것들을 유심히 보지 않아도 만일 우리가 영혼에 대하여 진지하기만 하면 쉽게 알아차릴 수 있는 것들이다. 영혼들을 주목해서 살펴보라. 장소가 어디든 상관없이, 당신은 하나님의 영이 그들에게 역사하고 있는 실제적인 활동을 목격하게 될 것이다. 어떤 사람은 이러한 상황 속에서 몇 일, 몇 주, 몇 달, 혹은 몇 년 동안 지내게 된다. 한 영혼이 이러한 상태를 벗어나 하나님 앞에서 완전한 자유를 얻는 일이 가끔 일어난다. 한 사람이 영적인 자유를 얻게 되면, 나의 판단으로는, 거기엔 생명이 있을 뿐만 아니라, 성령을 받는 일이 따르게 된다.

이 주제를 마치기 전에 하고 싶은 말이 더 있다. 하나님이 일을 시작하시는 곳마다, 하나님은 단번에 성취하지는 않지만, 항상 완성시키신다. 그러므로 그 역사가 완성되지 않은 채로, 죽는 사람은 한 사람도 없다는 것이 하나님의 말씀을 통해서 얻게 된 나의 개인적인 확신이다. 이것은 내가 경험을 통해서 배운 모든 것으로 확증할 수 있다. 즉 하나님이 (영혼을) 새롭게 창조하실 때마다, 하나님은 항상 그들에게 성령님을 주신다. 처음에는 항상 그렇다고 믿지 않았다. 왜냐하면 사실, 성경은 나에게 그 반대의 것을 보여주고 있었기 때문이다. 하지만 하나님이 복주시는 일을 시작한 사람은 조만간, 하나님과 함께 하는 평강을 충만하게 누릴 수 있는 상태로 확실히 들어가게 된다. 나는 당신이 이성적으로 이 모든 일들을 관찰해보도록 권하는 것이 아니다. 만일 당신이 그렇게 한다고 해도, 그러한 사람을 너무도 찾을 수 없기 때문에 실망감이 클 것이다. 우리는 다 참으로 경건한 영혼들이 수년 동안 영적으로 비참한 상태에 빠져있는 것을 알고 있다. 나의 목적은 주님이 그들을 주님 자신에게로 이끄시기 전에 행복을 누리지 못하고 있는 사람이 누구인지를 살펴보게 하려는데 있지 않다. 사실 나는 모든 근심과 염려에서 완전히 해방된 놀라운 사례들을 많이 보았다. 그들은 생명을 가지고 있었음에도 평생 근심과 염려에 눌려 있었다. 당신도 그러한 상태에 있는 사람들을 많이 보았을 줄로 안다. 그들은 마침내 하나님의 은혜가 자기 영혼을 둘러싸고 있는 흑암의 구름들을 제거하는 것을 경험할 수 있었다. 그렇다면 당신은 과연 이 문제를 그 실제적인 원인과 결부해서 생각해보았는가? 내가 목격하고 경험한 바를 통해서 결론을 내릴 수 있는 것은, 한 영혼이 하나님의 성령을 통해서 다시 살리심을 받을 때마다, 혹은 회심이 일어날 때마다, (이 두 경우는 성령의 역사를 바라보는 관점에 따라 다른 것으로 볼 수도 있지만, 근본적으로는 같은 것이다.) 결국에는 성령을 선물로 받게 된다는 것이다. 하지만 어떤 경우엔 기다려야만 하는 경우도 있었다. 왜냐하면 아직은 자기의 의를 의지하고 하나님의 의에 복종하고 있지 않기 때문이다.

　우리는 가이사랴 고넬료의 경우, 성령님이 임하신 후 세례(침례)를 받았음을 주목해야 한다. 사도 베드로는 오순절에 유대인들에게 성령님이 내리시고 또한 사람들이 방언을 말한 사실에 주목했다. 그리고 이처럼 위대한 선물(성령님)이 주어진 (유대인의 경우와 똑같은) 부인할 수 없는 증거들이 나타난 것이다. 이 점은 매우 중요하다. 왜냐하면 이러한 증거들 때문에 베드로와 함께 한 할례받은 형제들의 입을 막았기 때문이다. 그들이 하나님을 찬미하는 것을 들었을 때, "이에 베드로가 가로되 이 사람들이 우리와 같이 성령을 받았으니 누가 능히 물로 세례 줌을 금하리요?"(행 10:47)라고 대답했다. 베드로는 유대인 형제들이 가지고 있는 편견이 발동될 것을 잘 알았다. 이방인들이 물로 세례(침례)를 받는 것은 정말 새로운 일이었다. "이 사람들이 우리와 같이 성령을 받았으니 누가 능히 물로 세례 줌을 금하리요?"

또 다른 사실을 주목할 필요가 있다. 즉 세례(침례)를 주는 것은 결코 교회의 공적인 직분자의 특권이 아니었다는 점이다. 베드로가 그곳에 있었다. 만일 세례(침례)가 공적인 권위를 필요로 하는 것이었다면, 최고의 영적인 권위를 가진 사도 베드로가 거기에 있었기에 그렇다면 베드로가 친히 세례(침례)를 주었을 것이다. 여기에 사용된 성경언어를 보면, 베드로가 직접 침례를 준 것이 아니었다. 다만 베드로는 함께 한 형제들로 하여금 고넬료의 가족들에게 세례(침례)를 주도록 했다. "(베드로가) 명하여 예수 그리스도의 이름으로 세례를 베풀라 하니라"(행 10:48) 이렇듯 베드로가 친히 세례(침례)를 주었다는 기록은 어디에도 없다. 마찬가지로 바울도 고린도에서 행했던 자신의 사역에 대해서 기록하면서, 몇몇 사람 외에는 자신이 세례(침례)를 베풀지 아니한 것에 대해서 하나님께 감사를 올렸다(고전 1:13-17). 의심의 여지없이 베드로도 여기서 하나님의 인도를 받으면서, 다른 이유가 있을 수도 있지만, 직접 세례(침례) 주는 것을 자제했던 것이다. 하나님의 인도가 없다면 사람이 어찌 환경(또는 상황)의 지배를 받지 않을 수 있단 말인가? 하나님의 인도를 받지 않으려는 것은 하나님이 자신의 영광을 위하여 일하시는 자리에서 사람이 대신 영광을 받으려는 것이다. 그럴 수는 없다. 그래서일까? 참으로 위대한 사도 바울조차도 무명한 제자에 의해서 세례(침례)를 받았다. 만일 침례를 주는 사람과 결부된 무언가가 있다면, 우리는 사도가 침례를 받는 장면에서 특이점을 발견해야 한다. 하지만 하나님의 말씀에 보면 제자 아나니아는 주님의 명령을 받고 가서 "형제 사울"의 이름을 부르며 즉시 그에게 세례(침례)를 주었다(행 9:17,18). 공적인 직분자를 기다리는 일은 없었다. 사람들이 이처럼 명약관화(明若觀火)한 사실을 무시하는 것을 보면, 이처럼 사람의 불신앙을 확연히 보여주는 것은 없다고 할 만하지 않은가? 현대 뿐만 아니라 고대에도 자신들이 성경보다 더 진보한 계시를 가지고 있노라고 자랑하는 사람들이 있었다. 그러한 사람들은 영감을 받은 성경의 기자들보다 주의 종들과 또한 주의 몸된 교회를 향한 주님의 뜻을 더 잘 안다고 생각한다. 세례(침례) 줄 수 있는 사람을 만드는 것이 복음의 사역자를 만드는 것이란 보장은 없다. 오히려 우리의 관심은 그 반대가 되어야 한다. 고넬료의 경우에도 교회의 고위 직분자를 구할 필요가 없었다. 오히려 사도가 그 현장에 있었다. 사람들이 주장하는 대로 하나님이 정하신 합당한 질서의 문제가 있는 것이라면, 어째서 이처럼 중요한 상황에서 사도적인 권위를 가지고 세례(침례)를 집전함으로써 앞으로 오는 모든 세대의 귀감이 될 만한 본보기를 세우지 않았던 것일까? 바울의 경우처럼, 이방인 백부장과 그 가족에게 세례(침례)를 준 사람은, 오늘날로 치면, 평신도가 준 것이 된다. 사도들과 복음 전도자들은 가끔 세례(침례)를 베풀었다. 하지만 그것은 공적인 권위를 가지고 행하는 예식이 아니었다. 사도들이 그곳에 있을지라도, 오히려 형제들이 세례(침례)를 베풀었다. 이것이 어쨌든 성경이 세례(침례)에 대해 그리고 있는 그림이다.

이제 사도행전에 기록된 성령을 받는 사례 가운데 한 가지만 남아 있는데, 현 주제와 관련해서 꼭 다루어야 할 중요한 부분이다. "아볼로가 고린도에 있을 때에 바울이 윗지방으로 다녀 에베소에 와서 어떤 제자들을 만나 이르되 너희가 믿을 때에 성령을 받았느냐 이르되 아니라 우리는 성령이 계심도 듣지 못하였노라 바울이 이르되 그러면 너희가 무슨 세례를 받았느냐 대답하되 요한의 세례니라 바울이 이르되 요한이 회개의 세례를 베풀며 백성에게 말하되 내 뒤에 오시는 이를 믿으라 하였으니 이는 곧 예수라 하거늘 그들이 듣고 주 예수의 이름으로 세례를 받으니 바울이 그들에게 안수하매 성령이 그들에게 임하시므로 방언도 하고 예언도 하니 모두 열두 사람쯤 되니라."(행 19:1-7) 여기 사도행전 19장의 경우는, 우리가 지금까지 살펴본 내용들 못지않게 상당한 중요성을 띠고 있다. 사도 바울은 이 제자들에서 무언가 부족한 것을 알아차렸고, 그들이 과연 믿은 이후에 성령을 받았는지 질문을 하게끔 했다. "너희가 믿은 이후에 성령을 받았느냐(Have ye received the Holy Ghost since ye believed?; KJV 참조할 것)?" 그렇다면 사도 바울의 마음에는 믿은 이후에 성령을 받는 것이란 생각이 있었던 것이 확실하다. 사도 바울은 그들이 가진 믿음의 진실성 여부에 대해선 의심이 없었다. 다만 과연 믿은 이후에 성령을 받았는지 물어야 하는 이유가 있었다. 그들의 대답은 마찬가지로 명확했다. "우리는 성령이 계심도 듣지 못하였노라"(행 19:2) 그들은 (때로는 사람들이 막연히 추측하는 것처럼) 성령의 존재에 대한 무지를 변명하지 않았다. 여기서의 요점은 신자들이 성령을 받는 것에 대한 것이었다. 이것은 오래 전에 주어진 약속이었다. (여기 제자들은 세례 요한과 밀접한 연관이 있었다.) 세례 요한은 이스라엘 백성 가운데 조만간 임하시는 메시야에 대해선 거의 증거하지 않았고, 오히려 메시야를 자신과 마찬가지로 물로써 뿐만 아니라 성령으로 세례를 주시는 분으로 더 많이 증거했다. 사실 구약성경을 아는 사람들은 성령의 존재 뿐만 아니라, 말세에 성령을 부어주실 것에 대한 하나님의 은혜로운 약속을 잘 알고 있었다. 그 당시 하나님의 말씀을 가르쳤던 여러 교사들 가운데, 특별히 세례 요한은 자신의 제자들에게 메시야께서 (성령을 부어주시는) 이러한 경이로운 역사의 도구로서 행하실 것이며, 사람들에게 은혜를 베푸실 것에 대해서 강조했다. 하지만 세례 요한의 제자들은 그 약속이 성취되고 있으며, 또한 유대인과 사마리아인과 이방인 가운데, 율법의 행위에 의해서가 아니라 오직 듣고 믿음으로써 신자들이 성령을 이미 받았다는 것에 대해서 전혀 모르고 있었다.

사도 바울은 계속해서 무슨 세례(침례)를 받았느냐고 물었다. 그에 대한 대답인즉, 그들은 요한의 세례 밖에는 모른다는 것이었다. 이것은 매우 중요한 설명을 끌어내었다. 요한은 회개의 세례 이상 나아가지 않았다. 요한은 성령님만이 영혼 속에 일으키실 수 있는, 하나님 말씀 앞에 엎드리며 자신을 판단함으로써 하나님의 목전에서 자신의 도덕적 폐허 상태를 깨닫는 것에 대해서 강조했다. 구속에 터 잡고 있는 능력은, 보혈이 십자가에서 흘려지고 또 성령의 내주하시는 능력을 위한 근거로서 그 피가 각자 마음에 뿌려지기 전까지는 죄인 속에 거할 수 없으며, 그때까지는 주어질 수 없었다. (성령의 내주는 구속을 받고 해방을 받은 영혼이 승리하신 그리스도와 연합하는 것과 연결되어 있으며, 이 악한 세상을 승리하면서 살아가는 능력으로 이끌어준다.) 세례 요한은 사람들에게 장차 오시는 분, 즉 그리스도를 믿으라고 말할 수 밖에 없었다. 바울은 이미 오신 구주를 전파했으며, 구속의 결과에 대해서 말할 수 있었다. "그들이 듣고 주 예수의 이름으로 세례를 받으니 바울이 그들에게 안수하매 성령이 그들에게 임하시므로 방언도 하고 예언도 하니 모두 열두 사람쯤 되니라"(행 19:5-7)

여기서도 외적인 표적이 나타났다. 하지만 이러한 징후들은 다른 사례의 경우와는 달리 더 이상 성령을 선물로 주시는 것과 혼동을 일으키지 않았다. 이 제자들은 비로소 그리스도인의 세례(침례)를 받았다. 회개의 세례만으로 충분하지 않았다. 그들은 죽으셨다가 다시 살아나신 주 예수님의 이름으로 세례(침례)를 받았다. 그리고 나서 성령을 받았는데, 바울의 안수를 필요로 했다. 만일 하나님께서 사마리아의 사례에서 베드로와 요한에게 (사람들이 안수를 통해서 성령을 받는) 사도로서 명예를 주셨다면, 사도직을 맡은 다소의 사울에게 그리하지 않을 이유가 없다. 잘 관찰해보면, 두 사도의 대표성이 나타나있다. 베드로는 예루살렘에서가 아니라, 종교적 라이벌 관계에 있었던 사마리아에서 사도적 대표성을 나타내었고, 바울은 자신의 전도를 통해서 회심한 이방인들에게 안수한 것이 아니라, 이미 요한의 세례(침례)를 받은 제자들에게 안수함으로써 그의 사도적 대표성을 나타내었다.

그러므로 여기에는 지금까지 우리가 하나님의 말씀의 단순성을 견지해온 기조를 약화시키거나, 또는 무슨 어려움을 야기할만한 것이 전혀 없다. 사도가 신자들에게 성령을 받도록 안수했던 두 가지 사례는 사도들의 안수가 없었던 대부분의 경우와는 다른 예외적이고 부수적인 사례였다. 예외적인 안수의 사례를 제외하면, 성경은 안수에 대해서 전혀 언급하고 있지 않다. 성령을 처음으로 받았던 오순절 유대인들, 즉 사도들과 나머지 120명의 경우에도 안수를 받은 사람은 한 사람도 없었다. 하나님은 이처럼 복된 선물을 다른 사람의 손을 거치지 않고 친히 주시는 방법을 택하셨다. 이와 비슷한 다른 경우에도, 우리는 확실히 성령님이 임하시기 전에 신자들이 안수를 받지 않은 것을 알고 있다. 이것은 우리에게 매우 중요한 시사점을 준다. 즉 우리는 이방인으로서 고넬료와 그의 가족의 경우에 해당된다. 그렇다면 다음과 같은 결론을 피할 수는 없다. 혹 오늘날 사도들이 존재한다 할지라도, 그들은 우리나 혹은 다른 믿는 이방인들이 성령을 받도록 안수할 필요가 없는 것이다. 하나님의 말씀에 의하면, 하나님은 무할례자에게 성령을 주지 않으신 것이 아니다. 말씀을 통하여 그리스도를 믿을 때 우리는 성령을 받는 축복에 참여한다. 바로 가이사랴 고넬료의 경우가 우리의 모본인 것이다.

성령을 통해서 뿐만 아니라 기록된 말씀을 통해서, (성령을 받지 않았으면서도 받은 것처럼) 허세부리는 사람의 어리석음을 드러내시고 또 그들로 믿음에 관하여는 버림을 받게 하시는 주님을 찬양할지라. 그러한 사람들은 긴가 민가 하는 사람들에게 혼동을 더하고, 미신적인 신앙을 가진 사람들에겐 오히려 담력을 준다. 하지만 우리는 이제 거짓말 하실 수 없으신 하나님이 세상이 시작되기도 전에 약속하신 영생의 소망 안에서 하나님이 택하신 자들의 믿음과 경건함에 속한 진리의 지식을 굳게 붙들어야 한다.

Lecture 7

제 7강 육신에 있지 아니하고 영에 있는 것과 신자 안에 계신 성령

롬 8:1-27

　이제 우리가 다룰 주제는 두 부분으로 되어 있다. 각각을 바르게 구분하고 이해하는 일은 하나님의 자녀들에게 매우 중요하다. 하나는 "성령 안에 있다(in the Spirit)"는 것이 무엇인가에 대한 것이다. 이 말은 전적으로 변화된 존재를 전제로 하고 있는 새로운 상태를 가리킨다. 즉 이것은 본성 혹은 육신과는 대조적인 상태를 가리키며, 영혼이 지금 이 땅에서 새롭게 들어가게 된 더욱 고차원적인 영적 상태를 의미한다. 이외에도 신자 속에 성령의 인격적인 내주가 시작된 것을 의미하기도 한다. 이번 장에서는 양쪽 진리를 모두 고찰해볼 것이며, 둘 사이의 차이점 뿐만 아니라 그 마지막 결론에 대해서도 다루고자 한다. 이 두 가지 진리는 지향하는 한 방향이 있는데, 곧 그리스도 예수로 말미암아 하나님의 영광에 이르게 해주는 그리스도인에게 주어진 축복에 이르는 것이다.

　이 두 가지 진리 가운데 첫 번째 것을 살펴보려면, 무엇보다도 먼저 로마서의 전체적인 특징을 살펴보아야 한다.

우선적으로 언급해야 할 것은, 로마서의 핵심주제는 의(義)이며, 그것도 가장 중요한 하나님의 의(義)라는 점이다. (즉, 하나님의 공의, 거룩성, 숭고함이 구속 사역의 완성에 터 잡고 있는 복음에 계시되었다. 이제 하나님은 구속에 근거해서 자신도 의로우실 뿐만 아니라 그리스도를 믿는 죄인들을 의롭다고 하시며, 죄인을 의롭다고 선언하시는 일에서 자신의 속성과 완전한 일치와 조화를 이루신다.) 만일 누가 하나님이 우리를 어떻게 의롭다고 하실 수 있는가라고 묻는다면, 그에 대한 대답은 이렇다. 그 하나님의 의는 그리스도 예수 우리 주님으로부터 온다. 이 모든 것의 기초는 그리스도의 보혈이며, 그리스도의 죽음의 공로에 터 잡고 있다. 하지만 그것만이 아니다. 대부분의 신자들은 거기서 멈추고 만다. 하나님을 찬양할지라. 신자들은 거기서 더 나아가야 한다. 더 나아가지 아니하는 신자들로 인해서 우리는 슬픔을 금할 수 없다. 그들은 결국 기쁨을 잃어버리게 되고, 특별히 영적인 자유를 상실하는 위험에 처하게 된다. 그리스도인으로서 마땅히 누려야 하는 신령한 축복과 하나님 앞에서 완전한 영적 자유를 빼앗기게 되며, 그렇다면 그리스도께서 얻으신 영광에 이르지 못할 뿐만 아니라 비례해서 그리스도를 섬기고 또 아버지를 예배드리는 일에 엄청난 손실을 당할 수 밖에 없게 된다. 우리는 이러한 일을 아무렇지도 않게 생각하는 사람을 부러워할 필요가 없다. (종종 이러한 사람들을 볼 수 있다.) 우리 영혼이 장래의 진노로부터 구원받는 것만을 유일한 소망으로 삼는 사람들을 동정해야 한다. 인간의 구원이 하나님의 결말인 것은 사실이다. 하지만 하나님은 인간의 구원을 하나님 자신의 영광보다 더 앞세우지는 않으신다. 인간의 구원을 가장 큰 것으로 삼는 사람은 성령님이 하나님과 그 아들에 관하여 계시하시는 것보다 자기 자신이나 혹은 인간을 더욱 존귀한 존재로 삼는 사람이다. 그렇다면, 거기엔 의로운 징벌이 있다. 왜냐하면 세상이 시작된 이래로, 자기 영혼 속에 기쁨의 능력을 가진 사람, 하나님을 찬송하는 기쁨을 가진 사람, 세상을 이긴 사람, 성령의 능력으로 단순하면서도 전적으로 예배하는 사람은 한 사람도 없었기 때문이다. 이제 성령님은 사람이 더 이상 나아가지 않고 다만 머물고 싶어 하는 곳, 인간의 신학이 끝나버리는 시점에서 새로이 시작하신다. 그처럼 다양한 결론으로 점철된 신학은 이성적 추론의 체계이지 결코 믿음이 아니다. 하나님 말씀 안에서 발견되는 어떤 원리들에서 연역적으로 추론한 것들은 어느 정도는 진실된 것도 있다. 하지만 그러한 것들을 신학적으로 만드는 것은 신적 능력을 방해하고, 자유를 잃어버리게 하며, 하나님의 영광을 가리며, 사람을 새로운 교리의 창설자 혹은 한 학파의 우두머리로 만듦으로써 부당한 자리에 앉게 한다. 결론적으로, 하나님의 자녀들은 영적 성장의 방해를 받게 되고, 그리스도께 속한 모든 복을 우리에게 주시며 아버지 하나님의 영광으로 우리를 안내하실 수 있는 유일하신 성령님께서 (신학적으로만 접근하는 신자들로 인해서) 부당한 대우를 받게 됨으로써 근심하시게 된다.

우선적으로 나는, 로마서를 알고자 하는 사람들이 분명히 알아야 하는 사실들을 언급하고자 한다. 개인적으로 의(義)의 총체적인 문제가 해결되지 않는 한, 로마서는 하나님의 사랑에 대한 책도 아니요, 더구나 신자를 위한 승리의 책도 아니다. 이 말은 언뜻 보기에는, 마음에 위안과 평안과 자유를 주는 것 같이 보이지 않을 수 있다. 하지만 그럼에도 불구하고 그것이 하나님의 방식이다. 첫째로, 그리고 최우선적으로 로마서가 우리에게 제시하는 것, 즉 사람에게 그처럼 압도적으로 다가와 기를 죽이는 말은 바로 "하나님의 의"라는 말이다. 어째서 그런가? 하나님의 의는 사람에게 신성한 권위를 가지고 다가오며, 사람으로 하여금 더 이상 하나님께 가까이 나아가지 못하도록 거리를 두게 할 뿐만 아니라, 심판하시는 하나님의 엄위한 권세를 잊지 않도록 해주기 때문이다. 죄가 세상에 들어오기 전까지는 의(로움)이 문제가 되지 않았다. 사람이 아직 타락하지 않은 상태에서, 또 온 피조세계가 그 머리로서 아담을 의존하고 있는 상태에서 하나님이 무엇을 심판할 수 있었을까? 다만 모든 것이 좋을 뿐이었다. 따라서 사람이 무죄한 상태에서 하나님과 사람 사이에 자연적이고 좋은 관계 가운데 있을 때에는 심판이 개입할 수 없었고, 하나님은 다만 모든 것을 선하게 창조하신 것 안에서 사람을 복주시는 분이셨다. 거기서 사람은 즐거워하며, 죄와 상관없이 모든 피조물이 하나님께 감사를 올릴 수 있었다. 하지만 장면은 이내 바뀌었고 모든 것이 망가졌다. 사람이 선악을 아는 지식을 얻은 후에, 선을 아는 지식은 상실되었고, 악을 아는 지식은 사람을 압도하여 더욱 죄에 빠지도록 했다. 이제 그렇게 일깨워진 양심은 자신이 벗었음을 알고 숨고자 하는 경향으로 나타났고, 자신을 부르시는 하나님의 임재를 느끼자마자 하나님을 피하여 숨었다. 아, 사람의 양심은 자신을 사법적으로 심판하시는 하나님의 음성 앞에서 위축을 당하며, 도덕적으로 더욱 황폐화된다. 사람은 더 이상 하나님의 임재 속에서 자신의 자리가 없다고 느낀다. 하나님의 기뻐하시는 뜻대로 영적인 빛이 점진적으로 나타나긴 했지만, 사실 그 날로부터 치명적인 결과가 이미 도래한 것이다. 죄가 심판을 불러온 것이다.

분명 사람이 구원을 받으려면 우선적으로 베드로후서 1장 3절에서 말씀한대로, "영광과 덕으로써" 부르심을 받아야 한다. 이것이 하나님의 부르심의 특징이다. 이는 사람에게는 없는 것으로의 부르심이다. 이 부르심은 사람이 가진 자원을 바르게 사용하고 유지 관리하도록 부르시는 것이 아니다. 사람은 본래 주어진 자신의 권리를 상실했다. 그렇다. 사람은 오염되지 않은 탁월성 속에서 자신에 맡겨진 모든 것을 잃어버렸을 뿐만 아니라, 자신을 창조하신 하나님도 잃어버렸다. (사람의 양심은 이처럼 슬프고도 진실된 증거를 증거한다.) 따라서 이제 하나님은 자신의 은혜 속에서 부르신다. 그러면서도 자기의 영광으로써 사람을 부르시며, 보이지 않은 것들로 부르시고, 우리가 볼 수 있는 것 밖으로 불러내신다. 동시에 사람의 마음에 들어와 그 마음을 다스려온 죄악을 저항할 수 있는 도덕성으로 행동하게끔 한다. 따라서 이것이야말로 기독교만이 가지고 있는, 비교할 것이 없을 정도로 빼어난 기독교의 힘이며 아름다움이다. 우리는 사람이 타락할 당시 진실한 도덕성을 가지고 있었음을 알고 있다. 때가 되자 하나님은 약속을 주셨고, 이러한 약속은, 두 말할 필요 없이, 믿음의 사람들이 의지하고 강력하게 행동하게끔 해준 원동력이었다. 때가 차매, 모세를 통해서 율법이 주어졌고, 그 율법을 통해서 죄가 양심에 작동하는 원리임이 드러나게 되었다. 그리고 율법은 사람의 "진짜" 상태가 무엇인지 밝혀주었다. 그것은 약속으로도 어찌 할 수 없는 것이었다. 약속은 다만 하나님이 자신의 때에 확실히 주실 것을 보증하는 좋은 것일 뿐이었다. 약속이 가진 주요한 특징은, 바로 약속이 사람의 상태에 근거하고 있는 것이 아니라, 하나님의 은혜로우신 뜻과 말씀에 근거하고 있다는 것이다.

그렇다면 약속은 죄인인 사람에게 좋은 것만은 아니었고, 사람의 실제적인 상태를 좋게 만드는 것도 아니었다. 따라서 약속이 주어진 후 그 약속이 성취되기 전에, 율법이 들어왔고, 율법은 심판관처럼 행동했으며, 사람이 철저하게 악한 것과 유죄임을 명백하게 드러냈다. 마침내 사람은 자신의 소위가 항상 악할 뿐임을 충분히 알게 되었음에도 불구하고, 전혀 그 악함을 돌이켜 개선하고자 하는 의지도 없고 또한 능력도 없음이 드러났다.

이 모든 것의 마지막에 그리스도께서 오셨고, 율법에 순종하셨으며, 약속을 이룰 수 있는 모든 기반을 마련하셨다. 이는 그리스도께서 약속의 상속자이시며, 신실한 증인이시기 때문이다. 그리스도는 율법을, 도덕성을 성취하는 도구로서 아름답게 승화시킨 유일한 분이시며, 사람을 향한 하나님의 요구로서 완전하게 순종하신 분이시다. 그리스도만이 율법을 주신 하나님의 정당성을 자신의 모든 행사를 통해서 피력하신 분이시다. 그렇다면 약속을 받았지만 율법을 지킴으로써, 그리스도와 함께 기업을 나눌 수 있는 사람은 한 사람도 없다는 것이 분명해진다.

그러므로 주 예수님의 십자가에서 지금까지 와는 전혀 새로운 것이 나타났다. 율법을 이루신 그리스도, 약속의 상속자이신 그리스도는 면류관 대신에 저주를 받으셨고, 하나님의 왕국 대신에 하나님의 심판을 받으셨다. 그리스도께서 십자가에 달리신, 그때 참으로 경이로운 일이 이루어졌다. 바로 죄를 알지도 못하신 분에게, 하나님이 죄를 향해 느끼시는 모든 감정과 또한 죄를 향해서 쏟아 부을 수 있는 모든 저주와 심판이 부어진 것이다. 전혀 악을 행치도 않으시고 그 입에 간사함이 전혀 없으신 분에게 악을 향한 하나님의 거룩한 분노가 모두 쏟아 부어진 것이다. 하나님은 자신의 독생자이며, 또한 자신의 완전한 기쁨과 절대적인 호의의 대상이신 분에게, 가차 없는 심판을 내리셨다. 이것은 하나님이 결코 다른 사람에게는 이같이 행하신 일이 없는 것이었고, 또한 이후에라도 다른 사람에게 행하실 수 없는 일이었다. 독생자로서 가지고 계신 위격의 영광 때문에, 혹은 그분에게 주어진 견딜 수 있는 능력 때문에, 하나님의 진노하심은 그처럼 가혹한 것이었을까. 주 예수님께서 하나님이시며, 또한 아버지와의 관계에서 아들이시라는 사실 때문에, 그 때문에 주님은 하나님의 본질을 가지고 계시며, 아무도 혹은 그 누구도 알 수 없는 방법으로 아버지의 사랑을 경험했기에, 그 끔찍스러운 시간에 우리 구주 예수님에겐 형언할 수조차 없는 고통이 더해진 것이었다. 하지만 마침내 하나님의 뜻이, 즉 구속이 "다 이루어졌다." 그때로부터 하나님의 의(義)는 (단지 약속만 된 것이 아니라) 새벽의 짙은 어둠을 뚫고 밝히 빛나기 시작했다. 이 하나님의 의라고 하는 주제가 로마서에서 전체적으로 다루어지고 있지는 않을지라도, 적어도 정말 중요한 부분에서는, 특히 사람에게 정말 필요하지만 결핍되어 있는 측면에서는 잘 다루어지고 있다. 고린도후서에서 성령님은 하나님의 의(로움)의 다른 측면을 다루고 있는데, 즉 우리가 그리스도 안에서 하나님의 의가 되었다는 것이다. 하지만 여기서 정말 중요한 점은 예수님이 하나님의 영광 안에서 높임을 받으시고 영화롭게 되셨다는 점이다. 이 부분이 로마서에서는 생략되어 있는 것처럼 보이지만, 사실은 우리가 아는 대로, 이것은 로마서 8장에서 매우 간략하게 암시되어 있다. 왜냐하면 로마서의 목적은 하나님의 의가 차지하고 있는 천상적인 고도(the heavenly height)를 소개하는 것이 아니라, 근본적인 진리를 소개하는데 있기 때문이다. 이 때문에 그리스도께서 들어가신 높은 곳에 있는 영광의 자리를 소개하기 보다는, 죽은 자 가운데서 다시 살아나신 그분 안에 있는 생명을 보다 드러내야 했고, 이것이 로마서에서 성령님이 움직이는 방향이었다. 하지만 의심의 여지없이, 하나님의 의의 나타남과 토대를 위한 가장 필수적인 요건은, 하나님이 죽음의 상황 속으로 들어가시고, 그곳에서 예수님이 죄를 위한 희생제사를 드리심으로써, 우리를 위하여 완전한 은혜로 그 모든 죄의 삯을 갚으시는 것이었다. 그 일이 다 이루어졌기에, 하나님은 그리스도를 죽은 자 가운데서 다시 살리시고, 마침내 하늘에 있는 자신의 우편에 그리스도를 앉히신 것이다.

이 모든 것은 다 십자가로 인해서 이루어진 하나님의 의(로움)이다. 하나님은 예수님에게 빚을 진 셈이다. 이것은 하나님께서 하나님으로서 또한 아버지로서 갚아야만 하는 일종의 빚이었다. 예수님은 하나님을 끝까지 영화롭게 해드린 유일한 사람이었고, 사실 이전에는 하나님을 영화롭게 해드린 사람은 한 사람도 없었다. 그 이유는 바로 죄 때문이었고, 사실 죄는 하나님이 가장 미워하시는 것이었다. 예수님은 아무 것도 아끼지 않으셨고, 또한 모든 것을 견디셨다. 예수님은 현재 얻으신 영광을 나타내지 않고 있지만, 언젠가 그 영광을 나타내실 것이다. 예수님은 자신의 생명을 하나님의 손에 맡기기까지 하셨다. 즉 죄에 대한 하나님의 모든 진노를 감당하기까지 자신을 전적으로 하나님의 손에 맡기셨다. 그 결과 하나님은, 하나님으로서 또한 아버지로서, 자신의 영광을 인하여 아드님, 곧 사람이신 인자를 다시 살리셨다. (이에 대해선 로마서 6장에서 다루고 있다.) 하지만 이 일도 하나님의 눈 앞에서 그리스도께서 이루시고 감당하신 일에 비하면 충분한 평가는 아니었다. 십자가는 그 이상의 가치가 있는 일이다. 그리스도께서 십자가에서 죽으셨고, 그 몸으로 우리 죄를 감당하셨다. 하나님의 은혜로 말미암아 그리스도는 모든 사람을 위하여 죽음을 맛보셨다. 이 일은 사단의 능력을 무력화시켰고 죄를 없이 했으며, 하나님께 무한한 영광을 돌렸다. 이로써 하나님은 사람에게, 곧 인자에게 빚을 지게 되었다. 따라서 요한복음 13장에서 말씀한대로 "만일 하나님이 저로 인하여 영광을 얻으셨으면 하나님도 자기로 인하여 저에게 영광을 주시리니 곧 주시리라."(요 13:32)는 말씀이 이루어졌다. 그러므로 때가 찬 경륜이 이루어지기 전, 온 땅과 온 열국을 주사 다스리는 시기가 도래하기 전, 하나님은 그리스도를 지극히 높은 곳에 계신 위엄의 보좌에 즉시 앉게 하심으로써 영광스럽게 하셨다. 이것은 세상과 관련된 일이 아니었다. 다만 하나님의 의의 문제였고 하나님의 도덕적 통치와 하늘에 속한 영광의 문제였다. 이는 세상의 모든 것과 절대적으로 구분되는 일이었다. 인류나 세상은 거기에 관여할 수 있는 것이 전혀 없다. 하나님은 그리스도를 택하여, 그를 하늘에 있는 자신의 보좌에 앉히셨다. 과연 하나님 외에 누가 그러한 계획을 할 수 있겠는가? 의심의 여지없이, 시편과 그 밖의 다른 곳에 영감된 말씀들이 있다. 하나님은 거기에 어떤 의미를 담으셨고, 이제는 거기에 담긴 하나님의 의도를 보여주신다. 그것은 하나님이 자기를 인하여 인자를 영화롭게 하시는 것이었고, 그 일은 하나님이 예수님에게 주신 영광을 통해서 표현되었다. 그럼에도 예수님이 세상을 떠나 아버지께로 가시기 전에 하나님이 예수님의 영광을 선언하신 것을 깨닫지 못한다면 당신은 말씀을 헛되이 상고하는 것이 될 것이다.

그것이 영광스러운 것이긴 해도 하나님에게 충분한 것은 아니었다. 그것은 그리스도에게 돌려질 것이었고 모든 것보다 더욱 귀한 것이었다. 그리스도의 사역은 다른 여러 주제들과 연관이 있지만, 로마서는 하나님의 의의 측면을 다룬다. (즉 하나님의 의로움이 가진 효력을 아들과 관련해서가 아니라 신자들과 관련해서 전개하고 있다.) 그리스도는 십자가를 참으셨고, 하늘의 영광을 입으셨다. 하지만 그리스도께서 죽은 것이 죄인들과 관련해서는 어떻게 나타나는 것인가? 하나님은 과연 그들을 죄 가운데 그냥 두시는 것인가? 그렇다면 그것은 예수님을 합당하게 대하는 것일까? 인자가 잃어버린 영혼들을 찾아 구원하기 위해서 행하신 사역을 제대로 평가하는 것인가? 그렇다면 그리스도께서 성공하든 실패하든 아무 차이가 없었던 것인가? 그리스도는 그들을 위해서 고난 받으셨고 그들과 그들의 죄를 위해서 죽으셨다. 그 결과는 정말 무엇이란 말인가? 이러한 질문에 대한 해답이 로마서를 통해서 제시되고 있고, 로마서에서 우리는 죄인을 위한 진리가 작동하고 있음을 발견한다. "곧 예수 그리스도를 믿음으로 말미암아 모든 믿는 자에게 미치는 하나님의 의니 차별이 없느니라"(롬 3:22)

로마서 3장부터, 지금까지 질문에 대한 대답이 주어지는데, 우리는 하나님의 의가 죄 문제를 완벽하게 해결한 것을 볼 수 있다. 구약성경에 자주 언급한 것처럼, 그것은 죄에 대한 "속전(satisfaction)"이 지불된 것이다. 나는 그러한 개념이나 구절을 좋아하지는 않지만, 확실한 것은 사람의 죄에 대한 속죄 또는 화해가 이루어졌다는 것이다. 로마서 3장은 그리스도의 죽음 또는 피가 인간의 필요를 완전히 충족시키고도 남은 것을 증거하고 있다. 이제 모든 것이 하나님의 영광에 따라 성취되었다. 사람은 하나님의 영광에 이르지 못했다. 하지만 만일 하나님이 구원을 이루셨다면, 사람으로 하여금 이전에 인간이 서 있던 자리를 넘어서, 높은 곳에 계신 하나님의 존전 앞에 설 수 있도록 능히 구원하셔야만 한다. 이것이 하나님의 목적을 이룬 것이 된다. 다만 과거의 자리로의 복귀는 (그것이 무죄 상태로의 복귀라도) 구원이 아니다. 만일 구원이 이루어 졌다면, 그것은 인간을 단순히 타락 이전 상태로 되돌리는 것이 아니라, 하나님의 영광스러운 임재 안에서 완전한 자격을 갖춘 자의 자리에 세우는 것이어야 한다.

따라서 이러한 사실이 로마서 4, 5장에 더욱 발전된 형태로 제시되어 있다. 그렇다면 어떻게 제시되어 있을까? 주 예수 그리스도의 보배로운 피가 전부가 아니다. 오히려 예수님은 "우리가 범죄한 것 때문에 내줌이 되고 또한 우리를 의롭다 하시기 위하여 살아나[심으로써]"(롬 4:25) 그 일을 이루셨다. 여기에 강조된 내용은 "우리의 칭의를 위하여 다시 살아나셨다"는데 있다. 어떤 사람들은 이 구절을 우리가 의롭게 되었기 때문에 주님이 다시 살아나신 것으로 이해한다. 나에겐 그것은 참으로 이상한 교리처럼 보인다. 성경을 그런 식으로 보게 되면, 우리가 의롭게 되는 것이 마치 믿음과는 구분되는 것처럼 그리고 의롭게 된 것이 과거지사처럼 보이게 된다. 하나님의 말씀은 결코 그런 식으로 말하고 있지 않다. 사실은 로마서 5장을 열어보면 그러한 생각을 정면으로 논박하고 있다. 사도 바울은 "우리를 의롭다 하시기 위하여 살아나셨느니라 그러므로 우리가 믿음으로 의롭다 하심을 받았으니 우리 주 예수 그리스도로 말미암아 하나님과 화평을 누리고 있다."(롬 4:25-5:1)고 말한다. 만일 우리가 그리스도께서 부활하실 때 이미 의롭게 된 상태였다면, "그러므로"라는 말은 사용할 수가 없게 된다. 구속의 역사는, 하나님이 그리스도를 다시 살리셨을 때에야 비로소 성취되었다. 그리스도는 다시 사신 그리스도를 믿는 사람에게 주시는 칭의(의롭다고 인정하는 일)의 특징을 보여주시기 위해서 부활의 영광스러운 상태 속으로 들어가신 것이다. 따라서 말씀은 의롭게 되는 일, 즉 칭의가 부활과 불가분리적인 관계에 있음을, 어떤 사람들이 부활과 믿음을 분리하고자 하는 자리에서 증거하고 있다. "그러므로 우리가 믿음에 의해서 의롭게 된 자들인즉, 우리 주 예수 그리스도로 말미암아 하나님과 더불어 화평을 누리자."

여기서 주목해야 할 것은 로마서에서 처음으로, 하나님과 화평을 누리는 것, 우리가 서 있는 이 은혜에 들어감을 얻은 사실, 그리고 하나님의 영광을 소망하면서 즐거워하게 된 일이 소개되고 있다는 것이다. 로마서에서 우리는, 어떤 의미에서는, (에베소서 2장에서 말하는 것처럼) 현재 영광과 연결되어 있지 않다. 다만 우리는 여기 이 땅에서 영광을 소망하면서 기뻐할 뿐이다. 게다가 환난 중에도 자랑할 수 있는 것은, 우리에게 주신 성령으로 말미암아 하나님의 사랑이 우리 마음에 부은 바 되었기 때문이다. 또 다시 주목해야 할 것은 하나님의 의가 충분히 설명된 후에 처음으로 하나님의 사랑을 언급하고 있다는 점이다.

우리가 이러한 사실로부터 결론을 내릴 수 있는 것은, 하나님이 그 속에서 은혜 가운데 역사하시는 사람에게는 죄에 대한 깊고도 엄중한 인식을 갖게 하신다는 점이다. 더욱이 하나님은 결국 자신의 영광을 중히 여기신다는 것을 보여주신다는 점이다. 그렇다고 해서 심지가 불안한 영혼에게도 항상 이러한 방식으로 역사하신다고 말하고 싶지는 않다. 사실상 로마서는 양심상 불안에 떠는 영혼들에게 쓰여진 것은 아니다. 즉 회심하지 않은 사람들을 구령하기 위해 쓴 것이 아니다. 그런 경우라면, 예수님이 우선적으로 하신 것처럼, 사랑을 보여주는 것보다 더 중요한 일은 없다. 구도자의 경우, 관심을 집중시키고 양심을 일깨운 후에, 우리가 아는 대로 성령님의 역사로 말미암아 주시는 자유를 제시하게 되면, 구령의 역사는 마치게 된다. 하지만 그 대상이 신자인 경우, 양심의 진지한 성찰이 없는 상태에서 복음의 복됨이 제시되면, 하나님의 구원의 의로운 측면이 가능한 선명하게 유지되어야 하고 또 복음은 하나님의 의(로움)에 기초하고 있고 또 구원에 이르게 하는 하나님의 능력이라는 것이 명료하게 이해되어야 하기 때문에, 약화될 수밖에 없다. 그러한 점이 논쟁거리이다. 사도 바울은 로마서 1장에서 이러한 논쟁으로 시작한다.

    이 방향으로 더 나아가다 보면, 우리는 또 다른 문제에 직면하게 된다. 처음 4개의 장에서는 범죄한 죄인에게 가장 중요한 주제인, 하나님은 죄인이 그 죄 가운데 있었을 때 어떻게 하나님 자신의 방법으로 죄문제를 해결하셨는가라는 주제를 발전시키고 있지만, 로마서 5장의 중반부터는 주제가 바뀐다. 거듭나 화평을 누리고 있는 영혼을 더욱 괴롭히는 문제가 등장한다. 즉 그가 범한 죄들(his sins)에 대한 것 아니라, 그 속에 운동력 있게 역사는 죄(his sin)에 대한 것이다. 행동으로 옮김으로써 유죄판결을 받게 된 죄들에 대한 것이 아니라 하나님 앞에 서 있는 **실제적인 영적 상태**에 대한 것이다. 참으로 애통스러운 사실은, 많은 사람들이 회심한 이후 하나님과의 화평을 누리고 있는 상태에서, 자기 자신의 실체를 보게 됨으로써 새로운 절망 상태에 빠지는 것이다. 하나님의 자녀가 된 자기 안에, 즉 자신의 본성 속에 내적인 악이 숨어있다는 믿을 수 없는 사실을 발견하게 된 것이다. 자신의 성품 속에 그러한 것이 있다는 것을 스스로 깨우치기까지는 어느 누구도 그것을 생각조차 할 수 없었다. 하나님의 말씀이 그에 대해 말하고 있었지만, 어쨌든 자신은 그것을 간과해왔고, 그에 대해 깊이 생각하지 못했다. 사실상 마음을 진실히 함으로써 하나님 앞에 나아와 그 실체를 봄으로써 그것을 자신의 경험으로 삼기 전까지는 어느 누구도 이 중대한 문제를 결코 이해하지 못한다.

　보다 정확하게 말하자면, 오늘날의 기독교나, 혹은 과거의 기독교나 하나님의 계시된 진리에 훨씬 미치지 못하고 있는 것이다. 그 결과, 사람들은 반쪽 구원에 머물러 있다. 사람들은 그저 그리스도의 복음을 부분적으로만 받아들이고 있으며, 그리스도 안에 있다는 것이 무엇인지 모른 채 살아가고 있다. 그렇다고 해서 "그리스도 안에"라는 표현조차 사용하지 않는다고 말하는 것은 아니다. 다만 사람들은 "그러므로 이제 그리스도 예수 안에 있는 자에게는 결코 정죄함이 없나니"(롬 8:1)와 같은 구절을 읽고는, 그리스도께서 자신들을 위해 죽으셨고 다시 살아나셨다는 그 이상의 의미를 생각하지 않기 때문에, 결과적으로 하나님 앞에서 자신들의 심판의 문제가 사라졌다는 정도로만 이해하고 마는 것이다. 하지만 이러한 해석은 이 구절의 온전한 의미로 볼 수 없다. 그 차이는 로마서 5장의 중반부터 시작된다. 거기에 보면 유죄 상태의 인간이 평안을 얻는 길과 우리 영혼이 유죄의 정죄로부터 평안을 얻을 수 있다는 새로운 주제를 하나님의 성령께서 다루기 시작하신다. 이 모든 주제는 해결되었다. 이것은 로마서가 주로 다루고 있는 교리이다. 그리고 이후부터 다루고 있는 것은 오히려 지금까지 다룬 것에 대한 보충설명이다. 로마서 5장부터 8장까지 그렇게 전개되고 있다. 그리스도를 이미 발견한 영혼에게 이제 가장 엄중한 순간에 성령에 대한 교훈이 더해지고 있다. 따라서 여기 로마서 5장 중반부터 8장까지에서 다루고 있는 요점은, 나의 죄를 위해 죽으시고 또 나를 의롭다 하기 위해서 다시 살아나신 구주가 계시다는 것이 아니라, 나의 옛 본성이 심판을 받았고 그리스도의 죽음 안에서 정죄를 받았다는 것이다. "한 사람으로 말미암아 죄가 세상에 들어오고 (as by one man sin entered into the world)" (롬 5:12) 그러므로 여기서 다루고 있는 죄는 내가 범한 범죄들에 대한 것이 아니다. 죄들을 다루고 있는 곳마다, 우리는 죄책감이 든다. 여기엔 율법이 적용되고, 몸으로 행한 모든 일에는 하나님의 심판이 개입된다.

하지만 은혜는 우리에게 이외에 다른 것을 준다. 만일 나의 모든 죄가 도말되었고 용서되었는데, (다시 죄를 지었다면) 나는 나 자신에 대해서는 수치와 부끄러움을, 하나님께는 불명예를 돌려드리는 상태에 빠져있는 것이다. 이 상황을 어떻게 모면할 것인가? 이 모든 일은 한 사람, 즉 아담으로 말미암아서 왔다. 한 사람이 악의 수장이 된 것처럼, 하나님을 찬송할지라, "은혜도 또한 의로 말미암아 왕 노릇 하여 영생에 [이르도록]" 의로움도 한 사람을 통해서 오게 된다. 첫 아담이 죄와 사망을 가져온 것처럼, 마지막 아담은 의로움과 영생을 가져온 것이다. 이것이 해방이다. 이것은 율법과 관련된 죄인의 문제가 아니라, 아담과 그리스도가 대표하는 두 인류의 대표성의 문제이다. 그렇다면 이것이 당신과 나에게 어떠한 효력을 미치는가? 어느 유대인도 아담의 후손으로서 자신의 위치를 부인할 수 없을 것이다. 유대인은 율법을 자랑할지 모르지만, 율법이 들어오기 이전에 세상은 이미 죄로 말미암아 황폐화되었다. 율법은 세상의 황폐화를 회복시키는 대신, 오히려 사람에게 족쇄를 씌워 더욱 조일 뿐이었고 황폐화의 상태를 더욱 악화시켰다. 율법은 그 이상 할 수 있는 것이 없었다. 하지만 이제 다른 사람이 왔다. 곧 예수님이시다. 그렇다면 예수님에 대해서 무엇이라고 말하고 있는가? 한 사람이 죽음을 통과해 부활 생명 안으로 들어갔다. 그 결과가 로마서 5장 중반부터 소개되고 있는데, 성령님은 새로운 주제를 시작하신다. 피로 말미암아 의롭다 함을 받는 것이 아니라, 의롭다 하심을 받아 생명에 이르는 것(생명의 칭의)에 대한 것이다.

여기에 신학자들의 엄청난 실수가 있다. 내가 아는 한, 그들에겐 생명의 칭의에 대한 이해가 없다. 명백하게 이것은 주님이 하신 일의 결과가 아니다. 이것은 구속에 터 잡고 있는 새로운 상태이며, 그리스도의 부활을 통해서 나타난 새로운 상황이다. 행위는 아무리 선하다 해도, 이렇게 대두된 새로운 상태를 충족시킬 수 없다. 우리가 이미 아는 대로, 그리스도는 모든 면에서 하나님을 존귀하게 해 드렸다. 이것은 하나님의 영광을 위해서 절대적으로 필요한 일이었고, 그 결과 우리에겐 엄청난 복이 주어졌다. 왜냐하면 우리는 그리스도의 모든 것에 참여하고 있기 때문이다. 하지만 사람으로서 우리가 처한 상태로서 죄(sin)의 문제를 해결하는 것에 대해 성경은, 이 세상에 계실 때의 예수님이 아니라, 부활하여 하늘에 들어가신 예수님이 해결하신 것으로 말하고 있다. 따라서 아담이 죄인들의 머리가 된 것처럼, 마찬가지로 주 예수님도 부활 속으로 들어가셨을 때 살려주는 영이 되심으로써 머리가 되셨다. 자신의 생명(목숨)을 죽음에 내어주셨을 때, 그리스도는 하나님이 자기에게 하라고 맡기신 일을 다 이루셨다. 이것은 한 알의 밀알이 땅에 떨어져 죽었고, 이제는 다시 살아남으로써 많은 열매를 맺게 된 것이다.

이러한 원리가 로마서 6장에서, 신자가 곤혹스러워하는 죄의 문제에 적용되었다. 로마서 6장의 주제는 우리가 부활했다는 것이 아니라, 부활하신 그리스도 안에서 하나님을 향하여 살아있다는 것이다. 사도 바울의 논증은, 신자가 그리스도와 함께 살았다는 것 이상 넘어가지 않는다. 사실 이 주제는 로마서에서 다루는 교리가 아니다. 오히려 골로새서에서 신자는 다시 살아난 존재로, 그리고 에베소서에서 신자는 그리스도 안에서 하늘에 이미 앉아 있는 존재로 소개되고 있다. 하지만 로마서에서 신자는 다시 살아난 존재로 소개되고 있지 않다. 신자는 다만 죄에 대하여 죽었고 하나님에 대하여 살아난 존재이다. 따라서 로마서에서 거룩한 행실을 하려면 자신을 "죄에 대하여는 죽은 자요 하나님에 대하여는 산 자"로 여겨야 한다. 하지만 반대로 만일 내가 죄에 대하여 살았다면 나 자신을 죽은 자로 여길 수는 없다. 이것은 분명하다. 구절의 앞뒤를 바꾸어서는 안된다. 로마서 전체적인 분위기는 이러한 생각을 거부한다. 이것은 참으로 중요한 부분이다. 성경적인 믿음만이 신자에게 영적 해방의 경험을 실제적으로 가능케 해준다. 그러므로 처음 주 예수 그리스도를 영접하고 그 이름으로 세례(침례)를 받을 때, 그리스도인으로 신앙생활을 시작하는 바로 그 순간에 우리는 이 해방을 누릴 자격이 있게 된다.

그렇다면 나는 무엇 속으로 세례(침례)를 받은 것인가? 그리스도의 생명 속으로 세례(침례)를 받았다. 그리스도께서 하신 일(사역) 속으로는 어떠한가? 절대 그럴 수 없다. 나는 그리스도의 죽음 안으로 세례(침례)를 받았다. 그렇다면 나는 즉시, 그리스도의 보혈로 나의 죄들을 씻은 사실에서부터가 아니라, 나를 받으시고 용납해주신 하나님의 은혜에서부터 새로운 시작을 할 수 있다. 이제 하나님은 그리스도의 보혈에 대해서 아니라 그리스도의 죽음에 대해서 말씀하신다. 그리스도의 죽음과 부활은 더 깊은 의미를 담고 있으며, 더 광대한 곳으로 우리를 이끌고 간다. 이것은 죄인으로서, 죄에 대하여 살아있는 존재로서 나의 상태를 다룬다. 하지만 나는 이 모든 것에 대해서 죽기를 바란다. 나는 죄로부터 벗어나는 해방을 갈구한다. 죄의 상태로부터 벗어나 해방을 얻는 길은 죽음 뿐이다. 이것은 우리가 정확하게 바라는 바이다. 이것은 물론 내가 용서받았다는 사실을 전제로 하고 있다. 이것은 새로운 시작으로서 매우 복되고 절대적으로 필요한 일이다. 하지만 죄 사함은, 내가 구원이라는 말을 순전히 개인적인 체험으로 사용하고 있음에도, 이것은 소위 구원이 아니다. 구원은 죄 사함보다 더 큰 것이다. 왜냐하면 나는 이 죄 사함을 넘어서 그리스도의 보혈을 포함해서 그리스도의 죽음과 그리스도의 생명을 적용하기를 바라기 때문이다. 따라서 성경이 말하는 구원은, 바로 나는 죽고 그리스도가 사는 것을 통해서 우리가 "그리스도 안"에서 소유하게 되는, 그리스도와의 연합을 가리킨다.

영광스러운 사실은, 나는 그리스도의 죽으심을 모든 악의 뿌리로서 나의 본성적 상태에 적용할 수 있는 은혜를 입었다는 것이다. 그렇다면 나는 그리스도의 피에 의해서 죄 사함을 받았을 뿐만 아니라, 그리스도의 부활로 말미암아 내주하는 죄에 대하여 나 자신이 죽었으며, 또한 죽었다고 여길 수 있는 보장을 받았다는 사실을 아는 것으로 안도감을 느낄 수 있다. 그렇지 않다면 평생 곤고한 사람으로 살아야 하는 감당할 수 없는 짐을 안고 살게 될 것이다. 따라서 죽으시고 다시 사신 주 예수님으로 말미암아 두 가지 축복이 보장되었다. 하나는 죄 사함이고, 다른 하나는 영적 해방이다. 그리스도의 죽으심은 죄로부터 정결하게 해줄 뿐이다. 그리스도의 피는 우리가 지은 죄들을 사해줄 뿐이다. 하지만 그리스도의 죽음은 죄의 힘과 권세를 무력화시킨다. 그러므로 그리스도의 죽으심과 부활이 우리의 필요에 대한 모든 해답을 제공해준다. 이는 우리의 속죄를 위해서 죽으신 그리스도는 죄의 문제가 전혀 없을 뿐 아니라, 진흙에 불과한 우리 편에서 무언가 행하거나 보탤 필요조차 없는, 새로운 상태로 부활하셨기 때문이다. 이렇게 그리스도께서 가지고 계신 전체적인 축복은 신자를 위한 것이며, 또한 세례(침례)에서부터 시작된다는 것을 주목하라. 그렇다면 이러한 복은 과연 한 사람이 영적으로 추구하고 성장한 결과로써 이르게 되는 어떤 높은 수준의 경험에 속한 것일까? 그렇다고 한다면, 이는 인간의 자연적인 성향 속에 깃들어 있는 미묘함 때문에 슬픈 일이지만 결국은 자기 자랑으로 기울게 되고, 우리 속에서 일어난 하나님 성령의 역사에 영광을 돌린다는 명분으로 그리스도의 영광을 가로채는 수단이 될 것이다. 애석한 일이지만 (기독교의 본질에 속한 것이면서, 하나님이 성경에서 보호하시는 부분임에도) 많은 그리스도인들이 여기서 넘어진다. 그 이유를 아는가? 그 이유는 단순하다. 세상과 육신과 율법이 함께 가기 때문이다. 만일 내가 단순히 세상에서 살아가는 사람이라고 한다면 나를 안전하게 지켜줄 법이 필요하다, 나의 본성을 제어해줄 규칙이 필요하다. 그렇다면 그 법은 나를 이 부분에서 책망하고, 저 부분에서 질책할 것이다.

따라서 하나님이 자기 백성 이스라엘을 세상에서 거룩한 백성으로 삼으시고 다스리셨을 때, 하나님은 그들의 반역적인 성향으로 물든 육신을 제어하시고 재갈을 물리기 위해서 그들에게 율법을 주셔야만 했다. 율법은 한 쪽에서는 율법을 잘 지키는지 체크해야 했지만, 다른 쪽에서는 압박을 가해야만 했다. 이것이 율법이 인간의 육신과 관련해서 작동하는 부분이다. 물론 이것은 율법이 그리스도인에게도 도발하려고 시도하는 부분이기도 하다. 하지만 다시 율법으로 돌아가는 것은 기독교를 부인하고 포기하는 것이다. 나는 이 사실을 선언하는 것을 조금도 주저하지 않을 뿐만 아니라, 비록 어떤 선인(善人)들이 경건한 삶을 위한다는 좋은 의도를 가지고서 율법을 그리스도인의 삶의 규례로(as a rule of life) 삼고자 한다면, 그들은 참으로 중차대한 오류를 범하고 있다는 것을 밝히지 않을 수 없다. 율법은 그 율법의 원리가 (사람에게 생명을 주지 못하기에) 전체적으로 잘못되었기 때문에, 율법을 삶의 규례로 정의해서는 안 되며, 오히려 자기 본성 안에 숨어있는 죄성을 밝히 드러내주며, 따라서 죄성 또는 육신성을 따라 사는 사람들에게 사망을 선언하는 사망의 원리에 불과한 것으로 정의해야 한다. 해방시키는 능력을 알지 못한다면, 율법은 다만 정죄만 할 뿐이다. 거룩(성결)의 능력을 알지 못한다면, 율법은 사도 바울에 의하면, 사실상, 죄의 권능일 뿐이다(고전 15:56).

무엇보다 나에게 필요한 것은 영적 해방이다. 이러한 해방은 어떻게 경험하는 것인가? 바로 죽음을 통해서 된다. 우리의 죽음이 필요한 것인가? 내가 죽어야 하는 것인가? 이것은 구원이 아니라, 오히려 멸망에 이르는 것이다. 이렇게 자아의 멸망에 대해서 말하는 것은 사실 성경에 없다. 오직 그리스도의 죽음 안에 잠길 때, 나는 날마다 죽을 수 있다. 내가 가진 믿음의 분량에 비례해서 나는 세상의 경멸에 굴복할 수 있고, 또 거기에 맞설 수도 있다. 하지만 그렇게 하면 세상으로부터 분리되고 고난을 받게 될 것이다. 겸손하지만 담대하게 나아가면 그것은 그리스도인의 영광이 된다. 동시에 세상으로부터 전적인 분리가 이루어지며, 그 길은 온갖 시련의 쓴 맛으로 수놓은 길이 될 것이다. 그렇다면 나는 무엇으로 시작해야 하는가? 만일 나의 악한 본성에 대하여 점진적으로 죽는 것으로 될 것 같으면, 그것은 어느 정도는 나 자신에 대한 신뢰와 자랑거리를 수반하는 것이 될 것이다. 하지만 그런 식으로 되는 것이 아니다. 따라서 여기에 놓인 진리의 중요성이 그리스도인이 받는 세례(침례)에 있다. 그리스도를 공적으로 고백하는 시작점에서 그리스도의 죽음과 부활을 고백하는 것이다. 나는 이것을 무슨 논쟁거리로 제시하려는 뜻이 없고, 다만 이것을 입문과정에서 생각해야 한다고 말하는 것이다. 이 주제에 대해선 여러 가지 견해가 있을 수 있다. 하지만 진리가 객관적으로 제시되어야 하기에, 모든 사람은 신앙을 시작하는 시점에서 이 진리의 효용성을 붙들어야 한다. "무릇 그리스도 예수와 합하여 세례를 받은 우리는 그의 죽으심과 합하여 세례받은 줄을 알지 못하느뇨"(롬 6:3) 이것은 내게, 그리스도의 피 뿌림을 받는 것보다 더 좋은 것이며, 더욱 참되고 보배로운 특권에 이르는 길이다.

보혈 외에 그리스도의 죽음이 있다. 그리스도의 죽음은 나의 본성에 적용되며, 부활하신 그리스도로 말미암아 하나님 앞에서 나로 자유롭게 행할 수 있는 영적 자유를 준다. 가능한 이 진리를 단순하게 취할수록 나에겐 더 좋다. 하나님의 일들과 관련된 것은 단순한 믿음을 통하지 않고는 얻을 것이 없다. 우리가 비록 이해하는 능력이 부족할지라도 하나님의 말씀을 하나님의 권위로써 주어진 것으로 취하는 믿음만큼 참된 것은 없다. 만일 하나님이 그리스도인인 나에게 내가 죽었다고 말씀하신다면, 나는 그것을 믿어야 하는가, 아니면 믿지 않아야 하는 것인가? 만일 그것이 사실이라면 내가 죽은 것은 명백한 사실이다. 그럼에도 나는 하나님의 말씀이 나에 대해 설명하고 있는 바를 믿을 수 없다는 것이 말이 되는가? 그리스도에 대하여 깊이 생각하고 내린 나의 판단은, 다시 사신 그리스도는 나의 해방을 위한 능력이며 또한 본보기라는 것이다. 그렇다면 사람과 세상은 나에 대해서 아무 것도 주장할 수가 없다. 그렇다면 나는 이제 다른 이에게 속해 있으며, 죽은 자 가운데서 다시 살아나신 그리스도에게 속해 있다. 죽은 사람에게 더 이상 그 무엇을 주장할 수 있단 말인가?

　그처럼 죽은 사람은 모든 사람이 보는 앞에서 매장되어야 한다. 따라서 율법은 죽은 사람에게는 아무런 효력을 발휘하지 못한다. 율법이 그 효력을 잃어버리는 것이 아니다. 다만 율법은 율법 아래서 살아 있는 사람을 위한 것이다. 율법은 그 본분을 생각할 때 매우 중요하지만, 그 권세와 영역은 세상에서 살아 있는 사람에게만 미친다. 나는 그리스도의 죽음과 부활에 의해서 율법에서 벗어나게 되었다. 따라서 나는 그리스도인으로서 내가 속한 나의 본분과 정체성에 의해서 더 이상 세상에서 살아가는 존재가 아니다. 세상과 육신에 대해서 나는 이미 죽었다. 이러한 정체성은 세례(침례)와 예수님을 주님으로 고백한 이후에 시작된다. 나는 자연인으로서 세상에서 살아가는 존재였지만, 죽으시고 다시 살아나신 그리스도는 나를 세상에 속한 모든 것에서 끊어내셨다. 나는 그리스도를 믿을 뿐만 아니라 그리스도의 보혈을 통해서 죄 사함 받은 것을 알고 있다. 더욱이 하나님의 말씀을 통해서 나는 그리스도의 죽음 안에서 이미 죽은 자임을 알고 있으며, 또 그렇게 말할 수 있는 자격을 얻었다. 죄 사함이 진리이듯이 내가 죽은 것 또한 진리이다. 하지만 참으로 연약한 성도들의 경우, 게다가 실제적으로 세상과 많이 혼합되어 있는 신자들은, 세상이 하나님의 심판 아래 있다는 사실을 알게 되면서 시련과 슬픔의 시간을 통과하게 되고 자신의 마음을 위로해줄 무언가를 움켜쥐게 된다. 어째서 그들은 다른 쪽 진리를 받아들이지 못하는 것일까? 그 이유는 그들이 하나님의 완전한 은혜 뿐만 아니라 그리스도인의 완전한 책임을 대면하기를 원치 않기 때문이다.

　문설주에 바른 유월절 어린양의 피는 종노릇하는 땅에 있을 때,

이미 효력을 발휘했다. 하지만 홍해는 사람을 세상으로부터 분리시킴으로써, 구속된 백성으로서 주님만을 위한 삶을 살게 해주었다. 그렇다면 홍해를 건넌 자만이 하나님의 은혜의 순수한 빛 가운데서 그리스도인의 삶을 살게 되는 것이다. 로마서 6장은 "우리가 법 아래 있지 아니하고 은혜 아래 있음"을 강조하고 있다. 이것은 육신이 감히 꿈꿀 수 없는, 겸손하면서도 거룩한 행실의 삶인 것이다. 이러한 삶에는 율법에 대한 말씀은 없고, 다만 신자가 율법의 사법권에서 완전히 면제를 받은 자유만이 있다. 이러한 삶은 (개인적인 의로움 덕분에) 의롭게 된 사람을 위해서 예비된 것이 아니라, 바로 (하나님의 의로움 덕분에) 의롭게 된 신자를 위해서 예비된 것이다. 이 삶은 거룩성을 동반하기에 불의한 사람은 배타하고, 악한 사람은 책망하는 힘이 있다. 사람의 악함을 고발하는 율법의 증거는 결코 헛되지 않다. 사람들은 세상의 교만과 육신의 세속성 또는 자기 의(self-righteousness) 속에서 살아간다. 율법은 그러한 사람들을 대상으로 사역한다. 즉 사람이 육신의 고삐를 느슨하게 하든, 혹은 종교성으로 자신을 포장한 채 육신의 고삐를 꽉 조이든, 율법은 모두의 경우에 대해서 그 효력을 발휘한다. 하지만 그리스도인은 (세상에서 살아 움직였던) 자신의 본성에 대한 죽음에서 새로운 삶을 시작한 사람이다. 다시 강조하지만, 이것은 (세례 요한의 세례가 아니라) 신자를 죽음에 넣어주는 그리스도인의 세례(침례)가 가지고 있는 매우 값진 가치이다. 그리스도인은 자연인의 마음에 그처럼 무서운 죽음 안에서, 진정한 축복을 발견한다. 이것은 그리스도의 죽음으로 말미암아 가능해진 것으로서, 신자는 전에는 허물과 죄 가운데 죽은 존재였던 것과 같이, 이제는 하나님 앞에서 육신에 대하여 죽은 자이다. 허물과 죄로 죽었던 상태는 첫째 아담 안에 있을 때 처했던 상태였지만, 이제는 그리스도를 믿는 믿음을 통해서 신자는 첫째 아담의 상태에서 벗어났다. 그리스도의 죽음을 통해서 신자는 이전에 살았던 모든 것에 대해서 죽었으며, 이제는 자신을 향한 하나님의 은혜를 즐거워하면서 이제는 자신을 "예수 그리스도로 우리 주로 말미암아 죄에 대하여는 죽은 자요 하나님을 향하여는 산 자로" 여길 수 있게 되었다.

그러한 것은 그리스도인이 받은 여러 특권들 가운데 하나이다. 여기에 더하여 중차대한 책임도 있다. 이제 성령님은 우리에게 그리스도의 죽음과 부활을 적용시키신다. 이제 더 이상 우리가 지은 죄들은 문제가 되지 않는다. 이는 하나님이 하나님의 은혜 안에서 그리스도의 피로써 우리가 지은 모든 죄들을 깨끗이 씻어주셨기 때문이다. 게다가 죄와 육신의 본성이 그리스도의 죽음 안에서 해결되었고, 이제는 부활하신 그리스도께서 자신의 부활 능력 안에서 새로운 생명, 새로운 영적인 본성을 나눠주신다. 그러한 분이 나의 구주이시다. 여기서 새로운 본성이란 내가 새로운 피조물의 일원으로서 소유하게 된 것이다. "그런즉 누구든지 그리스도 안에 있으면 새로운 피조물이라 이전 것은 지나갔으니 보라 새 것이 되었도다"(고후 5:17) 고린도후서는 교리상 이보다 더 나아간다. 왜냐하면 고린도후서는 하나님의 의를 구원의 근거로서 단지 적용시키는데 핵심이 있는 것이 아니라, (그것은 로마서의 핵심이다.) 오히려 그리스도의 영광을 주제로 하고 있기 때문이다.

이제 우리는 로마서 7장의 주제인 율법의 문제에 이르렀다. 이 주제를 다루기에 적당한 시기는 아니지만, 우리가 로마서 6장에서 죄의 문제를 완전하고도 깨끗하게 해결한 것과 같은 하나님의 해결책을 찾을 수 있다. "그러므로 내 형제들아 너희도 그리스도의 몸으로 말미암아 율법에 대하여 죽임을 당하였으니"(롬 7:4)라고 사도 바울은 말한다. 어떻게 이런 일이 가능한 것인가? 그리스도의 몸이란 말은 매우 의미심장한 표현이다. 어느 누구도 이 땅에서 사신 그리스도의 삶을 묘사하는데, 그러한 표현을 사용한 사람은 없었다. 이것을 그리스도의 죽음에 적용해보라. 그리하면 모든 것이 단순해지고 명쾌해진다. "너희도 그리스도의 몸으로 말미암아 율법에 대하여 죽임을 당하였으니 이른 다른 이 곧 죽은 자 가운데서 살아나신 이에게 가서 결혼하게 하려 함이라" 그렇다면 조건은 무엇인가? 당신을 위해서 피를 흘리신 그리스도만으로 가능한가? 그렇지 않다. 바로 "죽은 자 가운데서 살아나신 이(부활하신 그리스도)에게 가서 우리가 하나님을 위하여 열매를 맺게 하려 함이라 우리가 육신에 있을 때에는" 하지만 이제 우리는 더 이상 육신에 있지 않다. 이것이 필요한 조건이다. 율법을 그리스도인의 삶의 규례(또는 거룩의 원리)로 주장하는 사람들이 사도 바울의 이 표현을 언급할 때, 그들은 육신에 있지 않은 사람에게 상당히 잘못된 의미를 부여하는 것이 된다. 율법은 우리가 회심하기 전 옛날 상태에만 적용할 수 있을 뿐이다. 육신이 그리스도와 함께 십자가에 못박힌 사람에게 율법을 적용하는 것은 가능하지 않다. 성령님께서 로마서 7장의 끝에서 우리 앞에 제시하고 있는 경험은 무엇인가? 그것은 분명 회심했지만 영적으로 곤고한 상태에 빠진 신자의 경험이다. 그는 이미 하나님께 방향을 전환했다. 그는 죄를 미워하지만, 그럼에도 여전히 죄에 빠져들고 있다. 그는 거룩을 사랑하지만, 거룩에 이르지 못하고 있다. 사실 그는 모든 일에 실패하고 있다. 그는 이 모든 일에 대해서 바르게 느끼고 있지만 선을 행하고 악을 피하는 일에 늘 실패한다. 악이 함께 하고 있기에, 선이 자기 자리를 찾지 못하고 있다. 이러한 것이 로마서 7장 상태에 있는 신자의 경험이다. 나는 신자의 외적인 생활에 대해서 말하고 있지 않다. 왜냐하면 이것은 내적인 문제이며 영적인 문제이기 때문이다. 어쩌면 공개적인 죄에 빠지는 일은 없을 수도 있다. 하지만 슬픈 사실은 죄가 그 속에서 여전히 역사하고 있다는 점이다.

사도 바울이 여기서 자신을 대입해서 설명하는 이유는, 축복 외에는 가진 것이 아무 것도 없는 자신의 삶에 그처럼 불행이 찾아오리라고는 전혀 생각해보지 못하는 한 영혼의 비통함을 구체적으로 설명하기 위한 것이다. 자신이 중생하기 이전에, 그는 세상이 주는 쾌락을 다 맛보았지만 전혀 만족하지 못했을 수가 있다. 지금은 세상으로부터 등을 돌렸고 하나님을 바라보고 있지만, 그럼에도 자기처럼 곤고한 사람은 없는 듯하다. 그래서 "오호라 나는 곤고한 사람이로다 이 사망의 몸에서 누가 나를 건져내랴?"라는 울부짖음이 가슴에서 터져 나올 때까지 비참함은 계속될 것이다. 이것은 그리스도를 자기 영혼의 소망으로 받아들인 사람들의 경험이다. 거듭났지만, 그럼에도 해방의 경험이 없는 사람들이 겪는 경험인 것이다. 하나님은 그러한 사람들이 자신에게서 눈을 돌린 후, 그리스도를 해방자로서 바라볼 때까지 자신의 내적인 악을 충분히 느끼도록 내버려두신다. 이러한 해방의 역사는 우리가 지은 죄들에 대한 심판 혹은 진노로부터의 구출이 아니라 "이 사망의 몸"에서 건져냄을 받는 것이다. 해방은 우리가 지은 죄들(sins)과 관련된 것이 아니라, 우리 속에서 죄를 짓게끔 하는 권세로서의 죄(sin)와 관련이 있다. 이러한 죄 문제는 우리 양심이 각성되어 있는 한 더욱 우리를 괴롭힐 것이다. 은혜 혹은 구속, 하나님 혹은 우리 자신의 마음을 충분히 알지 못하는 상태에서 살아가는 신자의 경우, 그는 그리스도인의 삶의 실제가 무엇인지, 우리의 본성은 실제 삶에 어떠한 영향을 미치는지, 그리고 그리스도 안에서 우리에게 주어진 자유의 범위는 어디까지인지를 경험적으로 알 때까지는 심한 고초를 겪게 된다. 따라서 성령님은 우리가 지금 읽고 있는 성경 안에 그에 대한 해답을 제시해두셨고, 이 문제를 지금 다루고 있는 것이다. 그렇다면 요지는 무엇인가?

그에 대한 첫 번째 대답은, 하나님은 이미 자신의 사랑 안에서 나의 영혼을 위한 완전한 해방을 마련하셨다는 것이다. 머지않아 하나님은 영혼을 위한 영적 해방 뿐만 아니라 나의 죽을 몸을 위한 완전한 해방의 역사를 이루실 것이다. 현재 영혼을 위한 실제적인 해방의 역사는 은혜를 통해서 먼저 주어지고, 이것은 장차 영광 가운데 나타날 모든 일에 대한 보증이 된다. 그렇다면 우리 영혼 속에 이루어지는 해방의 본질은 무엇인가? 만일 내가 하나님이 지금 해방의 역사를 이루시는 것에 대해서 "부분적"이라는 말을 사용한다면, 그것은 해방의 역사가 영혼 뿐만 아니라 몸도 연관되어 있기 때문이다. 영혼과 관련되어 있는 한, 그 해방의 역사는 완전하다. 하지만 속 사람을 위해서만 완전하며, 굳이 말하자면, 겉 사람을 위해서는 아직 완전하지 않다.

결론적으로 사도 바울은 이것을 로마서 8장의 첫 구절에서 표현하고 있다. "그러므로 이제 그리스도 예수 안에 있는 자에게는 결코 정죄함이 없나니"(롬 8:1) 왜냐하면 이제 신자는 그리스도 안에서 자신을 바라보며, 그리스도 안에 있는 자로서 안식을 누리고 있기 때문이다. 이것은 부분적으로, 영혼이 자신의 곤고함을 고백하고 또 해방자를 찾으며 부르짖은 결과이다. 이것은 단순히 죄 용서를 바란 것의 결과가 아니라 자아로부터의 해방을 부르짖은 것의 결과로서, 신자는 해방이 다른 이(십자가에서 죽으신 그리스도가 아니라 부활하신 그리스도) 안에 있음을 발견한 것이다. 신자는 자신이 그리스도 안에서 죄 용서를 받았기에, 이제는 내적인 성령님의 역사로 해방을 받아야 한다고 생각했다. 하지만 이제 경험을 통해서 자신이 가장 성령님을 필요로 할 때, 오히려 성령님은 자신을 전혀 돕지 않으셨다는 것을 알게 되었다. 그는 하나님의 영께서 이런 저런 이유로 자신을 다만 곤고한 상태에 내버려두셨다는 것을 알게 되었다. 그 이유가 밝혀졌다. 왜냐하면 신자가 마음으로 자신을 율법 아래 있는 자로 정했기 때문에, 성령님은 결코 능력을 주시지 않을 뿐만 아니라, 그리스도의 자리에 율법을 두고자 하는 노력하는 한, (성령님은 그리스도를 영화롭게 하기 위해서 내려오신 하나님의 영이시기 때문에) 오히려 자신의 연약함을 철저하게 깨닫도록 하실 뿐이다. 신자를 율법 아래 두는 것은, 성령님이 하늘로서 내려오신 목적이 아니다. 성령님이 하늘로부터 이 땅에 내려오신 목적은 율법이 아니라, 주님을 영광스럽게 하는 것이다.

　해방을 경험하지 못했다면 고통 가운데 자신의 무력함을 절실히 느낄 뿐이다. 그 후에야 신자는 자신을 해방시켜줄 분을 갈망하게 될 것이다. 해방이 이루어졌다면, 여전히 자기 속에 옛 본성, 악한 본성이 남아있지만, 그럼에도 신자는 "그러므로 이제 그리스도 예수 안에 있는 자에게는 결코 정죄함이 없다"는 승리에 찬 결론을 통해서 하나님께 감사하게 된다. 결코 정죄함이 없게 되는 것은 죄 사함을 받았지만 여전히 육신에 있는 자들을 위한 것이 아니라, 해방을 통해서 "이제 그리스도 예수 안에 있는 자들"을 위한 것이다. 우리는 이제야 은혜로 다른 이, 곧 부활하신 그리스도에게 속한 자가 되었다. 이렇듯 해방은 우리에게 하나님 앞에서 새로운 신분을 준다. 이보다 더 복된 것은 없다.

예화를 통해서 이 사실을 이해하는데 약간의 도움을 주고자 한다. 매우 존귀한 한 사람이 있다. 사람의 예대로 표현하자면, 그의 고결한 감성, 그의 재원은 그가 가진 가치 또는 그가 내리는 결정만큼이나 존귀하다. 지혜롭고 존귀한 사람이 되는 것은 그가 지혜롭고 가치 있는 선택을 하며, 다른 사람이 내릴 수 없는 결단을 내리기 때문이다. 그는 아무도 그렇게 할 수 없는 것을 기꺼이 선택한다. 선택한 후에는 어찌 되는 것인가? 그가 선택한 사람, 그가 결혼하게 되는 사람은 전에는 불쌍하고 천한 사람이었지만, 이제 그녀는 자신의 남편의 신분을 따라 존귀한 신분을 얻는다. 옛날 신분과 환경, 그에 따른 근심 등은 다 끝난다. 아내는 자신의 남편의 이름(또는 명예)을 얻는다. 과거 자신의 이름은 영원히 버리게 되고 전혀 새로운 이름을 얻는다. 우리는 여기서 그리스도 안에 있는 자들에게 일어나는 일들을 볼 수 있다. 그들의 자리는 무엇인가? 그리스도께서 계신 자리이다. 예수님은 이 땅에서 아버지의 뜻을 좇아 행하셨다. 그렇다면 그것이 나의 자리인가? 예수님이 이 세상에서 행하신 일은 천상적이고 신성한 본보기로서 제시될 수는 있지만, 과연 우리가 그러한 삶을 따라 살 수 있는가? 그래서 예수님은 (아버지의 뜻을 성취하신) 독보적인 존재로 계신다. 만일 이것이 전부라면, 나는 영원히 버려진 채 있을 수밖에 없다. 하지만 그리스도는 죽으셨고, 게다가 다시 살아나셨다. 따라서 그리스도는 자신의 영을 나에게 주실 수 있으시다. 이것이 그리스도께서 하시는 일이다. 그의 죽음은 이중적으로 악에 대처했다. 죄들을 처리했을 뿐 아니라, 육적인 본성을 합법적으로 심판했다. 그러므로 하나님은 하나님이 주신 새로운 본성을 계시하실 수 있으며, 더불어 새로운 신분을 수여할 수 있으시다. 부활하신 그리스도는 하나님의 가족의 유일한 머리이시다. 나는 지금 그리스도의 몸이 아니라, 하나님의 가족에 대해서 말하고 있다. 왜냐하면 로마서 12장에서 실제적으로 사용하고 있는 화법을 제외하면, 로마서는 그 이상 나아가지 않기 때문이다. 하지만 여기서 나는 하나님의 가족에 대해서, 즉 그리스도의 죽음과 부활의 결과로 하나님 앞에서 가족의 일원으로서 가지게 된 자리, 상태, 신분에 대해서 말하고 있다. "볼지어다 나와 및 하나님께서 내게 주신 자녀라"(히 2:13) 은혜는 이제 온 가족에게 그리스도께서 얻은 자리(Christ's own status)를 부여한다. 그렇다면 그들에게 어떤 결과가 초래하는가? "결코 정죄함이 없게 된다." 그리스도는 그리스도인을 위해서 고난을 받으셨다. 이제 그리스도는 부활했으며, 그리스도인은 하나님의 의(義)의 한 부분을 이루고 있다. 이에 대해서 고린도후서 5장에서 강력하게 말하고 있다(고후 5:17,21 참조). 하나님이 과연 하나의 빚에 대해서 두 번씩 갚으라고 요구하시겠는가? 그럴 수 없다. 그리스도는 하나님 앞에서 자신의 복된 자리에 다른 사람들로 함께 앉게 하기 위해서 먼저 들어가셨다. 이것이 바로 "그리스도 예수 안에 있는 자에게는 결코 정죄함이 없다"는 의미이다.

 그 이유는 다음에 제시되어 있다. 즉 사도 바울은 그 이유를 "생명의 성령의 법"으로 돌리고 있다. 여기서 주목할 사항은 그리스도의 보혈의 공로 덕분이 아니라는 점이다. 그리스도의 피만으로는 충분하지 않다. 그리스도의 피는 옛 상태로 인해서 일어난 결과들에는 유효하지만, 하나님 앞에서 새로운 지위(new standing)는 주지 못한다. 그리스도의 보배로운 피가 없었다면, 나는 이 새로운 상태 속으로 들어올 수 없었을 것이다. 따라서 나는 과거의 삶에서 지은 죄들을 깨끗하게 해주는 피를 필요로 할 뿐만 아니라, 옛 상태로부터 완전히 벗어나서 새 창조의 거룩하고 행복하고 안정된 장소로 들어가게 해주는 해방의 역사도 필요하다. 무엇이 이것을 가능하게 해주는가? 죽으셨다가 다시 살아나신 그리스도로 말미암아서 된다. 예수님은 우리가 지은 죄들(sins)을 완벽하게 해결해주셨을 뿐만 아니라, 여기서 더 나아가, 죄(sin) 자체에 대해서도 심판을 받으셨다. 따라서 그리스도는 부활 안에서 우리의 복된 본보기이시며, 또한 새로운 상태의 능력이시다. 이렇게 그리스도는 모든 복의 머리이시며 또한 원천이시다. 그런 의미에서 사도 바울은 "생명의 성령의 법"을 말하고 있다. 왜냐하면 그리스도께서 죽은 자 가운데서 살아나셨을 때, 자신의 피 값으로 가장 좋은 최상의 신령한 복들을 사신 것이며, 그것을 제자들에게 숨을 내쉬며 불어넣으신 것이다. 그 자신의 복된 위격으로 그에 대한 보증을 더하신 것이다. 심판은 우리를 위하시는 그리스도에게 집행되었고, 그 결과로 죄는 제거되었으며 사망은 정복되었다. 심판, 죄, 그리고 사망, 이 모든 것들은 이제는 그리스도 안에 있는 새 생명과는 아무 상관이 없다. 신자가 죄를 전혀 짓지 않고, 또한 죽지 않는다는 의미가 아니다. 신자는 새 생명에 의해서 죄를 짓거나 죽음에 이르는 것이 아니다. 오히려 옛 본성에 함몰되기 때문에 신자는 죄를 짓게 되고 죽음을 맞이하게 되는 것이다. 다만 하나님은 예수님이 아직 재림하기도 전에, 신자를 천상에서 자기와 함께 있게 하는 것을 기뻐하셨다. 그러므로 신자가 예수님에게서 받은 생명은 죄를 짓지도 않고 죽지도 않는다. 이것은 거룩한 생명이다. 이 거룩한 생명은 그 생명의 원천과 특징 덕분에, "하나님께로부터 난 자마다 죄를 짓지 아니하나니"(요일 3:9)라고 성경에서 말씀하듯이 죄를 짓지 않는다*. 마찬가지로 그리스도 안에서 영생을 소유하고 있는 그리스도인은 새로운 본성 때문에 죽지 않는다.

이 모든 해방의 역사는 속 사람을 위한 것임을 유념하라. 그럼에도 여전히 겉 사람의 필요는 남아 있다. 비록 우리 영혼과 관련된 화해는 완전히 이루어졌지만, 그럼에도 우리 속에 남아 있는 육신의 본성의 문제 때문에 부분적일 수밖에 없다. 그렇다면 하나님은 자신의 목적에도 미치지 못하는, 그처럼 부분적인 성취로는 만족하실 수가 없다. 하나님은 총체적인 해방을 의도하셨고, 따라서 하나님은 자신과 성령님과 그리스도와 및 그 구속 사역의 가치에 맞게 해방의 역사를 완성하실 것이다.

게다가 사도 바울은 어째서 그리스도 예수 안에 있는 생명의 성령의 법이 그리스도인을 죄와 사망의 법에서 자유롭게 하는지를 설명해준다. 그 이유에 대해서 사도 바울은 "율법이 육신으로 말미암아 연약하여 할 수 없는 그것을" 하나님이 하셨다고 말한다(롬 8:3). 율법과 육신이 어떻게 자연스럽게 함께 가는지를 주목해보라. "율법이 육신으로 말미암아 연약하여 할 수 없는 그것을 하나님은 하시나니 곧 죄로 말미암아 자기 아들을 죄 있는 육신의 모양으로 보내[셨다]" (롬 8:3) 사도 바울은 하나님의 아들이 죄 있는 육신이라고 말하고 있지 않다. 다만 죄 있는 육신의 모양을 취하신 것이다. 즉 죄로 오염된 세상과는 완전히 분리된 장소에 임하신 것이 아니라, 우리와 같은 육신을 입으셨고 여자에게서 나셨다. 그럴지라도 잊지 말아야 할 것은 예수님은 초자연적 수태과정을 통해서 출생하셨다

---

*이 의미는 죄를 연습하다는 의미가 있다. 같은 죄를 반복해서 짓는 것을 의미하는 것이다. 그런 의미에서 그리스도인은 죄를 짓지 않는다.

는 점이다. 이렇게 예수님은 다만 죄 있는 육신의 모양으로 오셨을 뿐, 우리와 같이 육신적인 본성을 가지고 태어나신 것은 아니었다. 그럼에도 하나님의 아들이셨던 예수님은, 그가 영생하시는 하나님이셨던 것과 마찬가지로 참 사람이 되셨고, 또한 그분 속에 있는 본성 안에서 죽으셨다. 그리스도는 사람을 위해서 죽으셨고, 자신의 죽음을 통해서 사람의 죄들을 심판하셔야만 하는 하나님의 정당성을 입증하셨다. 더욱이 우리가 지은 죄들 뿐만 아니라, 자신이 입은 죄있는 육신의 모양에 부과된 죄(sin)를 위해서도 죽으셨다.

이 부분에 독자들의 관심을 집중시키고 싶다. 왜냐하면 이것은 정말 필요한 부분이고, 또한 여기서 논증하고 있는 주요 주제이기 때문이다. 하나님은 자기 아들을 죄를 인하여 (즉 단수의 죄를 해결하고자) 죄와 육신의 모양으로 보내셨다. 이것은 축적된 죄들을 해결하는 것이 아니라, 본성으로서의 죄문제를 해결하기 위한 것이다. 내가 지은 죄들을 해결하려면 죄 사함이 필요하다. 하지만 나의 고질적이고 나쁜 본성이 하나님의 용서로 해결이 되겠는가? 내가 나 자신을 용서한다고 해결이 되는가? 그럴 수 없다. 나는 다만 본성을 정죄하고, 나 자신은 해방받기를 원한다. 이것이 바로 부활하신 예수님이 우리를 인도하여 하나님 앞에 세우고자 하시는 새로운 상태와 지위의 자리이다. 이것은 우리 영혼에 허락된 완전한 자유이다. 내가 행한 일들로부터 벗어나는 일일 뿐만 아니라, 나라고 하는 존재 자체로부터 해방되는 것이다. 해방을 통해서 나는 죽을 수밖에 없는 존재에 부과된 책임을 져야하는 자리에서 벗어나, 여전히 세상에 살고 있지만 그럼에도 전혀 새로운 상태로 들어가게 된다. 나는 은혜로 말미암아 하나님 앞에서 새로운 관계에 들어왔다. 이러한 관계를 선언하고 소개하고 또 설명하시는 분은 하나님의 임재 속에 계신 예수님이시다. 하나님의 임재 속에 계신 예수님의 자리, 이것이 바로 구속을 통해서 얻게 된 신자의 새로운 자리이며, 모든 그리스도인이 마땅히 누려야 하는 분깃이다.

중차대한 문제는, 과연 우리는 믿음으로 이 자리에 의식적으로 머물 수 있는가?이다. 하나님께서 자기 백성들을 위해서 그러한 복을 실제로 설계하셨다면, 그리고 그것을 성경에 기록하셨다면, 누가 그 사실을 의심할 수 있단 말인가? 하지만 그 복을 개인적으로 실현하려면 믿음이 개입되어야 하며, 그리스도를 바라보아야 한다. 한 사람이 로마서 7장의 후반부에 설명되어 있는 선악의 갈등과 싸움 가운데 있으면서, 동시에 로마서 8장의 자유를 누릴 수 있다고 말하는 것은 하나님의 말씀을 심각하게 오해하는 것이며, 또한 자신을 속이는 것일 뿐이다. 그 두 가지는 상호 모순이기 때문이다. 한 사람이 노예 상태에 있으면서 동시에 자유 상태에 있는 것이 어찌 가능한 일인가? 그 두 가지는 정확히 대조되는 용어이다. 우리는 이러한 불합리성을 은혜 안에서 보다는 자연세계에서 쉽게 볼 수 있다. 사람은 곤고한 상태와 행복한 상태를 동시에 누릴 수 없다. 사람은 한 입술로 "오호라 나는 곤고한 사람이로다."(롬 7:24)라는 탄식과 "하나님께 감사하리로다."(롬 7:25)는 감사를 동시에 표현할 수는 없다. 하지만 곤고한 사람이 되는 것이 무엇인지를 충분히 경험한 후에는, 충분히 "하나님께 감사하리로다."라고 말할 수 있다. "육신에 속하여 죄 아래에 팔[린]"(롬 7:14) 상태에 있으면서, "죄와 사망의 법에서"(롬 8:2) 해방되었다고 주장하는 것은 거짓된 신앙체계의 결과이며, 또한 불신앙의 열매이다. 성령의 법은 율법과 함께 역사하지 않는다. 즉 누가 선을 행하고자 하는 마음은 있지만 악이 함께 하고 있는 상태에 있다면 성령의 법은 결코 작동하지 않는다. 해방된 사람은 성령 안에서 기쁨을 만끽하면서도 다양한 시험에서 오는 무게감을 동시에 느낄 수는 있다. 하나님과의 화평을 맛보면서도 세상 때문에, 하나님의 백성들 때문에 오는 깊은 근심으로 영혼이 고통을 받게 될 것이다. 이러한 은혜로운 슬픔이 이 세상에 계시는 동안 우리 주님의 마음을 눌렀고, 주님의 탄식을 자아냈다. 이렇게 우리는 주님의 고난에 참여하게 되며, 또한 마땅히 참여해야만 한다. 이 모든 사항은 매우 중요하지만, 이러한 내용은 (죄사함의 확신이 없기 때문에) 하나님의 평안을 온전히 누리지 못하는 사람 속에서 일어나는 탄식과는 전혀 다르다. 해방을 경험한 그리스도인은 하나님과의 중단 없는 영적 교통을 누리게 된다. 이러한 영적 교통은 주 예수님께서 육체로 계실 때 항상 누리셨던 것과 정확하게 일치한다. 주님이 "평안을 너희에게 끼치노니 곧 나의 평안을 너희에게 주노라"(요 14:27)고 말씀하신 그 평안을 누리게 된다. 이제 우리는 그리스도의 피로 인해서 획득한 평안을, 그리스도의 부활의 능력 안에서 누리게 된다. 이는 우리가 로마서 7장의 율법 아래서 고군분투하고 있었을 때에는 풍성히 누리지 못했지만, 이제 로마서 7장 상태를 벗어났기에 가능해진 것이다. 내가 간절히 호소하는 것은, 거듭난 사람은 하나님이 그리스도의 자유 속으로 그들을 부르셨음에도, 그리스도를 바라보면서 동시에 다시 율법 아래로 들어가서, 마치 노예선의 맨 아래 칸에 사슬에 묶인 채 배를 앞으로 나아가도록 하기 위해 비참하게 노를 저어야 하는 노예처럼, 율법을 지켜야 할 삶의 의무처럼 여기는 사람들을 향한 것이다. 그러한 사람들은 자신의 영혼 속에서 율법에 대하여 죽는 것이 이루어지지 않은 것이다. 그리스도의 죽음은 율법 아래서 종노릇 하는 상태에서 완전히 벗어나게 해준다. 빚 때문에 감옥에 갇힌 사람이, 그가 죽으면 더 이상 법의 권세 아래 있지 않은 것과 같다. 분명 사람이 살아 있는 동안에는 율법이 그 사람에게 작용한다. 하지만 죽음은 율법이 그 사람을 더 이상 속박하지 못하게 해준다. 죽은 사람은 율법이 미치는 못하는 영역으로 넘어간 것이다. 바로 이것이 그리스도인에게 일어난 일이다.

어떤 사람들은 이 모든 것을 신비주의라고 매도한다. 물론 이것은 비유적인 표현이다. 하지만 복된 실체를 표현하는 최상의 화법이다. 단순한 마음으로 믿지 않는 사람들은 자신의 불신으로 인한 불이익을 당하게 될 것이며, 거기에 더하여 진리에 대한 확신을 잃어버리게 되고, 영적인 무능력 속에서 세월을 헛되이 보내게 될 것이다. 율법을 삶의 규례로 삼음으로써 자신을 율법 아래 둔 사람은, 필연적으로 율법의 속박을 경험하게 될 것이고, 이 때 율법은 성화를 이루는 능력이 아니라, 오히려 죄를 짓게 하는 힘으로 작용하게 될 것이다. 그렇다면 율법을 지키려는 노력은 승리가 아닌 패배로 마치게 될 것이다. 율법 아래 있는 사람은 결코 능력을 경험하지 못한다. 능력은 율법의 열매가 아니라, 은혜의 열매이기 때문이다. 따라서 한 영혼이 율법 아래 있다면, 하나님의 성령께서는 더욱 그의 양심을 자극하고, 자신에 대한 참혹함을 더욱 느끼게 하는 일을 하신다. 바로 이러한 성령의 역사 때문에 가장 양심적인 사람이 종종 더욱 심한 비참함을 느끼게 된다. 이렇게 정한 것이 바로 하나님이시라고 과연 누가 생각이나 했겠는가? 신자가 경건하고 양심적인 사람이 되었음에도, 여전히 그리스도 안에서 평안과 안식을 누리지 못하는 것이, 과연 하나님의 생각이란 말인가? 그처럼 이상한 상태를 경험해야만 하는 이유는, 그리스도께서 신자에게 정하여 주신, 율법에 대하여 죽어야 하는 죽음의 자리에 아직 들어가지 않았기 때문이다.

어떤 사람들은 그리스도께서 내가 지은 죄들을 위해 죽으셨을 뿐만 아니라 죄 자체에 대해서도 죽으셨고, 따라서 나의 모든 죄가 사함을 받았을 뿐만 아니라 나도 죄에 대하여 죽었다는 것은 거짓된 교리라고 항변한다. 이 모든 성경의 진리를 더 잘 알 만한 사람들이 그러한 항변을 하는 것을 종종 보게 된다. 그리스도의 죽음 안에서 죄에 대하여 죽는 것은, 내가 보기엔 기독교의 필수적인 진리이다. 그리스도의 보혈을 통하여 죄사함을 받는 것에 나를 가두려고 하는 사람, 예수님의 구속 사역을 나의 모든 죄를 위하여 죽으신 것 외에는 더 이상 의미가 없다고 생각하는 사람, 그리스도께서 죄에 대하여 죽는 복을 나에게 주신 사실을 부인하는 사람은 구원의 완전성 혹은 기독교의 결정적인 측면을 경험한 일이 없는 사람이다. 하나님이 나의 모든 악한 행실과 범죄를 완전히 제거해주신 것을 아는 것은 엄청난 자비이다. 하지만 이것만으로는 완전하지 않다. 따라서 그토록 많은 하나님의 자녀들이 예수님이 지상 생애 동안 날마다 행하신 삶을 자신이 의를 이루는 삶의 본보기로 삼고자 노력한다. 여기에는 긍정적인 측면과 부정적인 측면이 함께 있다. 이러한 삶은 율법 아래서 십자가를 지고 따르는 것으로 가능하지 않고, 다만 부활 안에서만 가능하다.

그리스도인은 하나님이 자신에게 주신 모든 것을 필요로 하는 날이 오게 될 것이다. 이처럼 귀한 진리가 자신에게 필요하다는 것을 사무치게 배우게 될 것이다. 죄에 대하여 죽는 것은 그리스도인이 받은 신령한 복 가운데 가장 핵심적인 것(a very substantial part of the Christian's blessing)이다. 그것을 경험적으로 알지 못하는 사람은 로마서 5장 12절부터 로마서 8장에 걸쳐서 계시되어 있는 기독교 진리가 가지고 있는 근본적인 교리(capital doctrine)를 놓치고 있는 것이다. 나는 아직 골로새서나 에베소서에 대해서는 언급도 하지 않았다. 율법주의적인 입장에 서 있는 사람은 이 두 서신서를 이해하는 것을 기대하지 말아야 한다. 그리스도인은 자기 영혼의 견고한 토대로서 영적 자유를 누리고 있지 않다면, 영혼의 자유를 갈망할 수밖에 없다. 이제 주목해야 할 것은, 우리가 이러한 영적 자유 속으로 들어가기까지는 승리라는 말은 딴 나라 이야기일 수밖에 없다는 것이다. 영적 해방을 경험하지 않았다면, "이 모든 일에…넉넉히 이기는 자"가 된다는 것은 불가능하다(롬 8:37). 신자가 주 예수 그리스도의 죽음과 부활이 자신을 넣어준 (그리스도 안이라고 하는) 귀한 자리에 들어가 굳게 서기까지 우리 영혼 속에서 일어나는 하나님의 친밀한 역사나 성령의 기쁨, 또는 성령의 탄식과 같은 역사를 전혀 경험하지 못한다. 하나님은 자기 자녀들에게 영적 해방과 실제적인 승리를 가져다주시길 간절히 바라신다. 하나님께서 자기 백성들이 그러한 하나님의 신령한 복을 포기하지 않도록 그들을 지켜주시길 바란다. 성경은 매우 명백하게 이것을 밝히고 있다. 하지만 어려움은 딴 곳에 있다. 즉 우리 마음은 우리 존재 자체에 사망 선고를 내리는 것을 두려워하며 이에 한발 물러서는 경향이 있다는 것이다.

시대 혹은 때가 악한가? 그럴수록 우리는 이 진리를 더욱 굳게 붙들어야 한다. 이 주제와 관련해서 나는 베드로후서와 유다서를 살펴보도록 권하고 싶다. 두 서신서는 특별히 격변의 시대를 위한 하나님의 말씀을 담고 있다. 죄악이 관영하고 심지어 배도가 나타나는 시대를 위해서 준비된 말씀인 것이다. 당신은 그 두 서신서에서 무엇을 발견하는가? 시대가 그렇다고 해서, 성도가 배도에 참여해야 하는가? 그럴 수 없다. 다른 서신서들보다 이 두 서신서에서 우리는 하나님의 진리 안에서 성장하고 진보해야 할 것을 강하게 교훈을 받는다. 하나님의 진리야말로 영적으로 어두워만 가는 시대에 은혜를 받을 수 있는 자원이자 토대이다.

현재 다루고 있는 문제의 요점은, 우리가 대적과의 싸움 중에 있다는 것이며, 따라서 그 모습이나 주장이 어떠하든지, 대적의 모든 전략은 우리가 받은 세례(침례)와 밀접하게 연결되어 있는 진리가 가지고 있는 그처럼 보배롭고, 또 단순하면서도, 근본적인 특징을 말살하려는데 있다. 이처럼 보배로운 하나님의 진리를 다른 이상한 교리처럼 사람들이 대하는 것을 볼 때, 얼마나 큰 경각심을 갖게 되는지 모른다!

그렇다면 사람들은 주 예수님께서 그리스도인들에게 주신 이처럼 새로운 신분(지위 또는 상태)를 어떻게 설명하고 있을까? 신약성경에 따르면, 사람이 처해 있는 상태는 두 가지가 아니라 세 가지이다. 나는 이 사실을 강조하고 싶다. 왜냐하면 이것은 실천 뿐만 아니라 믿음과도 연결되어 있기 때문이다. 영적인 사람 아니면 (거듭난 일이 없는) 자연인, 이런 식의 사고는 성경적이지 않다. 이러한 구분만 있는 것이 아니다. 자연인과 영적인 사람 사이에 제 3의 부류, 즉 중간 부류의 사람이 있다. 자연인은 분명 죄 사함을 받은 일이 없는 사람이며, 단지 아담의 자손일 뿐이고 타락한 인간의 본성만을 가진 사람이다. 하나님의 은혜가 그러한 사람을 회심시킬 때, 새로운 본성이 부여되며, 또한 구속의 근거 하에서 하나님 앞으로 인도된다. 그렇다고 해서 하나님과의 화목이 이루어진 모든 사람이, 즉 거듭난 사람이 다 영적인 사람인 것은 아니다. 신자로 하여금 성경이 영적인 사람이라고 부르는 존재가 되는 길을 방해하는 요소에는 여러 가지가 있다. 영적인 사람이란, 사도 바울이 말한 대로, "육신에 있지 아니하고 영에 있는"(롬 8:9) 사람이다.

사도 바울은 고린도교회의 성도들을 (엄청난 허물이 있었음에도) 자연인으로 부르지 않았다. 그리고 바울은 "자연인(the natural man)*은 하나님의 성령의 일들을 받지 아니하나니"(고전 2:14)고 강조했다. 이것은 성도들에 대해서 말한 것이 아니다. 다만 사도 바울은 고린도교회 성도들을 어린아이라고 불렀다. 즉 그들은 하나님의 깊은 것들을 알아들을 수 있는 장성한 어른의 상태에 이르지 못했기에, 바울은 그들의 상태에 맞게 우유로 먹일 수밖에 없었다. 그렇다면 그들은 어떤 상태에 있었는가? 바로 육신적인 상태에 있었다. 그렇다면 사람은 자연인, 육신적인 사람, 영적인 사람, 이렇게 셋으로 구분된다. 이것은 매우 부끄러운 진리이다. 나는 사람들이 그렇게 불리는 것을 좋아하지 않는다는 것을 알고 있다. 왜 그런가? 왜냐하면 신자들은 자연인이 아니기 때문에 육신적인 상태에 떨어질 수 있음에도, 사람들은 자신이 영적이지 않은 사람으로 여김을 받는 것을 두려워하기 때문이다. 그러한 사람들은 거듭남(the new birth) 외에 다른 성령의 역사를 말하는 것에 대해 경계하는 태도를 보인다. 그들은 자신들이 마땅히 소유해야함에도 그렇지 못한 사실을 인정하고 그 부족을 채우려고 하는 대신에, 오히려 그처럼 눈부신 특권에 대해서 언급하면 자신들이 소유하고 있지도 않은 무언가를 빼앗길 것처럼 행동하면서, 성령님께서 그리스도인에게 복 주시고자 부르시는 음성으로부터 뒷걸음친다. 분명한 것은, 자신의 영적 상태에 무슨 문제나 부족이 있다면, 나의 상태에 이 복된 진리를

---

* 역자주: 우리 성경에는 "육에 속한 사람은"이라고 되어 있음. KJV 참조.

적용해야 한다는 것이다. 이러한 것이 잘못된 것을 바로 잡고, 부족한 것을 보충하시는 하나님의 방법이 아니겠는가?

신자의 영성을 방해하는 요소는 다양하다. 첫 번째, 자기 육신 속에는 악한 것 외에는 아무 것도 없다는 것을 자기 영혼 속에서 실제적으로 자각해 본 일이 없을 수가 있다. 다만 자신의 모든 죄가 그리스도의 죽음을 통해서 다 심판받았다는 믿음만 가지고 있는 경우이다. 본질적으로 이러한 믿음이 없다면, 실제적으로 영적인 사람이 되는 것이 과연 가능하겠는가? 나는 그렇게 보지 않는다. 비록 그리스도의 사랑을 깊이 깨닫는 것이 죄 사함을 경험하지 못한 사람에게 얼마나 많은 영향을 줄 것인가에 대해서 자유롭게 토론할 수 있겠지만, 그럼에도 죄 사함의 믿음이 없다면 영적인 사람이 되는 것은 불가능하다. 이제 신자의 영성을 방해하는 또 다른 요소를 살펴보자. 그것은 율법이 아니라 오히려 육신적인 자유이다. 사람들은 거기에 어느 정도가 가치가 있다고 생각한다. 그러한 안이한 생각은 결국엔, 이런 저런 모양의 세상 철학을 경계해야 하는 우리 영혼을 점령하게 되고, 결국엔 육신적인 사람의 상태에 빠지게 만든다. 영적인 사람은 하나님이 둘째 사람(그리스도)을 본받도록 정하신 영적인 상태에 들어간 사람으로서, 영성을 개발함으로써 되는 것이 아니라, 첫째 사람에 속한 육을 죽임으로써 되는 것이다. 육신을 만족시키는 대신에, 그와는 반대로 죽은 것으로 다루어야 한다. 결과적으로, 이렇게 하면 육신에 속한 모든 올무를 넉넉히 이기게 될 것이다.

사탄이 하나님의 자녀들을 지속적으로 빠뜨리는 한 가지 위험은, 자신이 그리스도 안에서 얻을 수 있는 모든 위로와 동시에 자신이 바라는 세상의 모든 안락을 동시에 취하도록 하는 것이다. 건강한 신자의 마음과 양심은 반드시 그러한 생각과 방식을 거절할 것이 분명하다. 마찬가지로 세상도 (그러한 신자에 대해서) 그리할 것이다. 만일 그리스도인이 자신이 마땅히 가서는 안될 곳을 잘 관찰해 보면, 다른 사람들이 그리스도를 고백하는 사람이 어떻게 그러한 곳에 갈 수 있는가 하며 오히려 의아해 하는 것을 보게 될 것이다. 그리스도인이 이런 식으로 세상을 깜짝 놀라게 하는 것은 굴욕적인 일이 아닌가? 사람들이 일반적으로, 그리스도인이 자기 주인으로 고백한 주님의 이름에 어울리지 않는다고 생각하는 행동을 해야 하는가? 세상은 일치성에 민감하다. 세상 사람들은 그리스도인으로 하여금 자신들이 추구하는 가치관과 쾌락을 공유하자고 유혹할 것이다. 그들은 그리스도인으로 하여금 세상을 바로 잡고 선한 본을 보이는 일에 도움을 줄 수 있다는 점을 강조하면서, 국회에 입성하는 것과 상원의원 또는 사법부 법관이 되는 것, 그리고 모든 가능한 국가 기관에서 권력의 자리에 앉아 권위를 행사하는 것에 대해서 설득하려 할 것이다. 의심할 바 없이, 이처럼 명예와 권력을 얻는 것만큼 육신에 기쁨을 주는 것은 없다. 하지만 이것은 그리스도께서 공식적으로, 게다가 정신적으로 뿐 아니라 자신의 본을 통해서도 금지한 것이 아닌가? 이러한 것들은 그야말로 이방인들이 매우 중요하게 생각하는 것이다. 하지만 그리스도께서는 우리를 이 악한 세대에서 건져 내시려고 죽으셨다가 다시 살아나셨다. 게다가 하나님의 은혜는 낮은 자리에 있는 우리에게 임하여 우리를 행복하게 만들 뿐만 아니라, 거기에 더하여 하나님이 우리에게 정해주신 자리에 만족하게 해준다. 이와 같은 세상에서 그리스도를 그처럼 가치 있게 여기는 영혼을 통해서 이러한 실제를 볼 수 있다는 것은 참으로 아름답고도 복된 일이다. 그러한 사람은 하나님이 그리스도 안에서 자신에게 주신 자리에서 그토록 기뻐하면서, 오직 하나님의 뜻과 하나님의 영광 외에는 달리 추구하는 것이 없는 사람이다.

반면 사람이 율법 아래서 애쓰는 동안에는 육신의 존재 때문에 항상 연약하여 율법을 온전히 지키는 것은 불가능하다. 그는 어떻게든 노력은 해보지만, 결코 율법을 지키지는 못한다. 그토록 많이 애쓰지만 거기에 도달할 힘이 없다. 씨름은 계속되지만, 하루를 마감하면서 자신이 하고자 했지만 하지 못한 것과 자신이 하고 싶지 않았지만 행한 것에 대해서 반성할 수밖에 없다. 따라서 그는 항상 회개하고 죄를 짓고, 또 죄를 짓고 회개하기를 반복한다. 그러한 것이 율법 아래 있는 사람이 겪게 되는 변할 수 없는 상태이다. 그렇다면 이것이 참 그리스도인의 상태라고 단언할 수 있는가? 결코 그렇지 않다. 그럼에도 많은 그리스도인들이 이러한 영적인 상태에 처해 있다. 하지만 이것은 우리 그리스도인에겐 전적으로 비정상적인 상태이며, 그리스도인에 대해서 성경이 말하고 있는 것과는 전혀 다른 모습이다. 내가 이것을 그리스도인의 상태가 아니라고 말한다고 해서, 이러한 상태를 통과하고 있는 그리스도인이 결코 없다는 뜻이 아니다. 다만 이것이 하나님께서 우리 그리스도인에게 주시고 또 우리 그리스도인에게서 기대하시는 매우 중요한 문제임을 부각시키고자 하는 것이다. 하나님의 자녀는 자신에게 나타난 은혜에 응답하지 못하는 상태에 빠져 헤맬 수가 있다. 만일 단순한 마음으로 서신서들을 살펴본다면, 말씀을 통해서 또한 성령님을 통해서 하나님이 나를 위해서 준비하신 것이 무엇인지 분명히 보게 될 것이며, 또한 하나님이 나로 하여금 마음의 견고한 평강과 실제적인 기쁨을 누리도록 들어가게 하신 복된 자리가 무엇인지 놓칠 수가 없을 것이다. 이처럼 복된 자리는 그리스도와의 연합을 나타내는 "그리스도 안에(in Christ)"라고 하는 자리이다. 영적 해방을 통해서 (율법과 육신 상태에서 벗어나) 그처럼 복된 자리에 들어가는 순간은 실제적인 성화 속으로 들어가는 순간이 될 것이며, 또한 하나님은 나를 성령을 담는 그릇으로 삼으시고, 이 비참한 세상에서 지속적으로 그리스도를 증거하는 증인으로 삼으시는 순간이 될 것이다. 이것이 바로 왜 하나님의 은혜가 우리를 그토록 복되게 하셨는지에 대한 근본적인 이유이며, 또한 이 복을 통해서 우리는 하나님이 주신 모든 복을 알고 누리게 된다.

내가 지금까지 말해 온 것은 육신에 있는 것이 아니라 영에 있는 존재가 무엇을 의미하는가에 대한 것이다(롬 8:9 참고). 이것은 하나님의 영이 우리 안에 내주하신다는 사실에 의존해 있으며, 또한 그 사실로 입증된다. 이것은 우리 영혼 밖에서 믿음을 일으키는 성령이 아니라, 신자 속에 내주하는 성령을 가리킨다. "만일 너희 속에 하나님의 영이 거하시면 너희가 육신에 있지 아니하고 영에 있나니 누구든지 그리스도의 영이 없으면 그리스도의 사람이 아니라"(롬 8:9) 이것이 바로 그리스도인의 특징이다. 그리스도의 영이 없으면, 그리스도의 근본적인 특징으로 인침을 받지 않은 사람이다. 성령님은 그리스도를 수태시기부터 구별하셨다. 그리고 때가 차매 그리스도는 성령으로 인침을 받았으며, 항상 성령 안에서 행하셨고 또한 오직 성령 안에서만 행하셨다. 마찬가지로 성령 안에서 사는 그리스도인도, 이제는 성령 안에서 행하도록 부르심을 받은 것이다. 이것은 자기 존재를 잃어 버리는 것이 아니다. 게다가 단순한 표현에 지나지 않는 것도 아니다. 오히려 우리 그리스도인이 갈망해온 바로 그것, 즉 이 땅에 사셨던 그리스도와 같은 존재가 되는 것이다. "또 그리스도께서 너희 안에 계시면 몸은 죄로 말미암아 죽은 것이나 영은 의로 말미암아 살아 있는 것이니라"(롬 8:10) 사람이 회심을 하게 되면 이내 율법 아래서 고통을 받게 되며, 그처럼 복된 그리스도인의 자리가 있는지 조차 모르고, 다만 자기 몸을 죽은 것 같이 여길 뿐 아무 능력도 경험하지 못한 채 지내게 된다. 성령님은 죄를 깨닫게 하시고 죄에 대한 각성을 일으키는 분이실 뿐, 신자가 이러한 육신적인 상태에 머무는 한 성령님은 결코 신자로 하여금 하나님과 화평을 누리며 하나님을 찬송하는 능력이 되어주지 않으신다. 하지만 신자가 육신에 대한 하나님의 선언을 전적으로 수용하면서, 그리스도 안에서 자신의 모든 정체성을 발견하게 되면, 성령님은 그를 내적으로 강하게 하신다. 따라서 신자는 영적 자유를 얻게 될 뿐만 아니라, 실제적인 능력을 경험하면서 영적 자유를 사용할 수 있게 된다.

더 살펴보자. "예수를 죽은 자 가운데서 살리신 이의 영이 너희 안에 거하시면 그리스도 예수를 죽은 자 가운데서 살리신 이가 너희 안에 거하시는 그의 영으로 말미암아 너희 죽을 몸도 살리시리라"(롬 8:11) 이 구절은 몸을 위한 완전한 해방을 가리키며, 로마서 7장 24절에서 호소한 영적 곤고함에 대한 완전한 응답이다. 따라서 구속의 증인이신 성령님은 하나님 앞에서 죽었다가 다시 살아나신 그리스도 안이라고 하는 새로운 신분을 주실 뿐만 아니라, 나로 하여금 이 죽을 몸이 이제는 나의 영혼 안에서 즐거워할 수 있는 생명으로 약동할 것을 기대하면서 그리스도를 바라볼 수 있는 신적인 보증을 주신다. 이것은 그리스도를 단순히 하나님의 아들로 바라보는 것이 아니라, 의로움으로 다시 사신 그리스도, 아버지의 영광으로 다시 사신 그리스도로 바라보는 것이다. 은혜 안에서 그리스도는 이 세상에 오셨다가 죽으셨다. 의로움 안에서 그리스도는 다시 살아나셨으며, 하나님의 우편에 앉으셨다. 의로움은 그리스도께서 은혜 안에서 이루신 무한한 가치를 지닌 십자가 사역에 대한 보상으로 주어진 것으로, 이 의로움 때문에 하나님은 죄와 사단의 노예였던 우리를 해방시키셨고, 이제는 신자들에게 그리스도의 자유를 주시려고, 우리를 그리스도 안에 두신 것이다. 그래서 먼저는 우리 영혼에 이루어지고, 그 다음으로는 그리스도께서 다시 오실 때 우리 몸에 이루어지게 될 것이다. 성령님은 우리 영혼에 이루어진 일에 대한 인침이며, 또한 우리 몸에 이루어질 일에 대한 보증이시다.

그리스도께서 진정 나의 분깃이신가? 믿음으로 의롭게 되는 것을 결정하는 것은 그리스도이시다. 그러므로 내가 의롭게 된 것은 하나님 앞에서 그리스도께서 온전하신 것만큼이나 실제적이고 완전하다. 하나님 앞에 계신 그리스도께서 바로 칭의의 척도이다! 그러므로 성경은 우리가 그리스도 안에서 "하나님의 의"가 되었다고 말한다(고후 5:2). 이 사실에 근거해서 성령님은 이제 내 안에 내주하시기 위해서 내려오신다. 따라서 나는 이제 나의 옛 본성을 죽은 것으로 다루며 또한 그리스도를 나의 모든 것으로 삼을 수 있는 능력을 얻게 되며, 장차 나타날 영광에 동참하는 소망을 가지게 된다.

이것이 바로 사망의 몸에서 나를 건져줄 해방자를 부르짖었던 것에 대한 응답이다. 영혼이 먼저 해방을 받는다. 그리고 몸은 나중에 다시 살리심을 받을 것이다. 그동안 성령님은 우리 영혼 뿐만 아니라 몸에도 자신의 복된 거처를 삼으신다. 신자는 머지않아 부활의 몸을 입게 될 것이다. 이처럼 놀라운 부활의 역사도 성령님 없이 되는 일이 아니다. 아들은 살리시는 일을 하지만, 그것은 성령님으로 된다. 성령님은 몸 혹은 영혼이 받게 될 모든 복의 핵심 역할을 하신다. 하나님의 영을 소유하는 일은 얼마나 행복하면서, 또한 얼마나 영광스러운 일인가! 성령님은 신령한 복의 모든 부분을 자신의 일부로 여기시는듯하다. 그렇다면 우리는 "하나님의 성령을 근심하게 하지 말라 그 안에서 너희가 구원의 날까지 인치심을 받았느니라"(엡 4:30)는 말씀을 얼마나 소중히 받들어야 하겠는가? 하지만 이것이 전부가 아니다. 하나님의 영은 아직 우리의 죽을 몸을 다시 살리신 것이 아니다. 그럼에도 성령님은 지금 우리 속에서 역사하시며, 우리 마음에 담력을 주어 "아바 아버지"라 부르짖게 하신다. 이것이 영적 해방이 신자 속에 이루어졌을 때 성령님이 일으키는 첫 번째 반응이다. 이것은 아들의 영 혹은 양자의 영으로 성령님이 하나님을 향해 일으키는 필연적인 반응이다. 이로써 영혼은 단순히 복 주심으로 인해서 기뻐하는 것이 아니라, 복의 근원이신 아바 아버지로 인해서 기뻐하는 것을 시작하게 된다.

이것은 내주하시는 성령님이 우리 속에서 역사할 때에만 가능한 일이다. 어째서 그럴까? 성령님은 우리가 조만간 몸의 구속을 이루실 것에 대한 확신을 주신다. 거기에 더하여 성령님은 "말할 수 없는 탄식으로" 우리 속에서 친히 간구하신다(롬 8:26). 우리가 지금 처해 있는 만물의 상태에 대한 완벽한 동정심이 발동된다. 성령님의 탄식은 필연적인 것이나. 왜냐하면 나는 아직 몸의 구속을 받지 못했고, 여전히 몸 안에 있기 때문이다. 그렇다면 나는 다만 부분적으로만 (영의) 해방을 받았을 뿐 아직 완전한 (영과 몸 모두) 해방을 받은 것은 아니다. 따라서 나도 성령을 따라서 탄식을 하게 된다. 왜냐하면 내 영혼은 자유를 얻었지만, 나의 겉 사람 뿐 아니라 나를 둘러싼 모든 것들은 그 반대의 것을 느끼고 있기 때문이다. 그러므로 나의 마음은 피조물 자체도 썩어짐의 종노릇 한 데서 해방되어 하나님의 아들들의 영광의 자유에 이르게 될 그 날을 바라보게 된다. 나는 하나님의 은혜로 지금 영적 자유를 맛보고 있으며, 머지않아 이 썩어질 몸에도 자유와 하나님의 영광이 나타날 것이다. 그러므로 우리 속에는 내주하시는 성령님의 복된 자리가 있다. 이것은 (우리가 거듭날 때 받은) 새로운 본성과는 완전히 구분되는 인격적인 성령님의 존재를 가리킨다. 이와 동시에 성령님은 그리스도의 죽음과 부활을 통해서 해방된 영혼으로서, 그리스도인으로서, 나로 하여금 새롭게 들어가게 하신 상태에 걸맞는 자신의 이름을 주신다. 그 결과로 이제 나는 성령 안에 있게 되고, 성령님은 내 안에 내주하시게 되는 것이다.

이처럼 엄청난 진리의 실제적인 적용과 사용 속으로 단번에 들어갈 수 있을 것으로 기대해서는 안된다. 하지만 나는 지금 우리가 다루고 있는 핵심적인 진리, 즉 우리가 지금 들어온 새로운 상태로서, 성령 안에 있게 된 것에 대해서는 보통은 거의 증거되고 있지 않은 진리가 되어버렸기 때문에, 이 부분을 다루기를 간절히 소원해왔다. 내가 추측하는 바로는 대부분의 사람들은 하나님의 영이 우리 안에 내주하신다는 진리에 대해서 아주 익숙하다고 본다. 하지만 내가 성령 안에 있다는 진리에 대해서는 그렇지 못하다. 그럼에도 이 후자의 진리는 그리스도인이 상당한 관심을 가져야할 만큼 중요한 진리이다. 이 진리가 가진 엄청난 유익을 놓치지 않기를 바란다.

Lecture 8

제 8강 성령 세례란 무엇인가?
고전 12장

　이제부터 성령의 임재가 가지고 있는 강력한 효과에 대해서 다루고자 한다. 그 가운데 하나로, 성령 세례가 있다. 성령님은 성령 세례를 통해서 전혀 새롭고도 연합된 하나의 몸을 형성하시는데 곧 이 땅에서 그리스도의 몸을 생성하신다. 그리스도의 몸에 대한 진리는 특별히 신약시대에만 계시된 진리이며, 게다가 신약성경내에서도 그에 대한 계시는 오직 한 사람, 즉 사도 바울을 통해서만 우리에게 전달되었다. 사도 바울이 쓴 서신서를 제외하면 그 어디에서도 발견할 수가 없다. 그렇다고 해서 이처럼 위대한 진리를 알리도록 하나님이 사도 바울을 일으키기 전까지, 그리스도의 몸으로서 하나님의 교회가 없었다는 말은 아니다. 다만 그리스도와 교회의 비밀이 하나님의 거룩한 사도들과 선지자들에게 성령을 통해서 계시되었을 때, 그들 모두에게 계시된 것이 아니라, 오직 한 사람에게 계시되었던 것이다. 이상의 내용은 성경이 분명히 밝히고 있는 사실이다. 그래서 바울 외에 신약성경의 저자들 가운데 어느 누구도 그리스도의 몸으로서 교회에 대해서 말하고 있지 않은 것이다.

하나님이 바울에게 맡기신 사역과 하나님의 계시를 거룩한 책에 기록함으로써 우리에게 소개해준 진리를 생각해보면, 바울의 개인적인 역사 속에서 그에 합당한 이유를 찾을 수 있다. 바울로 이름을 바꾸기 전 사울은 오랫동안 그리스도께서 높은 곳에 계신 위엄의 보좌 앉으심으로써 영광을 받으셨다는 성령의 증거를 거스르며 원수 역할을 해왔다. 사울은 스데반의 순교를 지켜본 사람이었다. 게다가 남자나 여자나 할 것 없이 믿는 사람들을 박해하는 일에 주도적으로 활동하면서 유대인의 특사 역할을 했다. 예루살렘에서 뿐 아니라 도시마다 다니며 교회를 멸하고자 했으며, 그 일로 교회는 여러 도시로 흩어지게 되었다. 이것은 한편으로 교회에겐 복된 피난이었다. 왜냐하면 하나님은 이 박해를 통해서 새로운 영혼들을 그리스도께로 구령하는 기회로 삼으셨기 때문이다. 사울은 예수님의 이름을 믿는 신자들에 대하여 살기가 등등해져서, 우리가 다 아는 대로, 더욱 열정적으로 그리고 한편으로 경건한 신앙심으로, 그들을 잔멸하기 위해서 그 시대 최고의 종교기관으로부터 공문을 받았다. 일이 이렇게 진행되어 가는 중에, 하나님은 이 땅에 대한 섭리를 변경하심으로써 축복의 물결이 더 이상 예루살렘으로 흘러들어가는 것이 아니라 도리어 거기서 흘러나오게 하셨고, 은혜로 참영광을 이루고 있던 예루살렘의 모든 것이 짓밟히고 흩어지도록 하심으로써, 성령님은 밖에서 영혼들을 찾으시고 예루살렘의 오랜 원수들을 축복하셨다. 이러한 새로운 역사는 사마리아 사람들 가운데서 일어났을 뿐만 아니라, 심지어는 멀리 있는 땅 끝에서 온 에디오피아 내시에게도 주님의 은혜가 전파되도록 했다. 에디오피아 내시는 하나님이 예수 그리스도 안에서 이루신 은혜의 복음에 대해서 전혀 아는바가 없었지만 오직 죄인을 구원하시는 하나님의 은혜만을 알고도 기쁘게 고향으로 돌아갔다. 이것은 예루살렘에서 일어난 일이 아니라, 예루살렘을 떠나 먼 고향으로 돌아가는 길에서 일어난 일이었다.

이 중차대한 시기에 하나님은 다소의 사울을 다메섹 도상에서 만나주셨다. 사울은 하나님의 참된 은혜에 대해서 영적으로 어두웠기에 예수님의 이름을 고백하는 사람들을 향해 맹렬한 분노에 사로잡혀 그들을 결박하여 끌어오기 위해서 예루살렘을 떠나는 중이었다. 사울은 세상이 주는 슬픔, 수치심과 죽음의 사명을 띠고 있었고, 또한 하나님의 이름을 빙자한 사탄만이 줄 수 있는 적대감을 에너지로 삼아 사명을 수행하고 있었다. 사울은 진리에 대해서는 눈이 멀어 있었지만, 그럼에도 그는 선한 양심을 가지고 있었다. 그가 다메섹에 가까이 이르렀을 때 정오의 햇빛보다 더 밝은 빛이 갑자기 그를 비추었고, 동시에 그는 시력을 잃어버렸다. 이로써 그는 초자연적으로 영광의 주님을 볼 수 있었고, 또 자신을 성도로서 뿐만 아니라 사도로서 부르시는 주님의 음성을 들을 수 있었다. 게다가 자신을 그처럼 놀라운 증인이 되게 하시고, 주님의 권위로 사역하게끔 해준 은혜를 맛볼 수 있었다. 이를 통해서 은혜의 사역은 그 시대뿐만 아니라 모든 시대를 위한 것이며, 그 땅만을 위한 것이 아니라 하늘 아래 모든 땅을 위한 것이 되었다. 이처럼 복된 사람이 선택을 받았다. 이 사람을 회심시킨 말씀 속에는, 이제 우리가 살펴보기를 바라는 위대한 진리의 진수가 담겨 있다. 사울은 생생한 주님의 음성을 듣고, 그 주님이 예수님이심을 놀라움 가운데 알게 되었다. 이 사실은 그의 영혼을 전율시킬 만큼 놀라운 것이었다! 십자가에 못 박히셨던 나사렛 예수, 자신이 끊임없이 미워하고 또 박해했던 대상이었던 그분이 바로 영광을 받으신 주님이셨던 것이다. "나는 네가 박해하는 예수라."(행 9:5) 역사는 이렇게 이루어졌다. (회심의 결과로 주어지는) 영혼의 기쁨에 관한한 점진적인 것이었지만, 본질적인 회심의 역사는 단번에, 그리고 확실히 이루어졌다. 예수님의 계시에 사로잡힌 처음이자 마지막 사도였던 바울은 하나님의 교회의 본질을 계시처럼 보게 되었고, 이러한 계시를 발전시키고 실제적으로 강화하는 일을 하기에 가장 적합한 사람이었기에, 자신의 글에서 하나님의 교회의 기초를 놓았고, 또한 그리스도의 몸으로서 교회의 천상의 특징을 서술하였으며, 교회 안에서 하나님의 영광을 위한 투쟁을 시작했던 것이다. 이것이 그의 삶의 특징이 되었다. 이런 이유로 하나님은 예수 그리스도 우리 주님을 통해서 그를 부르신 것이다.

회심하자마자 즉시 주 예수님을 그리스도로 뿐만 아니라 하나님의 아들로 전하기 시작한 것은 바울이었다(행 9장). 이것은 바울의 서신서에서 매우 중요한 요소였다. 그렇다고 해서 하나님의 아들되심이 그리스도의 몸만큼이나 바울의 글에서 특징적이고, 게다가 절대적이라는 말은 아니다. 하지만 나는 그처럼 복된 사도에 의해서 진술된 하나님의 섭리에서 하나님의 아들되심이 차지하고 있는 광대성에 독자들을 주목시키고 싶다. 비록 하나님의 교회가 높임을 받은 사람이신 그리스도와 더욱 연결점이 있긴 하지만, 그럼에도 천상에서 높임을 받으신 인자이신 그리스도는 하나님의 아들이시다. (비록 경건한 태도로 이렇게 표현할 수 있다면) 하나님은 그리스도와 자신이 가지고 있는 관계를 최고로 친밀히 하는데 뿐만 아니라, 하나님의 우편에 사람으로서 차지하신 그리스도의 자리에 우리로 들어가게 하시는 일에도 이 표현을 사용하신다. 따라서 바울은 다른 사도들이 이전에 강조했던 일을 하도록 하나님의 영으로 인도를 받지 않았다. 즉 바울은 베드로처럼 예수님을 주와 그리스도가 되게 하신 일에 주목하지 않았고, 예수님을 하나님의 종으로 소개하지도 않았다. 그러한 이유 때문에 사도행전 3장 13,26절에서 "아들"*로 번역된 단어는 적절하지가 않다. 바울이 사도로 부르심을 받기 전까지는 그리스도를 아들로 선포한 예는 없었다. 사도행전 8장 37절에 보면, 빌립은 에디오피아 내시에게 예수님을 아들로 고백하도록 요구했는데, 이러한 일에 합당한 분별을 갖춘 사람이라면 그렇게 할 필요가 없었음을 알 것이다.** 하지만 바울은 자신의 가르침을 그리스도께서 높은 곳에서 영광을 받으신 사람으로 제한시키는 대신, 예수님이 하나님의 아들이심을 즉시 회당에서 전파했다. 그리스도를 영혼의 대상으로 우러러 보도록 전파되는 곳마다 그리스도를 경외하는 마음을 갖도록 하기 위해서 이렇게 전파했던 사실을 주목하는 것이 중요하다. 그렇다면 사람은 자유롭게 그리스도의 영광을 생각하게 될 것이고, 또한 그것을 기뻐하게 될 것이며, 그렇게 되면 하나님의 진리를 받아들이는 것을 조금도 주저하지 않게 될 것이다. 진리의 중요성을 영혼이 절실히 깨달았기 때문이다.

그리스도를 단순히 (복음서에 계시된 대로) 땅에 있는 분으로만 바라본다면, (영광 중에 계신 그리스도를 인식하는) 과정은 너무도

---

* 역자주: 사도행전 3:13,26 KJV는 아들로, 우리 성경은 종으로 번역되었다.

* 역자주: 우리 성경에는 없음으로 되어 있지만, KJV는 "빌립이 말하되, 당신이 온 마음으로 믿는다면 침례를 받을 수 있습니다. 내시가 대답하되 나는 예수 그리스도께서 하나님의 아들이심을 믿습니다.라고 말했다.(And Philip said, If thou believest with all thine heart, thou mayest. And he answered and said, I believe that Jesus Christ is the Son of God.)" 로 되어 있다.

더딜 것이다. 우리는 이것을 다른 사도들의 경우를 통해서 확인할 수 있다. (그리스도의 부활에 대해서) 그들은 믿기를 얼마나 더디게 했으며, 얼마나 느리게 받아들였으며, 순간순간마다 가르침과 인도를 받아야만 했던가! 반면에 사도 바울의 경우엔, 진리가 양심을 통하여 안착되도록 계획되었다. 바울은 그렇게 양심을 통해서 진리를 소유해야만 했다. 이 방법이 아니면 자기 영혼에 진리를 받아들이고 자신의 것으로 삼을 수 있는 사람은 없다. 왜냐하면 우리는 단순히 (선한) 사람이 아니라, 죄인들이기 때문이다. 사도 바울은 그래도 세상이 시작된 이래로 누구보다 나름 깨끗한 양심을 가지고 행하려는 사람이었지만 육신의 무가치함을 배워야만 했고, 또 진리를 홀로 독학하듯이 배워야만 했다. 바울은 진리를 그리스도를 통해서 배워야만 했지만, 그럼에도 자신의 마음으로 배웠다. 배우는 것은 여전히 어렵지만, 그 결과는 항상 밝다. 사실은 성령님이 바울을 가르치셨다. 어떻게 그럴 수 있었는가에 대해서는 나중에 살펴보자. 분명한 사실은 주 예수님은, 우리가 아는 대로, 이전에는 그리스도의 몸이라고 하는 진리에 대해서 아무 말씀도 하지 않으셨다는 것이다. 바울로 하여금 그것을 알게 하신 이는 하나님이셨다. 하나님은 그리스도와 사울 사이에 주고받은 아들됨의 진리에 특별히 우리의 관심을 집중하도록 하지는 않으신다. 그럼에도 여전히 아들이시며 또한 천상의 머리로서 그리스도께서 차지하고 있는 영광에 대한 두 가지 위대한 진리가 그의 메시지가 되었다는 사실이 중요하다. 이것은 단순히 그리스도께서 세상에서(on earth) 메시야되심 이상의 것이다. 이 진리는 더 이상 설파되지 않고 있다. 주님은 자신이 세상을 떠나시기 전에, 이러한 증거를 마감하셨다. (마태복음 16:20과 특별히 누가복음 9:20-22을 보라.) 그리고 나서 새로운 것이 온 것이다.

　예수님은 하늘로 승천하신 후, 주와 그리스도가 되셨다. 예수님의 주님 되심은 매우 단순한 지식이며, 예수님을 그리스도로 고백하고 또 그리스도를 인식하는 것은 가장 낮은 차원의 신앙이다. 왜냐하면 그러한 신앙은 그리스도의 권위에 대한 단순한 인정에 불과하기 때문이다. 그렇게 권위를 인정하는 것은 물론 참된 신앙이긴 하지만, 그럼에도 그리스도 안에 있는 진리 가운데 가장 낮은 차원에 속하는 것이다. 그러한 신앙은 그리스도의 은혜를 끌어오지 못한다. 그러한 신앙은 그리스도께서 입으신 무한한 영광을 빛내지 못한다. 그러한 신앙은 그리스도의 성육신에 대한 신앙일 뿐, 그리스도의 승천에 대한 신앙은 아니다. 성육신을 통한 메시야 되심에 대한 고백일 뿐, 정작 그리스도께서 (성육신 이전) 영원 과거 전에 가지셨고 또 현재 부활 영광 가운데 계신 하나님의 아들의 위격에 대한 고백은 아닌 것이다. 그러므로 이 문제는 무엇이 본질적인 것이고 더 중요한 것인가, 무엇이 영원한 것이고 그리스도의 인격에 합한 것인가의 문제가 아니라, 부활 후에 그리스도에게 주어진 자리와 및 높임을 받으신 그리스도께서 어떠한 영광을 받으셔야 하는가의 문제이다. 우리가 살펴본 대로, 베드로와 다른 사도들은 이것을 전파했다. 그리고 스데반은 전혀 다른 각도에서 그리스도를 보았다. 이렇게 볼 수 있었던 것이 땅에서 역사하는 성령의 능력으로 충만한 결과이긴 하지만, 게다가 그리스도의 인성에 대한 새로운 발견과 점진적인 진보가 있었긴 했지만, (이스라엘 민족으로부터) 전적으로 거부된 것은 높임을 받으신 주와 그리스도에 대한 하나님의 진리였다. 스데반은 이렇게 예수께서 하나님 우편에 서신 인자이심을 증거했다. 즉 세상(땅)을 향한 예수님의 그리스도-머리되심의 증거는 거절당하신 인자에 대한 증거이며, 주와 그리스도가 되심으로써 높임을 받으신 그리스도의 주재권의 증거는 영광 중에 계신 인자에 대한 증거인 것이다. 마지막으로 바울은 이전에 알려진 진리를 즉시 파악했을 뿐만 아니라, 그 모든 진리의 정수에 해당하는 큰 비밀인 (자신이 회심하기 전에 핍박했던) 그리스도와 성도는 하나라는 것을 배울 수 있었다. 우리의 작은 마음은 너무도 연약하고 협소하여 편협함에 갇혀 버리기 쉽다. 하지만 바울은 그렇게 하는 대신에 즉시로 예수의 하나님의 아들이심을 전파했다.

 나는 이것을 우리 마음에 새겨야 하는 가장 복된 진리라고 생각한다. 그리스도께서 하나님 자신의 영의 가르침에 의해서 하늘의 빛으로 충만한 상태에서 보일 때, 그분의 위격의 영광의 충만이 세상의 영광을 초월해서 보일 때, 모든 것이 합당하게 자리를 잡게 된다는 것을 우리 영혼에 각인시켜야 한다. 하나님의 아들되신 그리스도께서 우리 신앙의 중심에서 멀어질수록, 그리스도께서 높임을 받으신 결과로 하나님 우편에서 받으신 영광에 대한 인식은 흐려지게 되고, 결국은 하나님의 아들되심만이 가장 높은 진리가 되고 만다. 단순한 호기심만으로 서로를 비교하고 어느 하나를 높이는 것은 아무 의미가 없다. 그럴 이유도 없다. 하지만 우리는 그리스도의 영광의 진리를 총체적으로 높이고 고수해야 한다. 내가 확신하는 바로는, 나머지 모든 진리를 이해하고, 맛보고, 적용하고, 실천할 수 있는 능력은 그리스도께서 입으신 영광의 진리를 우리 영혼이 감각하고 소유할 수 있는 분량에 달려 있다는 것이다. 그리스도께서 우리 앞에서 높임을 받으신 것과 같이, 마찬가지로 모든 것이, 아무리 멀리 떨어져있을지라도, 이를 테면, 그리스도의 영광의 끝자락도 여기서 우리가 보는 것에 비례해서 광대해지고 밝아지게 될 것이다. 한편, 하나님의 진리를 희석시키고, 약화시키고, 변질시키고, 또한 파괴하려는 모든 시도는 그리스도를 작게 보고, 폄하하려는 인간의 견해에서 싹트고 있음이 드러나게 될 것이다. 이 모든 것이 폭로되고 또 모든 사람이 밝히 알게 되는 일이 필요하다. 우리는 이제 이러한 일을 살펴보고, 그 실체가 드러나는 것을 보게 될 것이다.

그렇다면 교회란 무엇인가? 그리스도의 몸이 아닌가? 교회는 높임을 받으신 인자의 영광과 하나님의 우편에 머리로 계신 그리스도에 대해서 이 땅에서 증거하시는 성령님의 증거에 대한 응답의 결정체이다. 그렇다면 당신은 이 두 가지를 나눌 수 없다. 대다수 하나님의 자녀들은 그리스도께서 들어가신 영광의 자리에 대해서 무지하다. 그 결과로 교회는 본 모습을 나타내지 못하고 있다. 그들은 하나님 앞에 있는 그리스도의 자리에 대해서 아는 바가 없으며 오히려 부인되고 있다. 그 자리가 가지고 있는 가치를 모르고 있다. 그리스도께서 하늘에서 높이 되심으로, 사람이 엄청난 영광과 행복의 자리에 들어가게 된 사실이 사장(死藏)되어 버린 것이다. 그 때문에 사람은 가장 위대한 철학자, 시인, 정치인 혹은 정복자일지라도, 하나님으로부터 유죄 판결을 빌고, 저주를 받고, 추방을 당한 인생의 비참함 속에서 괴로워하는 것이다. 심지어 하나님의 자녀들도 기쁨을 맛보기 위해서 최선을 다해야 하는 양으로 이 세상의 일들을 바라보고 있다. 결과적으로 하나님의 진리와 하나님의 자비만이 지상에서 가능한 많은 위안을 얻고 기쁨을 얻을 수 있는, 하나님이 정하신 방법인 것이다. 헛되이 쾌락을 추구하는 것은 영적인 사고로 영글어 가는 그리스도인의 삶을 왜곡시킨다. 그래서 비교적 아주 소수의 성도들만이 이 세상을 심판받고 정죄받은 곳으로 바라보는 것이다! 세상은 하나님에 의해서 다양한 방법과 역사로 그 실체가 드러날 때까지 시험을 받았다. 그 후에 아들, 인자이신 그리스도 예수께서 오신 것이다. 그리고 아들을 내어주신 하나님 아버지와 사탄의 능력으로 조정을 받는 세상과 큰 싸움이 있었다. 하지만 하나님은 자기 아들을 한계가 없는 시련 속에 내어주신 일과 가장 사랑하는 이에게 굴욕스럽고 부당한 일이 저질러지도록 내버려 두신 일에 대해서 수치심을 느끼거나 그 결과를 피하려하지 않으셨다. 게다가 하나님의 아들 자신도 사람들이 자신에게 가할 수 있는 악과 슬픔과 수치를 피하지 않으셨다. 사실은 이것을 위해서 아들께서 이 세상에 오셨고, 이렇게 해야만 세상은 이전에는 나타내지 않았던 본 모습, 즉 그 악의 실체를 드러낼 수 있었고, 그렇게 진행되는 것이 하나님의 섭리였다. 그리고 그대로 진행되었다. 모든 악이 나왔고, 하나님은 그렇게 악을 한 방에 해결할 수 있었다. 하나님은 단 한번의 심판으로 악의 문제를 완전하게 처리하셨다. 그것도 세상을 심판하심으로써 그리하신 것이 아니라 자기 아들을 심판하심으로써 그리 하셨다. 그러므로 이 죄악된 세상에 대해선 절대적인 은혜로 대하신 것이다. 그러므로 모든 것이 변화되었다. 이제 사람은 기쁨의 동산에서 쫓겨나 황량하고 경건치 않은 세상에서 유리방황하는 대신에, 이제는 예수님의 인격 안에서, 천국에 들어갈 수 있게 되었고 또한 하나님의 보좌 곧 영광의 보좌에 앉게 된 것이다.

하나님이 이 역사를 이루시는 순간, 비로소 하나님이 기다려오신 대로, (그 이전에는 불가능했던) 이 땅에서 한 몸을 이룰 수 있게 된 것이다. 이것이 가능하려면 무엇보다도 먼저 모든 자격을 갖춘 머리가 준비되어야 했다. 머리되기에 합당한 자격을 갖춘 한 사람이 있었다. 그처럼 복된 분은 사람이면서 동시에 하나님이셔야 했지만, 무엇보다도, 죄가 심판받고, 그 결과로 은혜가 쏟아 부어질 수 있기 전까지는 머리가 될 수 없었다. 그러므로 우리는 어떻게 모든 진리가 그리스도와 그리스도의 십자가와 또 하나님의 우편에 높이 오르신 그리스도의 영광을 중심으로 삼고 있는지를 보게 된다. 이 외에도 중요한 요소가 또 있다. 땅에서 필요한 결정적인 능력이 역사하고 있었다. 이렇게 역사한 것은 과연 무슨 능력이었는가? 하나님에게서 나온 것은 무엇이든지 효력 있게 하기 위하여 항상 역사했던 능력으로서, 바로 성령님이셨다. 하지만 이제는 새로운 방식으로 역사하면서도, 하나님이 자신을 나타내는 일에 일치성을 나타내는 원동력이다. 성령님은 하나님의 아들 안에서 하나님을 계시하셨고, 성령님은 그러한 일에 은퇴를 모르고 오늘날까지 일하신다.

  신성 안에서 오직 한 분만이 하나님을 하나의 대상과 형상으로 나타낼 수 있었다. 그분은 아들이시다. 항상 그래왔다. 하나님을 계시하신 분은, 일시적으로나마 아들이셨다. 아브라함 시대에도 그분은 천사의 모습으로 나타나셨지만, 그럼에도 나타나신 분은 항상 아들이셨다. 게다가 (구약성도 가운데) 선한 사람이건 나쁜 사람이건 그들 가운데 역사했던 능력이 있었다고 할 것 같으면, 지상에서 사람의 속에서 또는 사람을 통해서 신직인 것들을 나타내신 그분은 예외 없이 하나님의 영이셨다. 따라서 하나님의 영은 이처럼 새로운 하나님의 역사에도 자신의 자리가 있다. 아들께서는 자신이 이전에 하나님으로서 소유하셨던 영광 속으로 사람으로서 들어가셨다. 아들께서는 하나님의 존전으로 올라가시되 인성을 가진 채로, 이를테면, 신성의 자리인 자기 영광의 보좌에 앉으신 것이다. 따라서 하늘에 있는 모든 것이 사람에게 복종하게 되는 경이로운 일이 펼쳐지게 되었다. 이것은 하나님의 마음에 작정되었던 일을 하나님이 하늘에서 펼치신 것이다.

그렇다면 나는 묻지 않을 수 없다. 누가 이러한 일을 말하기에 합당한 자격을 가지고 있을까? 누가 이러한 하늘 영광의 증인이 될 수 있을까? 그것을 완전하게 아는 분, 그리스도를 영화롭게 할 수 있는 능력이 있을 뿐만 아니라 자원해서 그리스도를 영화롭게 하실 수 있는 분, 하나님이 사람을 위해서 하신 일을 사람에게 이행할 뿐만 아니라 그것을 가르치고 누리게 하실 수 있는 분이 있다. 그분은, 바로 성령님이시다. 그 때문에 성령님이 세상에 오신 것이다. 게다가 성령님이 오신 일의 결과는 바로 이것이다. 즉 성령님은 땅에서 여러 많은 몸들이 아닌 한 몸을 생성하신다. 성경에서 그것만큼 경이로운 생각은 없다. 이 세상에 있는 하나님의 자녀 가운데 그러한 생각을 품고 있는 사람을 만나보았는가? 과연 성령님이 지상에서 여러 그리스도인의 몸들을 인정하실 것 같은가? 그보다 더욱 잘못된 사상이 있을까? 나는 이것을 단지 이성적으로만 생각해보도록 제안하는 것이 아니다. 그리스도인으로서 우리는 인간 이성의 자유로운 추론을 논하면서 시간을 허비해서는 안된다. 그렇게 하는 것은, 자기 아들을 영화롭게 하기 위해서 하늘로서 성령님을 보내신 하나님을 경멸하는 것이며, 또한 예수님께도 죄를 짓는 것이다. 또한 성령님을 통해서 그리스도의 영광을 알리신 하나님의 마음을 무시하는 것이다. 나는 과연 하나님의 영이 역사하고 있는 그 흐름 가운데 있는가? 아니면 반대로, 하나님의 우편에 그리스도를 높이시고 또 성령님을 보내신 하나님의 최고의 목적을 무시하고 있는가?

따라서 이것은 모든 교회의 논쟁거리가 되었다. 하나님은 하나님의 자녀들이 그처럼 하찮은 일들에 관여하는 것을 기뻐하지 않으신다! 내가 말하고 싶은 것은, 만일 우리가 그리스도를 안다면, 만일 우리가 그리스도 안에서 기쁨을 누리고 있다면, 만일 우리가 더 이상 육신을 따라서 행치 않는다면, 만일 하나님께서 우리에게 또는 우리 속에 자신의 아들을, 지금은 부활하시고 영광을 받으신 분으로 계시하셨다면, 그렇다면 우리에게 새로운 질문이 주어진다. 사도 바울이 자신의 힘을 다해 복종한 것처럼, 나도 과연 그 하늘의 비전에 순종할 것인가? 사도 바울이 그리스도를 본받은 것처럼, 나도 과연 그리스도를 본받을 것인가? 하나님은 자신의 모든 자녀들을 주 예수님을 영화롭게 하려는 하나님의 목적을 위한 은혜의 도구로 삼지 않으셨는가? 이 진리에 대한 순종은 각자 스스로 자성과 자각을 통해서 시작되어야 한다. 사도 바울처럼, 자신을 둘러싼 모든 사람들을 향해서 강력한 사역을 펼치기 전에, 진리가 자기 영혼 속에 깊이 박히는 일이 먼저 일어나야 한다. 그래서 그러한 순종이 우리 자신을 위한 것이든, (물론 그리스도의 계시의 효력은 우선적으로 우리 자신에게 영향을 미치는 법이다.) 아니면 다른 사람들의 기쁨을 돕기 위한 것이든, 그리스도를 영화롭게 하려는 하나님의 뜻을 받드는 종으로서, 우리가 순수한 양심으로 대답할 수 있는 것임을 보여줄 수 있어야 한다.

   이제 바울을 통해서 우리에게 제시된 것, 그리고 바울이 고린도전서 12장에서 완전히 드러내고 있는 것은 바로 성령님께서 (다만 개인들 속에서 역사하기 위한 목적만이 아니라, 물론 이것도 사실이긴 하지만) 교회 안에서 역사하기 위해서 이 땅에 내려오셨다는 점이다. 하나님은 바로 이 땅에서 교회를 그리스도의 몸으로 부르시며 또한 그리스도와 동일시하신다. 이것은 참된 사실이며, 성령님은 그리스도와 교회를 한 몸으로 부르시기를 주저하지 않으신다. 따라서 성도는 그리스도께서 얻으신 영광의 한 부분을 이루고 있다. 이것은 다소 흥미로운 방식으로 소개되고 있다. 우리에겐 다소 굴욕적이긴 하지만, 우리가 반드시 선포해야 하는 하나님의 경이로운 증거이다. 고린도교회의 성도들 가운데 악이 역사하고 있었다는 것은 어리석음과 헛된 것에 빠진 결과였고, 그 때문에 성령님은 그리스도의 몸인 교회에 대해서 우리를 가르치실 기회를 얻으셨다. 그들이 빠져 허우적거리고 있었던 고통스러운 무질서와 자신들이 나름 가지고 있다고 생각한 권세를 자랑하고픈 허영심은 하나님의 마음과 뜻을 알리실 기회를 제공했다. 그들 가운데에는 능력이 역사하고 있었다. 연약함이 문제가 되었던 것이 아니다. 많은 사람들은 하나님의 교회에 영적인 무질서가 나타나는 가장 큰 이유를 연약함 때문이라고 생각한다. 하지만 연약함은 결코 문제를 일으키지 않는다. 무질서는 연약함과는 아무 상관이 없다. 사실상, 교회 안에서 가장 커다란 문제를 일으키는 사람은 연약한 사람이 아니라, 오히려 강한 육신성을 가진 사람이다. 그러한 사람의 특징은 그리스도를 향한 순종은 없고, 항상 고린도교회 성도들에게서 나타났던 자만심이 있다. 어느 누구도 이러한 것을 능력의 부족으로 돌릴 수는 없다. 이것은 능력의 남용이며, 자신이 가지고 있는 바를 자랑하고픈 과시욕구이다. 다른 말로 하자면, 그리스도를 영화롭게 하시는 성령의 능력과 단절 상태에 있는 것이다. 무질서는 자연적인 결과이다. 이것은 능력의 많고 적음의 문제도 아니고, 능력의 질적 차이의 문제도 아니다. 만일 그리스도에게서 끊어진 상태라면, 그렇다면 치명적이다. 그리스도의 영광을 선전하는 일에도 치명적이고, 성도와 다른 영혼들에게 복을 끼치는 일에도 치명적이고, 무엇보다도 사탄의 조정을 당하고 있는 본인에게도 치명적인 일이다. 이것이 바로 그 당시 고린도교회에서 일어나고 있었던 일이었다. 하나님의 자비하신 역사로 우리를 육신에서 돌아서게 하셨는데, 오히려 육신대로 행하고 있다면 어찌 하나님을 찬송할 수 있단 말인가!

이 주제와 관련해서 할 말은 많지만, 본문의 핵심 요소들에만 초점을 맞추고자 한다. "형제들아 신령한 것에 대하여 나는 너희가 알지 못하기를 원하지 아니하노니 너희도 알거니와 너희가 이방인으로 있을 때에 말 못하는 우상에게로 끄는 그대로 끌려 갔느니라 그러므로 내가 너희에게 알리노니 하나님의 영으로 말하는 자는 누구든지 예수를 저주할 자라 하지 아니하고 또 성령으로 아니하고는 누구든지 예수를 주시라 할 수 없느니라"(고전 12:1-3) 사도 바울은 고린도교회 성도들이 영적인 것들에 대해서 무지한 상태에 있는 것을 원치 않았다. 왜냐하면 그들이 이방인으로 있을 때에는 그러한 신령한 것들에 대해서 전혀 알지 못했기 때문이었다. 그리고 성령이 없는 사람은 예수님을 저주받은 자라고 부르게 된다. 어느 누구도 십자가 위에서가 아니면 예수님을 저주 받은 사람으로 부를 수 없다. 우리가 아는 대로, 하나님은 십자가에서 예수님에게 저주를 내리셨다. 왜냐하면 그리스도는 우리의 모든 죄들을 대속하기 위해서 죽으셔야만 했기 때문이다. 이제 하나님의 영으로 말하는 자는 예수님을 저주받은 자라고 말하지 않는다. 게다가 성령으로 아니하고는 예수님을 주님으로 부를 수 없다.

따라서 하나님과 사람 사이에서 역사하고 있는 두 가지 능력을 생각해보아야 한다. 하나는 불순종의 자녀들 가운데 역사하는 악한 영이며, 다른 하나는 하나님의 자녀들 속에서 역사하는 성령님이시다. 하나는 예수님을 거절하고 대적하도록 사람을 고무시키는 힘이며, 다른 하나는 신자로 하여금 예수님을 주님으로 알고 복종하게 하는 힘이다. (고린도교회에서 강조되고 있는 매우 중요한 점은 주님으로서 예수님이다.) 그에 대한 이유가 있다. 왜냐하면 고린도교회 성도들은 주의 만찬을 자신들의 만찬으로 삼았고, 교회를 자신들의 연극 무대처럼 여겼으며, 게다가 말씀이 다른 그리스도인들과 더불어 하나님께 순종할 것으로 요구하는 명령으로서 자신들에게 임한 것이 아니라, 마치 자신들에게서 나온 것처럼 굴었다. 사실상, 예수님의 주님되심(주재권)은 영혼들이 교만하고 거만한 상태에 있을 때 요구되는 법이다. 그리스도께 순종의 삶을 살고 있는 성도들에겐 그러한 압박은 불필요하며, 달리 주재권을 요구할 필요도 없이, 그저 그리스도의 은혜를 누리고 있는 상태로 충분하다. 이렇게 은혜를 누리고 있는 영적인 상태를 유지하는 것은 모든 영혼들에게 항상 필요한 일이다. 그럼에도 이러한 주재권을 주장해야 하는 일이, 고린도 교회와 같이, 교회 안에서 말씀에 대한 불순종이 횡행하며, 육신이 주의 뜻을 거슬러 대적하고 있는 상태에서는 절대적으로 필요하다. 그러므로 사도 바울은 하나님의 교회는 성령님이 예수님을 주님으로 천명(天命)하고 있다는 엄청나게 중요한 사실로 시작하고 있다. 이것은 고린도교회 사람들에게 절대적으로 필요한 것을 충족시키는 예비적인 사항이었으며, 누군가 표현한 것처럼, 하나님의 영이 하셔야만 하는 일이다. 하나님은 전적으로 도덕성에 관한 일을 다루셔야만 했다. 이렇게 굳이 신자의 도덕성을 다루는 일은 하나님께 가치 있는 일도 아니고, 우리를 위해서 좋은 것도 아니다. 하나님은 우리의 마음을 주님을 기뻐하는 쪽으로 인도하셨지만, 우리가 안고 있는 도덕적인 문제를 다루셔야만 했으며 결국 우리 육신의 모든 행사를 포기하도록 요구하셨다. 이렇게 강력하게 우리의 행사를 조정해야만 하는 일은 하나님의 본성을 좇아 형성하는 일에는 사실상 아무 보탬이 되지 않는다.

다음으로 주목해야 할 사항은 "은사는 여러 가지나 성령은 같고 직임은 여러 가지나 주는 같으며 또 사역은 여러 가지나 모든 것을 모든 사람 가운데서 이루시는 하나님은 같으니"(고전 12:4-6)에 관한 것이다. 이 세 구절은 주님이 제시하시는 교훈을 실제적으로 이해하는데 매우 중요하다. 가장 중요한 요소들이 여기에 다 있다. 그럼에도 그들에게 교회는 안중에도 없었다. 그래서 그들은 다만 하나님이 그들을 (날마다 교회가 가진 생명력이 약동함으로써 나타나게 되는) 하나님의 교회로서 받아주실 수 있는 최소한의 조건들만을 갖추고 있었을 뿐이다.

이러한 조건들 가운데 하나가, 은사의 다양성이다. 지상에 있는 그리스도의 교회로서 갖추어야 하는 조건을 말할 때, 한 지역교회 안에서 단순히 은사 뿐만 아니라 은사의 다양성이 고려되어야 한다. 성도의 다양한 은사들이 실제적으로 활용되지 않는 교회에서는, 회중들이 주요한 한 두 사람만 바라보게 된다. 그 한 두 사람이 얼마나 많은 은사를 가지고 있는가에 상관없이 그러한 교회는 하나님의 말씀에 의한 근거를 전혀 가지고 있지 않다는 것을 이 본문을 통해서 금방 알 수 있다. 그러므로 성경적인 교회는 은사는 다양하지만 (사역자가 한 사람이 아니라) 성령님이 한 분이시다. 나는 이것을 많은 은사들이 외관상 다 작동하고 있어야 한다고 말하는 것이 아니다. 하나님의 교회는 실제적인 몸이다. 따라서 그처럼 한 두 사람만 은사를 사용하는 교회는 매우 비정상적인 상태에 있다는 것을 밝히지 않을 수 없다. 마찬가지로 (겉으로는 성도들의 다양한 은사가 활동하는 것처럼 보이지만 실제로는 한 두 사람만이 사역을 독점하고 있는 식의) 변칙적인 형태로 외형적인 모습만을 추구하는 것도 이제는 버려야 한다. 왜냐하면 교회는 하나님의 교회이기 때문이다. 우리는 지금 우리가 교회에서 하고 있는 일 또는 교회에서 추구하고 있는 것을 시험해야 한다. 하나님은 지상에서 주님의 영광을 위하여 성령을 통해서 교회를 형성하셨고, 성령님은 그리스도의 권리를 유지하는 방향으로 주권적으로 역사하신다. 그 나타나는 모습이 크던 작던, 그것은 성령님이 친히 역사하신 결과이다. 그럼에도 분명한 것은 은사의 다양함을 통해서 맺힌 열매라는 점이다. 오늘날 교회는 한 두 사람만이 교회의 건축을 위해서 은사를 사용하고 있는 실정이다. 사실은 더 많은 사람들이 자신의 은사를 통해서 그리스도의 몸된 교회를 세우는 일에 동참해야 한다. 중요한 점은, 성령님이 주시는 모든 은사가 사역에 동참하도록 문이 열려 있어야 한다는 것이다.

반복해서 말하지만, "은사는 여러 가지나 성령은 같다". 이것을 실천적으로나 혹은 원리적으로 부인하는 곳은 하나님의 교회가 아니다. 이것은 나 혹은 당신의 충성도에 달린 문제가 아니다. 그러므로 우리는 그런척하는 태도를 버려야 한다. 나는 과연 성령님과 연관된 이처럼 중차대한 문제들에서 주의 뜻을 떠나 있는 상태를 유지할 것인가 아니면 기꺼이 포기할 것인가? 과연 실제적인 그리스도인의 회중을 사람들의 단체처럼, 즉 필요 없는 사람이라고 판단되면 차에서 내리도록 하는 일을 스스럼없이 할 것인가? 이것은 단순히 구성원에 대한 문제가 아니라, 그들의 행동을 규율하는 원리의 문제이다. 성경의 가르침이 아니라 사람의 가르침이 교회를 다스리고 있다면, 그래서 심지어는 성경의 가르침을 대적하고 있다면, 그것은 사람의 교회가 아니고 무엇인가? 하나님의 교회가 아닌 곳에서 그리스도인은 무엇을 해야 하는가? 하나님의 교회를 마음대로 하도록 누가 허락을 해준 것인가? 교회를 주관하도록 사람에게 소명을 주는 것은 누구의 발상인가? 교회를 만들어 가는 것은 하나님 자신이 친히 행하시는 위대한 역사였다. 그 일을 위해서 아드님께서 구속의 역사를 완성하신 후 하늘로 승천하실 필요가 있었고, 또한 성령님이 그 목적을 위해서 지상에 내려오셔야만 했다. 하나님이 첫 번째 아담을 위해서 말씀으로 창조하신 세상은, 장차 그리스도께서 찬란한 영광 가운데 왕으로서 나타나실 때에야 비로소 그 궁극적인 목적이 그리스도를 위한 것임이 드러날 것이다. 하지만 하나님은 두 번째 사람이신 그리스도께서 모든 만물의 머리로서 영광을 받으시기 전까지, 그리고 그 몸을 형성하기 위해서 성령님이 내려오시기 전까지, 이 땅에 교회를 조성하지 않으셨을 뿐만 아니라 (가능한 경외하는 태도로 말할지라도) 교회를 형성하실 수 없으셨다. 죽음과 부활만이 교회 형성의 토대가 될 수 있었기 때문이다. 부활하여 승천하신 주 예수님만이 (교회 뿐만 아니라 온 우주의) 머리가 되시기 때문이다. 따라서 지상에 있는 하나님의 교회는 종교를 통해서 한 국가를 통치하는 기구가 아니며, 사람들의 최선의 의견을 모아 최선의 계획을 수행하는 사회단체나 기관도 아니다. 오히려 교회는 지상에서 성령님이 그리스도를 위하여 형성한 몸으로서, 그리스도를 주로 고백하는 것이 무엇보다도 최우선적인 원리로 작용한다. 그것을 실제적으로 이루는 방법은 바로 다양한 은사를 통해서 역사하시는 동일한 성령님에게 초점을 맞출 때 이루어진다.

이제 "직임은 여러 가지나 주는 같으며"라는 구절을 살펴보자. 즉 주님은 한 사람에겐 이런 직임을, 다른 사람에겐 저런 직임을 맡기신다. 주님은 이런 식으로 일하신다. 하나님의 영은 이러한 주님의 자리를 대신하지 않지만, 과연 이런 식으로 하나님의 영을 바라보는 것이 바른 것인지는 확신이 서지 않는다. 성령의 법칙에 대해 말하는 것은 바른 것일까? 물론 나는 성령의 권세, 역사, 그리고 주권을 믿는다. 게다가 경건한 사람들이 성령의 법칙을 말할 때, 그것이 성령의 주권을 가리키는 것이라면 나는 거기에 기꺼이 동의한다. 하지만 성경이 선택한 합당한 단어들에서 벗어나, 임의의 단어를 선택함으로써 본질을 벗어날 위험은 여전히 존재한다. 우리는 성경에서 그저 문자가 아니라 하나님의 말씀의 진리와 원리를 파악해야 한다. 나는 (구약의) 그림자와 씨름하지 않고, 다만 (신약의) 실제와 씨름한다. 나는 성경의 단어들이 성경의 진리들을 가장 적절하게 표현하고 있다고 확신한다. 따라서 만일 단어의 의미를 놓친다면 진리를 약화시킬 위험에 빠지게 된다. 이렇게 말하는 이유는, 과거에 하나님의 교회에서는 주님의 자리에 성령님을 앉히는 경향이 있어왔기 때문이다. 이렇게 한 결과, 주님이 우리에게 맡기신 직임에 죽도록 순종해야 하는 자리에서 임의로 이탈하고, 그저 성령의 은사를 따라서 섬기는 일에만 매진하는 경향이 나타났다. 성령님이 사람 속에서 혹은 사람을 통해서 역사하시는 것이 뚜렷해진 결과만큼, 사람을 그리스도의 자리에 두는 경향 또한 나타났다. 하지만 만일 우리가 성경이 말하고 가르치는 바에 충실하다면, 교회 안에서 역사하시는 성령님은 결단코 (지체들의) 머리로서와 (종들의) 주님의 자리를 차지하는 일은 없으며, 성령님 또한 신격을 가진 분이시지만 그럼에도 그리스도만을 높이며 그리스도를 영화롭게 하는 일에만 주력하시는 것을 알게 될 것이다. 아들께서 이 땅에서 하나님의 목적을 이루기 위해서 아버지의 종의 자리를 차지하신 것처럼, 성령님도 하나님의 위격을 가진 분이시며 최고의 존재이시지만, 그럼에도 하나님의 계획을 성취하기 위해서 주 예수 그리스

때문이다.

어떤 사람들은 그리스도께서 내가 지은 죄들을 위해 죽으셨을 뿐만 아니라 죄 자체에 대해서도 죽으셨고, 따라서 나의 모든 죄가 사함을 받았을 뿐만 아니라 나도 죄에 대하여 죽었다는 것은 거짓된 교리라고 항변한다. 이 모든 성경의 진리를 더 잘 알 만한 사람들이 그러한 항변을 하는 것을 종종 보게 된다. 그리스도의 죽음 안에서 죄에 대하여 죽는 것은, 내가 보기엔 기독교의 필수적인 진리이다. 그리스도의 보혈을 통하여 죄사함을 받는 것에 나를 가두려고 하는 사람, 예수님의 구속 사역을 나의 모든 죄를 위하여 죽으신 것 외에는 더 이상 의미가 없다고 생각하는 사람, 그리스도께서 죄에 대하여 죽는 복을 나에게 주신 사실을 부인하는 사람은 구원의 완전성 혹은 기독교의 결정적인 측면을 경험한 일이 없는 사람이다. 하나님이 나의 모든 악한 행실과 범죄를 완전히 제거해주신 것을 아는 것은 엄청난 자비이다. 하지만 이것만으로는 완전하지 않다. 따라서 그토록 많은 하나님의 자녀들이 예수님이 지상 생애 동안 날마다 행하신 삶을 자신이 의를 이루는 삶의 본보기로 삼고자 노력한다. 여기에는 긍정적인 측면과 부정적인 측면이 함께 있다. 이러한 삶은 율법 아래서 십자가를 지고 따르는 것으로 가능하지 않고, 다만 부활 안에서만 가능하다.

그리스도인은 하나님이 자신에게 주신 모든 것을 필요로 하는 날이 오게 될 것이다. 이처럼 귀한 진리가 자신에게 필요하다는 것을 사무치게 배우게 될 것이다. 죄에 대하여 죽는 것은 그리스도인이 받은 신령한 복 가운데 가장 핵심적인 것(a very substantial part of the Christian's blessing)이다. 그것을 경험적으로 알지 못하는 사람은 로마서 5장 12절부터 로마서 8장에 걸쳐서 계시되어 있는 기독교 진리가 가지고 있는 근본적인 교리(capital doctrine)를 놓치고 있는 것이다. 나는 아직 골로새서나 에베소서에 대해서는 언급도 하지 않았다. 율법주의적인 입장에 서 있는 사람은 이 두 서신서를 이해하는 것을 기대하지 말아야 한다. 그리스도인은 자기 영혼의 견고한 토대로서 영적 자유를 누리고 있지 않다면, 영혼의 자유를 갈망할 수밖에 없다. 이제 주목해야 할 것은, 우리가 이러한 영적 자유 속으로 들어가기까지는 승리라는 말은 딴 나라 이야기일 수밖에 없다는 것이다. 영적 해방을 경험하지 않았다면, "이 모든 일에…넉넉히 이기는 자"가 된다는 것은 불가능하다(롬 8:37). 신자가 주 예수 그리스도의 죽음과 부활이 자신을 넣어준 (그리스도 안이라고 하는) 귀한 자리에 들어가 굳게 서기까지 우리 영혼 속에서 일어나는 하나님의 친밀한 역사나 성령의 기쁨, 또는 성령의 탄식과 같은 역사를 전혀 경험하지 못한다. 하나님은 자기 자녀들에게 영적 해방과 실제적인 승리를 가져다주시길 간절히 바라신다. 하나님께서 자기 백성들이 그러한 하나님의 신령한 복을 포기하지 않도록 그들을 지켜주시길 바란다. 성경은 매우 명백하게 이것을 밝히고 있다. 하지만 어려움은 딴 곳에 있다. 즉 우리 마음은 우리 존재 자체에 사망 선고를 내리는 것을 두려워하며 이에 한발 물러서는 경향이 있다는 것이다.

시대 혹은 때가 악한가? 그럴수록 우리는 이 진리를 더욱 굳게 붙들어야 한다. 이 주제와 관련해서 나는 베드로후서와 유다서를 살펴보도록 권하고 싶다. 두 서신서는 특별히 격변의 시대를 위한 하나님의 말씀을 담고 있다. 죄악이 관영하고 심지어 배도가 나타나는 시대를 위해서 준비된 말씀인 것이다. 당신은 그 두 서신서에서 무엇을 발견하는가? 시대가 그렇다고 해서, 성도가 배도에 참여해야 하는가? 그럴 수 없다. 다른 서신서들보다 이 두 서신서에서 우리는 하나님의 진리 안에서 성장하고 진보해야 할 것을 강하게 교훈을 받는다. 하나님의 진리야말로 영적으로 어두워만 가는 시대에 은혜를 받을 수 있는 자원이자 토대이다.

현재 다루고 있는 문제의 요점은, 우리가 대적과의 싸움 중에 있다는 것이며, 따라서 그 모습이나 주장이 어떠하든지, 대적의 모든 전략은 우리가 받은 세례(침례)와 밀접하게 연결되어 있는 진리가 가지고 있는 그처럼 보배롭고, 또 단순하면서도, 근본적인 특징을 말살하려는데 있다. 이처럼 보배로운 하나님의 진리를 다른 이상한 교리처럼 사람들이 대하는 것을 볼 때, 얼마나 큰 경각심을 갖게 되는지 모른다!

그렇다면 사람들은 주 예수님께서 그리스도인들에게 주신 이처럼 새로운 신분(지위 또는 상태)를 어떻게 설명하고 있을까? 신약성경에 따르면, 사람이 처해 있는 상태는 두 가지가 아니라 세 가지이다. 나는 이 사실을 강조하고 싶다. 왜냐하면 이것은 실천 뿐만 아니라 믿음과도 연결되어 있기 때문이다. 영적인 사람 아니면 (거듭난 일이 없는) 자연인, 이런 식의 사고는 성경적이지 않다. 이러한 구분만 있는 것이 아니다. 자연인과 영적인 사람 사이에 제 3의 부류, 즉 중간 부류의 사람이 있다. 자연인은 분명 죄 사함을 받은 일이 없는 사람이며, 단지 아담의 자손일 뿐이고 타락한 인간의 본성만을 가진 사람이다. 하나님의 은혜가 그러한 사람을 회심시킬 때, 새로운 본성이 부여되며, 또한 구속의 근거 하에서 하나님 앞으로 인도된다. 그렇다고 해서 하나님과의 화목이 이루어진 모든 사람이, 즉 거듭난 사람이 다 영적인 사람인 것은 아니다. 신자로 하여금 성경이 영적인 사람이라고 부르는 존재가 되는 길을 방해하는 요소에는 여러 가지가 있다. 영적인 사람이란, 사도 바울이 말한 대로, "육신에 있지 아니하고 영에 있는"(롬 8:9) 사람이다.

사도 바울은 고린도교회의 성도들을 (엄청난 허물이 있었음에도) 자연인으로 부르지 않았다. 그리고 바울은 "자연인(the natural man)*은 하나님의 성령의 일들을 받지 아니하나니"(고전 2:14)고 강조했다. 이것은 성도들에 대해서 말한 것이 아니다. 다만 사도 바울은 고린도교회 성도들을 어린아이라고 불렀다. 즉 그들은 하나님의 깊은 것들을 알아들을 수 있는 장성한 어른의 상태에 이르지 못했기에, 바울은 그들의 상태에 맞게 우유로 먹일 수밖에 없었다. 그렇다면 그들은 어떤 상태에 있었는가? 바로 육신적인 상태에 있었다. 그렇다면 사람은 자연인, 육신적인 사람, 영적인 사람, 이렇게 셋으로 구분된다. 이것은 매우 부끄러운 진리이다. 나는 사람들이 그렇게 불리는 것을 좋아하지 않는다는 것을 알고 있다. 왜 그런가? 왜냐하면 신자들은 자연인이 아니기 때문에 육신적인 상태에 떨어질 수 있음에도, 사람들은 자신이 영적이지 않은 사람으로 여김을 받는 것을 두려워하기 때문이다. 그러한 사람들은 거듭남(the new birth) 외에 다른 성령의 역사를 말하는 것에 대해 경계하는 태도를 보인다. 그들은 자신들이 마땅히 소유해야함에도 그렇지 못한 사실을 인정하고 그 부족을 채우려고 하는 대신에, 오히려 그처럼 눈부신 특권에 대해서 언급하면 자신들이 소유하고 있지도 않은 무언가를 빼앗길 것처럼 행동하면서, 성령님께서 그리스도인에게 복 주시고자 부르시는 음성으로부터 뒷걸음친다. 분명한 것은, 자신의 영적 상태에 무슨 문제나 부족이 있다면, 나의 상태에 이 복된 진리를

---

* 역자주: 우리 성경에는 "육에 속한 사람은"이라고 되어 있음. KJV 참조.

적용해야 한다는 것이다. 이러한 것이 잘못된 것을 바로 잡고, 부족한 것을 보충하시는 하나님의 방법이 아니겠는가?

신자의 영성을 방해하는 요소는 다양하다. 첫 번째, 자기 육신 속에는 악한 것 외에는 아무 것도 없다는 것을 자기 영혼 속에서 실제적으로 자각해 본 일이 없을 수가 있다. 다만 자신의 모든 죄가 그리스도의 죽음을 통해서 다 심판받았다는 믿음만 가지고 있는 경우이다. 본질적으로 이러한 믿음이 없다면, 실제적으로 영적인 사람이 되는 것이 과연 가능하겠는가? 나는 그렇게 보지 않는다. 비록 그리스도의 사랑을 깊이 깨닫는 것이 죄 사함을 경험하지 못한 사람에게 얼마나 많은 영향을 줄 것인가에 대해서 자유롭게 토론할 수 있겠지만, 그럼에도 죄 사함의 믿음이 없다면 영적인 사람이 되는 것은 불가능하다. 이제 신자의 영성을 방해하는 또 다른 요소를 살펴보자. 그것은 율법이 아니라 오히려 육신적인 자유이다. 사람들은 거기에 어느 정도가 가치가 있다고 생각한다. 그러한 안이한 생각은 결국엔, 이런 저런 모양의 세상 철학을 경계해야 하는 우리 영혼을 점령하게 되고, 결국엔 육신적인 사람의 상태에 빠지게 만든다. 영적인 사람은 하나님이 둘째 사람(그리스도)을 본받도록 정하신 영적인 상태에 들어간 사람으로서, 영성을 개발함으로써 되는 것이 아니라, 첫째 사람에 속한 육을 죽임으로써 되는 것이다. 육신을 만족시키는 대신에, 그와는 반대로 죽은 것으로 다루어야 한다. 결과적으로, 이렇게 하면 육신에 속한 모든 올무를 넉넉히 이기게 될 것이다.

사탄이 하나님의 자녀들을 지속적으로 빠뜨리는 한 가지 위험은, 자신이 그리스도 안에서 얻을 수 있는 모든 위로와 동시에 자신이 바라는 세상의 모든 안락을 동시에 취하도록 하는 것이다. 건강한 신자의 마음과 양심은 반드시 그러한 생각과 방식을 거절할 것이 분명하다. 마찬가지로 세상도 (그러한 신자에 대해서) 그리할 것이다. 만일 그리스도인이 자신이 마땅히 가서는 안될 곳을 잘 관찰해 보면, 다른 사람들이 그리스도를 고백하는 사람이 어떻게 그러한 곳에 갈 수 있는가 하며 오히려 의아해 하는 것을 보게 될 것이다. 그리스도인이 이런 식으로 세상을 깜짝 놀라게 하는 것은 굴욕적인 일이 아닌가? 사람들이 일반적으로, 그리스도인이 자기 주인으로 고백한 주님의 이름에 어울리지 않는다고 생각하는 행동을 해야 하는가? 세상은 일치성에 민감하다. 세상 사람들은 그리스도인으로 하여금 자신들이 추구하는 가치관과 쾌락을 공유하자고 유혹할 것이다. 그들은 그리스도인으로 하여금 세상을 바로 잡고 선한 본을 보이는 일에 도움을 줄 수 있다는 점을 강조하면서, 국회에 입성하는 것과 상원의원 또는 사법부 법관이 되는 것, 그리고 모든 가능한 국가 기관에서 권력의 자리에 앉아 권위를 행사하는 것에 대해서 설득하려 할 것이다. 의심할 바 없이, 이처럼 명예와 권력을 얻는 것만큼 육신에 기쁨을 주는 것은 없다. 하지만 이것은 그리스도께서 공식적으로, 게다가 정신적으로 뿐 아니라 자신의 본을 통해서도 금지한 것이 아닌가? 이러한 것들은 그야말로 이방인들이 매우 중요하게 생각하는 것이다. 하지만 그리스도께서는 우리를 이 악한 세대에서 건져 내시려고 죽으셨다가 다시 살아나셨다. 게다가 하나님의 은혜는 낮은 자리에 있는 우리에게 임하여 우리를 행복하게 만들 뿐만 아니라, 거기에 더하여 하나님이 우리에게 정해주신 자리에 만족하게 해준다. 이와 같은 세상에서 그리스도를 그처럼 가치 있게 여기는 영혼을 통해서 이러한 실제를 볼 수 있다는 것은 참으로 아름답고도 복된 일이다. 그러한 사람은 하나님이 그리스도 안에서 자신에게 주신 자리에서 그토록 기뻐하면서, 오직 하나님의 뜻과 하나님의 영광 외에는 달리 추구하는 것이 없는 사람이다.

반면 사람이 율법 아래서 애쓰는 동안에는 육신의 존재 때문에 항상 연약하여 율법을 온전히 지키는 것은 불가능하다. 그는 어떻게든 노력은 해보지만, 결코 율법을 지키지는 못한다. 그토록 많이 애쓰지만 거기에 도달할 힘이 없다. 씨름은 계속되지만, 하루를 마감하면서 자신이 하고자 했지만 하지 못한 것과 자신이 하고 싶지 않았지만 행한 것에 대해서 반성할 수밖에 없다. 따라서 그는 항상 회개하고 죄를 짓고, 또 죄를 짓고 회개하기를 반복한다. 그러한 것이 율법 아래 있는 사람이 겪게 되는 변할 수 없는 상태이다. 그렇다면 이것이 참 그리스도인의 상태라고 단언할 수 있는가? 결코 그렇지 않다. 그럼에도 많은 그리스도인들이 이러한 영적인 상태에 처해 있다. 하지만 이것은 우리 그리스도인에겐 전적으로 비정상적인 상태이며, 그리스도인에 대해서 성경이 말하고 있는 것과는 전혀 다른 모습이다. 내가 이것을 그리스도인의 상태가 아니라고 말한다고 해서, 이러한 상태를 통과하고 있는 그리스도인이 결코 없다는 뜻이 아니다. 다만 이것이 하나님께서 우리 그리스도인에게 주시고 또 우리 그리스도인에게서 기대하시는 매우 중요한 문제임을 부각시키고자 하는 것이다. 하나님의 자녀는 자신에게 나타난 은혜에 응답하지 못하는 상태에 빠져 헤맬 수가 있다. 만일 단순한 마음으로 서신서들을 살펴본다면, 말씀을 통해서 또한 성령님을 통해서 하나님이 나를 위해서 준비하신 것이 무엇인지 분명히 보게 될 것이며, 또한 하나님이 나로 하여금 마음의 견고한 평강과 실제적인 기쁨을 누리도록 들어가게 하신 복된 자리가 무엇인지 놓칠 수가 없을 것이다. 이처럼 복된 자리는 그리스도와의 연합을 나타내는 "그리스도 안에(in Christ)"라고 하는 자리이다. 영적 해방을 통해서 (율법과 육신 상태에서 벗어나) 그처럼 복된 자리에 들어가는 순간은 실제적인 성화 속으로 들어가는 순간이 될 것이며, 또한 하나님은 나를 성령을 담는 그릇으로 삼으시고, 이 비참한 세상에서 지속적으로 그리스도를 증거하는 증인으로 삼으시는 순간이 될 것이다. 이것이 바로 왜 하나님의 은혜가 우리를 그토록 복되게 하셨는지에 대한 근본적인 이유이며, 또한 이 복을 통해서 우리는 하나님이 주신 모든 복을 알고 누리게 된다.

내가 지금까지 말해 온 것은 육신에 있는 것이 아니라 영에 있는 존재가 무엇을 의미하는가에 대한 것이다(롬 8:9 참고). 이것은 하나님의 영이 우리 안에 내주하신다는 사실에 의존해 있으며, 또한 그 사실로 입증된다. 이것은 우리 영혼 밖에서 믿음을 일으키는 성령이 아니라, 신자 속에 내주하는 성령을 가리킨다. "만일 너희 속에 하나님의 영이 거하시면 너희가 육신에 있지 아니하고 영에 있나니 누구든지 그리스도의 영이 없으면 그리스도의 사람이 아니라"(롬 8:9) 이것이 바로 그리스도인의 특징이다. 그리스도의 영이 없으면, 그리스도의 근본적인 특징으로 인침을 받지 않은 사람이다. 성령님은 그리스도를 수태시기부터 구별하셨다. 그리고 때가 차매 그리스도는 성령으로 인침을 받았으며, 항상 성령 안에서 행하셨고 또한 오직 성령 안에서만 행하셨다. 마찬가지로 성령 안에서 사는 그리스도인도, 이제는 성령 안에서 행하도록 부르심을 받은 것이다. 이것은 자기 존재를 잃어 버리는 것이 아니다. 게다가 단순한 표현에 지나지 않는 것도 아니다. 오히려 우리 그리스도인이 갈망해온 바로 그것, 즉 이 땅에 사셨던 그리스도와 같은 존재가 되는 것이다. "또 그리스도께서 너희 안에 계시면 몸은 죄로 말미암아 죽은 것이나 영은 의로 말미암아 살아 있는 것이니라"(롬 8:10) 사람이 회심을 하게 되면 이내 율법 아래서 고통을 받게 되며, 그처럼 복된 그리스도인의 자리가 있는지 조차 모르고, 다만 자기 몸을 죽은 것 같이 여길 뿐 아무 능력도 경험하지 못한 채 지내게 된다. 성령님은 죄를 깨닫게 하시고 죄에 대한 각성을 일으키는 분이실 뿐, 신자가 이러한 육신적인 상태에 머무는 한 성령님은 결코 신자로 하여금 하나님과 화평을 누리며 하나님을 찬송하는 능력이 되어주지 않으신다. 하지만 신자가 육신에 대한 하나님의 선언을 전적으로 수용하면서, 그리스도 안에서 자신의 모든 정체성을 발견하게 되면, 성령님은 그를 내적으로 강하게 하신다. 따라서 신자는 영적 자유를 얻게 될 뿐만 아니라, 실제적인 능력을 경험하면서 영적 자유를 사용할 수 있게 된다.

더 살펴보자. "예수를 죽은 자 가운데서 살리신 이의 영이 너희 안에 거하시면 그리스도 예수를 죽은 자 가운데서 살리신 이가 너희 안에 거하시는 그의 영으로 말미암아 너희 죽을 몸도 살리시리라"(롬 8:11) 이 구절은 몸을 위한 완전한 해방을 가리키며, 로마서 7장 24절에서 호소한 영적 곤고함에 대한 완전한 응답이다. 따라서 구속의 증인이신 성령님은 하나님 앞에서 죽었다가 다시 살아나신 그리스도 안이라고 하는 새로운 신분을 주실 뿐만 아니라, 나로 하여금 이 죽을 몸이 이제는 나의 영혼 안에서 즐거워할 수 있는 생명으로 약동할 것을 기대하면서 그리스도를 바라볼 수 있는 신적인 보증을 주신다. 이것은 그리스도를 단순히 하나님의 아들로 바라보는 것이 아니라, 의로움으로 다시 사신 그리스도, 아버지의 영광으로 다시 사신 그리스도로 바라보는 것이다. 은혜 안에서 그리스도는 이 세상에 오셨다가 죽으셨다. 의로움 안에서 그리스도는 다시 살아나셨으며, 하나님의 우편에 앉으셨다. 의로움은 그리스도께서 은혜 안에서 이루신 무한한 가치를 지닌 십자가 사역에 대한 보상으로 주어진 것으로, 이 의로움 때문에 하나님은 죄와 사단의 노예였던 우리를 해방시키셨고, 이제는 신자들에게 그리스도의 자유를 주시려고, 우리를 그리스도 안에 두신 것이다. 그래서 먼저는 우리 영혼에 이루어지고, 그 다음으로는 그리스도께서 다시 오실 때 우리 몸에 이루어지게 될 것이다. 성령님은 우리 영혼에 이루어진 일에 대한 인침이며, 또한 우리 몸에 이루어질 일에 대한 보증이시다.

그리스도께서 진정 나의 분깃이신가? 믿음으로 의롭게 되는 것을 결정하는 것은 그리스도이시다. 그러므로 내가 의롭게 된 것은 하나님 앞에서 그리스도께서 온전하신 것만큼이나 실제적이고 완전하다. 하나님 앞에 계신 그리스도께서 바로 칭의의 척도이다! 그러므로 성경은 우리가 그리스도 안에서 "하나님의 의"가 되었다고 말한다(고후 5:2). 이 사실에 근거해서 성령님은 이제 내 안에 내주하시기 위해서 내려오신다. 따라서 나는 이제 나의 옛 본성을 죽은 것으로 다루며 또한 그리스도를 나의 모든 것으로 삼을 수 있는 능력을 얻게 되며, 장차 나타날 영광에 동참하는 소망을 가지게 된다.

이것이 바로 사망의 몸에서 나를 건져줄 해방자를 부르짖었던 것에 대한 응답이다. 영혼이 먼저 해방을 받는다. 그리고 몸은 나중에 다시 살리심을 받을 것이다. 그동안 성령님은 우리 영혼 뿐만 아니라 몸에도 자신의 복된 거처를 삼으신다. 신자는 머지않아 부활의 몸을 입게 될 것이다. 이처럼 놀라운 부활의 역사도 성령님 없이 되는 일이 아니다. 아들은 살리시는 일을 하지만, 그것은 성령님으로 된다. 성령님은 몸 혹은 영혼이 받게 될 모든 복의 핵심 역할을 하신다. 하나님의 영을 소유하는 일은 얼마나 행복하면서, 또한 얼마나 영광스러운 일인가! 성령님은 신령한 복의 모든 부분을 자신의 일부로 여기시는듯하다. 그렇다면 우리는 "하나님의 성령을 근심하게 하지 말라 그 안에서 너희가 구원의 날까지 인치심을 받았느니라"(엡 4:30)는 말씀을 얼마나 소중히 받들어야 하겠는가? 하지만 이것이 전부가 아니다. 하나님의 영은 아직 우리의 죽을 몸을 다시 살리신 것이 아니다. 그럼에도 성령님은 지금 우리 속에서 역사하시며, 우리 마음에 담력을 주어 "아바 아버지"라 부르짖게 하신다. 이것이 영적 해방이 신자 속에 이루어졌을 때 성령님이 일으키는 첫 번째 반응이다. 이것은 아들의 영 혹은 양자의 영으로 성령님이 하나님을 향해 일으키는 필연적인 반응이다. 이로써 영혼은 단순히 복 주심으로 인해서 기뻐하는 것이 아니라, 복의 근원이신 아바 아버지로 인해서 기뻐하는 것을 시작하게 된다.

이것은 내주하시는 성령님이 우리 속에서 역사할 때에만 가능한 일이다. 어째서 그럴까? 성령님은 우리가 조만간 몸의 구속을 이루실 것에 대한 확신을 주신다. 거기에 더하여 성령님은 "말할 수 없는 탄식으로" 우리 속에서 친히 간구하신다(롬 8:26). 우리가 지금 처해 있는 만물의 상태에 대한 완벽한 동정심이 발동된다. 성령님의 탄식은 필연적인 것이다. 왜냐하면 나는 아직 몸의 구속을 받지 못했고, 여전히 몸 안에 있기 때문이다. 그렇다면 나는 다만 부분적으로만 (영의) 해방을 받았을 뿐 아직 완전한 (영과 몸 모두) 해방을 받은 것은 아니다. 따라서 나도 성령을 따라서 탄식을 하게 된다. 왜냐하면 내 영혼은 자유를 얻었지만, 나의 겉 사람 뿐 아니라 나를 둘러싼 모든 것들은 그 반대의 것을 느끼고 있기 때문이다. 그러므로 나의 마음은 피조물 자체도 썩어짐의 종노릇 한 데서 해방되어 하나님의 아들들의 영광의 자유에 이르게 될 그 날을 바라보게 된다. 나는 하나님의 은혜로 지금 영적 자유를 맛보고 있으며, 머지않아 이 썩어질 몸에도 자유와 하나님의 영광이 나타날 것이다. 그러므로 우리 속에는 내주하시는 성령님의 복된 자리가 있다. 이것은 (우리가 거듭날 때 받은) 새로운 본성과는 완전히 구분되는 인격적인 성령님의 존재를 가리킨다. 이와 동시에 성령님은 그리스도의 죽음과 부활을 통해서 해방된 영혼으로서, 그리스도인으로서, 나로 하여금 새롭게 들어가게 하신 상태에 걸맞는 자신의 이름을 주신다. 그 결과로 이제 나는 성령 안에 있게 되고, 성령님은 내 안에 내주하시게 되는 것이다.

   이처럼 엄청난 진리의 실제적인 적용과 사용 속으로 단번에 들어갈 수 있을 것으로 기대해서는 안된다. 하지만 나는 지금 우리가 다루고 있는 핵심적인 진리, 즉 우리가 지금 들어온 새로운 상태로서, 성령 안에 있게 된 것에 대해서는 보통은 거의 증거되고 있지 않은 진리가 되어버렸기 때문에, 이 부분을 다루기를 간절히 소원해왔다. 내가 추측하는 바로는 대부분의 사람들은 하나님의 영이 우리 안에 내주하신다는 진리에 대해서 아주 익숙하다고 본다. 하지만 내가 성령 안에 있다는 진리에 대해서는 그렇지 못하다. 그럼에도 이 후자의 진리는 그리스도인이 상당한 관심을 가져야할 만큼 중요한 진리이다. 이 진리가 가진 엄청난 유익을 놓치지 않기를 바란다.

제 8강 성령 세례란 무엇인가?
고전 12장

    이제부터 성령의 임재가 가지고 있는 강력한 효과에 대해서 다루고자 한다. 그 가운데 하나로, 성령 세례가 있다. 성령님은 성령 세례를 통해서 전혀 새롭고도 연합된 하나의 몸을 형성하시는데 곧 이 땅에서 그리스도의 몸을 생성하신다. 그리스도의 몸에 대한 진리는 특별히 신약시대에만 계시된 진리이며, 게다가 신약성경내에서도 그에 대한 계시는 오직 한 사람, 즉 사도 바울을 통해서만 우리에게 전달되었다. 사도 바울이 쓴 서신서를 제외하면 그 어디에서도 발견할 수가 없다. 그렇다고 해서 이처럼 위대한 진리를 알리도록 하나님이 사도 바울을 일으키기 전까지, 그리스도의 몸으로서 하나님의 교회가 없었다는 말은 아니다. 다만 그리스도와 교회의 비밀이 하나님의 거룩한 사도들과 선지자들에게 성령을 통해서 계시되었을 때, 그들 모두에게 계시된 것이 아니라, 오직 한 사람에게 계시되었던 것이다. 이상의 내용은 성경이 분명히 밝히고 있는 사실이다. 그래서 바울 외에 신약성경의 저자들 가운데 어느 누구도 그리스도의 몸으로서 교회에 대해서 말하고 있지 않은 것이다.

하나님이 바울에게 맡기신 사역과 하나님의 계시를 거룩한 책에 기록함으로써 우리에게 소개해준 진리를 생각해보면, 바울의 개인적인 역사 속에서 그에 합당한 이유를 찾을 수 있다. 바울로 이름을 바꾸기 전 사울은 오랫동안 그리스도께서 높은 곳에 계신 위엄의 보좌 앉으심으로써 영광을 받으셨다는 성령의 증거를 거스르며 원수 역할을 해왔다. 사울은 스데반의 순교를 지켜본 사람이었다. 게다가 남자나 여자나 할 것 없이 믿는 사람들을 박해하는 일에 주도적으로 활동하면서 유대인의 특사 역할을 했다. 예루살렘에서 뿐 아니라 도시마다 다니며 교회를 멸하고자 했으며, 그 일로 교회는 여러 도시로 흩어지게 되었다. 이것은 한편으로 교회에겐 복된 피난이었다. 왜냐하면 하나님은 이 박해를 통해서 새로운 영혼들을 그리스도께로 구령하는 기회로 삼으셨기 때문이다. 사울은 예수님의 이름을 믿는 신자들에 대하여 살기가 등등해져서, 우리가 다 아는 대로, 더욱 열정적으로 그리고 한편으로 경건한 신앙심으로, 그들을 잔멸하기 위해서 그 시대 최고의 종교기관으로부터 공문을 받았다. 일이 이렇게 진행되어 가는 중에, 하나님은 이 땅에 대한 섭리를 변경하심으로써 축복의 물결이 더 이상 예루살렘으로 흘러들어가는 것이 아니라 도리어 거기서 흘러나오게 하셨고, 은혜로 참 영광을 이루고 있던 예루살렘의 모든 것이 짓밟히고 흩어지도록 하심으로써, 성령님은 밖에서 영혼들을 찾으시고 예루살렘의 오랜 원수들을 축복하셨다. 이러한 새로운 역사는 사마리아 사람들 가운데서 일어났을 뿐만 아니라, 심지어는 멀리 있는 땅 끝에서 온 에디오피아 내시에게도 주님의 은혜가 전파되도록 했다. 에디오피아 내시는 하나님이 예수 그리스도 안에서 이루신 은혜의 복음에 대해서 전혀 아는바가 없었지만 오직 죄인을 구원하시는 하나님의 은혜만을 알고도 기쁘게 고향으로 돌아갔다. 이것은 예루살렘에서 일어난 일이 아니라, 예루살렘을 떠나 먼 고향으로 돌아가는 길에서 일어난 일이었다.

이 중차대한 시기에 하나님은 다소의 사울을 다메섹 도상에서 만나주셨다. 사울은 하나님의 참된 은혜에 대해서 영적으로 어두웠기에 예수님의 이름을 고백하는 사람들을 향해 맹렬한 분노에 사로잡혀 그들을 결박하여 끌어오기 위해서 예루살렘을 떠나는 중이었다. 사울은 세상이 주는 슬픔, 수치심과 죽음의 사명을 띠고 있었고, 또한 하나님의 이름을 빙자한 사탄만이 줄 수 있는 적대감을 에너지로 삼아 사명을 수행하고 있었다. 사울은 진리에 대해서는 눈이 멀어 있었지만, 그럼에도 그는 선한 양심을 가지고 있었다. 그가 다메섹에 가까이 이르렀을 때 정오의 햇빛보다 더 밝은 빛이 갑자기 그를 비추었고, 동시에 그는 시력을 잃어버렸다. 이로써 그는 초자연적으로 영광의 주님을 볼 수 있었고, 또 자신을 성도로서 뿐만 아니라 사도로서 부르시는 주님의 음성을 들을 수 있었다. 게다가 자신을 그처럼 놀라운 증인이 되게 하시고, 주님의 권위로 사역하게끔 해준 은혜를 맛볼 수 있었다. 이를 통해서 은혜의 사역은 그 시대뿐만 아니라 모든 시대를 위한 것이며, 그 땅만을 위한 것이 아니라 하늘 아래 모든 땅을 위한 것이 되었다. 이처럼 복된 사람이 선택을 받았다. 이 사람을 회심시킨 말씀 속에는, 이제 우리가 살펴보기를 바라는 위대한 진리의 진수가 담겨 있다. 사울은 생생한 주님의 음성을 듣고, 그 주님이 예수님이심을 놀라움 가운데 알게 되었다. 이 사실은 그의 영혼을 전율시킬 만큼 놀라운 것이었다! 십자가에 못 박히셨던 나사렛 예수, 자신이 끊임없이 미워하고 또 박해했던 대상이었던 그분이 바로 영광을 받으신 주님이셨던 것이다. "나는 네가 박해하는 예수라."(행 9:5) 역사는 이렇게 이루어졌다. (회심의 결과로 주어지는) 영혼의 기쁨에 관한한 점진적인 것이었지만, 본질적인 회심의 역사는 단번에, 그리고 확실히 이루어졌다. 예수님의 계시에 사로잡힌 처음이자 마지막 사도였던 바울은 하나님의 교회의 본질을 계시처럼 보게 되었고, 이러한 계시를 발전시키고 실제적으로 강화하는 일을 하기에 가장 적합한 사람이었기에, 자신의 글에서 하나님의 교회의 기초를 놓았고, 또한 그리스도의 몸으로서 교회의 천상의 특징을 서술하였으며, 교회 안에서 하나님의 영광을 위한 투쟁을 시작했던 것이다. 이것이 그의 삶의 특징이 되었다. 이런 이유로 하나님은 예수 그리스도 우리 주님을 통해서 그를 부르신 것이다.

회심하자마자 즉시 주 예수님을 그리스도로 뿐만 아니라 하나님의 아들로 전하기 시작한 것은 바울이었다(행 9장). 이것은 바울의 서신서에서 매우 중요한 요소였다. 그렇다고 해서 하나님의 아들되심이 그리스도의 몸만큼이나 바울의 글에서 특징적이고, 게다가 절대적이라는 말은 아니다. 하지만 나는 그처럼 복된 사도에 의해서 진술된 하나님의 섭리에서 하나님의 아들되심이 차지하고 있는 광대성에 독자들을 주목시키고 싶다. 비록 하나님의 교회가 높임을 받은 사람이신 그리스도와 더욱 연결점이 있긴 하지만, 그럼에도 천상에서 높임을 받으신 인자이신 그리스도는 하나님의 아들이시다. (비록 경건한 태도로 이렇게 표현할 수 있다면) 하나님은 그리스도와 자신이 가지고 있는 관계를 최고로 친밀히 하는데 뿐만 아니라, 하나님의 우편에 사람으로서 차지하신 그리스도의 자리에 우리로 들어가게 하시는 일에도 이 표현을 사용하신다. 따라서 바울니라 교회적인 차원에서도 일어나서는 안되지만, 그럼에도 그리스도의 교회가 그리스도의 이름을 배신할 수 있다는 것은, 그리고 이 일이 성도 혹은 교회가 전적으로 그리스도께 신실하지 못해온 슬프고도 안타까운 상황이 온전히 드러날 때까지는 믿기 힘든 일이 될 것이다. 느리고도 고통스럽게 이러한 현상이 목격될 것이고, 이렇게 목격되는 것을 우리는 막을 수 없다. 왜냐하면 하나님이 우리 양심을 비추실 것이며, 따라서 우리는 이러한 일에 눈을 감고 또 안 그런 척 외면할 수 없을 것이기 때문이다. 내가 믿기론, 이렇게 진행되면 말씀이 계시되고 또 우리가 당면하고 있는 의무와 어려움들을 향해서 성령님이 구체적으로 말씀을 적용하시기 때문에, 여러 사람들이 하나님의 영이 역사하시는 것을 알아챌 수 있게 된다.

이제 고린도전서 12장 13절에 담긴 위대한 진리를 살펴보자. "우리가 유대인이나 헬라인이나 종이나 자유자나 다 한 성령으로 세례를 받아 한 몸이 되었고 또 다 한 성령을 마시게 하셨느니라." 여기서 우선 주목할 것은 "우리가 다 한 몸이 되었다."는 것이고, 또한 "우리가 유대인이나 헬라인이나 종이나 자유자나 다 한 성령으로 세례를 받아 한 몸이 되었[다]"는 것이다. 십자가 이후, 하나님의 은혜로 부르심을 빋은 모든 사람, 즉 하나님의 모든 자녀는 한 몸의 지체가 되었다는 것을 누가 의심하겠는가? 그리스도인은 한 사람도 예외 없이 한 몸을 이루고 있다. 그렇다고 모든 성도가 동시에 한 몸 안으로 들어온 것은 아니다. 또 성령으로 세례를 받지 않은 그리스도인은 한 사람도 없다. 만일 성령으로 세례를 받았다면 그 결과는 무엇인가? 사람들을 분열시키는 것이 아니다. 이렇게 사람들을 구별 짓는 것은 구약시대의 성도들인 이스라엘 민족의 상태였다. 하지만 성령님이 하시는 일은 사람들을 하나로 만드는 것이다.

물론 나는 기독교의 이름 아래 있는 한 개인으로서 나의 복을 잃지 않는다. 오히려 그 반대이다. 뿐만 아니라 하나님이 우리로 단체를 이루도록 하신 영역(ground)이 있다. 그 영역은 교회이다. 따라서 나는 한 몸인 교회에 속해 있다. 나는 하늘로서 보내심을 받은 성령에 의해서 한 몸 안으로 세례를 받았다. 이렇게 성령 세례는 내가 하나님의 자녀인 것과 마찬가지로 믿음에 속한 일이다. 만일 내가 한 몸의 지체라면, 나는 그렇게 한 몸의 지체처럼 행동해야 하지 않겠는가? 이것이 실제로 작용하는 것이라고 믿어야 하지 않겠는가? 성령님의 한결같은 임재를 의존해야 하는 것은 아닌가? 만일 이것이 실제적인 것이라면, 이에 합당하게 행해야 하는 의무가 있는 것은 아닌가? 그렇게 하려면 어떻게 해야 하는가? 하나님의 말씀을 찾아보라. 그리고 실제로 당신의 삶 속에서 시현해보라. 그렇게 정직하게 행하는 사람에게는 분명 무슨 결과가 있을 것이다. 여기서 정직은 인간적인 솔직함을 의미하는 것이 아니라, 경건한 삶을 의미한다. 순전한 믿음으로 자신의 뜻이 아니라 예수 그리스도의 뜻을 이루고자 추구해보라. 모든 하나님의 자녀들이 그렇게 하나님의 말씀과 성령으로 인도함을 받으면, 과연 무슨 결과를 기대할 수 있을까? 분명 성경에는 아무 문제가 없고, 또 성령님에게도 아무 문제가 없다.

 많은 사람들이 이것을 너무 모호한 암시라고 생각할 것이다. 하지만 시시콜콜하게 하나 하나 언급할 수는 없다. 그렇게 하게 되면 하나님의 말씀을 무시하거나 아니면 성령의 능력을 실제적으로 부인하는 것 같이 느껴질 것 같다. 그렇게 하는 것은 하나님의 계시와 현재적인 인도만으로는 충분하지 않다고 인정하는 꼴이 될 것이다. 이렇게 하는 것이야말로 내게는 너무 모호한 암시로 여겨진다. 오히려 그러한 것을 나는 전적으로 거부한다. 하나님의 영이 세상에 있는 이 보다 더 크지 아니한가? 나는 교황주의자나 모든 외식하는 종교인들이 성경을 코에 걸면 코걸이 귀에 걸면 귀고리하는 식으로 남용하는 것을 용납할 수 없다. 다시 확증하지만, 그리스도인은 자기 속에 육신이 있지만, 그렇다고 육신에 속하지 않고 다만 성령에 속한 사람이며, 게다가 하나님의 영이 그 속에 내주하는 사람이다. 우리가 순전한 마음으로 성경을 대하고 또 말씀을 정직한 마음으로 순종하게 되면, 성령님은 우리 속에 확신을 일으키신다. 그리스도인들이 그처럼 다양하고도 다른 분별을 갖게 되는 유일한 이유는 성령을 거슬러 대적하는 육신을 정죄하지 않기 때문이다. 나는 다른 사람들을 정죄하려는 것이 아니다. 오히려 이 원리를 나 자신에게 적용해보고, 또한 아무 것도 모른 채 육신이 행하려는 방향대로 따라가는 사람들에게 적용해보도록 권하는 것이다. 어느 누구도 성령님이 주권적으로 역사하실 때, 오히려 성령의 임재 혹은 하나님 말씀의 충분성에 대한 확신을 저버리지 않아야 한다. 과연 성령님은 믿음에 비례해서 그리스도인 안에 계시고 또 교회 안에 계신 그리스도의 영광을 위한 말씀을 강력하게 사용하고 계시지 않은가? 그러므로 참된 하나님의 자녀라면 진토와 같은 전통과 죽은 시체와 같은 불신앙을 벗어던지고, 성경과는 전혀 다른 방식으로 사역하는 것을 멈추고, 성령 안에서 하나님의 말씀을 순종하면서 따라가야 하지 않겠는가!

고린도전서 12장의 나머지 부분은, 무엇보다도 "몸은 한 지체뿐 아니요 여럿이니"(고전 12:14)를 살펴보는 것으로 충분하다. 지체의 여럿이 의미하는 바는 모든 지체가 다 중요하다는 것이다. 이것은 매우 중요한 원리이다. 따라서 손이 소중한 만큼 발도 중요하다.

물론 모두가 동일한 목적을 가지고 있거나, 또는 같은 기능을 하는 것은 아니다. 그럼에도 모든 지체가, 크건 작건 필요하다. 하나님의 교회에서 현재 연약함이 나타나고, 힘이 분산되는 것은 손과 발이 제자리에서 기능하고 있지 않고 함께 모여 있기 보다는 여기 저기 흩어져 있기 때문이다. 문제는 그리스도의 몸이 지상에서 나타나야 함에도, 몸의 지체들이 탈구(脫臼)되어 있는 상태에 있다는 점이다. 그 결과 혼돈과 번뇌가 소용돌이치고 있다. 하지만 하나님은 항상 신실하시며, 하늘로서 보내심을 받은 성령님을 통해서 역사하신다. 성령님이 누구신가? 이 모든 상황을 넉넉히 통제하실 수 있는 분이시다. 교회는 약해지고, 사역은 강하지 못할 수가 있다. 하지만, 과연 하나님의 영도 약하신가? 따라서 이 모든 문제는 단순하게 성령님의 임재와 그 역사의 실제성에 대한 우리 믿음의 문제로 귀결된다. 성령님은 자기 뜻대로 그리스도의 영광을 위하여 개인들에게 능력을 더하시고 불러 사용하시되, 보통은 그 몸의 지체들을 사용하신다. 이것은 믿음이 없는 다른 사람을 강요하기 보다는 우선적으로 나부터 이 진리를 굳게 붙들 수 있는 심지의 곧음을 절대적으로 필요로 한다. 그렇다면 이 세상에서 하나님의 영의 다양한 역사에 빠져드는 것보다 더 사랑스러운 일이 무엇이 있겠는가! 성령님은 다른 사람이 흉내낼 수 없는 전혀 다른 특징을 가진 은사를 각 사람에게 나눠주신다. 그렇다면 하나님의 교회에는 정확하게 똑같은, 두 개의 은사는 없다. 그렇다고 사람이 이웃집 사람과 완전히 다른 것은 아니다. 다만 우리 모두가 아는 대로, 모든 사람에게는 그 사람만의 특별한 것이 있다. 닮은 점이 있을 수도 있지만, 각 사람은 이 세상에 존재한 일이 없는 독특한 특징을 가진 유일한 사람인 것이다. 이것은 교회 안에서도 마찬가지이다. 하나님은 우리에게 하라고 맡기신 사역을 위해서 이런 저런 사람을 필요로 하신다. 육신은 욕심을 내고 질투한다. 하지만 하나님의 영께서 주의 사역에 나타나는 이러한 다양성을 볼 수 있는 믿음을 우리에게 주시니, 이 얼마나 놀라운 일인가! 한편 인간의 본성을 생각해보자. 이 본성이 허락된 곳은 예외 없이 이러한 신적인 특성을 말살하는 것으로 나타난다. 사람은 성령의 다양한 은사를 맷돌에 갈아서 혼합시킨 후, 은사를 평준화시켜서 사역을 하게 한다. 즉 성령님의 정교한 안배를 묵살하고 사역의 다양성을 손상시키는 것이다. 이제 고린도전서 12장의 나머지 부분은 그냥 두고 넘어가고자 한다. 고린도전서 12장의 주요한 내용만을 간략하게 살피는 것이 본래 의도였기 때문이다.

마치기 전에 반드시 언급해야 할 성경이 있다. 바로 에베소서 4장이다. 에베소서 4장은 그리스도의 몸에 대한 가르침이 훌륭하게 제시되어 있으며, 그것도 매우 다른 방식으로 제시되어 있다. 사도 바울은 그리스도의 몸된 교회를 바라보면서, 고린도전서 12장처럼 지상에서 성령님이 역사하시는 장(場)으로서가 아니라, 오히려 하늘에 있는 머리와 연결되어 있는 존재로 보고 있다. 그리스도께서 교회의 머리로 소개되어 있지만, 그럼에도 땅에 있는 몸과 관련해서는 여전히 "그리스도"(고전 12:12)로 불린다. 고린도전서는 그리스도와 교회가 그런 식으로 연합되어 있는 것보다는, 성령님이 하나님의 뜻을 따라 수고하는 일종의 밭으로만 바라보고 있는데, 바로 이것이 에베소서와는 다른 점이다. 그리스도는 높은 곳에 오르셨지만, 그리스도의 몸은 지상에 있다. 그럼에도 그리스도의 몸된 교회는 위에 계신 그리스도와 한 몸을 이루고 있다. 내가 만일 그리스도를 바라본다면, 나는 즉시 하늘과 연결된다. 내가 만일 성령님을 바라본다면, 교회 안에서 하나님의 영광을 위하여 성령님이 일하고 계신 장소인 땅과 연결된다. 따라서 이러한 차이점이 두 서신서를 관통하고 있다. 두 가지 관점 모두 참되고 중요한 것이다. 하나만 선택하고 다른 하나는 버릴 수 있는 것이 아니다. 그렇다고 두 가지가 동일한 무게로 우리 마음에 작용한다는 의미는 아니다. 확실히 그렇지는 않다. 하지만 두 가지 모두 필요하고, 두 가지 모두 신성한 진리이며, 우리의 유익과 복을 위해서 계시된 것이다. 그러므로 에베소서 4장에서 주요한 주제로 우리가 발견하는 것은 바로 그리스도께서 자기 몸된 교회를 돌보시고 보양하시는, 확실한 영적 자원의 원천이시라는 점이다. 그래서 그리스도는 교회에 은사(자)들을 주셨다. 사도들, 선지자들, 복음 전하는 자들, 목사들과 교사들이다. 여기엔 방언이나 신유에 대한 언급은 없다. 이러한 표적의 은사들에 대해선 고린도전서 12장과 14장에서 충분히 다루고 있다. 에베소서에 보면 모든 은사(자)들은 몸을 보양하는 수단으로 주어졌으며, 세상을 향하여 하나님 교회의 능력을 증거하려는 목적보다는, 그리스도께서 자신의 몸된 교회를 보양하려는 목적으로 주어진 것으로 소개되어 있다. 성령님은 그리스도의 몸으로 부르신 교회 안에서 강력하게 역사하신다. 여기에 그리스도는 머리로서, 자기의 몸을 위하여 친히 인격적으로 사랑과 돌봄을 베푸신다. 따라서 한편에서는 그리스도께서 주도적으로 역사하시고, 다른 한편에서는 성령님이 엄청난 에너지로 역사하심으로써, 그 뜻대로 교회 안에 주신 은사(자)들을 통해서 이처럼 다양한 나타남으로 일하신다. 그러므로 에베소서에 계시된 가장 큰 목적은 "이는 성도를 온전하게 하며 봉사의 일을 하게 하며 그리스도의 몸을 세우는 것이다."(엡 4:12)

하나님이 이러한 은사(자)들을 통해서 나타내고자 의도하신 바르고 합당한 방법은 그리스도의 몸의 지체들을 온전케 하는 것이다. 고린도전서 12장처럼 하나님의 교회와 독립적으로 사역하는 것이 아니라, 한 몸의 지체가 되어서 사역하는 것이다. 이것은 복음을 전하는 일에서도 마찬가지여야 한다. 사도 바울의 경우를 보면, 주님이 매우 기적적인 방법으로 그를 부르셨다. 하지만 사울과 바나바가 보내심을 받았을 때, 그 때에는 하나님의 은혜를 따라서 교회의 천거를 받았다. 그래서 그들은 돌아와서 교회에 하나님이 하신 일을 보고했다. 그렇다고 해서 그들의 소명이 교회로부터 온 것은 아니었다. 교회는 주님의 종을 선택하거나 보내거나 할 권한이 없다. 이 점은 매우 중요하다. 우리는 오늘날 나타나고 있는 사역의 원천, 소명, 그리고 특징을 말씀과 비교해보면, 하나님에 의한 사역과 사람이 부패시킨 사역과의 차이점이 확연하게 드러나게 된다. 나는 제도권 교회의 사역자들 가운데 주님의 종이 있다는 점을 부인하지 않는다. 하지만 거기엔 항상 제도적으로, 소명의 유일한 원천이신 주님을 무시하고, 참된 교회의 사역을 방해하는 요소가 있다는 점을 상기시키고 싶다. 따라서 정상적인 모습 보다는 상당히 변칙적인 모습을 많이 볼 수 있다. 내가 믿기론, 그들 가운데 참되고 신실한 그리스도의 종들이 있다. 그럼에도 현재 기독교계에서 사역자의 자리에 들어가려면, 당신은 자신의 소명서를 몇몇 교회에 제출해야만 한다. 즉 당신도 결국 사역자의 자리를 얻기 위해서 주님을 무시하고, 대신 주님의 자리를 대신하고 있는 교회에 잘 보이려는 부류에 속해야 한다. 이것은 한 몸의 진리가 아니다. 모든 사람이 교회가 주님의 자리를 대신하는 죄에 참여하고 있다. 이것은 종교인들이 가진 지극히 작은 문제에 불과한 것이 아니다. 그들도 결국은 로마 교황주의자들이 빠진 엄청난 오류에 빠진 것이다. 로마 가톨릭 교회로부터 어빙주의 파에 이르기까지 동일한 오류에 빠져 있다. 내가 아는 한, 퀘이커 교도들, 즉 친우회도 예외는 아니다. 비록 그들은 특별한 방법으로 성령에 대한 인식을 가지고 있지만, 앞의 사례에서 살펴본 것처럼, 친우회보다 이 주제에 대해서 계시된 진리와 동떨어진 단체는 없다.

    나는 누구의 감정을 상하게 하고 싶은 마음은 없다. 다만 진리를 말할 뿐이다. 게다가 나는 친우회와 아무 관계가 없다. 누군가 있다면, 진정 내가 진리에 대해서 말하고 있는 바에 대해서 귀를 기울여 주길 바랄 뿐이다. 친우회가 믿고 있는 대로, 세상에 있는 모든 사람이 다 하나님의 영을 가지고 있다는 교리는, 성령님은 그리스도인 속에 내주하시며 또한 하나님의 집에 거하신다는 성경의 위대한 진리를 전적으로 파괴하는 것이다. 게다가 교황주의자들이 믿고 있는 것은 더욱 끔찍하다. 왜냐하면 교황주의자들은 그리스도의 이름으로 다소 이상한 교리를 들여왔기 때문이다. 다소 광신적이고 미신적인 의식을 행하면서, 단지 몇 방울의 물을 뿌리면 성령이 임하는 것으로 믿고 있으며, 게다가 로마 가톨릭 교회 밖에 있는 사람은 본질적으로 잃어버린 영혼들이며, 로마 가톨릭 교회 안에 들어와야만 그리스도의 이름으로 구원을 받을 수 있다고 믿고 있다. 현재로선 이러한 오해로부터 교황주의자들이 벗어날 수 있는 길은, 그들 가운데 존경받는 사람들이 내비치고 있는 객관적인 진리에 머무는 것이다. 개인적으로 그들에 대해서 할 말은 없지만, 구속의 역사에 나타난 하나님의 참된 은혜와 성령의 선물에 대해서 그들이 잘못 취하고 있는 입장에 대해서 할 말은 했다. 만일 내 말이 참된 것이라면 이러한 엄숙한 경고를 부인할 수 있는 사람이 누군가?

하나님은 누구든지 이 위대한 진리로 돌아가야 한다는 사실을 자신의 이기적인 목적을 위해서 사용하는 것을 금하신다. 반대로, 이것은 우리가 안고 있는 커다란 책임이다. 더구나, 이것은 우리 스스로를 참으로 부끄럽게 만들어야 마땅하다. 왜냐하면 우리가 다른 사람들의 마음과 양심에 그러한 능력으로 함께하는 사람들을 제시하지 못하고 있기 때문이다. 오히려 우리는 그들 스스로가 하나님의 길에서 벗어나 있다는 두려움을 느끼게 해주어한다. 나는 우리의 영성과 헌신의 부족을 느끼며, 심지어는 우리 속에 세속성마저 있음을 고백할 수밖에 없다. 개인적으로 또는 교회적으로 슬픔을 느끼게 할 만한 많은 요소들이 우리 가운데 너무도 많이 나타나고 있다는 것이 큰 짐이다. 우리에게 믿음이 부족하지 않고, 또 우리 자신 속에 은밀한 죄도 없을진대, 그렇다면 육신적인 사람들과 더불어 일하는 사탄의 모든 능력이 우리를 잠시도 넘어뜨리게 할 수는 없다. 바로 이것이 우리가 진정 두려워해야하는 실제적인 위험이며, 하나님 앞에서 수치스럽게 생각해야 하는 것이다. 하나님이 우리에게 믿을 뿐만 아니라 증거하도록 주신 복된 진리를 굳게 붙들자. 악한 것을 사랑하는 사람들이나 또는 밖에서 중상모략 하는 자들은 아무런 힘이 없다. 그들로 자신들이 하고 싶은 말을 실컷 하게 하라. 다만 우리의 눈은 순전하게, 우리의 마음은 진실하게 그리스도를 향하고 있으면 된다. 그렇다면 우리는 잠시도 두려워할 필요가 없다. 성령님이 하나님의 말씀대로 역사하실 것이기 때문이다.

에베소서 4장에 있는, 내가 이미 다루었던 또 다른 사실에 주목해야 한다. 에베소서 4장의 은사(자)들은 우리 모두가 다 그리스도의 장성한 분량에 이르기까지 절대적으로 필요하다. 이 점이 바로 고린도전서 12장과 에베소서 4장의 차이점이다. 표적의 은사들에 대해서는 언급이 없다. 이것을 통해서 내가 배우게 된 것은, 또 말씀을 옳게 분변하는 눈으로 볼 수 있는 것은, 표적의 은사는 더 이상 필요치 않다는 것이다. 주님은 결코 초대 교회에 주신 신유나 방언, 혹은 그와 같은 외적인 표적들이 지속될 것으로 보증하신 적이 없다. 이제 우리는 새로이 부르심을 받은 영혼들에게 주님의 은혜를 사역하기 위한 은사들이 필요하며, 덕을 세우는 것과 부르심을 받은 사람들을 보호하고 돌아보는 사역을 위한 은사들을 필요로 하는 순간에 이르게 되었다. 내가 확신하는 바로는 이러한 사역적 은사들은 "우리가 다 하나님의 아들을 믿는 것과 아는 일에 하나가 되어 온전한 사람을 이루어 그리스도의 장성한 분량이 충만한 데까지 이르[기]"(엡 4:13) 위한 것이다. 현재 상황에도 이러한 사역적 은사들은 우리에게 유익하며, 또한 이 모든 은사들은 세상 끝 날까지 하나님의 교회와 함께 할 것이다.

이제 이 주제를 마무리하고자 한다. 완전한 만족감이 들지는 않지만, 적어도 하나님의 은혜가 인도하는 대로 이만큼 전개해왔다. 하나님의 은혜는 하나님을 의지하는 믿음을 가진 사람들을 실망시키지 않을 것이다. 어찌하든지 주님의 말씀을 통해서 우리 믿음이 더욱 보양을 받아, 주님을 기쁘시게 하는 일에 우리 자신을 더욱 드릴 수 있기를 바란다.

Lecture 9

제 9강 성령 안에서 하나님의 거하실 처소
엡 2장

　에베소서 2장의 마지막 몇 구절만을 다루고자 한다. 그 이유를 이제 설명하겠다. 성령님은 교회를 다만 그리스도의 몸으로만 소개하지 않고, 하나님의 거하시는 처소로도 소개하고 있다. 그리스도의 몸이란 하늘에 있는 머리이신 그리스도와의 연합을 소개하는 개념이다. 하나님의 처소는 지상에 있는 교회의 실제적인 장소의 개념을 단순하면서도 선명하게 제시해준다. 이것만이 차이점은 아니다. 오히려 더 중요하면서도 숙고해보아야 하는 내용이 있다. 그럼에도 두 가지는 한 가지 포인트에서 일치를 이루고 있는데, 성령으로 말미암고 또 십자가 구속에 터 잡고 있다는 사실을 제외하면, 그리스도의 몸이나 하나님의 거하시는 처소나 아무런 차이가 없다. 이 둘을 구분하는 것은 교리적으로 매우 중요하지만 실제적으로는 아무런 차이는 없다. 부차적으로 이것은 하나님의 말씀을 실제적으로 순종하려는 사람들에겐, 교회의 범위를 결정한다. 즉 교회가 처음 시작된 시간을 알려주는 바로미터인 것이다. 따라서 교회는 십자가 구속의 결과물이다.

 죄가 십자가에서 심판받고 처리되고, 또 성령님이 하늘로서 내려오시기까지 그리스도의 몸 혹은 성령 안에서 하나님의 거하시는 처소와 같은 것은 없었다. 이것을 제대로 알게 되면, 우리 마음에 엄청난 영적인 도약이 이루어진다. 이 진리를 오래전부터 알고 있었던 사람은 많지 않다. 이러한 진리를 수용하고 있는 하나님의 자녀들도 드물다. 이러한 사실은 여러 가지 면에서 영적인 비극이다. 그렇다고 해서 이러한 진리가 주는 신령한 복 자체를 잃어버리는 것은 아니다. 즉 관계는 상실되지 않지만, 이 복을 누리는 것은 진리를 아는 지식에 비례하고 있음을 알아야 한다. 이것이 우리에게 가져다주는 복은 하나님 편에서 보면, 지극히 큰 자비를 베푸시는 것이다. 이 복도 하나님의 은혜가 주는 다른 특권들과 함께 간다. 우리 영혼이 실제적으로 그리스도만을 바라본다면, 결과적으로 영생을 얻는다. 그래서 누군가 당신에게 "당신은 영생을 가지고 있습니까?"라고 묻는다면, 조금도 지체 없이 그렇다고 대답할 것이다. 하지만 이러한 질문에 조금도 어려움을 느끼지 않는 사람도, 영생의 본질에 대한 성경적인 개념을 가지고 있지 못할 수가 있다. 그들은 성경이 말하고 있는 영생의 개념에 대해서 한 번도 성경을 상고해 본 일이 없다. 그렇다면 그들이 그처럼 잘 알지도 못하고 있는 영생의 특징, 본질, 그리고 결과는 무엇인가? 이 주제는 어느 면에서는 하나님의 교회 진리, 즉 교회가 하늘에 있는 그리스도와의 연합되어 있는 것, 그리고 성령에 의해서 교회는 하나님의 거하시는 처소가 된 것과 쌍벽을 이룰 만큼 중요하다. 앞에서 우리는 이러한 진리의 한쪽 측면에 대해서 살펴보았다. 이제는 성경을 통해서 다른 쪽 측면을 살펴보자. 사실 우리는 이러한 진리를 구하는 사람들에게 이처럼 위대한 진리가 신적인 확실성을 가지고 전개되고 있는 하나님 말씀의 각 부분들을 직접 제시해주는 것 외엔 달리 할 것이 없다. 여하간 나는 실제적인 결과들을 다룰 것이다. 분명, 우리 영혼을 위해서 (이러한 진리를) 모으신 성령님에 의해서 충분히 각성되기 전까지는, 또한 하나님이 우리에게 알려주신 것을 우리의 경험 속에서 계발하고, 또 열매로 맺기 전까지는, 우리는 결코 어느 진리라도 그 진리가 가진 신령한 복을 맛볼 수 없으며, 게다가 그것을 통해서 하나님께 영광을 돌릴 수는 없다.

우리 앞에 있는 성경구절들을 읽어보면, 이 서신에서 성령님이 강조하시는 포인트는 유대교의 체제를 제쳐놓으시고, 이 땅에 전적으로 새로운 체제를 놓으시는 것이 분명해진다. 전례 없이, 하나님은 전적으로 새로운 길을 시작하셨다. 하나님은 과거에 "육체로 이방인이요 손으로 육체에 행한 할례당이라 칭하는 자들에게 무할례당이라 칭함을 받는 자들"을 (교회 안으로) 받아 주셨다. 그뿐만이 아니다. 하나님은 복음을 받아들이기 이전, 외국인이요 타인이며, 또한 세상에서 소망도 없고 하나님도 없었던 이방인들을 받아주셨고, 그들을 이스라엘 가운데 믿는 사람들과 하나로 만드시고 자기 앞에서 한 새 사람으로서 새로운 신분과 지위를 주셨다. 왜 이렇게 하셨는가? 왜냐하면 구속의 역사가 성취되었기 때문이다. 그렇다면 그리스도인이 이에 대해서 의구심을 표하는 것은 이상한 일이 아닐까? 과연 이것이 하나님의 말씀 가운데 가장 분명하면서도 의심할 바 없는 가르침이라는 것이 상당히 놀랄만한 일인가?

에베소서는 전체적으로 그리스도인에 대해서만 다룬다. 만일 내가 특정한 단어를 문맥과 상관없이 뽑아낸다면, 나는 그것을 (예를 들자면 "성도"라는 단어가 있다.) 거의 예외 없이 구약성도에게도 적용하려 들 것이다. 하지만 그런 식으로 앞뒤 문맥이나 정황과 상관없이 표현되는 경우는 없다. 만일 우리가 신약성경에서 성도라는 단어를 읽었다면, 모든 것이 새로운 개념과 연결되어야 한다. 따라서 에베소서는 "하나님의 뜻으로 말미암아 그리스도 예수의 사도 된 바울은 에베소에 있는 성도들과 그리스도 예수 안에 있는 신실한 자들에게 편지하노니"라고 시작되고 있다. 여기에는 구약과 연관된 것은 아무 것도 없다. 예를 들어서 구약시대엔 "그리스도 예수 안에 있는 신실한 자들"이 한 사람도 없었다. 여기에 사용된 성경의 언어를 전적으로 이해할 수 없다면, 그 당시에 말하고자 했던 의미를 조금도 이해하지 못하게 된다. 그렇다고 해서 구약성도들이 신실하지 않았다는 말이 아니다. 그들이 성도가 아니라는 말도 아니다. 다만 구약성도들에 대해서는 그리스도와 관련해서 그렇게 말할 수 없다는 말이다. 구약성도들은 메시야에 대한 약속과 예언이 성취되기를 기다리고 있었다. 하나님의 영은 그들 속에서 그렇게 역사하고 있었다. 그들 속에 귀한 열매들이 맺히기도 했다. 하지만 내가 아는 한, 구약시대에 속한 어느 영혼에게도 에베소서에서 말하고 있는 "그리스도 안에"라는 말을 사용한 적은 단 한 순간도 없었다. 그렇다면 우리는 이 모든 단어들을 사용해서 부를 수 있었던 에베소교회 성도들에 대해서는 무엇을 생각해야 하는가? 그럼에도 그들은 어째서 그 의미하는 바를 다 이해하지 못했던 것일까? 적어도 나는 그들이 구주로 인해서 선한 열매를 맺었다는 점에 대해서는 부인하지 않는다. 왜냐하면 그들은 주님을 보았고*, 주님 안에

---

* 역자주: 에베소교회의 초기 성도들은 세례의 요한의 제자였다는 점을 기억하라. 사도행전 19:1-7 참조하라.

있는 은혜를 맛보았고, 또한 그리스도인에게 나타내신 풍성한 자비를 경험했기 때문이다. 하지만 분명 그들이 누리고 있는 현재적 특권들과 그들만이 가지고 있는 독특한 특징들, 뿐만 아니라 그들의 영적 힘과 하늘에 속한 특징들이 선명하게 나타나지 않았고, 약화되었으며, 전반적으로 자욱한 안개가 낀 것처럼 그들 영혼은 무디어졌다. 이렇게 된 데에는, 구속의 역사가 완성이 되고 또한 하나님이 자신을 그리스도 안에서 계시하신 이래로, 하나님의 은혜를 아는 지식 가운데로 인도되었던 (신약시대의) 영혼들에게 하나님이 특별히 그리고 유일하게 계시하신 비밀의 경륜을 모든 시대의 성도들에게 과도하게 확대 적용한 탓이 크다. 따라서 전체적으로 에베소서의 모든 구절과 모든 의미를, 그리스도께서 속죄의 역사를 이루시기 위해서 죽으러 세상에 오신 때로부터 자기에게로 영접하기 위해서 다시 오시기 전까지 부르심을 받은 성도들, 즉 신약성도들에게만 적용해야 한다.

이 모든 것은 논쟁의 여지가 없다. 다만 신약의 비밀을 계시하고 있는 말씀을 그대로 믿고, 구약성경의 어느 부분과 비교해보면 쉽게 해결될 것이다. 물론 구약성경만으로도 구약성도의 신분, 상태, 경험에 대해서 정확하게 알 수 있다. 이렇게 밀하고자 하는 나의 의도는 결국은, 적어도 이 주제가 진부하거나 익숙한 진리여야 하며, 하나님의 말씀과 하나님의 섭리의 차이점을 뭉게 버리려는 모든 시도는 하나님이 지금 신약시대에 자기 자녀로 부르시는 사람들에겐 아무런 영향을 미치지 못해야 한다. 이렇게 말씀을 세대적으로 구분하지 않고 일반화시키는 것은 하나님의 계시가 가진 진가를 파괴하고 만다. 이렇게 구약성도와 신약성도의 부르심의 차이를 분변하지 못하고 그저 일반화를 수용하는 것은 이제 우리가 다루고자 하는 진리에 대해서 엄청난 재앙을 일으키게 된다. 예를 들어서, 사람들은 하나님이 이 세상을 섭리하시는 도구로 항상 교회를 사용해오셨다고 생각한다. 그리고 교회는 조금 더 많은 빛과 조금 더 많은 복을 가지고 있다고 주장한다. (이스라엘과 교회의 차이점을 부인할 수는 없기에) 만일 그러한 주장이 사실이라면 처음부터 끝까지 동일한 시스템인 것이다. 나는 이러한 개념을 전적으로 수용할 수 없다. 아직 이 문제를 충분히 고찰해보지 못하였거나 내가 말해온 것을 수긍하지 못하는 사람들에게, 나는 이것을 직접 하나님의 말씀을 통해서 검증해보라고 요청하고 싶다. 자신들이 고수하고 있는 것이 진정 하나님의 말씀에 의해서 지지를 받고 있는지 검토해보기를 바란다. 당신의 사상이나 또는 다른 사람들의 해석들을 가져와서 이처럼 중대한 문제를 놓고, 과연 하나님이 인정하시는지 시험해보기를 바란다. 성경만이 이 모든 일을 밝혀줄 수 있는 유일한 빛과 진리의 수단이기 때문이다.

만일 우리가 기꺼이 교회가 지상에서 성령님을 통해서 하나님이 거하시는 처소라는 진리에 순종하면, 무엇보다도 우리는 구속의 역사는 신구약시대에 아무런 차별 없이 영혼들에게 적용된다는 것을 배우게 될 것이다. 즉 구속의 은혜를 입는 것은 유대인이나 이방인이나 동일하다. 만일 교회가 형성되는 근거로 (한 면은 그리스도의 몸, 다른 면은 하나님의 거하시는 처소 사이에) 이러한 차별이 있었다면, 하나님이 초대교회 시대에 역사하시고 세우신, 새로운 은혜의 경륜이 역사하는 원리를 전복시키는 것이 될 것이다. 따라서 우리는 힘 있게 뻗어나가는 성경의 언어를 보게 된다. "이제는 전에 멀리 있던 너희가 그리스도 예수 안에서 그리스도의 피로 가까워졌느니라 그는 우리의 화평이신지라 둘로 하나를 만드사 원수 된 것

곧 중간에 막힌 담을 자기 육체로 허시고"(엡 2:13-14) 따라서 하나님이 정하신 대로 구약시대에 존재했던 담을 허신 것은 "법조문으로 된 계명의 율법을 폐하셨으니 이는 이 둘로 자기 안에서 한 새 사람을 지어 화평하게"(엡 2:15) 하기 위한 것이었다. 즉 단순히 우리의 죄들만을 제거하신 것이 아니라, 그리고 이를 통해서 하늘나라에 들어가도록 보장하신 것만이 아니라, 이전에는 결코 알려진 적이 없는 새로운 창조를 이 땅에서 이루신 것이다. 하나님이 옛 언약 아래 있는 백성들을 치리하시고, 또 이스라엘 백성들을 율법을 통해서 다스리시고 또 역사하실 때에는, 상상조차 할 수 없었고 또한 불가능했던 영적인 특권을 이 새로운 창조를 통해서 주시고자 하셨다. 따라서 "또 십자가로 이 둘을 한 몸으로 하나님과 화목하게 하려 하심이라 원수 된 것을 십자가로 소멸하시고 또 오셔서 먼 데 있는 너희에게 평안을 전하시고 가까운 데 있는 자들에게 평안을 전하셨으니 이는 그로 말미암아 우리 둘이 한 성령 안에서 아버지께 나아감을 얻게 하려 하심이[다]"(엡 2:16-18)라고 말하고 있는 것이다.

우리는 이제 매우 특별한 주제에 이르렀다. 성경은 "그러므로 이제부터 너희는 외인도 아니요 나그네도 아니요 오직 성도들과 동일한 시민이요 하나님의 권속이라 너희는 사도들과 선지자들의 터 위에 세우심을 입은 자라 그리스도 예수께서 친히 모퉁잇돌이 되셨느니라"(엡 2:19-20)고 말씀한다. 우리가 여기서 주목해야 할 점은, 이 구절에서 언급하는 선지자들은 구약시대의 선지자들을 가리키지 않는다는 것이다. 성령님이 언급하시는 순서를 보면 이 점이 명확해진다. 따라서 만일 에베소교회의 성도들이 사도들과 선지자들의 터 위에 세우심을 입었다면, 구약의 선지자들은 에베소교회와는 아무 연관이 없는 것이 자연스럽게 된다. 그래서 순서상 "선지자들" 앞에 "사도들"이 먼저 등장하는 것이다. 이보다 더 중요한 것은 이 구절의 구성을 볼 때, 교회를 건축하기 위한 터를 놓는 일을 했던 일단의 사람들을 언급하면서, 이러한 하나님의 역사가 이제 막 시작되었다는 뉘앙스를 가지고 있다는 점이다. 그렇다면 언제 이 터는 놓인 것일까? 하나님이 지상에서 이처럼 위대한 역사를 시작하신 것은 사람이 처음 범죄한 직후나 또는 족장들의 시대와 더불어 시작된 것이 아니었다. 오히려 우리는 4천년이나 지난 말세에, 그리스도께서 오시고 또 십자가에서 죽으신 후, 사도들과 선지자들을 통해서 터가 놓인 것을 보게 된다. (이렇게 터를 놓는 역사는 오랜 세월에 걸쳐서 완성된 것이 아니다.) "너희는 사도들과 선지자들의 터 위에 세우심을 입은 자라 그리스도 예수께서 친히 모퉁잇돌이 되셨느니라(And are built upon the foundation of the apostles and prophets,)"(엡 2:20) 여기에 사용된 헬라어의 시제를 보면, 우리는 여기에 언급되고 있는 선지자들을 과거 구약시대의 선지자들로 도무지 생각할 수 없다.* 따라서 여기 선지자들은 신약시대에 사도들과 더불어 이 새로운 역사에 동참했던 사람들이다.

즉 신약시대의 사도들과 선지자들은, 사도 바울이 말한 "그의 안에서 건물마다 서로 연결하여 주 안에서 성전이 되어" 가는 일에 새로운 터를 놓았던 사람들이었다. 그리고 이러한 거룩한 성전이 머지않아 그 모습을 나타낼 것이다. 그리고 마지막 구절에 주목하라.

---

* 에베소서 3:5과 비교해보라. "**이제** 그의 거룩한 사도들과 선지자들에게 성령으로 나타내신 것같이(**as it is now revealed** unto his holy apostles and prophets by the Spirit)"

"너희도 성령 안에서 하나님이 거하실 처소가 되기 위하여 예수 안에서 함께 지어져 가느니라."(엡 2:22) 이 구절을 통해서 추론할 수 있는 매우 단순한 사실은, 이 거룩한 성전이 완전한 모습으로 완성되기 이전에, 이미 그 모습을 드러내고 있었으며, 또한 지상에서 성령의 임재를 통하여 하나님의 거하시는 처소로 함께 지어져 가는 이 새로운 건축의 역사는 이스라엘의 체제를 대신하고 있었다는 점이다.

따라서 교회는 복음을 받아들이기 전 본질상 이방인이었던 사람들이 들어와 믿는 유대인들과 함께 하나님의 거하시는 처소로 지어져 가고 있었다. 이는 에베소교회 성도들에게 사도 바울이 말한 것처럼 "너희도 성령 안에서 하나님이 거하실 처소가 되기 위하여 예수 안에서 함께 지어져 가느니"(엡 2:22) 것이었다. 이것이 가능한 이유는, 바로 성령을 통하여 또는 성령 안에서 되는 것이기 때문이다. 즉 성령님은 교회가 그리스도의 몸 뿐만 아니라 하나님의 처소가 되는데 절대적으로 필요한 요소이다. 어떤 면에서 하나님이 거하시는 처소는 그리스도의 몸만큼 새로운 개념은 아니다. 적어도 우리는 구약성경에서 지상의 사람들 가운데 하나님의 거하시는 처소를 정하신 위대한 진리에 대한 모형과 예표를 발견한다. 하지만 유대인과 이방인이 한 몸을 이루는 내용은 전혀 계시된 일이 없었다. 그들이 함께 그리스도의 몸을 이룬다는 것도 마찬가지이다. 물론 우리는 아담의 결혼과 그 결혼을 통해서 이루어진 이브와의 연합을 모형으로 알고 있다. 그럼에도 이러한 모형은 그 구성원이 유대인과 이방인으로 된다는 것에 대해서는 아무 것도 알려주지 않는다. 다만 힌트를 주는 것은 아무런 차이 없이 하나로 연합된다는 것뿐이다. 이 점만을 사용할 수 있을 뿐이고, 또한 교회가 그 모습을 드러냈을 때, 다른 점이 아니라 이 점을 성령님이 사용하셨다는 것을 우리는 알고 있다.

하나님이 거하시는 처소에 대해서 우리는 창세기에서 아무 것도 발견할 수 없다. 그에 대한 약속도 없다. 이것은 다소 충격적일 수 있는데, 그 이유는 만일 구약성경에서 그에 대해 언급할만한 책이 있다면 그것은 분명 창세기여야만 한다. 왜냐하면 창세기만큼 신성한 진리의 보고(寶庫)와 같은 책도 없기 때문이다. (창세기는 모든 진리의 씨앗을 담고 있다.) 구약의 모든 성경을 함께 모아보아도, 하나님이 때가 찬 경륜을 시작하시는 것에 대해서 언급하고 있는 것을 찾을 수 없다. 왜냐하면 지상에서 하나님의 거하시는 장소를 정하시고, 하나님의 처소를 계획하신 것은 한번도 언급된 적이 없는, 아주 예외적인 것이기 때문이다. 그 이유는 분명하다. 우리는 창세기에서 희생제사의 시작이나, 번제 또는 언약과 연관된 일들을 보지만, 정작 구속(救贖)에 대해서는 볼 수 없다. 창세기는 이러한 놀라운 내용들을 담고 있는 책이지만, 그럼에도 하나님의 거하시는 처소에 대한 것과 마찬가지로 구속 사역에 대해서는 거의 제시하지 않고 있다.

그리고 두 번째 책인 출애굽기가 등장하는데, 창세기처럼 매우 다양한 방식으로 제시되지 않고, 다만 이후에 그리스도 안에서 베푸실 하나님의 섭리와 계획을 모형 또는 예표적으로 제시하고 있다. 한편 출애굽기는 우리의 특별한 관심이 요구되는 책이다. 출애굽기는 우리가 지금 다루고 있는, 첫째로 구속과 두 번째로 하나님이 사람과 함께 거하시는 내용을 모형적으로 제시하고 있다. 그런데 여기에 한 가지 덧붙일 것은, 율법 안에도 이 두 가지 진리를 새롭게 통찰해서 볼 수 있는 요소가 있다는 점이다. 출애굽기에 제시되어 있는 위대한 진리들은 에베소서 2장에서 반복해서 나타나 있는데, 매우 비슷한 순서로 제시되어 있다.

출애굽기의 첫 번째 부분은 하나님의 백성들의 절망적이고, 비참하며, 참혹한 상태를 우리에게 보여준다. 하나님께 감사할 것은, 그들이 황폐화된 절망의 깊은 곳에서 부르짖었다는데 있지 않고, 주께서 자기 백성의 소리를 들으셨고 또 그들을 구원하시러 친히 개입하셨다는데 있다. 긍휼과 자비의 메시지를 보내시는 것으로 만족하지 않으셨고, 때가 차매 주님이 개입하셨고, 또 처음부터 심판을 시작하신 것이 아니라 우선 자기 백성을 자신의 소유로 주장하셨다. 하나님은 모세와 아론을 보내셨고, 그들의 소명을 입증하는 표적인 재앙도 보내셨다. 재앙을 통해서 하나님은 자기 백성을 노예 상태로 가두었던 세상의 교만을 징책하셨다. 최종적으로 우리 앞에 펼쳐진 것은, 구약성경이 제시할 수 있는 가장 놀라운 모형들인데, 곧 그리스도의 죽음과 부활을 예표하는 어린양의 피, 유월절, 그리고 홍해이다. 어느 한 가지나 혹은 각자 따로 떼어놓고 보면 구속을 설명하기엔 턱없이 부족하지만, 함께 모아놓고 보면 놀랄 정도로 구속이 무엇인지를 설명해준다. 만일 유월절을 생각해보면, 우리는 결국 심판하시는 하나님을 보게 된다. 하나님은 능력과 권세를 입으시고, 악을 향해서 보응하신다. 동시에 하나님은 자신의 경이로운 지혜를 통해서 자기 백성들을 합법적으로 안전하게 지키기 위한 보호처를 준비하시는 것을 보게 된다.

따라서 유월절에는 매우 중요한 진리가 나타나 있다. 여기엔 물론 자기 백성을 아끼사 보호하시는 하나님에 대한 것도 있지만, 더 중요한 것은 심판하시는 하나님에 대한 것이다. 대체적으로 복음의 측면에서 보면, 두 가지가 동일하게 나타난다. 복음에 나타난 중심적인 생각은 의로우신 하나님, 즉 하나님은 의로우시다는 것이다 (롬 1:17). 단지 자비 또는 긍휼만이 아니다. 자비는 참으로 귀한 것이긴 해도, 하나님의 의로움과는 전혀 다른 개념이며, 뿐만 아니라 하나님의 자비가 없다면 하나님의 의로움이 나타나거나 또는 나타날 근거가 없게 된다. (죄인을) 의롭게 만드시는 하나님의 의로움이 복음의 자랑이다. 죄인이 의로운 사람으로 여김을 받는 것은, 하나님이 용서하시고 자비를 베푸셨기 때문이 아니라, 의롭게 만드는 의(just in justifying) 때문이다. 이것이 유월절의 의미이다. 하나님은 그 날 밤 사람 뿐만 아니라 애굽의 신들을 심판하시러 임하셨다. 하나님은 과거에는 행한 일이 없는 방법으로 죄에 대한 미움을 나타내셨다. 게다가 분명 애굽인들 뿐만 아니라 이스라엘 사람들도 심판하셨다. 그것은 바로 죽음을 통한 것이었다. 그 날 밤, 모든 애굽 사람들의 집에는 처음 난 장자들이 죽임을 당했고, 통곡의 울부짖음이 여호와의 권고를 무시했던 애굽 전역을 덮었다. 하지만 이스라엘 사람들의 집은 모두 좌우 문에 피를 발랐고, 이를 통해서 하나님은 의로우시며 또한 동시에 - 대속물의 피를 통해서 - 의롭다고 하시는 칭의자로 선포되었다. 이것은 결국 우리의 유월절 양이신 그리스도의 죽음으로 나타났다. 참 사람이시며 또한 참 하나님이신 그리스도는 하나님의 어린양으로 오셔서 보배로운 피를 흘려주셨다.

그럼에도 이것이 모형적으로 제시된 축복의 전부가 아니다. 유월절 어린양은 하나님을 단지 밖에 두고, 이스라엘 백성들 개인들에게 내리는 하나님의 심판을 면하게 해줄 뿐이다. 그렇다면 하나님을 자기 백성들 밖에 있게 하는, 이것이 과연 구속의 완전한 특징을 보여주는 것일까? 많은 사람들이 구속을 이렇게 생각하고 있다.

하지만 이러한 개념은 하나님이 성경에서 계시해주신 구속의 개념과는 얼마나 거리가 먼가? 이러한 개념은 성경적인 구속의 개념이 아닐뿐더러, 본래 의미와도 상당히 거리가 멀다. 그러므로 우리는 이것을 보충해주는 또 다른 모형을 하나님이 추가하신 것을 발견한다. 즉 홍해이다. 애굽 최고의 군대에겐 멸망의 무덤이 된 곳이지만, 이스라엘에겐 사망의 자리를 통과한 곳이다. 이것은 사망을 통과하여 영생에 들어감으로써 최상의 안전을 획득하는 것을 모형적으로 보여준다. 이것은 신자들이 새롭게 그리스도의 죽음과 부활의 의미를 발견하는 자리이다. 그러므로 하나님은 최초로 자기 백성들과 관련해서 **구원**이란 말을 사용하신다(출 14:13, 15:2). 구원은 얼마나 영광스러운 말인가! 하나님은 그 이전에는 결코 **구원**이란 말을 사용하신 적이 없다.

우리가 진지하게 생각해야 할 것은, 구원에 관하여 부분적인 지식과 미성숙한 개념을 가지고 이러쿵 저러쿵 말하는 것은 영혼들에게 매우 위험하다는 점이다. 여기서 지식이라는 말은 그리스도의 사랑을 아는 것 자체를 의미한다. 사람들은 종종 이렇게 말한다. "물론 이 시점에 있는 사람은 아직 행복을 맛보고 있지 않은 것은 사실이예요. 그리고 영적 자유도 누리고 있지 못하지요. 하지만 어쨌든 구원받았잖아요." 성경은 그런 식의 언어를 인정하지 않는다. 성경은 한 영혼이 회심했거나 또는 영혼이 다시 살리심을 받은 것을 구원이라고 말하지 않는다. 또한 영혼이 그리스도를 영접한 것도 구원이 아니다. 이 상태에 있는 영혼들은, 대개 확실한 소망을 가지고 있으면서도 여전히 하나님께 구원을 갈망하며 부르짖게 된다. 성경은 의식적으로 영적 자유를 누리고 있는 상태, 복음을 통하여 그리스도 안에서 하나님의 능력을 덧입음으로써 모든 원수들로부터 현재적 해방을 누리고 있는 상태에 이르지 않으면 아직 구원이라고 말하지 않는다. 그래서 우리는 이스라엘 백성들이 홍해를 건넜을 때, 애굽 땅을 완전히 그리고 최종적으로 벗어났을 때, 그리고 교만한 대적이 완전한 멸망을 당했을 때에야 비로소 구원이라는 말을 듣는 것이다. 모세는 "가만히 서서 여호와께서 오늘날 너희를 위하여 행하시는 구원을 보라"(출 14:13)고 말했다. 구원의 날은 유월절 밤이 아니었다. 이스라엘이 구원 받은 날은 이스라엘 백성들이 홍해를 다 건넌 날이었다. 이런 이유로, 구원에 대해서 성경의 가르침을 따라 말하는 것이 매우 중요해진다. 그렇지 않으면 구원을 충분히 설명해주지 못하게 된다. 그렇지 않으면 우리가 원하는 만큼, 하나님의 자녀들을 도울 수가 없다. 그리스도의 위대한 승리를 통한 안전과 확신에 이르도록 돕지 못할 뿐만 아니라 죽고-다시 살아난 상태에 들어가게 하지도 못한다. 그래서 완전한 평안을 누리는 대신에, 자신이 정말 구원받은 것인지 항상 불안해하고 갈등하는 상태에 빠지게 된다. 하지만 영혼이 성령을 통한 심오한 구원의 역사를 경험하고, 또 구원이 하나님 앞에서 이루어진 것을 발견하게 되는 것은 참으로 복된 일이다. 그리스도의 완성된 사역을 단순한 믿음과 신뢰를 통해서 안식을 누릴 때까지, 완전한 의미에서 하나님이 "구원"으로 부르시는 것에는 이르지 못하고 있는 것이다.

이처럼 위대한 역사가 이루어진 후, 우리는 처음으로 이스라엘이 노래를 부른 것을 보게 된다. 모세의 노래는 홍해를 건넌 후에 불렀다. 이 노래 가사에 주목해보자. "내가 여호와를 찬송하리니 그가 영광스러운 승리를 이루셨음이요 말과 그 탄 자를 바다에 던지셨음이로다 여호와는 나의 힘이요 노래시며 또한 나의 구원이 되셨음이

로다 그는 나의 하나님이시니 내가 그를 위하여 처소를 예비하리로다"(출 15:1,2 KJV 참조) 이 얼마나 충격적인 진리가 소개되고 있는가! 죽음 뿐만 아니라 부활에 대한 완전한 모형이 우리 앞에 제시되어 있다. 그리고 처음으로 우리는 구원이란 말을 듣게 된다. 그리고 즉시 마음은 하나님이 처소를 얻으시는 것을 갈망한다. (물론 이 모든 내용은 신약의 진리를 예표하고 있다. 출애굽기 29:45,46을 읽어 보라.) 그렇다면 이것은 어떻게 이루어지는 것인가? 잠시 생각해보아야 할 것이 있다. 광야에서 노래를 부른 사람들이 창세기에 등장하고 있는 그들의 조상이나 또는 족장들과 비교했을 때, 과연 하나님이 더욱 받으실만한 무슨 자질이나 자격이 있었을까? 오히려 그 반대일 것이다. 그들 가운데는 하나님이 지극히 높은 존귀를 더하신 사람도 있고, 하나님의 비밀을 맡길 정도로 특별한 선택을 받은 사람도 있었고, 온 세상을 심판하실 때 거기서 건진 사람도 있고, 또 죽음을 보지 않고 하늘로 옮겨진 사람도 있었다. 게다가 하나님이 지상에서 자기 친구와 함께 식사하시러 하늘에서 내려오실 정도로 친밀한 우정을 나눈 사람도 있었다. 여기서 내가 상기시키고 싶은 것은, 약속은 그들을 통해서 아들들에게 전해졌고, 또한 그 아들의 아들에게 진수되있다. 그렇게 약속은, 모든 세대기 히니님의 영원한 안식과 함께 마감되고, 하나님의 은혜와 심판을 통해서 선과 악이 그 마지막 종말을 고할 때까지, 계속 전수되어 가면서 모든 세대를 축복하는 자신의 길을 가도록 되어 있었다.

    그렇다면 사람은 문제가 되지 않는 것인가? 바로 여기에 구속의 경이로움이 있다. 그리스도의 죽음만이, 모형이건 실제이건, 이것을 해결한다. 구속의 의미를 다 설명하지는 않겠다. 하지만 내가 확신하는 것은, 구속은 누가 이러한 구속을 성취하였는가와 어떻게 성취되었는가를 알게 될 때에라야 진정한 의미가 살아난다는 것이다. 즉 구속은 하나님의 아들을 필요로 했으며, 이 세상에 사람으로 오실 필요가 있었다. 게다가 영원 전부터 가지고 계신 자신의 영광을 포기해야만 하며, 뿐만 아니라 은혜를 인하여 모든 인간의 수치와 슬픔과 고통의 상황 속으로 들어오실 필요가 있었다. 이러한 주님에게 인간이 최악의 범죄를 저질렀고, 또 사탄이 할 수 있는 모든 일을 다 한 후, 주님은 복됨과 영광의 자리로 들어가는 대신에 더 깊은 심연 속으로 들어가야만 했다. 결국 안식은 하나님과 찬송 받으실 주님 사이에서 해결되어야만 하는 문제로서, 이런 식으로 해결되었다.

그 문제는 하나님에게도 가장 어려운 일이었고, 하나님의 아들에게는 모든 것을 희생해야 하는 일이었다. 죄가 하나님에 의해서 심판받아야만 했던 그처럼 경이로운 시간을 생각해보라. 죄는 사람이 감당할 수 없는 그처럼 황량한 장소에서 다루어졌다. 게다가 하나님이 친히 하나님의 거룩하신 자, 곧 하나님의 아들에게 죄를 전가시키신 일과 비교할 수 있는 것이 무엇이랴?

이 모든 것들을 묵상할 때, 하늘과 하늘들의 하늘이라도 담을 수 없는 하나님이 구속(救贖)에 그처럼 무한한 가치를 두시고 또 하나님을 위하여 안식의 자리를 삼으시는 것을 과연 누가 생각이나 할 수 있을까? 하나님은 "내가 이제 땅으로 내려갈 것이다. 나의 영이 그처럼 보배로운 피가 발리운 곳에 거할 것이다. 따라서 성령은 더 이상 하늘에 거할 수 없다!"고 말씀하시는 듯 하다. 성령님이 거하실 곳은 모든 피조물 가운데 가장 더러운 곳이었을 수가 있다. 가장 사악한 곳에서 하잘것없는 머리, 동시에 가장 파렴치한 반역의 머리를 들었던 곳이었을 수가 있다. 하지만 세상이 어떠했든지 또는 세상에 사는 사람들이 어떠했든지 그들은 하나님을 대적하고 그의 기름 부으신 자를 대적했지만, 그리스도께서 고난을 당하신 일의 가치 때문에 하나님은 더 이상 하늘에 거하실 수가 없었고, 바로 이 땅에서 자신의 거처를 정하시기 위해서 내려오셔야만 했으며, 그것도 오만 무례한 태도로 자신을 거절했던 그 족속들 가운데 거하기 위해서 내려오셨던 것이다. 이것을 내 마음 속에 그리어보니, 이것만이 지상에서 우리 가운데 자신의 거처를 정하신 하나님의 복된 진리를 제대로 설명할 수 있었다. 구속은 성령님이 이 땅에 내려오신 이유를, 즉 구속의 효력을 설명해준다. 따라서 구속에 대한 모형은 성취되었고, 따라서 하나님의 처소에 대한 모형도 즉시 이 땅에서 성취되었다. 참된 구속, 즉 영원한 구속이 성취되었을 때, 하나님은 구속받은 백성들 가운데서 성령으로 말미암아 영원히 그리고 실제적으로 거하시기 위해서 내려오실 수 있었다. 따라서 그리스도께서 그리스도인들을 위해서 획득하신 영원한 구속을 통해서, 한편으론 모형들을 성취하고, 다른 편으론 이 모든 것들을 실제화 시키는 것만큼 조화를 이루는 것은 없다.

여기서 우리가 주목해야 할 또 다른 내용이 있다. 모세를 통하여 하나님이 거하실 처소를 준비하고자 하는 갈망을 가진 백성들이 준비되었고, 여기서 더 나아가 성경에서 처음으로 하나님의 거룩성이 제시된 것을 보게 된다. (이것은 매우 중요한 사실이다.) 어느 누구도 친히 이 사실을 검토해보고 확신을 얻기까지는 하나님이 이 땅에서 사람들을 섭리하시는 일에, 자신의 거룩성을 계시하시기까지 오랜 시간을 기다려오신 것을 믿을 수 없을 것이다. 물론 하나님이 안식일을 따로 구별하셨을 때, 거룩성의 개념을 암시했다고 볼 수 있다. 내가 굳이 이렇게 언급하는 이유는, 이것은 예외적인 본문이기 때문이다. 죄의 문제가 일어나기 전, 하나님은 안식일을 통해서 "안식할 때가 하나님의 백성에게 남아 있[다]"(히 4:9)는 사실을 내다보시며, 또한 그것을 보증하셨다. 따라서 안식은 때가 되면 이루어질 것이다. 하지만 출애굽기 15장에 이를 때까지는, 지상에 있는 사람을 다루고 또 하나님 앞에서 사람들이 행하는 일에 있어서, 거룩을 언급한 적이 없었다.

출애굽기 15장 11절에 이르게 되면, "여호와여 신 중에 주와 같은 자가 누구니이까 주와 같이 거룩함으로 영광스러우며 찬송할 만한 위엄이 있으며 기이한 일을 행하는 자가 누구니이까?"라는 구절을 볼 수 있다. 이 구절은 신약성경에서 하나님의 거하시는 처소와 연결되어 있다. 나는 여기서 두 가지 요소가 함께, 모형적인 구속의 성취의 결과로서 매우 놀라운 방법으로 제시되어 있는 것을 지적하고 싶다. 사실상, 이 일은 구속이 완성되었을 때에라야 가능했으며, 그제서야 사람은 하나님의 거룩성의 충만한 계시를 감당할 수 있게 되었다. 이전에 이런 저런 부르심이 있었지만, 이것은 분명 새로운 질서를 따라서 된 일이다. 첫 번째 아담에게는 이런 저런 방식으로 구속의 모형과 그림자에 속한 다루심만 있었다. 반면 여호와께서 이 모든 구속의 모형을 성취하는 순간, 이스라엘은 아무런 두려움 없이 하나님의 구원을 노래할 수 있었고, 하나님의 이름을 높이며 기뻐할 수 있었다. 물론 이것은 지상에서 이루어지는 구원의 역사에 지나지 않는다. 그럼에도 그들은 하나님의 거룩성을 노래했다.

이제 신약성경으로 돌아오면, 우리는 이 모든 것에 대한 응답을 볼 수 있다. 우리는 완성된 구속을 소유하고 있다. 인자께서 자기 목숨을 많은 사람의 대속물로 내어주셨다. 그 결과, 멀리 있던 영혼들이 하나님께 나아오게 되었고, 완전한 평안 속으로 들어가게 되었다. 이것은 그리스도에 대해 말한 대로, "그는 우리의 화평"(엡 2:14)이시다. 이것과 비교될만한 것은 없다. 이 말은 비교적 우월하다는 의미가 아니가 아니라 비교할만한 것이 없다는 뜻이다. 바로 이 시점에서 우리는 하나님의 거하실 처소에 대해서 듣기 시작한다.

 이 진리는 어느 한 서신서에 국한된 것이 아니다. 고린도전서 3장을 예로 들어보자. 사도 바울은 "우리는 하나님의 동역자들이요 너희는 하나님의 밭이요 하나님의 집이니라"(고전 3:9)고 말했다. 사도 바울은 하나님의 집과 자신과의 관계를 이렇게 말하고 있다. "내게 주신 하나님의 은혜를 따라 내가 지혜로운 건축자와 같이 터를 닦아 두매 다른 이가 그 위에 세우나 그러나 각각 어떻게 그 위에 세울까를 조심할지니라."(고전 3:10) 즉 자신을 지혜로운 건축자로 소개하고 있다. 하나님의 집은 사도들과 선지자들의 터 위에 세워진다. 그리고 조금 더 내려가면 그들에게 "너희는 너희가 하나님의 성전인 것과 하나님의 성령이 너희 안에 계시는 것을 알지 못하느냐?"며 호소한다. 즉시 이러한 호소는 거룩을 향한 열정적인 부르심의 토대가 된다. "누구든지 하나님의 성전을 더럽히면 하나님이 그 사람을 멸하시리라 하나님의 성전은 거룩하니 너희도 그러하니라."(고전 3:17) 즉 이것은 교회가 장래에 이렇게 될 것이란 계시에 속한 것이 아니라, 도리어 현재적인 사실을 말하고 있다. 우리는 더욱 상당한 주의를 이 부분에 집중해야 한다. 이는 신자가 기독교는 단순히 교리로만 이루어진 것이 아니라 사실들로 이루어진 것임을 바르게 이해하는 것이 매우 중요하기 때문이다. 그리고 이 사실들은 교리의 기초를 이룬다. 게다가 기독교는 한 사람 즉 실제로 이 세상에 태어나고 살았던 사람, 그리고 죽었고 다시 살아나사 지금은 하늘로 올리우신 사람의 인격에 터잡고 있다. 그분은 단순히 진리를 알리기 위한 수단이 아니라, 진리를 통해서 알려지는 진리의 요체이신 분이다. 기독교에서 그리스도를 제거하면 무엇이 남을까? 이제 그리스도는 하늘로 가셨지만, 하나님은 또 다른 인격을 통해서 기독교의 진수를 이어가신다. 곧 하늘에서 내려오신 성령님이시다. 이 성령님은 위에 계신 그리스도를 대신하기 하기보다는 오히려, 그리스도를 우리로 알게 하시는 능력으로 일하신다. 우리에게 하늘로 가신 분을 알게 하는 것은 하늘로서 오신 분을 통해서 되는 것이 하나님이 정하신 방법이다. 하나님의 성전이 되게 하는 것은 성령님의 임재 때문이다. 성령님은 지상에 있는 성도들 속에 거하신다. 그래서 성경은 "너희도 성령 안에서 하나님이 거하실 처소가 되기 위하여 예수 안에서 함께 지어져 가느니라"(엡 2:22)고 말한다.

이제 나는 독자들에게 묻고 싶다. 당신은 과연 이와 같은 사실이 가지고 있는 엄청난 무게감을 측량해본 일이 있는가? 당신이 주일에 교회에 나올 때, 혹은 하나님을 예배할 때, 혹은 성도들의 교제 모임에서, 과연 이 사실이 당신의 마음을 충만하게 하고 또 흘러넘치고 있는가? 과연 성령의 임재가 당신에게 위안이 되고 있는가? 교회 회중 가운데 과연 당신은 주님을 의지하고 있는가? 아니면 다만 교회를 이루고 있는 사람들만을 생각하는가? 이 모든 것들은 다 주님 안에서 묻혀야 할 것들이다. 우리가 의지할 수 있는 살아있고 신성한 인격의 주님이 계시며, 지상에 있는 사람들로 하나님의 교회가 되게 해주시는 분이 교회에 임재해 계심을 마음에 새기는 것이 더욱 필요하다. 교회는 단순히 (구속을 믿는) 믿음만으로 되는 것이 아니다. 따라서 구약성도들은 하나님의 교회가 되지 못한다.

교회는 생명만으로 되는 것이 아니다. 처음 성도들은 모두가 거듭 났지만, 오순절까지 하나님의 교회는 존재하지 않았다. 따라서 믿음과 생명을 가지고 있는 사람들이 하나님의 교회가 될 수 있는 자격을 주는 또 다른 요소는 바로 하나님의 임재이다. 하나님이 성령에 의해서 교회에 임재해계신다.

여기에 중요한 또 한 가지 사실은, 거듭나지 않은 사람이 끼어 있다고 해서 하나님의 교회가 되지 않는 것은 아니다. 그렇다면 이것은 매우 슬프고도 수치스러운 일이 될 것이지만, 이 때문에 너무 불안해하거나 과민 반응을 보일 필요는 없다. 물론 그처럼 분별력이 없는 것이 고통스러운 일이긴 하지만, 거듭난 일이 없는 사람들이 하나님의 교회에 들어오는 일을 피할 수는 없다. 하나님의 교회를 더럽히고 파괴하기 위하여 사탄이 하지 못할 일은 없기 때문이다. 교회는 지상에서 하나님과 가장 가까운 존재이다. 교회에서 하나님의 아들의 영광이 모든 관심의 중심이다. 하나님은 하나님의 진리를 그리스도의 몸된 교회에 맡기셨다. 따라서 교회에서 하나님은 자신의 도덕적 영광과 특징이 흘러나오길 기대하신다. 만일 하나님이 초자연적인 능력을 주지 않으셨다면, 하나님이 자신의 영을 보내사 우리와 함께 그리고 우리 속에 영원토록 거하도록 하지 않으셨다면, 성령 안에서 하나님의 거하시는 거처는 존재할 수 없었을 것이다. 그렇다면 하나님의 거처로서 교회는 하나님이 우리를 이러저러한 복을 주셨기 때문에 세워지는 것이 아니라, 성령의 임재만으로 되는 것이다.

생명이 없는 영혼들이 교회 안에 들어올지라도, 때가 되면 그들은 교회를 떠나게 된다. 이러한 사람들은 그리스도의 원수들로 나타나기 마련이다. 즉 그리스도의 이름을 미워하며, 또한 그리스도의 영광을 부인하는 자들이다. (히브리서 6장을 읽어보면 이러한 사람들을 볼 수 있다.) 그들은 놀라운 능력에 참여한 사람들이고, 그래서 "성령에 참여한 바" 된 사람들이었다(히 6:4). 이 사실은 어떤 사람들에겐 너무도 이해하기 힘든 것이다. 하지만 우리가 함께 살펴보고 있는 진리를 이해하고 있는 사람들에겐 아무 문제가 없을 것이다. 이런 일은 수수께끼와 같은 것이 아니라, 진리를 받아들일 때 나타나는 일반적인 현상이며, 또 그러한 사람들이 초대교회시대부터 존재했다는 것은 언제라도 이런 일이 일어날 수 있는 일임을 우리에게 알려주는 단초를 제공한다. 따라서 우리는 자연스럽게 성도들 중에 몰래 들어온 사람들이 있었으며, 이 사람들이 결국 교회를 떠났을 때에는 유다서에서 표현한대로, 죽고 또 죽어 뿌리까지 뽑힌 사람들인 것을 보게 된다. 이 사람들은 한 때 주 예수님을 고백하는 사람들이었지만, 그들이 주님을 떠나고, 진리를 버리고, 또 그 진리를 하찮은 것으로 여겼을 때에는, 자신들이 처음 은혜를 맛보았을 때 보다 더욱 하나님의 진리를 맹렬히 대적하는 열심당원이 되는 것이다. 이러한 사람들은 외적인 특권만을 누리려고 한 사람들이었을 것이다. 이는 영원한 생명과는 직접적으로 연결되어 있지 않지만 그럼에도 외적으로 나타난 자비가 있었기 때문이다. 그렇다고 해서 성경은 그리스도에 대한 신앙고백을 했지만 배도한 사람들 중에 거듭난 사람들도 있다고 말하지는 않는다. 영생은 외적인 특권이 아니다. 따라서 성경에는 영생에 한 번 참여했다가 그 생명을 잃어버린 사람에 대한 기록은 없다. 그런 의미에서 하나님께 살리심을 받은 사람이 다시 사망에 떨어지는 법은 없다. 하지만 이런 일은 가능하다. 즉 자신이 받게 될 심판에 대해서 듣고 두려움에 떨었던 사람이 자신이 고백했던 그리스도를 버리고, 더 이상 주님과 동행하지 않는 사람은 있을 수 있다. 육신과 세상을 사랑했던 그리스도의 제자가 결국은 구주의 가르침에 의해 걸려 넘어진 경우를 볼 수 있다. 우리는 다만 이러한 성경본문들을 다른 본문들과 조화롭게 이해할 수 있어야 한다. 단순히 입술로만 신앙고백을 한 사람은 당연히 죽은 사람이지만, 이제 유다서에서 말한 것처럼, 자신들이 가지고 있다고 생각한 신앙을 버리고, 또 세상의 종교의식으로 돌아가거나 또는 죄에 다시 빠져드는 것은 죽고 또 죽는 행위인 것이다. 그렇다면 이 사람들은 이전보다 더욱 세상 향락을 즐기게 되고, 자신들이 공개적으로 포기한 신앙에 대해서 더욱 혐오하는 사람들로 나타나게 된다. 이러한 사람들이 히브리서 6장과 10장에 소개되어 있는 사람들이며, 그렇게 배도한 사람들은 때때로, 다른 그리스도인의 눈에 성경에서 설명하고 있는 육신적인 사람의 모습으로 비치게 된다.

따라서 육신적인 사람은 진리를 고백하는데 극단적인 양상을 띠게 되고, 가능한 누릴 수 있는 모든 외형적인 특권과 힘을 소유하고 싶어 한다. 이러한 양상은 구약시대 보다는 신약의 기독교시대에서 더 나타나고 있다. 구약시대에 사울왕도 선지자들 가운데 있었고, 다른 사람들은 성령에 의해서 강력한 능력을 은사로 받기도 했다. 그러므로 성령님이야말로 모든 시대에 신적인 능력의 원천이시며, 하나님의 영광을 위하여 역사하는 분이시다. 이제는 하나님의 은혜가 새로운 문을 열었다. 하지만 사람은 이러한 은혜를 이용해서라도 이익을 취할 수만 있다면 너무도 쉽게 남용할 가능성도 더욱 커졌다. 그렇다면 회심하지 않은 사람이 자신을 속이고, 입술로만 예수님의 이름을 고백함으로써 하나님의 교회에 들어올 가능성이 커지게 되며, 이러한 일은 양심이 무디어질수록 더욱 심해진다. 성령님은 이제 인을 치신다. 성령의 인침은 그리스도 안에서 참된 믿음과 영생을 가지고 있는 사람을 구분시키는 역사를 한다. 성령님이 인으로서 주어진다고 해서, 성령님이 주시는 외적인 능력을 무시하는 것은 오류이다. 히브리서 6장에서 사도 바울은 다시 살리심을 받은 영혼에 대해서나 성령의 인침에 대해서 전혀 언급하지 않을 뿐만 아니라 신자가 그리스도 안에서 가지고 있는 장래 영광의 기업의 보증에 대해서도 언급하고 있지 않다. 실제적인 어려움을 주지 않고자 최대한도로 신중한 언어를 사용하고 있는 것이다. 그럼에도 성령의 능력에 참여하는 것이 있었다. 이것은 중생하지 않은 사람도 초대교회 시대에는 경험할 수 있었던 것이다. 이러한 능력을 경험한 사람들이 예수님의 이름을 배신한다고 해서 이상한 일이겠는가?

이런 일은 오늘날 기독교계의 상태를 설명해준다. 외적으로 주 예수님의 이름을 고백한다고 해서, 실제로 거듭난 일이 없는 세속적인 사람들까지 포함해서 하나님의 집으로 인정하는 것은 성령에 의한 하나님의 임재가 교회의 진정한 표징임을 부정하는 것이다. 그렇다면 거기엔 진리에 대한 신중한 분별이 결여되어 있고, 예를 들자면, 주 예수님의 이름으로 세례를 받는 것이 무엇인지에 대한 진지한 고찰도 없는 것이 된다. 다만 외적인 특권들이 가져다주는 것에만 집착하고 있는 것이다. 그렇다면 모든 것이 사람의 편의대로 시행될 것이고, 결국은 회심한 일이 없는 거짓 고백자들로 넘쳐나게 될 것이다. 이러한 일은 다양한 형태를 띤 광교회파(broad-churchism) 사람들에 의해서 이루어졌다. 이러한 일이 지속된다면 하나님의 집에 비록 성령님이 거하실지라도 점차적으로 부패하게 될 것이며, 하나님의 의도와는 전적으로 다른 부정한 인간의 야망이 점점 자라게 되고, 마침내 사람은 자신의 엄숙한 책임을 망각하여 하나님의 은혜를 정욕을 만족시키는 색욕거리로 바꾸게 된다.

이 주제를 바르게 이해하는 것이 중요하기에, 다른 측면에서 접근해보겠다. 우리는 에베소서 2장 끝부분에 제시되어 있는 하나님의 집에 대한 신성한 개념을 가지고 있을 뿐만 아니라 고린도전서 3장에서는 하나님의 집에서 일하는 책임 있는 일꾼으로서 개념도 가지고 있다. 사실은 이보다 더 중요한 내용이 있다. 우리는 사도 바울이 마지막 서신인 디모데후서를 쓸 당시, 이미 작동하고 있었던 일의 결과를 이미 알고 있다. 그래서 사도 바울의 마지막 서신인 디모데후서는 반은 도덕적인 교훈이고 반은 예언적인 내용을 담고 있다. 그리고 이것은 현재적인 상황과도 깊은 연관이 있다. 사도는 디모데에게 하나님께 인정받는 사람이 되도록 말씀을 연구할 것과 세속적인 말과 헛된 말을 삼갈 것을 부탁했다. 그럼에도 상황은 더욱 악화되어 갈 것과 경건치 않은 것이 대중화될 것을 예고했다. 바울은 진리에 관하여 오류에 빠진 사람들에 대해서 말했지만, 이러한 시대적인 위험과 난관 속에서 압박을 받고 있는 자신의 동료 사역자인 디모데에게 이러한 말로 위로하고자 했다. "그러나 하나님의 견고한 터는 섰으니 인침이 있어 일렀으되 주께서 자기 백성을 아신다 하며 또 주의 이름을 부르는 자마다 불의에서 떠날지어다 하였느니라"(딤후 2:19) 이것은 당시에 존재하고 있었고 은밀하게 역사하고 있는 실체에 대한 경고였고, 이후에 더욱 문자적으로 그 모습을 드러내었다. "큰 집에는 금 그릇과 은 그릇뿐 아니라 나무 그릇과 질그릇도 있어 귀하게 쓰는 것도 있고 천하게 쓰는 것도 있나니 그러므로 누구든지 이런 것에서 자기를 깨끗하게 하면 귀히 쓰는 그릇이 되어 거룩하고 주인의 쓰심에 합당하며 모든 선한 일에 준비함이 되리라"(딤후 2:20,21) 여기서 우리는 그 당시 비록 날마다 조금씩 진행되고 있었지만, 그럼에도 총체적으로는 급속하게 진행되고 있었던 일에 대한 매우 생생한 그림을 볼 수 있다. 그리고 우리 시대는 큰 집의 상태에 이르게 되었다. 이것은 예고된 대로 기독교계가 만개(滿開)한 상태를 가리킨다. 따라서 존귀의 그릇(참 믿음을 가진 성도) 뿐만 아니라 천한 그릇(입술로만 신앙고백을 한 거짓 회심자)이 함께 뒤섞인 상태에 이른 거대한 국가교회의 모습을 가지게 된 것이다.

그러면 그리스도인은 무엇을 해야 하는가? 큰 집(기독교계)을 버리고 나와야 하는가? 물론 그렇지 않다. 그리스도인이 되는 것을 포기하지 않고는 큰 집에서 벗어날 수 없다. 이것이 그리스도의 이름을 고백하는 사람들이 처한 상황이다. 그러므로 주의 이름을 포기하는 것은 해결방법이 아니다. 다만 우리가 해야만 하는 일은, 주의 이름 고백하는 것을 포기하는 것이 아니라, 주의 뜻에 반하는 모든 것에서 돌아서는 것이다. 그리스도의 이름을 고백하는 것 자체가, 유일하게 지상에서 교회를 이루는 핵심이요 완결로 계시되어 있다. 여기에 이르지 못하는 고백은, 사실 충분하지 않다. 주님이 주시는 구원 못지않게 주님의 이름을 존중하는 것도, 성도들에게 복을 가져다준다. 주의 이름을 부르는 사람이 아니면 누가 구원을 받는단 말인가? 처음 주님을 알고 난 후 주의 이름을 부르고 주의 이름을 고백하는 것은 분명 기쁨일 뿐만 아니라 의무이다. 그렇다면 어떤 경우에도 주의 이름을 고백하는 것을 특징으로 하고 있는 하나님의 집을 포기해서는 안된다. 그래서 큰 집에는 귀하게 쓰는 그릇도 있고, 천하게 그릇도 있는 것이다. 나는 무엇을 해야 하는가? 나는 천하게 쓰는 그릇에서 자신을 깨끗하게 함으로써 귀히 쓰는 그릇이 되도록 명령을 받고 있다. 이것이 본문의 의미이며, "그러므로 누구든지 이런 것에서 (즉 천하게 쓰는 그릇에서) 자기를 깨끗하게 하면 귀히 쓰는 그릇이 되어 거룩하고 주인의 쓰심에 합당하며 모든 선한 일에 준비함이 되리라"(딤후 2:21)고 말씀하신 성령님의 의도이다. 하나님의 말씀으로 자신과 자신이 교제하고 대상들을 모두 판단해보고, 하나님의 뜻에 반하고 있는 악한 자와의 교제를 끊는 것이, 우리가 할 일이다.

그렇다면 주님이 정하신 사역의 모조품에 해당하는, 즉 비성경적으로 형성된 사역에 몸담고 있는 사람은 즉시 내려놓아야 한다. 주님은 진리와 거룩에 반하는 일을 하는 종의 사역을 인정하지 않으신다. 그렇다면 그리스도인인, 나는 어째서 하나님이 허락하지 않는 사역을 인정해야 한단 말인가? 주의 만찬을 성례전으로 만들어 세상과 세상에 있는 사람과 모든 사람을 위한 은혜의 수단으로 변질시킨 자리에 과연 참여해야 하는가? 하나님의 말씀을 가지고 있지만 거의 아는 지식이 없는 사람은, 성경으로 자신이 믿는 바를 확증할 수 없다는 것과 이처럼 중차대한 일에 대해서 주의 뜻을 거스르고 있다는 것을 너무도 잘 알고 있다. 그렇다고 주의 만찬을 포기해야 하는가? 아니면 말씀을 모른 채 지금까지 해온 대로 계속 진행해야 하는가? 지혜롭고 순종할 마음이 있다면, 이쪽 저쪽도 해답은 아니다. 한쪽을 포기하는 것은, 이처럼 영적인 것들에 대한 일종의 남용이다. 성경적이지 않은 것에 참여하는 것은 분명 하나님을 멸시하는 행위이다. 그러므로 나는 기독교 사역을 포기하지 않고, 마찬가지로 주의 만찬도 포기하지 않는다. 다만 하나님의 말씀에 따라서 판단하며, 이 모든 일에 주의 뜻이 무엇인지 분별할 뿐이다. 물론 이 모든 일은 주의 은혜를 입을 때에만 가능한 일이다. 이 원리를 다른 모든 일에도 적용할 수 있다. 그렇다면 예배는 어떠한가? 유대인들이 구약성경을 통해서 예배가 무엇인지를 알고 실천했듯이, 지금 이 신약시대를 살아가는 나는 하나님의 말씀을 통해서 그리스도인의 예배가 무엇인지를 살펴본다. 그리고 나서 나는 주의 말씀에 매이지 않아도 되는가? 주의 뜻을 따르지 않아도 되는 것일까?

이제 다음의 질문에 주목해보자. 하나님은 주의 성도들이 지상에서 자신들의 위치를 어디서 찾으시길 바라시는가? 그곳은 다름 아닌 그분의 교회이다. 그러므로 우리가 날마다 이 세상에서 그분의 교회로서, 그토록 다양하고도 상충되는 요구 속에서, 우리의 양심이 주의 뜻에 실제적으로 합하려면 무엇을 붙들어야 하는지를 발견하기 위한 매우 소중한 시험을 즉시 해볼 수 있다. 그리스도인들로만 교회를 이루어야 한다는 것으로는 충분하지 않다. 이것은 가장 연약한 하나님의 자녀도 만족시킬 수 없는 내용이다. 더구나 가장 좋은 교리들로 신조를 만들어 새로운 그리스도인 단체를 구성하는 것으로도 교회가 되지 못한다. 참으로 놀라운 발상이다! 하나님의 성도들을 새로 구성하는 일을 하도록 누가 당신을 불렀는가? 하나님의 집을 새롭게 조직하도록 누가 시켰는가? 누가 이런 저런 일을 할 수 있는 자격을 주는 것인가? 참된 하나님 교회의 특징과 간증은 그러한 구성과 재배열 때문에 파괴되어 버렸다. 한 사람이 성경의 모든 주제에 대해서 나의 견해 혹은 당신의 견해를 취해서 모든 영혼들을 묶어 놓았다고 생각해보자. 그렇다면 나는 그것을 하나님의 교회에 엄청난 재앙이 닥친 것으로 여길 것이다. 우리가 하나님의 교회라는 진리를 확실히 가릴 수 있는 수단이 무엇일 것 같은가? 모두가 동일한 견해로 함께 모이고, 모두가 같은 생각으로 뭉

치며, 그렇게 자기들끼리만 행복해하면서, 다른 정서를 가진 사람들은 멸시하고 배타하는 것만큼 성도들을 잘못된 길로 이끄는 것은 없다. 나는 지금 모든 성경적인 개념을 가지고 있고, 모든 것이 하나님의 마음에 합한 것으로 생각하고 있다. 하지만 그런 그림을 그리는 것은 성경과도, 그리스도의 사랑과도 맞지 않는다.

형제들이여, 이제 쉽게 말해보겠다. 하나님의 교회는 강한 자들만을 위한 성채도 아니요, 지혜롭고 똑똑한 사람들만을 위한 요새도 아니다. 교회는 성화의 성숙한 단계에 이른 사람들을 위하여 특별 좌석을 마련해주는 곳도 아니다. 하나님은 항상 나에게 (죄 가운데 있는 성도나 혹은 악한 교리를 가지고 있는 성도가 아니라) 모든 성도를 배려하도록 요구하신다. 주님의 마음에 합한 교회를 추구하는 것이 아니라 오히려 대안적인 교회를 생각하는 것은, 하나님이 교회에 대하여 생각하신 진리를 전적으로 훼손하고 망가뜨리는 것이다. 나는 교회에서 그리스도의 몸을 발견하며, 거기서 다양한 지체들을 본다. 거기엔 손 뿐만 아니라 발도 있다. 연약한 자도 강한 자 만큼이나 쓰임을 받으며, 모든 것이 하나님이 기뻐하시는 대로 질서 있게 움직인다. 넓은 마음을 가진 사도 바울은 가르치기를, 아름답지 못한 지체가 옆으로 제쳐지고 멸시당하는 위험에 처해지는 것이 아니라, 더욱 아름다운 이름을 얻을 것으로 가르치고 있다. 그런 것이 우리 하나님의 방식이며, 또한 명확한 하나님의 말씀이다.

강한 사람들은 자신을 기쁘게 하기 보다는 연약한 사람들의 약점을 감당하고자 해야 한다. 종교적인 합리주의는 강한 자들만을 생각하고, 같은 생각을 가진 사람들만을 생각하고, 진리의 어느 수준에 이른 사람들만을 생각하는 것을 최선으로 여긴다. 그것이 그리스도의 생각인가? 주의 말씀에 일치한 하나님의 교회가 우리 마음에 가득해야 한다. 우리가 하나님이 주신 것과는 다른 생각을 하거나 또는 다른 모델을 추구하는 순간, 치명적인 오류가 마음에 각인되고, 그러한 이론의 결국은 온통 혼돈에 빠지는 것이 될 것이다. 그러므로 나는 주의 말씀에 일치한 교회야말로 현재 교회의 황폐화 가운데 있는 우리를 향한 하나님의 뜻임을 확신하며, 신성한 지혜로 강하게 된 사람은 무지한 사람들과 연약한 사람들을 소중히 여기면서 교회를 향한 그리스도의 사랑에 따라서 모든 성도들을 대해야 한다. 분명 그리스도는 교회를 소중히 여기신다. 그리스도의 몸의 지체들 가운데 귀하고 아름다운 지체들 뿐만 아니라, 부족하고 아름답지 못한 지체들을 포함해서 총체적으로 교회를 돌보신다. 그 중에서 무슨 차이가 있다고 할 것 같으면, 그분의 사랑을 더 필요로 하는 지체에게 가까이 하신다는 것이다. 우리는 진정 이러한 교회에서 그분과의 교통 가운데 있는가?

동일한 방식으로, 성령 안에서 하나님이 거하시는 거처에 대해서 살펴보자. 하나님은 온 교회를, 즉 주의 이름을 부르는 모든 사람들을 자신의 거처로 삼으신다. 에베소서 2장에 있는 하나님의 처소에, 주의 이름을 부르는 사람들이 모두 참여한다. 하지만 거짓 그리스도를 부르며 다른 복음을 좇는 사람들은 어떻게 될까? 그러한 사람들에겐 심판 외에는 없다. 현재 기독교계의 상태를 보면 천히 쓰는 그릇들도 있다. 그렇다면 나 자신이 그들과 하나된 것일까? 성령님이 금하신다. "그러므로 누구든지 이런 것에서 자기를 깨끗하게 하면"(딤후 2:21) 천히 쓰는 그릇인 사람들과 교제하는 것은 잘못이다. 주의 이름을 부르는 사람들로부터 분리된 그들을 얻을 수 없다면, 오히려 나는 그러한 사람들로부터 분리하도록 부르심을 받은 것이다. 그렇지 않으면 나는 불법의 비밀과 짝하고 있는 것이 된다.

명백한 악과 지속적인 사귐 가운데 있는 그리스도인은, 그리스도께서 벨리알과 사귐 가운데 있다고 말하는 것과 같다. 때로는 교리적 혹은 실제적 악을 허용하는 경우가 있다. 때로는 지상에서 주의 이름을 부른 사람들 가운데 역사하는 성령의 사역을 방해하고, 성령의 임재를 인식하지 못하는 수도 있다. 하지만 그렇게 허용된 악의 실제적인 모양이 어떠하든지, 혹은 판단할 근거나 수단이 보이지 않을지라도, 그리스도인은 이러한 것에서 자신을 깨끗하게 해야 한다. 거기엔 분명하면서 확실한 의무가 있기 때문이다. 당신은 나서는 사람이 아닐 수 있다. 어쩌면 그럴 권한이 없을 수도 있다. 그래서 다만 순종하고자 할 뿐이다. 우리가 알아야 할 것은, 이것은 누군가를 어찌하는 문제가 아니라, 다만 하나님께 순종하는 문제라는 것이다. 주의 이름을 부르는 자마다 불의에서 떠나는 것은 의무로 주어진 것이다. 확실해지지 않은 상황에서 떠나는 대신에, 그리스도인이 자신이 떠나야만 하는 것인지를 마음에 생각하고 결정하는 대신에, 우선적으로 해야 하는 주의 명령이 있다. 그것은 천히 쓰는 그릇인 사람들, 그들이 누구든지 혹은 어디에 있든지 상관없이, 그들에게서 자신을 깨끗하게 하는 것이다. 만일 주의 이름을 부르는 사람들이 죄를 짓는다면, 그들이 바로 천히 쓰는 그릇이다. 그리스도인은 자신을 깨끗하게 하고 더럽힘을 입지 않도록 그들에게서 물러나야 한다. 성경이 교회를 위하여 징계의 대상이 되는 개인들을 어떻게 다루어야 하는지를 말하고 있듯이, 이것은 부패한 기독교계 상태에 있는 사람들을 위하여 미리 처방된 행동양식인 것이다. 평화와 하나됨의 호소가 그리스도의 본질을 넘어서지 않도록 해야 한다. 아무리 서로 평안을 누리고 하나되는 것이 중요해도, 그리스도의 대의(大義)를 무시하거나 넘어서는 것은 하나님의 뜻이 아니다.

그리스도의 대의는 타협의 대상이 아니다. 성도는 자신의 책임을 포기할 수 없다. 첫 번째 의무가 바로 그리스도의 이름을 수호하는 것이다. 우리는 결코 악을 허용하거나 잠시라도 눈감아 주어서는 안된다.

명백하고 노골적인 악한 행위만이 문제가 되는 것은 아니다. 하나님의 집으로서 교회는 하나님의 임재에 합당하지 못한 모든 것을 배격해야 한다. 물론 우리에겐 인내가 필요하다. 하나님만큼 오래 참을 수 있는 사람이 누가 있겠는가? 하나님은 자기에게 나아오는 모든 사람을 품어주시고, 그들 가운데 거하신다. 하나님의 말씀에 반하는 모든 것은 판단 받아야만 한다. 사람들이 말하듯 그저 작은 악만 있을 뿐이면, 나는 과연 그 작은 악과 함께 나 자신을 포함해서 주의 이름과 임재를 하나로 묶을 수 있는가? 결코 그렇지 않다. 물론 성경은 모든 사소한 실수에서 떠나라고 말하고 있지 않다. 하지만 우리는 하나님을 대적하는 일에는 결코 참여해서는 안되고, 항상 하나님의 은혜로 우리 자신을 깨끗하게 해야 한다. 동시에 그렇게 하려면 그 방법은 하나님의 말씀을 반드시 따라야 한다. 예를 들자면, 책망 받을 만한 일을 한 형제가 아니라 악한 죄를 지은 형제를 교회에서 출교해야 하는 것이다. 따라서 그리스도인은 어떤 경우에도 하나님께 욕이 되고 또 죄가 되는 것에는 동조할 의무가 없다. 게다가 혹 악을 짓는 일에 가담하지 않도록 우리 자신을 살펴야 한다. 하나님이 자기 자녀들을 돌보시는 상황에서도, 여전히 말하고 행동하는 것을 조심할 필요가 있다. 악한 자의 역사를 살피되, 우리 속도 살피고 또 밖을 살피는 일에 우리는 얼마나 준비가 되어 있는가?

책임의 문제이기도 하지만 여전히 우리에게 위로가 되는 사실은,

하나님이 성령으로 말미암아 우리를 자신의 거처로 삼으시고 우리 안에 거하신다는 것이다. 하나님이 우리를 도우시고, 우리를 들으시고, 우리를 위해 나타나실 것을 확신하면서, 우리는 하나님이 우리 속에 거하신다는 사실을 의지할 수 있다. 그러므로 어떠한 어려움이 닥쳐도, 어떠한 슬픈 일이 일어나도, 어떠한 수치스러운 일이 벌어져도, 하나님은 자신의 성전, 교회 안에 거하신다는 사실로 우리의 위안을 삼자. 이것은 매우 저조한 상태로 나타날 수 있다. 그럼에도 두 세 사람이 예수님의 이름으로 모인 곳에서만 나타난다. 어쩔 수 없이 한 사람만 서 있을 수도 있다. 그렇다면 하나님의 거하시는 처소가 가진 충분한 진리를 맛볼 수 없을 것이다. 하지만 나는 그리스도의 한 지체가 어쩔 수 없이 하나님의 뜻에 반하는 사람들과 교제해야만 하는 상황이 주어진다는 것은 가능하지 않다는 것이 확고하고도 근본적인 기독교의 진리라는 점을 고수한다. 참고 인내하면서 기다리는 일이 필요하다. 하지만 결코 악을 허용해서는 안된다. 하나님 성전의 품격을 떨어뜨리는 것은 악의 양(the amount of evil)에 있지 않고, 분명한 악을 고의적으로 허용하는데 있다. 수수방관하는 것보다 더 강렬하게 하나님의 집을 허무는 것은 없다. 이렇게 무관심으로 일관하는 것이 하나님의 집으로서 특성을 허문다. 아니면 교회에 거하시는 하나님께서 무관심하신 것이다. 하나님의 집이라는 이름을 가진 교회가 악을 허용함으로써 하나님의 이름을 더럽힐 때에는 모든 것이 끝나게 된다. 그렇다면 어떤 의미에서 하나님의 참된 대표가 되는 것을 멈추어 버린 교회에 대한 서글프지만 단순한 문제, 즉 다소간 남아 있는 사람들의 양심에 질문해볼 수 있는 문제만 남게 된다. 참된 교회로서 간증을 잃어버린 교회에 속한 하나님의 자녀의 믿음에 오래도록 남아 있을 만한 질문은 무엇일까?

이러한 질문은 분명 최종적으로 점검해보아야 하는 중요한 문제이다. 이것은 교회로 하여금 하나님의 임재 앞에서 하나님의 말씀에 따라 판단해볼 수 있는 질문 가운데 하나이다. 신앙고백과 종교적 편견, 오랜 전통과 인간적인 의지는 모두 이 상황에 맞지 않는다. 과연 무엇이 참된 교회의 본질인가를 상고하는 것, 이것은 하나님의 교회로서 인정을 받느냐 혹은 받지 못하느냐를 결정하는 중요한 단계이다. 이 문제를 가벼이 여기거나 소홀히 다루는 사람은, 사실은 하나님의 이름을 남용하고 있는 것이다. 이러한 문제는 교회적인 분쟁을 다루는 것과는 상당히 다르다! 교회가 어떠해야 하는지에 대한 사람의 판단이 아니라, 그에 대한 사람의 느낌이나 생각이 아니라, 하나님이 유일한 기준이시다. 하나님이 기준이시라면 얼마나 옳고 거룩할 것인가! 분명 하나님의 말씀이 표준이고, 성령님이 그 능력이다. 순전한 믿음보다 단순한 것도, 또한 확실한 것도 없다. 단순한 믿음이 있는 곳에 하나님은 나타나실 것이고, 부르짖는 소리를 들으실 것이며, 도움을 주시러 나타나실 것이다. 하나님은 길을 여는 분이시다.

또 다른 내용을 살펴보자. 교회도 분명 실수할 수 있다. 바로 잡는 조치는 즉시 이루어질 수도, 천천히 이루어질 수도, 아니면 잘못 처리될 수도 있다. 사실 교회는 단체적으로 성령 안에서 하나님의 거하시는 처소이다. 반면 그리스도인은 개인적으로 성령으로 말미암아 하나님의 거하시는 처소이다. 만일 성도들이 하나님의 성전이라면, 성도 개인도 마찬가지이다. 이제 분명한 것은, 그리스도인 속에 성령님이 내주하신다고해서 악한 일이나 혹은 실수에서 빚어지는 재앙에서 면제받을 수 없다는 점이다. 이것은 교회도 마찬가지이다. 책임의 문제가 존재한다. 어쩌면 교회가 보호받는 방법에는, 인간적으로 말해서, 그곳에 하나님의 사람이 얼마나 있느냐에 달려 있을 수가 있다. 이 사람 혹은 저 사람도 쉽게 오류에 빠질 수 있다. 하지만 교회 안에서 주님을 앙망하고, 주님의 마음을 얻을 수 있는 사람이 한 사람도 없다는 것은 생각하기 힘들다. 그럼에도 이 일은 얼마든지 가능하다. 특별히 한 사람 혹은 그 이상 사람들의 영향력이 강한 곳에서는 교회가 하나님을 의존하는 것이 약화된다. 분명 거짓된 원리, 잘못된 위치, 혹은 단순한 조급함일지라도 하나님의 교회를 위험에 노출시킬 수 있다. 그러므로 하나님의 종들이 도움을 주고 있는가에 상관없이, 하나님이 진정 이곳에 계시는가에 대한 확답이 교회가 될 수 있는 유일한 안전장치라는 사실을 마음에 새기는 것이 무엇보다 중요하다. 하나님은 가장 연약한 성도를 통해서도 하나님의 종들 가운데서 가장 지혜로운 사람을 바르게 인도하실 수 있으시다.

따라서 교회는 바울의 교회도 아니고, 또한 당신과 나의 교회도 아니라는 사실을 단호하고도 결연히 붙들어야 한다. 교회는 하나님의 교회이다. 예를 들어서 징계를 시행하는 일에 있어서, 하나님의 종들 가운데 한 사람이 독단직으로 행한 경우, 교회를 위험에 빠뜨릴 수가 있다. 교회에 대한 하나님의 말씀이나, 또는 교회가 당할 수 있는 실제적인 부족과 어려움을 아는 모든 사람은 하나님이 교회를 인도하고 다스리도록 주신 사람의 도움을 받는 것이 얼마나 중요하고 또 가치 있는 일인 줄 생각해야 한다. 가르침이 있고, 그것을 실제로 적용해서 다루는 것이 있다. 어느 한쪽을 거절하면 교회는 자비와 긍휼을 잃어버릴 수가 있다. 분명 어떤 사람은 이런 일을 다룰 수 있는 영성이 있고, 또 경험도 있다. 대개 이처럼 영성과 경험을 겸하고 있는 사람들은 은사가 없는 사람들보다는 이러한 일들을 잘 다룬다. 그럼에도 불구하고 하나님은 질투하시는 하나님이시기에, 마지막 순간까지 하나님이 교회에서 자유롭게 역사할 수 있는 여지를 남겨두어야 한다. 개인들의 판단과 결정을 바꿀 수 있는 여지가 없는 곳은, 또 성령님이 지극히 연약한 그리스도의 지체를 통해서라도 역사하실 수 있는 여지가 없는 곳은, 감히 하나님의 교회라고 부를 수 없다. 차라리 신자들의 회합내지는 동호회로 불러야 마땅하다.

그러므로 교회는 단지 바른 교리나 보배로운 성도들의 존재 여부, 또는 은사의 문제가 아니다. 이제 내가 말하고자 하는 바는 더 중요하다. 물론 이 모든 것들이 제 자리에 있어야 하지만 모든 상황 가운데서 우리가 이해하고 또 굳게 붙들어야 하는 근본적인 진리는, 교회는 하나님의 소유라는 사실이다. 하나님이 그곳에 계시기 때문에, 하나님은 자신의 주권적인 역사로 교회를 유지하신다. 하나님은 새로운 빛을 비추실 수 있다. 하나님은 자신이 기뻐하는 사람을 통해서 가장 경험이 많은 성도를 책망하실 수 있다. 이러한 일의 가능성이 항상 열려 있어야 한다. 왜냐하면 하나님은 우리가 육체를 자랑하는 것을 허락하지 않으시기 때문이다. 더구나 하나님은 우리가 하나님이 우리에게 주신 은사들을 자랑하는 것도 허락지 않으신다. 다만 하나님이 우리에게 확증해주시는 것은, 어쨌든 하나님의 선하심을 통해서 맺은 모든 열매로 인해서 감사해야 한다는 것과 어쨌든 하나님이 우리에게 주신 것, 곧 교회는 하나님의 교회이며, 하나님은 자신의 소유로 삼으신 것을 기뻐하시고, 또 하나님을 믿는 믿음을 가진 교회에 자신의 임재로 충만하게 하시는 것으로 인해서 하나님을 찬송해야 한다는 것이다.

참된 믿음은 주 예수님이 자기들 중에 계심을 보고 아는 것으로 인해 만족한다. 비록 두 세 사람이 예수님의 이름으로 모여야 하는 흑암의 시기에도 이것은 사실이다. 주님의 임재 가운데서 주님을 바라보는 성도가 적다고 해서, 성령님의 인도가 없겠는가? 나는 그렇게 믿지 않는다. 그렇지만 나도 인정할 수 밖에 없는 것은, 리더 한 사람의 과도한 확신, 혹은 리더 한 사람의 질투, 혹은 다른 리더의 육신적인 행동, 혹은 자기-의로 인해서 생긴 불신앙의 성급함 등은 교회를 그리스도의 마음에서 실제적으로 멀어지게 할 수 있다는 점이다. 따라서 교회는, 개인도 마찬가지로, 기록된 말씀을 통해서 바르게 교정하시는 성령님의 역사에 항상 열려있어야 한다. 만일 교회가 사실상 오류를 범하고 있다면, 이 일로 마음이 상하신 주님 앞에서 겸손할 필요가 있다.

이제 마무리해야 할 것 같다. 이 주제는 너무도 중요한 것이지만, 혹 불충분하게 다룬 것은 아닌가 하는 생각도 든다. 지금까지 우리가 성령님을 통해서 하나님의 거하실 처소라는 진리뿐만 아니라, 이 진리가 가지고 있는 실제적인 측면들을 다루고자 애썼다. 만일 주님이 이러한 나의 묵상을 사용하셔서 자기 백성들로 하여금 자신들의 영혼을 위해서 하나님의 말씀을 직접 상고해보도록 격려해주신다면, 이 주제에 대한 주의 증거가 얼마나 광대한 것인지 친히 보고 놀라움을 금치 못할 것이다.

제 10강 서신서들과 요한계시록에 계시된 성령의 비교
계 1:4,5, 19:10

요한계시록에서 이 두 구절은 신약성경의 마지막 책인 요한계시록과 서신서들에서 계시된 성령님에 대한 진리의 측면을 비교해볼 수 있도록 제시되었다. 그러므로 진행되어가는 동안 다소 산만할 수 있다는 점을 염두에 두기 바란다. 특정 성경에 제한하기 보다는 서신서, 즉 주로 사도 바울의 서신서에서 그동안 우리가 전혀 보지 못했거나 또는 다른 용도로 보았던 본문 여기저기에 흩어져있는 여러 구절들을 통합해서 보는 관점으로 모아보고자 노력할 것이다. 이렇게 흩어져있는 구절들이 담고 있는 영적인 빛들을 신속히 살펴본 후에, 그것들을 본 주제와 연결해서 요한계시록에서 제공하고 있는 내용들과 함께 살펴볼 것이다.

성경이 성령님을 어떻게 제시하든지, 성령님은 언급되고 있는 각 책마다 항상 자신의 목적하신 바에 따라서 제시되고 있다. 이러한 특징은 손에 잡히는 다른 여러 가지 것들 보다는 한 가지 주제에 적용된다. 이것은 다른 교리들에서도 참된 것이지만, 특히 성령에 대한 교리에서 참된 것이다. 우리가 이미 로마서에서 살펴보았지만, 로마서의 주제는 의(義), 바로 하나님의 의이다. 따라서 이것이 명확해질 때까지, 성령님에 대해서는 아무런 언급도 하지 않고 있다. 비로소 로마서 5장에서 처음 암시적으로 성령님에 대해서 언급하고 있는데, 사실은 하나님의 사랑에 대해서도 최초로 언급하고 있다. 사도 바울은 "우리에게 주신 성령으로 말미암아 하나님의 사랑이 우리 마음에 부은 바 됨이니"(롬 5:5)라고 말했다. 우리가 지은 죄들과 그에 대한 하나님의 심판, 그리고 죄의 문제와 죄로부터의 해방 등 총체적인 문제는 하나님의 성령님이 오시기 전에 이미 완전히 해결되었다. 하나님이 그리스도의 구속과 부활을 통해서 충분히 입증된 것을 보여주시기 전까지 성령의 사역은 우리 마음에 잘 이해되지 않는다. 따라서 사도 바울은 성령님에 대한 광대한 교리적 설명을 로마서 8장에 가서야 시작하고 있다. (즉, 우리가 지은 죄들에 대해서가 아니라 (우리 속에 거하는) 죄 자체에 대해서 충분히 논증한 후에 시작하고 있는 것이다.) 이제서야 성령님은 신자가 새롭게 들어간 영적인 상태로서 뿐만 아니라 신자 속에 내주하는 인격체로서 소개되고 있다.

이미 앞에서 충분히 살펴보았기 때문에, 이 주제는 더 이상 다루지 않겠다. 분명히 할 것은, 이 모든 것은 의(義)를 기반으로 하고 있다는 것이다. 이것이 우리의 믿음에 실제적으로 자리 잡게 되면, 결국에는 하나님의 의에 대해서 분명해진다. "그리스도 예수 안에 있는 생명의 성령의 법이 죄와 사망의 법에서 나를 해방하였음이라 율법이 육신으로 말미암아 연약하여 할 수 없는 그것을 하나님은 하시나니 곧 죄로 말미암아 자기 아들을 죄 있는 육신의 모양으로 보내어 육신에 죄를 정하사 육신을 따르지 않고 그 영을 따라 행하는 우리에게 율법의 요구가 이루어지게 하려 하심이니라"(롬 8:2-4) 이것은 그때 뿐 아니라 지금도, 율법의 의(요구)가 성도에게서 이루질 수 있는 유일한 방법이다. 이는 성령을 따라 행하는 것을 통해서 이루어진다. 신자는 하나님 앞에서 그리스도 안에 있게 됨으로써 처음으로 자유를 얻는다. 이제야 비로소 생명에 더하여 자유도 소유하게 되었다. 하나님의 의에 기초하여 율법의 도덕적 측면과 목적이 신자에게서 이루어진다. 그렇다고 신자(의 능력)에 의해서 되는 것은 아니다. 더더구나 로마서 7장 상태에서 고구분투하고 있는 신자를 위해서 이루어지는 것도 아니다. 그러한 생각은 터무니없다. 율법의 요구는 로마서 8장 상태에 있는 신자 속에서 이루어진다. 이것은 우리 자신의 힘으로 율법을 지키려고 노력하는 것보다 훨씬 내적인 것이다. 사랑이 율법을 성취한다. 이것은 새로운 본성을 소유한 우리 속에서 성령님이 역사함으로써 되는 것이며, 그렇다면 우리는 이제 옛 사람을 십자가에서 심판을 받은 존재로 다룰 수 있게 된다. 그 후에 새로운 본성은 하나님과 사람을 사랑하는 것을 통해서 흘러나오게 된다. 그렇다면 (헛되이 율법 아래서 추구했던) 율법의 요구는 영을 좇아 행하는 우리 안에서 성취된다. 이렇게 해서 하나님의 도덕적 본성에 합한 것이 드러나게 되며, 이런 식으로 율법의 요구가 성령의 능력을 덧입은 새 사람의 행함을 통해서 성취된다.

 이것은 전적으로 성령님과 신자 속에서 일어나는 성령의 역사가 어떤 것인가를 보여주고 있으며, 이러한 것이 로마서의 전체적인 특징을 이루고 있다. 첫 번째로 복음을 필요로 하는 사람의 타락의 사실과 타락 상태를 언급하고 복음에는 하나님의 의가 계시된 것을 제시한 후에, 사도 바울은 하나님의 자녀들 속에 있는 실제적인 의로서 대응한다. 성령님은 두 가지 경우, 모두에서 자신의 역할을 감당하신다. 의(義)가 분명해졌을 때, 하나님의 사랑이 우리 마음에 부어진다. 우리는 내적으로 뿐만 아니라 실제적인 측면에서 의를 이루어야 했지만 그렇게 할 수 있는 능력이 없었건만, 이제는 성령님이 죄 뿐만 아니라 외적인 시험이었던 율법을 대치해버리신 능력으로 소개되고 있다.

고린도전서에서 우리는 성령님을 새로운 방식, 즉 놀라운 충만한 방식으로 소개되고 있는 것을 볼 수 있다. 여기서 제기된 것은 율법주의를 제외하면 항상 나타나는 문제인 육신성의 문제(carnality)였다. 그들은 율법의 문제와는 달리 너무 나태했다. 그들의 육신성은 율법이 가진 권세를 초월하는 것이었다. 율법은 육신적인 사람을 정죄만 할 뿐이었다. 그리스도만이 그러한 악을 (물론 그 외의 다른 악도) 해결하실 수 있으시다. 하지만 그리스도는 성령의 능력을 통해서 그 일을 하신다. 따라서 여기 고린도전서 1장에서, 우선적으로 사람의 지혜가 십자가에 의해서 정죄를 받고 있는 것을 보게 된다. 그리고 사람의 지혜는 하나님 영의 교통에 의해서 대치되었다. 사도 바울이 고린도전서 2장에서 강조한 성령의 교통하심은 성령에 의해서 계시되는 것으로 소개되어 있고, 성령님이 주시는 말씀에 따라서 나타나게 되며, 이런 식으로 해서 성령님만이 사람으로 하여금 영적인 것들을 받아들일 수 있는 능력이 된다. 따라서 성령님은 진리와 말씀을 순복하고 이해할 수 있는 능력을 주신다. 사실상 성령님은 하나님의 진리에 관한 모든 것과 관련되어 있으며, 이러한 하나님의 진리는 그리스도 안에서만 바르게 볼 수 있다. 그렇다면 분명 고린도교회 신자들은 복음을 더욱 사람의 입맛에 맞게 해줄 희망을 가지고 세상의 지혜를 얻고자 했을 것이다. 하지만 그러한 행위는 전적으로 잘못하는 것이었을 뿐만 아니라 사실상 하나님의 마음을 대적하는 것이었다.

그리고 고린도전서 3장은, 성령님께서 신자를 하나님의 성전으로 삼으시는 분으로 소개하고 있다. 이 부분은 확고한 사실일 뿐만 아니라 하나님의 성소와 관련하여 하나님의 성소를 더럽히거나 파괴하는 악을 초래할 수 있는 매우 중차대한 문제로 제시되었다. "누구든지 하나님의 성전을 더럽히면 하나님이 그 사람을 멸하시리라"(고전 3:17) 엄격한 의미에서 사람이 하나님의 성전을 더럽힐 수 없다 하더라도, 만일 사람이 가치 없는 것을 하나님의 성전에 가지고 들어오면, 그의 모든 수고는 무의미한 것이 되고 불에 타버릴 것이다. 자신은 구원을 받을 것이지만, 불을 지나온 사람처럼 아무 것도 남는 것이 없게 될 것이다. 물론 이것은 하나의 비유지만, 사람이 자신의 목숨은 건지지만 그가 한 일은 하나님의 심판을 받게 될 것을 적절하게 설명해주는 참으로 교훈적인 비유인 것이다.

그 다음, 고린도전서 6장에서는 성령님을 선물로 받게 된 신자의 몸을 엄중하게 사용하는 것에 관하여 다루고 있다. 이 주제는 그리스도인들이 함께 모여 하나님의 성전을 이루는 것에 대한 것이 아니라, 각자의 몸이 바로 하나님의 성전이라는 것이다. 이것은 기독교의 핵심 진리이다. 고린도교회 신자들은 우리 시대에도 나타나고 있는 오류에 빠졌다. 즉 마음이 옳다면, 몸은 아무래도 상관이 없다는 생각이다. 몸이 사람의 외적인 도구이긴 하지만, 몸과 관련해서 너무 외적인 것들을 구분하려고 하지 말아야 한다. 어떤 사람들은 몸과 관련된 것들을 영적이지 않은 생각으로 치부하려고 한다. 그래서 왜 속 사람에게 집중하지 않는지를 따진다. 그들은 "영혼을 바르게 하면 나머지 것들은 안전하게 될 것이다."라고 주장한다.

하지만 사도 바울은 전혀 그렇게 말하지 않았다. 성령님은 사람 속에 거하시는 것을 기뻐하셨고, 영혼이 아니라 몸을 자신의 성전으로 삼으셨다. 만일 몸이 주님께 드려졌다면, 몸이 성령의 능력에 의해서 거룩히 구별되었다면, 영혼은 반드시 잘 될 것이다. 하지만 변명거리를 만들어 무절제한 감정으로 자기 영혼을 채우고, 그 몸을 방종과 노골적인 악에 방임한다면, 이것은 분명 하나님이 미워하시는 것이다. "너희 몸은 너희가 하나님께로부터 받은 바 너희 가운데 계신 성령의 전인 줄을 알지 못하느냐 너희는 너희 자신의 것이 아니라 값으로 산 것이 되었으니 그런즉 너희 몸으로 하나님께 영광을 돌리라"(고전 6:19,20)

이제 고린도전서 12장에서는, 성령님이 교회 안에서 역사하시는 것을 다루고 있다. 이 주제는 고린도전서의 다른 본문에서는 발견할 수 없는 것으로, 우선적으로 각 사람에게 성령을 나타내심으로써 은사를 주시는 방법을 제시하고 있다. 이 부분은 오래 머물지 않겠다. 이제 고린도전서 14장은 성도의 교회, 즉 하나님의 교회에서 이러한 은사들을 사용하는 법을 다룬다. 따라서 중대한 원리가 제시되고 있는데, 즉 성령의 능력을 소유했다고 해서 하나님의 말씀에 더 잡고 있는 주님의 권위에서 면제되는 사람은 없다는 것이다. 그렇다. 성령의 능력으로 그리스도인의 양심에 말씀을 적용시키는 분은 성령님이시다. 헛되이 사람을 설득하려고 해서는 안된다. 하나님이 주신 말씀이 있다면 그것으로 교제해야 한다. 게다가 적당한 시간과 합당한 장소를 살피지 않고, 하게 되면 효과가 없다. 말씀은 항상 주님에게서 나오는 것이지만, 하나님의 집에서 모든 질서를 세우시는 분은 성령님이시다. 성령님은 은사를 사용하는 개인들의 책임문제에서 지극히 작은 부분까지 관여하신다. 여기에는 말씀, 성령님이 아니라, 오직 말씀만이 기준이다. (디모데후서 3장과 비교하라.) 이것은 굳이 말할 필요조차 없지만, 매우 값진 진리이다. 성령님의 역사를 실제로 믿는 사람들의 성향은 대개, 성경이 명확히 밝히고 있는 것을 붙드는 대신에, 오히려 말씀을 성령님께 종속시킨다. 하지만 성령님은 자신의 나타남을 주님의 말씀의 권위에 종속시키신다. 이는 말씀이 성령의 감동의 결과물이기 때문이다.

이제 고린도후서에 보면, 하나님은 성도들의 영혼을 각성시키고 회복시키기 위해서 강력하게 역사하신다. 우리가 다루는 주제와 연결된 비중 있는 본문을 발견할 수 있다. 사도 바울은 낙담한 상태에 있는 성도들을 위로하고 있다. 사도 바울은 자신이 친히 "힘에 겹도록 심한 고생을 당하여 살 소망까지 끊어지[는]" 핍박을 받았지만, 거기서 벗어났다. 그리고 나서 바울은 고린도교회 신자들에게 "하나님의 약속은 얼마든지 그리스도 안에서 예가 되니 그런즉 그로 말미암아 우리가 아멘 하여 하나님께 영광을 돌리게 되느니라." (고후 1:20)고 말했다. 그들 가운데 몇 사람은 사도 바울을 약속을 지키지 않는 사람이라고 비난했다. 그렇게 우유부단해서야 어찌 사도처럼 보인단 말인가? 사람의 말을 신뢰하려면 약속을 잘 지켜야 한다. 하물며 사도라면 더욱 그리해야 할 것이다. 하지만 바울은 자신이 약속한 대로 고린도에 오지 않았다. 고린도 방문을 약속한 것을 변경했기에 그의 권위마저 의심받는 위기에 처했다. 어쨌든, 바울은 '내가 약속을 지키지 않은 것은 하나님이 복음 안에서 자신의 약속을 지키시기 때문입니다.' 라고 대답하면서 이렇게 말했다. "그리스도 안에서 하나님의 모든 약속은 예가 되니, 그런즉 그리스도 안에서 우리가 아멘 하여 하나님께 영광을 돌리게 되느니라 우리를 너희와 함께 그리스도 안에서 굳건하게 하시고 우리에게 기름을 부으신 이는 하나님이시니 그가 또한 우리를 인치시고 보증으로 우리 마음에 성령을 주셨느니라."(고후 1:20-22, Darby역) 이것이 바로 하나님이 우리 영혼에 일으키신 역사이다. 모든 것이 이 구절에 놀랍도록 충만하면서도 순차적인 방식으로 제시되어 있다. 신자는 그리스도 안에서 하나님에 의해 견고하게 되었다. 물론 이 말은 신자가 그리스도의 생명으로 다시 살리심을 받은 것(is quickened)을 전제로 하고 있다. 이렇게 그리스도 안에서 견고하게 되는 것은 다시 살리심을 받는 것과 같은 것이 아니다. 즉 한 영혼이 견고하게 될 때에는, 그는 이미 다시 살리심을 받은 상태여야 한다. 이는 복을 받을 수 있는 가장 확실한 방법이다. 왜냐하면 그리스도께서는 이미 거듭남을 통해서 가지고 있는 영적 특권에다가 힘과 충만을 더해주시기 때문이다. 그리고 다시 성경은 신자가 "기름부음을 받았다"고 말한다. 이는 성령님이 하나님에 의해서 모든 것을 다 아는 능력이시기 때문이다. "너희는 거룩하신 자에게서 기름 부음을 받고 모든 것을 아느니라"(요일 2:20) 이것은 그리스도 안에서 갓 태어난 어린 아기에게도 해당되는 말씀이다. 따라서 그리스도 안에서 견고함을 받은 이후 바로, 기름부음이 언급되어 있다. 이것은 성령님이 신자의 눈을 열어주시고, 새롭고 신적인 능력을 통해서 모든 것을 볼 수 있는 능력을 주시는 것을 의미한다. 게다가 성령님은 완성된 구속에 근거해서 신자를 인치시며, 또한 신자에게 미래 기업의 보증이 되신다. "그가 또한 우리에게 인치시고 보증으로 우리 마음에 성령을 주셨느니라."(고후 1:22)

이제 동일한 사상이 전개되어 있는 다른 성경으로 넘어가보자. 에베소서이다. 이 주제와 관련해서는 간단히 언급하는 것으로 충분하리라고 본다. 에베소서 1장 12-14절을 읽어 보라. 우선 12절은

"이는 그리스도 안에서 전부터 믿었던 우리가 그의 영광의 찬송이 되게 하려 하심이라"고 되어 있다. 여기서 "우리"*는 유대인 중에서 그리스도를 믿은 사람들을 가리키며, 유대인들은 소망을 그리스도 우리 주님에게 두고 고대해온 민족이었다. 그리고 다음 구절인 13절은 "그 안에서 너희도[에베소 신자들] 진리의 말씀 곧 너희의 구원의 복음을 듣고 그 안에서 또한 믿은 후에 약속의 성령으로 인치심을 받았으니"이다. 독자는 사도 바울이 성령님을 특별히 두 가지 관점에서 언급하고 있으며, 또한 지금까지 다루어온 두 가지 중요한 주제를 에베소서 1장에서 제시하고자 하는 것을 볼 수 있을 것이다. 즉 하나는 하나님 곧 우리 주 예수 그리스도의 아버지의 부르심에 대한 것이고, 다른 하나는 기업에 대한 것이다. 성령님은 우리와 이 두 가지 모두가 연결되어 있는 관계를 다루신다. 하나님의 부르심과 관련해서 성령님은 신자를 인치신다. 하나님의 기업과 관련해서 성령님은 우리 마음에 주어진 보증이시다. 각각의 경우 모두에서, 성령님은 이미 완성된 사역에 근거해서 하나님에게로 성별시키는 능력으로 역사하신다. 그러므로 독자는 바로 이 구절에서 "너희도 진리의 말씀 곧 너희의 구원의 복음을 듣고"가 이 모든 일의

---

* "우리"는 전부터 그리스도를 먼저 믿는 특권을 가진 사도들과 유대인 신자들을 가리킨다. (Tomas Goodwin, in loc.) "그 안에서 너희도"는 에베소 신자들과 이방인 신자들을 가리킨다. 여기서 우리는 믿음과 시간적 간격을 두고 일하시는 성령의 역사를 볼 수 있다. 그래서 성경은 "믿은 후에 인치심을 받았으니(after you believed, you were sealed)"라고 말하고 있다. G 박사는 믿음과 성령의 인침 사이의 차이점을 반복해서 강조했으며, 피스카토와 칼빈 모두 성경 원문을 잘못 해석하고 있다고 지적했다. 헬라어는 "피스테우쌴테스"이며, 이것을 직역하면 "너희가 믿은 후에"(after that ye believed)이다. 따라서 믿음과 성령의 인침은 동시에 일어나는 것이 아니라 믿음을 가진 후에 시간적 차이를 두고 성령의 인침이 일어난다. 엘리콧은 이 견해에 동의하지만, 알포드는 자신의 견해를 분명히 밝히고 있지 않다.

근원임을 보게 된다. 성령님이 신자 속에 이러한 역사를 시작하시는 것은 구원의 복음을 듣고 난 이후인 것이다. 성령님은 구속을 의지하는 사람을 인치신다. 그리고 성령님은 우리가 장차 그리스도와 함께 나눌 영광의 기업의 보증이 되신다.

  이 주제는 하나님의 참된 자녀들의 마음에 종종 어려움을 일으킨다. 이에 대해서 몇 마디를 덧붙이고자 하는데, 이는 나의 유일한 목적과 갈망이 약간의 도움을 주기 위한 것이며, 이 주제를 덮고 있는 다소간의 선입관 때문에 오는 어려움을 제거하고픈 것이다. 세상이 성도들의 마음에 들어와 자리를 차지하고 있기에, 이와 같은 주제를 이해하는데 어려움이 오는 것은 어쩌면 당연하다. 감사하게도 청교도 작가들의 글을 살펴보면서, 그들이 믿음과 성령의 인침을 구분하고 있다는 것을 확인할 수 있었다. (물론 청교도주의는 내가 성령론에 대해서 확인한 자료의 1/4도 되지 않는다.) 많은 기대를 가지고 시작하지 않았던 터라, 나 자신의 신학적 분별을 넘어선 신학자를 찾아보는 일은 더 큰 즐거움을 주었다. 경건한 마음을 가진 사람이라면 하나님의 순박하고 또 보배로운 진리에 경의를 표하는 것은 지극히 당연하다. 또 기억해야 할 것이 있다. 즉 이처럼 선하고 능력 있는 사람이, 그것도 수백 년 전에 존재했으며, 율법의 도덕적 측면이 다른 어느 시대보다 더욱 강하게 주장되던 시대, 곧 비평의 시대에 이러한 분별력을 가지고 성령에 대한 글을 쓸 수 있었다는 점이다. 보통 율법주의는 성령을 이해하는데 가장 큰 장애물이다. 여러 가지 어려움을 일으키는 요소도 다소간 변형된 형태의 율법주의이다. 율법이 사람을 율법 아래 묶어 두려는 죄의 능력이라면, 성령님은 신자에게 거룩을 이루시는 거룩의 능력이시다. 율법은 육신을 상대한다. 반면 성령님은 새로운 본성을 상대하신다.

　영혼을 다시 살리시는 성령님은 하나님을 갈망하고 있지만 그 속에 생명이 없는 영혼을 찾으신다. 그리스도를 믿는 믿음을 통해서 성령님이 새로운 본성을 주시기전까지 그러한 영혼에게는 오직 타락한 본성만이 있을 뿐이다. 영혼은 말씀을 믿는 믿음에 의해서 그리스도와 연결된다. 그렇다면 이전에는 존재한 적이 없는 영적인 본성이 주어진다. 육이 육에서 온 것처럼, "성령으로 난 것은 영이[다.]"(요 3:6) 하지만 성령의 인침은 이미 거룩한 것의 존재를 전제로 한다. 성도가 그리스도 안에 있거나 혹은 그리스도를 앙망할 때 주어지는 것이다. 물론 옛 본성의 인침은 없다. 성령님은 다시 살리심을 받은 사람을 인치는 것이 아니라 새로운 본성을 인치신다. 더 이상 무엇이 필요한가? 하지만 사람들은 무언가 더 필요하다고 생각한다. 인침을 받으려면 선하고 거룩한 무언가가 있어야 한다고 생각한다. 그것은 성령님께서 옛 본성 혹은 육신을 인치시는 것으로 여기는 것이기에, 이 얼마나 기괴하면서도 황당한 말이 되는 것인가! 영혼을 다시 살리시는 역사가 생명이 없는 자를 위한 것이라면, 인침은 이미 존재하는 하나님에게 속한 것에 도장을 찍는 것이다. 심지어는 새로운 본성 자체만으로도 충분조건이 되지 못한다. 왜냐하면 구약시대의 성도들도 새로운 본성을 가지고 있었지만, 그들이 성령의 인침을 받았다는 것은 성경에서 발견할 수 없기 때문이다. (물론 구약시대에는 성령의 인침이 계시되지 않았다.) 성령의 인침은 단순히 영혼이 다시 살리심을 받은 것(거듭남)으로 임하지 않고, "우리의 구원의 복음"을 받아들인 이후에 임한다. "그 안에서 너희도 진리의 말씀 곧 너희의 구원의 복음을 듣고 그 안에서 또한 믿어 약속의 성령으로 인치심을 받았으니"(엡 1:13) 나는 여기서 "(믿은) 후에"라는 말에 아무 강조점도 두지 않았다. 어떤 사람들은 "믿을 때"가 맞는다고 주장하는데, 그것도 기꺼이 받아들일 수 있다. 결과적으로는 동일한 결론을 맺기 때문이다. 나의 견해로는, 대부분의 사람들이 "성도들은 이미 믿는 사람들이고 또 인침은 그들이 믿을 때 영혼에 역사하신 성령님의 사역"으로 여기는 것 같다. 요약하면 사람들은 불신자 상태에서는 인침을 받지 않은 것이고, 그렇다면 참으로 비참한 상태에 있는 것이다. 그들이 과거 죄 가운데 죽어 있을 때 다시 살리심을 받았고, 신자가 될 때 인침을 받은 것이다.

믿는 것과 인침 사이에 놓인 시간 간격의 문제는 별로 중요하지 않지만, 그 둘이 가지고 있는 특징은 참으로 중요하다. 1분 정도 차이가 있다고 해보자. 그 둘은 다른 것이며, 인침은 믿음 이후에 온다. 불신자는 다시 살리심을 받는 것이 필요하고, 신자는 인침을 받는 것이 필요하다. 이에 대해서 의구심을 갖거나 논쟁거리로 삼을 필요가 없다. 오히려 성경은 성령의 인침은 분명 믿음 이후에 오는 것이며, 결코 같은 것이 아니며, 심지어는 믿음과 같은 순간에 임하는 것이 아니라는 점에 대해서 명확하고 간결하다. 이 사실을 보지 못하는 사람은 영혼을 다시 살리는 성령의 역사 혹은 새로운 본성을 주시는 성령의 역사와 혼동하고 있는 것이다. 그러한 사람들은 구약시대 성도들의 영적 상태와 기독교의 영적 상태를 지속적으로 혼동하는 위험에 노출되어 있다. 분명 성령님은 구약시대의 영혼들도 거듭나게 하셨다. 구약성도들도 확실히 다시 살리심을 받았으며 믿었다. 그렇다면 그들도 인침을 받았을까? 그들 마음에 성령의 인침을 소유하고 있었을까? 결코 그렇지 않다.

이제 우리는 그 차이점을 분명히 인식해야 한다. 구약성도들에게 성령의 인침이 없었던 것은, 그들이 불신자이거나 혹은 영혼이 다시 살리심을 받지 않았기 때문이 아니었다. 그들의 믿음은 확실했고, 그들의 거듭남 또한 확실했다. 이는 거듭남이 하나님 나라에 들어가는데 필수적인 것이었기 때문이다. 하지만 한 영혼이 하나님과의 관계에서 복을 받는 근거로서 구원의 복음이 아직 소개되지 않았다. 이 말은, 구약성도들의 상태는 항상 그것을 고대하면서 기다리고 있었다는 의미이다. 그렇다면 그들은 하나님과의 사귐에 있어서도 평안과 해방을 누리지 못하고 있었다. 기독교는 이 모든 것과 그 이상의 것을 가져왔다. 그리스도께서 오셨고, 구속을 성취하셨다. 그리고 성령님이 하늘로서 내려오셨다. 이것은 단순히 우리에게 약속을 가져다주신 것만을 의미하지 않는다. 이 자체로는 결코 기독교가 될 수 없다. 오히려 그 모든 약속들이 그리스도 자신 안에서 최고 수준에서 확정되었다. 약속은 회심하지 않은 모든 영혼에게 제시되었지만 구원의 복음은 아직 소개되지 않았다. 물론 그리스도를 발견한 영혼에게 약속이 주어졌다는 것은 나도 인정한다. 어떤 약속들은 미래적인 것이었고, 그런 의미에서 그 약속들은 다 이루어진 것이 아니다. (예를 들어서 몸의 부활과 영광의 나타남과 같은 것들이 있다.) 하지만 내가 강조하고 싶은 것은, 성경은 이 모든 약속들을 (공허한 약속이 아니라 지금 당장 실현될 수 있는) 현실 가능한 약속으로 바꿀 수 있는 요소를 그리스도 안에서 성취된 구속의 사실에 돌리고 있다는 점이다. 바로 이 점이 지금 (약속이 아니라) 복음을 통해서 전파되고 있는 것이다. 복음은 단지 그리스도를 향한 소망이 아니다. 이것은 율법 아래 있는 사람이 늘 경험하던 것이었다. 그들은 그리스도에 대한 관심을 가지고서 항상 구원받기를 갈망했다. 이것은 그야말로 구약시대의 모습이며, 어느 누구도 그 이상을 넘어서지 못했다. 메시야가 오시지 않았고, 구속이 아직 성취되지 않았기 때문이다. 따라서 믿음을 갖는다는 것은 감정적일 수밖에 없었고, 하나님의 진리를 믿는 것도 아니었다. 실제는 없었고, 다만 상상 뿐이었다. 이렇게 약속만 제시되는 것은 하나님의 현재적인 증거라고 할 수 없다. 그래서 사실 신약시대에는 "죄 사함의 약속"과 같은 것은 없다.

죄 사함은 (믿는 자에게 지금 이루어지는) 실제적 사실이다. 영생을 현재적으로 소유하지만, 영생은 미래적이다. 그렇다면 구원은 현재적인 신자의 분깃이다(엡 2장). 왜냐하면 신자가 그리스도와 함께 살리심을 받고, 하늘에서 그리스도와 함께 앉는 일이 이미 이루어졌기 때문이다. 그리스도와 함께 연합됨으로써, 이것은 단번에 영원히 이루어졌다. 비록 우리 몸은 아직 변화되지 않았지만, 머지 않아 그리스도와 같은 영광스러운 몸으로 변화될 것이다. 이런 의미에서 구원은 아직 이루어지지 않았지만 이미 임한 것이다.

그런 의미에서 하나님의 영은 이런 식으로 하나님의 일하시는 방식의 발전과 충만한 복을 나누어 주시는 것에 부응해서 새로운 관계 또는 행동 양식을 달리 하신다. 우리 영혼과 관련해서 생각해볼 때, 구원은 이미 완전히 이루어졌다. 성령님은 이에 대한 메시지를 증거하시며, 또 복음을 믿는 사람을 인치신다. 인침은 (구약성도들도 경험한) 거듭남을 전제로 하고 있으며, 완성된 구속에 터 잡고 있고, 그리스도의 완성된 사역에 대한 믿음을 요구한다. 우리는 어떤 일이 완료되기 전까지 인을 치지 않는다. 또한 다 쓰지 않았다면 편지를 봉인하지 않는다. 따라서 인침이란 항상 인치고자 하는 어떤 대상이 완전한 준비가 되었고, 조건이 충족되었다고 하는 근거를 전제하고 있다. 따라서 성령께서 인을 치는 행위는 문제가 되는 일의 완료 또는 완성을 분명히 전제로 하고 있다.

성령께서 복음이 선포하고 있는 구원을 신자에게 인침으로써 확정하는 것에는 또 다른 측면이 있다. 그것은 아직 오지 않은 것에 대한 것이다. 여기서 성령님은 약속인(또는 계약자)이 아니라, 보증인이시다. 게다가 성령님은 그리스도의 구원이나 하나님의 사랑의 보증인이 아니라, 바로 기업의 보증인이시다. 그리스도인은 자신을 향한 영구한 하나님의 사랑을 소유하고 있다. 나는 하나님이 더 이상 완전하게 하실 수 없을 정도로 완전한 구원을 지금 소유하고 있지만, 아직 기업을 소유하고 있지는 않는다. 그렇지만 단순히 기업에 대한 약속만 붙들고 있게 하신 것이 아니라, 성령님은 그것을 맛보도록 하신다. 지금 내가 이 세상에 사는 동안에도, 기업이 가지고 있는 기대감, 기쁨, 그리고 그 복을 누리게 해주신다. 그것이 바로 성령님이 기업의 보증으로 불리시는 이유이다.

이것은 에베소서 본문을 묵상하는 것으로 충분해 보인다. 순서상 맞지는 않지만 그래도 잠시 갈라디아서로 돌아가고자 한다. "너희가 성령을 받은 것이 율법의 행위로냐 혹은 듣고 믿음으로냐?" (갈 3:2) 갈라디아 지역의 신자들은 비록 유대주의자들에 의해서 미혹되긴 했지만, 율법이 자신들에게 성령을 주지 못하고 게다가 자신들 가운데 성령의 능력이 나타나는 것을 주지 못한다는 것을 잘 알고 있었다(갈 3:5). 하지만 이 말이 그들이 독특한 사람들이었음을 의미하는 것은 아니다. 이제 나는 갈라디아서 4장에서 선명하게 표현된 또 다른 표현을 언급하고자 한다. 자기 백성들이 율법 아래 있었을 때, "하나님이 그 아들을 보내사…율법 아래에 나게 하신 것은 율법 아래에 있는 자들을 속량하시고 우리로 아들의 명분을 얻게 하려 하심이라 [율법 아래 있지 않았던 갈라디아 지역 신자들인]

너희가 아들이므로 [구속의 역사가 완성되었기 때문에] 하나님이 그 아들의 영을 우리 마음 가운데 보내사 아빠 아버지라 부르게 하셨느니라"(갈 4:4-6) 따라서 그리스도 예수 안에 있는 믿음으로 말미암아 이미 우리의 것이 된 이러한 관계의식을 주는 것은 바로 성령님이시다(갈 3:26). 그들은 이미 아들이었다. "너희가 아들이므로"(갈 4:6) 하지만 그 당시 그들은 이러한 관계 속에 들어가 있었지만 그 관계를 누리고 있지는 못했다. 그래서 하나님은 "그 아들의 영을 우리 마음 가운데 보내사 아빠 아버지라 부르게 하셨[다.]"(갈 4:6) 이 구절의 의미나 이 구절이 가지고 있는 힘은 의외로 단순하다. 비록 자녀이지만 율법 아래 있는 신자는 결코 아들됨의 의식을 가질 수 없었다. 그러한 신자는 표면적으로 뿐만 아니라 경험적으로도 종의 상태에 있다. 이것은 사도 바울이 정성들여서 표현한 것처럼, 그는 비록 자녀로서 모든 것의 주인이지만 종과 다름이 없는 상태에 있는 것이다(갈 4:1). 그에 대한 이유는, 우선 그가 율법 아래 있기 때문이다. 그는 미성년자처럼 아버지가 정한 때까지 후견인과 청지기 아래 있다. 그는 세상의 초등원리 아래서 종노릇하는 상태에 있으며, 율법은 그런 그를 강하게 책망하는 작용을 한다. 그래서 율법은 그러한 신자에게 자신이 얼마나 버릇없이 구는 어린아이와 같은지를 보여줄 뿐만 아니라 게다가 자연적 인간 본성 안에 있는 반역성을 자극시킨다. 이 모든 일이 율법 체계 아래 있는 동안 계속 진행된다. 하지만 이제 사도 바울이 여기서 설명한 것과 같이, 모든 상황이 바뀌었다.

따라서 로마서는 우리에게 기독교가 육신에 대해서 가지고 있는 광대한 진리를 가르친다. 내가 이미 설명한 대로, 육신을 묶어 제어하는 것이 아니라, 죽은 것으로 여기게 해준다. 내가 육신에 대하여 죽는 것이 아니다. 이러한 사상은 자연주의자, 정적주의자, 신비주의자들의 가르침이다. 하지만 그리스도 안에서 계시된 진리는 이것과는 완전히 다른 것이다. 물론 본성과 세상에 대하여 죽는 것은 필요하다. 그래서 사도 바울은 "나는 날마다 죽노라."고 말했다. 하지만 이 말은 전적으로 다른 의미로 사용되고 있다. 즉 그리스도를 위한 삶을 살아가면서 계속해서 시련과 죽음에 노출되는 것을 가리킨다. 육신에 대하여 내가 단언할 수 있는 것은, 은혜로 인해서, 나는 이미 죽은 사람이다. 따라서 나는 나 자신에 대하여 항상 죽은 존재로 여기도록 부르심을 받았다. 신비주의는 자아를 죽음에 넘기는 일종의 수련이며, 상당히 그럴듯하게 들린다. 하지만 은혜는 내게 그리스도의 자격을 줌으로써 나를 위한 그리스도의 죽음의 능력을 알게 하고, 그리스도 안에서 이루어진 나의 죽음을 믿게 해준다. 따라서 나는, 막연한 추측이 아니라, 나 자신을 죄에 대하여는 죽은 자요 그리스도 예수 안에서 하나님께 대하여는 산 자로 여긴다.

로마서는 의(義)와 연결해서 이러한 가르침을 주고 있다. 하지만 로마서에서 가르치는 것은 미성년자들을 훈육하는 율법 체계와는 전혀 다르다. 오히려 우리에게 구속의 깊은 의미를 깨우쳐준다. 구속은 그리스도를 믿는 믿음을 통해서 우리를 아들의 자리로 이끌어주었고, 우리는 우리에게 능력으로 주어진 하나님 아들의 영을 받았으므로, 아빠 아버지로 부르게 되었다. 바로 이것이 성령님과 로마서의 가르침을 연결하는 고리이다. 그리스도께서 우리를 자유롭게 하려고 주신 자유와 하나님 아버지 앞에서 아들이라고 하는 복된 관계를 신자에게서 빼앗고자 하는 원수의 목적은 신자를 이런저런 형태로 나타나는 율법의 규례 아래로 돌아가게 할 때 성취된다. 성령님은 그리스도를 통해서, 그리고 그리스도 안에서 성취된 구속에 터 잡고 있는 해방의 역사를 우리에게 이루어주시는 지극히 큰 능력이시다. 계속 진행하기 전에, 에베소서에서 성령님을 제시하는 방법에 대해서 몇 마디 하고자 한다. 성령님에 대해서 언급하고 있는 모든 구절로 확대할 필요는 없다. 다만 에베소서 1장과 2장에서 성령님은, 이제 신자가 된 유대인이건 이방인이건 모두를 아버지께 나아가게 해주는 능력으로 소개되어 있다. 그리고 2장 마지막 부분에서 성령님은 하나님이 거하실 처소를 건축하는 능력으로 제시되어 있다. 이것은 이스라엘 백성들 가운데 세워졌던 외적인 모양을 가진 하나님의 처소가 아니다. 가시적인 영광의 구름이 없이도 성령님은 교회 안에 자신의 임재를 나타내신다. 하지만 확고부동한 사실은, 성령님이 교회 안에 거하신다고 하는 사실이다. 에베소서 3장에서 성령님은 에베소서 1장처럼, 우리의 지성을 위한 계시의 능력이실 뿐만 아니라 그리스도인의 영적인 교통을 깊게 해주고 또한 그리스도 안에 있는 풍성함을 따라서 속 사람을 능력으로 강건하게 해주는 내적인 에너지이시다. 에베소서 4장에서 성령에 대한 가르침은 개인들에게 허락된 은사에 대한 것 뿐 아니라 몸과 관련해서 널리 전개되어 있다. 특히 4장 끝부분에 보면, 성령님은 개인의 삶 속에서 성결을 이루이주시는 능력과 원천으로 암시되어 있는 것을 볼 수 있다. 성결(거룩)은 새 사람에게 합당한 이 일 혹은 저 일을 하는 문제가 아니라, 오히려 우리를 구속의 날까지 인치신, 신성한 인격체이신 성령님을 근심시켜드리지 않는 문제이다. 성결(거룩)은 우리 옛 사람이 심판받았고, 새 사람을 입었다는 진리를 아는 것으로 충분하지 않다. 성령님이 계시다는 것을 알아야 할 뿐만 아니라 우리는 결코 그분을 근심시켜드리지 말아야 한다. 에베소서 5장은 다른 것을 제시하고 있는데, 성령님에 대한 매우 흥미로운 암시를 주고 있다. 우리는 육신적인 쾌락에 순복하지 말고 오히려 성령의 충만을 받으며, 이어서 "시와 찬송과 신령한 노래들로 서로 화답하며 너희의 마음으로 주께 노래하며 찬송하[라]"(엡 5:19)는 명령을 받고 있다.

여기서 나는 몇 가지 언급을 하고자 하는데, 내 생각에는, 정형화된 기도문 사용은 반대하면서도 찬송가는 사용함으로써 일관성이 없다는 추궁을 받고 있는 사람들에게 도움이 될 것이다. 그리스도인으로 하여금 사용하도록 운율을 맞춘 찬양과 같은 것은 신약성경에서 발견할 수 없다. 또한 그리스도인을 위하여 영감을 받아 기록한 시나 찬송이나 신령한 노래도 없다. 반면 유대인들에게는 상당히 많다. 독자는 이 사실에 놀랐는가? 이것은 나에게는 매우 단순하고 그럴듯한 이유가 있어 보인다. 유대인들은 자신을 위하여 그에 필요한 찬송을 필요로 했지만, 교회는 그렇지 않다. 그리스도인과 교회에게는 성령님이 계시지만, 유대인들은 그렇지 못했기 때문이다. 따라서 그리스도인은 그 속에 찬송의 샘을 가지고 있기에 자기 마음에 선율이 흐르면 마음과 입술에서 하나님을 향한 찬송이 흘러 넘치게 된다. 이런 이유로, 그리스도인에게는 외부에서 자극을 주는 목적으로 준비된 찬송가가 없었던 것이다. 교회에는 성령님이 항상 임재하시고 내주하시기 때문에, 생수의 샘이 그 속에 있다. 물론 그리스도인 개인 속에도 생수의 샘이 있기 때문에, 자연스럽고 또 정상적으로 시와 찬송과 신령한 노래들이 그 마음에서 흘러나오게 된다. 따라서 사람들이 인간적인 수단을 필요로 하고, 또 다윗의 시편을 의지하는 이유를 들어보면, 참으로 충격으로 다가온다. 하지만 그들이 다만 자신들이 속한 교회의 경건한 유산을 사용하고자 하는 믿음을 가진 것뿐이라면 하나님의 교회나 또는 그리스도인들에게 실제적인 복을 가져다줄 수 있다. 율법 아래서 고통스러운 경험을 하고 있는 사람들은 합당한 그리스도인의 예배 경험을 가질 수 없으며, 확실히, 전적으로 다른 관계와 경험을 전제로 해서 창작된 유대인의 시편 곡을 통해서 자극을 받고 마음의 준비를 할 필요가 있어 보인다. 그들 속에는 기쁨의 샘이 없다. 따라서 그들은 자기 영혼 밖에서 자극하는 것을 필요로 한다. 하지만 우리는 그리스도를 모시고 있고, 게다가 우리 구주와 하나님 아버지를 기뻐하게 해주는 신성한 능력으로서 성령님이 내주하고 있기 때문에, 이 사실은 우리로 하여금 하나님의 말씀에서 직접 시와 찬송과 신령한 노래를 준비해서 예배시에 찬송하도록 교회의 자리를 겸비케한다. 성경은 그리스도인을 사람의 장성한 분량에 이른 존재로 다루며, 교회는 만일 속이는 자에 의해서 속지 않는다면 하나님 앞에서 완전한 자유 가운데 있는 존재로 본다. 이 말은 하나님의 뜻을 아는 총명과 하나님의 사랑에 대한 확신과 그리스도 안에서 하나님의 은혜와 영광의 풍성 안으로 들어간 상태를 가리킨다. 이것은 성령님이 그리스도인과 교회 안에 내주하시기 때문이다. 그 결과로, 자연스럽게 자신이 받은 복을 인식하게 되고, 이에 합당한 표현을 표출하고 싶은 욕구를 갖게 되는데, 이것은 단순한 찬송이 아니라 오히려 성경에서 말하고 있는 대로 "시와 찬송과 신령한 노래들로 서로 화답하며 너희의 마음으로 주께 노래하며 찬송하는"(엡 5:19) 것이다.

나는 여기서 언급된 이러한 시와 찬송과 신령한 노래들이 신약시대 그리스도인들이 작사해서 사용한 것이라고 믿어 의심치 않는다. 즉흥적인 것이거나, 심지어는 다윗의 시편에서 가지고 온 것도 아니고, 다만 그들의 마음에서 우러나온 다양한 찬송이었을 것이다.

이러한 찬송들은 초대교회 시대 신자들 속에서 역사했던 성령의 열매였다. 하지만 영감 받은 저작물로 성경 속에 편입되지는 않았고, 다만 하나님께 자기 마음의 기쁨을 표현하는 정도로 마무리되었다. 이로써 이러한 찬송이 그들 자신들만의 특권과 기쁨이 아니라, 장래 후세대 모든 사람들에게 속하는 것으로 돌려졌다. 이러한 설명에도 다음과 같이 말하며 트집 잡는 사람들은 여전히 있다. "결국, 당신도 찬송가를 가지고 있잖아요. 그 말은 우리는 찬송가를 필요로 한다는 거잖아요." 물론이다. 이 구절에 표현된 뉘앙스를 보면 그 당시에도 운율을 맞춘 작곡된 찬송가가 있었음을 암시한다. 물론 찬송과 감사의 표현을 통해서 그리스도인의 다양한 영적 체험을 특징적으로 묘사하고 표현하는 것이 있었다. 이러한 다양성이 "시와 찬송과 신령한 노래"라는 표현을 통해서 암시되어 있다. 각자 나름대로 특징을 가지고 있기에, 이 모든 것들 가운데 이것 저것의 특징을 구분하지 않고 무턱대로 아무 것이나 골라 하나님께 찬송할 수는 없었다. 하지만 다시 반복해서 말하지만, 이러한 찬송가 작사는 자신들 밖에서 오는 하나님의 영감에 의해서 진행되었다기 보다는 그리스도인 속에 깊은 묵상에 의해서 진행되었다. 사실 이것은 신약시대 성령의 역사가 가지고 있는 독특한 특징 가운데 하나이다. 즉 성령님이 우리 속에 거하기 위해서 오셨기 때문이다. 성령님은 단순히 우리로 하여금 무언가를 쓰게 하시고, 또는 우리를 가르치시는 분이 아니다. 이에 대한 증거가 있다. 특별히 요한계시록이나 다른 몇몇 곳에 보면, 성령님은 우리에게 예언적 성격의 계시를 주시는 분이시다. 따라서 신약성경에는 구약성경에 넘쳤던 예언적 요소가 없고, 다만 서술적 요소만 있다고 생각해서는 안된다. 서신서에는 그리스도인의 신분, 행실, 사역에 대한 특별한 교훈들이 있다. 이 뿐만 아니라 성령님은 신자를 기쁨과 찬송으로 이끄시는 분이시다. 성령님은 미래적인 환상(비전)을 보여주시고 또한 권위 있는 명령을 내리시는 자신의 역할을 포기하신 일이 없으시다. 이러한 것들은 여전히 그리스도인 혹은 교회와 관련해서 성령님이 일하시는 특징적인 모습이다. 어린이들의 찬송이나 주 안에 있는 사람들의 개인적인 기쁨과 같은 것들은 영혼의 선율이 흐르면 마음과 입술을 통해서 하나님을 향한 찬송으로 흘러나가지 않을 수 없는 특징을 가지고 있다.

이외에 에베소서에 발견할 수 있는 하나님의 영에 대한 새로운 암시는 에베소서 6장에서 발견된다. 거기서 우리는 성령 안에서 기도하라는 부르심을 받게 된다. "모든 기도와 간구로 하되 무시로 성령 안에서 기도하고 이를 위하여 깨어 구하기를 항상 힘쓰며 여러 성도를 위하여 구하고"(엡 6:18) 신약성경은 성령님께(not to the Holy Spirit)) 기도하는 것에 대해서 언급한 적이 없다. 다만 성령 안에서(but in the Holy Spirit) 기도하는 것이다. 성령님이 예배와 기도의 대상이 될 가치가 없기 때문이 결코 아니다. 게다가 성령님이 아버지와 아들과 동등하신 하나님이 아니시기 때문도 아니다. 다만 성령님은 구속이 이루진 이후, 우리 속에 내주하시는 동안 기도의 대상이 되기보다는 우리 안에 거하는 것을 더 기뻐하셨기 때문이다. 하나님께 기도하는 것은 아버지와 아들과 더불어 성령으로 기도하는 것이다. 그러므로 그리스도인에게 기도하라는 명령이 있는 곳마다, 성령님께 기도하는 것이 아니라 성령 안에서 기도하라는 의미가 있게 된다. 성령님께 기도하는 것은 교회나 신자 속에 내주하시는 성령님에 대한 믿음이 없다는 것을 무의식적으로 표현하는 것이다. 그렇다면 신약시대 그리스도인이 가지고 있는 어마어마한 영적 특권에 대한 믿음이 결핍된 상태에 있는 것이다. 이러한 현상은 유대인에게 허락된 복락과 교회에게 주신 복락을 같은 것으로 혼동하는 항상 사람들에게서 나타난다.

빌립보서를 잠시 살펴보자. 빌립보서는 성령님을 내주하시는 인격체로서 보다는 무언가 새로운 특징을 띠게 하는 요소로서 제시한다. 단순히 무언가 특별한 것이 아니라 그리스도인 교제의 근원이자 예배에 새로움을 부여해주는 특징적인 것으로 제시한다. 골로새서에서는 놀랍게도 성령에 대한 가르침이 생략되어 있다. 이것은 이미 언급했다. 골로새서는 에베소서에서 성령님에 대하여 언급하고 있는 것과 동일한 방식으로, 즉 새로운 생명 혹은 새로운 본성으로서 놀라운 방식으로 제시하고 있다. 물론 이 두 가지 특징들은 두 서신서에서 흐르고 있는 나름대로의 특징적인 기조와 맞물려서 제시되고 있다.

데살로니가전서에서 성령님은 놀랄만한 능력과 단순성으로 소개되어 있다. 이러한 특징은 그들의 회심의 특징과 그들의 총체적인 삶의 변화를 통해서 나타났다(살전 1:5, 살전 4:8, 살전 5:19). 데살로니가전서는 이러한 특징들을 더 확대하고 있지는 않다. 하지만 한 가지 유념해야 할 것은 "성령을 소멸치 말며"(살전 5:19)라는 구절인데, 종종 사람들은 이 구절을 오해하곤 한다. 이 구절은 에베소서 5장에서 경고하고 있는 대로, 성령을 근심시키는 것과는 전적으로 다른 내용이다. 성령님을 근심시키는 것은 분명 개인적인 문제이다. 반면 성령을 소멸하는 것은 다른 사람들과 연관되는 문제이다. 즉 이것은 공적인 행동 혹은 교회에서 은사를 사용하는 것과 연결되어 있다. 나는 다른 사람을 방해할 의사가 없으며, 다른 형제에게서 성령의 나타남을 방해하게끔 하는 일을 만들고 싶지도 않다.

큰 일일수도 있고 작은 일일수도 있다. 이것이 문제가 아니다. 중요한 문제는 그것이 진정 성령의 역사인가? 이다. 교회 안에서 성령님은 다양한 방법으로 역사하시므로, 우리는 성령의 임재와 역사를 존중해야 한다. 그렇게 할 때, 우리는 지극히 작은 일에서 성령을 소멸하는 지극히 큰 일을 피할 수 있다. 하나님은 분명 작은 일의 날도 멸시하지 않으신다(슥 4:10 참조).

디모데전후서에서 우리는 성령님이 반복적으로 제시되어 있는 것을 발견한다. 디모데전서는 예언적인 사건을 담고 있다. 하지만 디모데후서 1장 7절의 내용은 상당히 의미심장하다. 사도 바울은 "하나님이 우리에게 주신 것은 두려워하는 마음이 아니요 오직 능력과 사랑과 근신하는 영이니"라고 말했다. (14절도 보라.) 여기서 왜 성령님이 이런 식으로 언급되어 있는지, 그 이유를 아는 것은 어렵지 않다. 디모데는 그리스도인이 싸우고 있는 싸움의 어려움, 그리스도를 섬김으로써 당하는 슬픔과 시련을 보고 마음이 오그라들었다. 이러한 핍박은 특별히 교회들 가운데서, 또한 경건하게 살고자 하고 또 신실하고자 하는 사람들에게 더욱 심했다. 따라서 사도 바울은 디모데에게, 자기 손으로 안수함으로써 그에게 주어진 은사를 생각나게 했으며, 또한 우리 그리스도인들에게 주어진 성령님을 생각하도록 했다. 하나님이 우리에게 주신 것은 두려움의 영이 아니라, 능력과 사랑과 분별의 성령이다. 따라서 여기엔 두 가지가 있다. 사도의 손으로 안수함으로써 디모데에게 주어진 것은 첫째 은사와 둘째 성도들에게 일반적으로 주어진 성령의 특징이었다. 분명 이러한 것은 두려움에 떨고 있는 하나님의 사람을 격려하기 위한 목적으로 주어진 것이었다. 왜냐하면 디모데는 여러 가지 어려움과 위험과 낙심의 상황 속에서, 심지어는 전에 사도와 함께 수고했지만 지금은 그에게서 돌아서서 대적하고 있는 사람들의 변절 속에서 비통한 슬픔을 감당해야만 했기 때문이었다.

디도서에서 우리는, 사랑받는 종에게 주어지는 은사에 대한 것이 아니라, 기독교가 우리 영혼에게 공통적으로 가져다주는 축복의 자리에 대한 풍성한 내용을 볼 수 있다. "우리 구주 하나님의 자비와 사람 사랑하심이 나타날 때에 우리를 구원하시되 우리의 행한 바 의로운 행위로 말미암지 아니하고 오직 그의 긍휼하심을 따라 중생의 씻음과 성령의 새롭게 하심으로 하셨나니 우리 구주 예수 그리스도로 말미암아 우리에게 그 성령을 풍성히 부어 주사 우리로 그의 은혜를 힘입어 의롭다 하심을 얻어 영생의 소망을 따라 상속자가 되게 하려 하심이라"(딛 3:4-7) 여기서 우리는 모든 시대 모든 성도들에게 공통적인 경험인 거듭남 혹은 하나님에게서 태어나는 것이 아니라, 그리스도인 세대에게만 속한 전혀 새로운 형태와 충만을 보게 된다. 그것은 바로 "중생의 씻음과 성령의 새롭게 하심으로 하셨나니 우리 구주 예수 그리스도로 말미암아 우리에게 그 성령을 풍성히 부어 주[신]" 것이다. 이것은 그리스도인의 세대를 독특하게 특징짓는 충만한 복의 능력을 제시하고 있다. 새로운 출생, 즉 거듭남은 모든 세대에 속한 것이지만, 성령을 선물로 주시는 것과 (신자가 그리스도 안에 들어가게 된) 새로운 지위는 구속의 완성을 기반으로 해서 전적으로 새롭게 주어지는 것이다. 따라서 성경은 "우리 구주 예수 그리스도로 말미암아 우리에게 그 성령을 풍성히 부어 주[셨다]"고 말한다. 따라서 본문은 매우 놀라운 방식으로, 하나님의 지혜로운 섭리에 의해서 방해물이 제거되고 즉 육신이 심판을 받게 됨으로써 성령님이 우리 구주 예수 그리스도로 말미암아 풍성히 부어주실 수 있게 되었을 때에야 가능하게 된 일을 제시하고 있다.

히브리서에는 성령에 대한 다양한 참조 구절들이 있다. 하지만 나는 두 가지 표현만을 다루고자 한다. 즉 "은혜의 성령"(히 10:29)과 "영원하신 성령"(히 9:14)에 대한 것이다. 두 가지 표현은 성령님에게 적용되고 있는데, 유대적인 것들과는 확실히 대조되는 표현들이다. 따라서 은혜의 성령은 율법과 대조를 이루고 있고, 영원하신 성령님은 구약의 일시적인 것들과 대조를 이루고 있다.

다음으로 살펴볼 것은 베드로전서에 있는 본문들이다. 이 본문들은 신자들에게 많은 흥미를 유발하게끔 한다. "이 구원에 대하여는 너희에게 임할 은혜를 예언하던 선지자들이 연구하고 부지런히 살펴서 자기 속에 계신 그리스도의 영이 그 받으실 고난과 후에 받으실 영광을 미리 증언하여 누구를 또는 어떠한 때를 지시하시는지 상고하니라 이 섬긴 바가 자기를 위한 것이 아니요 너희를 위한 것임이 계시로 알게 되었으니 이것은 하늘로부터 보내신 성령을 힘입어 복음을 전하는 자들로 이제 너희에게 알린 것이요 천사들도 살펴 보기를 원하는 것이니라"(벧전 1:10-12) 이제 이 구절은 우리에게 매우 신중한 분별을 요구한다. 첫째 구약시대의 선지자들 속에 있었던 그리스도의 영의 역사를 언급하고 있기 때문이다. 그들 속에 있었던 영은 예언의 영이었다. 즉 성령님은 장차 오는 일에 대해 증거하도록 예언의 말씀을 주셨다. 성령님은 선지자들의 영혼에 그리스도께서 당하시게 될 고난과 이후에 얻게 될 영광에 대해서 증거하도록 하셨다. 그들이 과연 얼마나 이해했으며, 과연 얼마나 그 예언의 실제를 누릴 수 있었는가는 여전히 의문이다. 하지만 성령님은 그들 앞에 두 가지를 보여주셨다. 우리는 이 모든 것을 일반적으로 시편과 예언서에서 볼 수 있으며, 이사야, 미가, 다니엘, 스가라서에서는 더욱 세밀한 내용을 볼 수 있다. 하지만 우리는 더 많은 내용을 알고 있다. "이 섬긴 바가 자기를 위한 것이 아니요 너희를 위한 것임이 계시로 알게 되었으니 이것은 하늘로부터 보내신 성령을 힘입어 복음을 전하는 자들로 이제 너희에게 알린 것이요"(벧전 1:12) 이제 복음이 전파되었다. 왜냐하면 그리스도께서 오셨고 구속의 위대한 역사가 성취되었으며, "하늘로부터 보내신" 성령님께서 (교회와 신자 속에) 새로운 자리를 차지하셨기 때문이다. 이제 독자들이 주목해야 할 것은, 구약시대 그리스도의 영의 역사에 대한 것이 아니다. 분명 하늘로서 보내심을 받은 신약시대 성령의 사명은, 비록 구약시대에도 찬송 받으실 그리스도의 영으로서 역사하셨지만, 구약시대의 사역과는 완전히 다르다. 신자로 하여금 지금 복음이 증거하고 있는 그 복된 자리로 들어가게 해주는 능력은 하늘로서 보내심을 받은 성령님이시다. 여기에 더하여 장차 오는 시대, 즉 왕국이 능력과 영광 가운데 이 땅에 세워질 때 이루어질 성령에 대한 예언이 남아 있다.

따라서 여기에는 모두 세 가지가 있다. 첫째, 성령님은 예언 사역을 하신다. 둘째, 복음을 통해서 선포된 영혼 구원의 기쁨은 하늘로서 보내심을 받은 성령님의 능력에 의해서 배가된다. 셋째, 그리스도의 재림 시 쏟아 부어질 은혜는 이러한 예언의 성취가 될 것이다. 즉 완성된 강력한 역사가 있으며, 비록 그 사역이 예언으로 계시된 것을 넘어 서긴 하지만 어쨌든, 예언은 그러한 사역을 다루고 있다. 마지막으로, 예언의 완전한 성취는 영광 가운데 나타나실 주님의 (지상)재림을 기다리고 있다. 그리스도께서 고난당하기 위해서 오신 것과 영광 가운데 오실 것, 이 둘 사이에 하늘로서 성령님이 오셨다. 우리는 복음이 그리스도 안에서 선포하고 있는 것을 성령의 능력을 통해서 믿음으로 맛볼 수 있다. 우리는 이것이 얼마나 중요한 것인가를, 요한계시록을 보면서 조금씩 깨닫게 된다. 이러한 예비적인 특징들은 우리가 요한계시록에서 발견하게 될 것과의 대조를 가능하게 해줄 것이다.

베드로후서 1장에 나타난 성령에 대한 언급은 주로 성령의 영향 아래서 예언 사역을 했던 구약시대 선지자들과 연결되어 있다. 이에 별도로 언급하지는 않겠다.

요한일서는 특별한 가르침을 주고 있다. 즉 성령님을 우리에게 선물로 주심으로써, 하나님은 우리 속에 거하시고 또 우리도 하나님 안에 거하게 하신 것에 대한 완전한 가르침이다.

마침내 우리는 요한계시록에 이르게 되었다. 요한계시록에서 성령님을 처음으로 언급하고 있는 단어는 전적으로 새로운 것이며, 적어도 신약성경에서만큼은 생소한 것이다. "일곱 영"이라는 표현은 "일곱 영으로 불리는 영"이란 의미로 어법에 맞지도 않다. 그래서 그런지 현대 뿐만 아니라 고대의 성경학자들은 이 표현을 성령님을 가리키는 것이 아니라, 하나님의 보좌를 지키는 일곱 천사로 해석하고 있다(계 8:2). 하지만 나는 그 표현이 우리가 이사야 11장에서 볼 수 있는 (주의 영 곧 지혜와 총명의 영이요 모략과 재능의 영이요 지식과 주를 경외하는 영으로서), 일곱 배의 영적 능력을 가진 성령에 대한 암시라고 본다. 그럼에도 이런 식의 표현은 신약성경에서 사용된 적이 없다. 따라서 유대 선지자들이 (그리스도께서 세례 요한에게 세례 받으실 때) 메시야 위에 내리시는 성령의 충만성에 대해 예언한 것을, 사람들에게 심판을 내리시는 과도기적인 시기, 즉 대환란기의 성령님에게 적용하는 것은 무리가 있다.

그러므로 요한계시록은 신약성경의 보통 주제들과 예언적인 환상이 함께 어우러진 책이 아니다. 이것은 서술 방식의 변화를 통해서 분명히 드러나고 있다. 따라서 요한계시록은 하나님의 은혜를 드러내는 책이 아니라, 하나님의 통치를 드러내는 책이다. 그래서 구약성경에 대한 언급으로 가득한 것이다. 구약시대 하나님의 섭리에 대한 이성적 총명과 이해가 없는 사람이 요한계시록을 이해하는 것은 가능하지 않다. 하지만 율법과 선지서들을 지속적으로 마음에 새기면서, 동시에 신약의 요소들을 구약성경을 넘어 영원한 상태에 이르도록 항상 연결시켜 묵상하는 사람은 어느 정도 상당히 이성적으로 요한계시록의 내용을 파악하게 될 것이다.

요한계시록은 비록 "은혜와 평강이 너희에게 있기를 원하노라"(계 1:5)고 말하지만, 하나님은 우리가 이전에 알고 있는 방식과는 전혀 다른 방식으로 자신을 소개하신다. "이제도 계시고 전에도 계셨고 장차 오실 이"(계 1:4)이시다. 하나님은 요한계시록에서 여호와로서 말씀하신다. 이 단어는 누군가 히브리식으로 말하고자 할 때, 히브리어 "여호와"를 신약성경의 언어로 번역한 것이다. 이제 하나님은 우리 앞에 하나님의 영으로서 소개된다. 그래서 성령님이 "그의 보좌 앞에 있는 일곱 영"으로 표현되고 있는 것이다. 신약성경에 익숙한 사람은 그러한 표현 때문에 곤혹스러움을 겪을 것이 분명하다. 성령님을 항상 "한 영"으로 보아야만 하지 않는가? 이것은 사도 바울의 가르침과는 다른 것이 아닌가? 이것은 한 영이 그리스도의 모든 제자들 속에 거하심으로써 여러 지체들을 마디와 힘줄로 서로 연합하여 그리스도와 한 몸을 이루게 하는 근본 진리에서 벗어나는 것이 아닌가? 그 질문에 대한 답은 확실히 '그렇다.' 이다. 여기 요한계시록의 인사 부분에서 우리는 "일곱 영"이라는 표현, 더욱이 "그의 보좌 앞에 있는 일곱 영"이라는 표현을 발견한다. 이것은 우리가 서신서에서 발견하는 것과는 전적으로 다른 것, 새로운 개념을 소개하는 것이다. 성령님은 "하늘로부터 보내신 성령"이시다. 성령님은 신자 속에 내주하신다. 성령님은 교회 안에서 은사를 개인들에게 나눠주시며 또한 은사를 통해 그리스도의 몸을 세우는 역사를 하신다. 하지만 여기 요한계시록에서 성령님은 하나님의 보좌 앞에 있는 일곱 영이시다. 어떻게 된 것일까? 이제 우리는 통치와 (심판을 통한) 사법적인 섭리의 장면 안으로 들어온 것이다. 그렇다면 만세와 만대로부터 감추어 온 비밀, 즉 높은 곳에서 그리스도께서 영광을 받으신 것과 그리스도인도 함께 영광을 받았으며, 그곳에서 교회가 그리스도와 연합을 이루고 있는 것을 하나님이 경이로운 방식으로 나타내심으로써 이 세대에 삽입된, 은혜의 천상적인 괄호(the heavenly parenthesis of grace)*가 막을 내린 것이다. 일곱 교회와 및 그리스도께서 일곱 교회와 맺고 있는 관계를 소개하고 있는 부분에서도, 심판이 핵심이다. 따라서 성령님은 총체적으로 요한계시록이 우리에게 열어주고 있는 통치의 성격에 맞게 소개되고 있다. 하나님 자신이 친히 심판하시며, 섭리

---

* 역자주: 하나의 세대(a dispensation)는 지상 백성들(earthly people)에 대한 하나님의 섭리와 연관이 있다. 교회는 하늘의 부르심(heavenly calling)을 받아 "그리스도 안에서 하늘에 속한 모든 신령한 복을" 받은 천상 백성들(heavenly people)이며, 이 세대와 아무 연관이 없다. 따라서 교회는 하나의 세대가 아니다. 그러므로 현 시대는 교회 시대가 아니라 율법 시대의 연장이다. 하나의 세대로서 율법 시대가 끝나면 천년왕국 시대가 시작된다. 현재 왕국은 비밀스럽게 임해 있지만 왕이신 그리스도께서 부재한 상황이다. 따라서 장차 왕으로서 그리스도께서 오실 때(지상재림시) 천년왕국은 비로소 시작된다. 지금은 그때까지 과도기로서 그리스도와 더불어 왕국을 공동으로 통치할 천상 백성으로서 교회를 불러내는 시기이다. 그리스도와의 연합을 통해서 교회가 그리스도와 함께 하늘에 앉아 있는 것, 이것을 은혜의 천상적인 괄호라고 부른다.

적으로가 아니라 직접적인 통치를 시작하시는 분으로 제시되고 있다. 결과적으로 요한계시록은 인간을 포함해서 모든 세상 체계가 심판받아야 함을 보여주고 있다. 최우선적으로 심판받는 대상은 교회이다. 그 다음이 세상이다. 그리고 나서 그리스도의 지상 재림 시에 다시 살리심을 받는 사람들이 심판을 받는다. (그리스도의 지상 통치가 끝날 무렵에) 최종적으로 죽었던 모든 사람들이 살아나서 심판을 받는다. 이렇게 해서 결과적으로 요한계시록의 주제는 심판이다.

이 주제와 연속선상에서 볼 때, 성령님은 구약시대의 특징적인 측면으로 돌아가서 하나님의 최종적이고 완전한 계시를 매우 철저한 방식으로 제시하시는 분으로서, 이 땅에 심판을 집행하는 사법적인 특징을 따라서 소개되고 있다. 그러므로 선지자 요한은 성령님을 일곱 영으로 표현했다. 이것은 성령님의 충만성과 다양성을 가진 완전성을 표현하는 것이다. 게다가 성령님은 통치하시는 하나님의 점진적인 방식을 따라서 함께 동역하시기에, 하나님 보좌 앞에 있는 존재로 소개되고 있다.

일곱 교회를 향한 말씀에서, 그들에게 말씀하실 때 항상 사용하는 표현이 있다. "성령이 교회들에게 하시는 말씀을 들을지어다." 이다. 이것은 성도 안에 혹은 교회 안에 내주하시는 하나님의 영의 역사가 아니다. 게다가 교회는 더 이상 성령 안에서 하나님이 거하시는 처소도 아니다. 여기서 교회에 말씀하시는 성령님은 교회 밖에 계신 분으로서 경고와 훈계를 하신다. 그리스도도 마찬가지이다. 여기서 그리스도는 자신의 몸된 교회를 양육하고 보호하는 교회의 머리로서 소개되고 있지 않다. 그리스도는 제사장의 옷을 입고 거니시는 분으로 나타나신다. 제사장 이상 이신 분이 제사장처럼 나타나신 것이다. 신자를 위해 중보하시는 것이 아니라, 그 반대로, 불꽃같은 눈으로 하나님의 마음과 일치되지 않는 것을 심판하고자 살피시고 있다. 이것은 우리가 우리 주님에 대해서 알아야 하는 분명한 계시이다. 결과적으로 주님은 자신을 인자로 소개하신다. 이것은 교회와 관련해서는 특별한 계시이다. 어째서 그런가? 왜 그리스도는 여기서 인자로 나타나셨는가? 이는 이제 그리스도께서 왕국을 취하실 것이기 때문이다. 그 어간에 심판하는 권세가 그리스도께 주어졌다. 왜냐하면 그가 인자이시기 때문이다(요 5:22-27). 따라서 주님은 비록 그 대상이 교회일지라도, 재판장의 자리를 취하신다. 모든 심판이 다 그리스도의 손에 있다. 하나님이 이렇게 하실진대, 누가 과연 살아남을 수 있단 말인가? 그러므로 일곱 교회 가운데 최상의 교회 조차도 회개치 않으면, 그 촛대를 옮기신다는 경고를 받고 있다. 반면 동일하게 회개하라는 경고를 받았던 마지막 교회는 주님의 입에서 토하여 내침을 당한다는 경고를 받았다. 교회들마다 전적이고도 소망 없이, 주님으로부터 거절당함이 있다.

　엄청난 변화가 일어난 것이다. (무슨 심판을 받았든지 간에) 구속받은 사람은 더 이상 땅에 있시 않고, 하늘에서 영광을 받게 된다. 그리고 주님은 전에 죽임을 당하신 어린양, 즉 전에 거절당하신 그리스도로 하나님의 임재 가운데, 그리고 하나님의 보좌에 앉은 모습으로 나타나신다. 그리고 다시 한 번 성령님이 나타나는데, 일곱 등불 혹은 (심판을 의미하는) 횃불로 상징된 일곱 영으로 나타나고 있다(계 4:5). 또한 요한계시록 5장에서는 온 땅에 보내심을 받은 하나님의 일곱 영의 권세와 활동이 소개되어 있는데, 이것은 하늘로부터 보내심을 받은 성령에 의한 복음 전파에 대한 언급이 아니다. 교회는 더 이상 복음과 관련해서 나타나지 않는다. 성령님은 온 땅에 보내심을 받은 사명과 연결되어 있다. 이 사명은 은혜에 속한 것이 아니라 온 땅을 전체적으로 심판하는 통치에 속한 것이다. 따라서 4장부터는 지역교회들을 찾아볼 수 없다. 이제 지역교회들은 이러한 하나님의 영의 사역의 대상이 아니다. 이후부터 하나님은 다른 계획, 즉 지상에 대한 계획들을 진행해나가신다. 왜냐하면 하늘에 속한 공동 후사들이 그리스도와 함께 하늘에 있기 때문이다. 그러므로 이제 하나님의 영은 땅과 관련해서 활동하신다.

이 사실 자체만으로도 요한계시록 시대의 성령님의 역사의 특징을 잘 보여주고 있다. 요한계시록의 나머지 부분은 교회가 지상에서 사라지고, 주 예수님께서 하늘로부터 영화롭게 된 성도들과 함께 오시기 전까지 땅을 심판하시는 과도기적인 기간을 다룬다. 내가 믿기론, 이것은 요한계시록의 주요 내용을 간략하게 제시하는 것이다. 요한계시록 3장 이후에는 (요한계시록 22장에서 주어진 권면을 제외하면) 더 이상 교회에 대한 언급이 없다. 교회의 휴거가 이루어진 것이다. 그리고 요한계시록 5장에서 우리는 온 땅에 보내심을 받은 하나님의 일곱 영으로 상징되어 있는 일곱 뿔과 일곱 눈을 가진 성령님에 대한 언급을 보게 된다. 오랜 인내의 기간이 끝나고 하나님의 심판은 시작된다. 부르심을 받고 증언할 성도들이 없다는 의미가 아니다. 구약시대와 같이 말씀에 의해서 영혼을 다시 살리는 하나님의 영의 역사가 없다면 어찌 성도들이 존재할 수 있단 말인가? 그렇다면 지상에서 교회가 휴거된 이후, 존재하게 되는 성도들, 즉 환난 성도들에게서 혹은 그들 속에서 역사하는 성령의 역사는 무엇일까? 그 영혼들에게 역사하시는 성령의 본질은 무엇인가? 성령님이 그 속에서 역사함으로 그들이 경험하게 될 경험은 무엇이며, 내주함 없이 성령님이 그들을 인도하시는 방법은 무엇일까? 그에 대한 대답은 요한계시록에 있다. 즉 예언의 영은 예수의 증언이다. (문법의 상호 등가의 원리에 의해서 동등한 의미를 가진 단어는 앞뒤 단어를 바꿔 쓸 수 있다. 성경은 그 순서가 반대이지만, 나는 이것이 더 합당한 표현이라고 본다.) 어느 것을 앞에 쓰던지 상관없지만, 이것은 전적으로 어느 것이 문맥상 자연스러운가의 문제이다.

이제 이것은 우리를 즉시 성령님이 환난 성도들과 맺고 있는 관계와 성령님이 교회와 및 그리스도인과 맺고 있는 관계의 전적인 다름으로 안내한다. 성령님은 지금 신자 속에 내주하심으로써 교통의 영으로서 역사하신다. 내가 그리스도 안에서 배운 것은, 지금 그 은택을 나의 것으로 누릴 수 있다는 것이다. 그것은 나의 분깃이며 또한 나의 기쁨이다. 하나님께서 자기 아들에게 보여주신 것 가운데 내가 나의 것으로 삼을 수 없는 것, 내 마음의 위로로 삼을 수 없는 것은 하나도 없다. 그리스도인은 그리스도께서 획득하신 모든 영광의 직접적인 수혜자이다. 따라서 그리스도인은 그리스도를 하나님의 아들로서, 영혼을 위한 예배의 대상으로서만 생각할 수 있다. 그렇다면 그리스도를 기뻐하는 것이 전부이다. 왜냐하면 그리스도인은 하나님에게서 났고, 성령님은 그 마음에 자유를 주셨기 때문이다. 하나님의 사랑이 어떠하든지 자신 보다 더 큰 위대한 존재를 아는 것이 신자의 기쁨이다. 비로소 신자는 그 위대하신 존재 앞에 경외하는 자세로 엎드려 경배하게 된다. 하지만 여기서 우리는 요한이 자신의 연약함을 입증하고 있는 것을 보게 된다. (신적인 대상 앞에 무조건 엎드리는 것은 자신의 연약함을 오용하는 것이다.) 잠시 동안 천사가 입은 영광이 그의 마음을 어둡게 했기에, 하나님에게 나타내야 할 경외의 태도를 천사에게 보였다. 천사에게서 흘러나오는 위격의 광채가 너무도 밝았기 때문에, 선지자 요한은 그를 경배하고자 했던 것이다. 하지만 (하나님의 은혜와 하나님의 아들을 그 마음에 알고 있고, 예수님이 입으신 영광을 드러내시길 기뻐하시는 성령님 때문에) 신자는 아버지와 또한 아들을 참으로 예배하는, 자원하는 예배자이다.

어떤 경우에도 그리스도는 단순히 아들, 영원하신 분, 그리고 예배의 대상이신 신성한 위격체가 아니시다. 오히려 우리는 우리 위에 계시며, 깊고도 변치 않는 사랑으로 우리와 자신의 관계를 공유하기를 기뻐하시는 분을 소유하고 있다. 사실은 하나님이 그리스도께 주신 모든 것을 우리에게도 주신다. 그리스도께서 이루신 모든 것을 우리의 무한한 복으로 바꾸셨다. 이 모든 일을 살펴볼 때, 그리스도의 모든 것을 소유하시고 또 그것을 우리에게 보여주신 이는 성령님이시다. 성령님은 그리스도를 영광스럽게 하시며, 그리스도의 것들을 우리에게 보여주신다. 성령님은 우리 마음에 그리스도의 기쁨으로 충만하게 하시며, 그 기쁨을 우리 마음에 흘러넘치게 하신다.

이러한 성령의 역사는 요한계시록에 나타나지 않는다. 요한계시록 6장에 있는 성도들을 보라. 사실상 지상에 있는 성도들이 처음으로 예언의 장면 속에서 나타나고 있다. 그들은 자신의 대적들이 주님의 심판을 받기를 간절히 바라고 있다. 그들은 자신들조차도 가지고 있지 못한 선(善)을 무척이나 갈망하고 있다. 이것은 지금 요한계시록에서 말하고 있는 것처럼, 교회나 그리스도인에게는 해당되지 않는다. 이것은 마치 솔로몬의 노래, 즉 아가서에 있는 내용이 교회에 해당되지 않는 것과 같다. 교회가 휴거하고 난 이후, 지상에 있는 성도의 위치는 성령님이 다만 예언의 영으로서 취하신 위치와 같다. 성령님이 미래 환난 성도들에게 예수님에 대하여 증거하시는 유일한 증언은 예언의 영으로서 하시는 것이다. 따라서 그들은 예수님이 지상 재림하실 때 예수님에 의해서 영접될 것이다. 이것은 그리스도인의 경우와는 전혀 다르다. 바로 이 사실 때문에, 하나님의 역사하심과 성도가 복을 받는 방법이 원리상 세대에 따라서 다를 수 밖에 없다. 이 두 가지는 현재적인 복으로서 하나로 통합될 필요가 있다. 나는 나의 감정을 만족시킬 대상을 원하며, 그 대상을 소유해야만 한다. 나는 몸으로 있는 동안 나의 기대를 충족시킬 자극을 원하며, 이때 사탄은 하나님에게서 멀어지게 하는데 사용하는 수단으로서 다양한 자극들로 나를 둘러싼다. 이때 나에게 필요한 것은, 그리스도를 내 마음에 모시는 것이다. 그렇게 하면 (영광 중에 다시 오실) 그리스도를 기다리는 것이 새로운 나의 소망으로 자리 잡게 된다. 우리는 이 두 가지를 필요로 한다. 어쩌면 모순처럼 보일 수 있지만, 실제로는 성도들 개인과 교회가 충만한 복을 누리는데 필수적인 것이다. 만일 내 마음을 만족시켜줄 대상이 없다면, 무엇으로 내 마음을 만족시킬 것이며, 무엇으로 마음의 안식을 얻을 수 있단 말인가? 그리스도인에게 그리스도 외에는 없다. 그러므로 성령은 그에게 인을 치시고, 기름부음을 주시며, 자기 속에 있는 것을 알게 하시며, 그리스도와 또한 그리스도께서 주신 것들을 누릴 수 있게 하는 능력이 되어 주시는 것이다. 이제 성령님은 나로 하여금 (영광 중에 다시 오실) 그리스도를 앙망하도록 이끄신다. 이것이 바로 우리가 요한계시록에서 발견해야 할 내용이다. 이것은 교회가 휴거하고 난 이후에 환난을 통과하게 될 성도들을 위한 것이 아니라, 바로 우리를 위한 것이다. 성령님이 오직 신부와 함께 "오라."고 말씀하신다(계 22:17). 이것은 성령께서 신부로 하여금 소리치게 하시며, "오라"고 말씀하시는 일에 신부와 동역하는 모습을 우리에게 보여주는 유일한 그림이다. 그래서 성령님은 "오라."고 말씀하신다. 왜냐하면 우리를 최고로 사랑하시며, 우리 마음으로도 참으로 사랑하는 성령님은 그리스도께서 다시 오실 것을 이미 말씀하셨기 때문이다. 이제 자신의 말을 존중하시는 성령님은 우리 속에 이러한 갈망을 불러일으키시며, 그리스도를 갈망하도록 하시는 것이다. 하지만 그리스도는 어느 누구도 사랑할 수 없는 방식으로 우리를 사랑하시는 분이시다. 그리스도는 우리를 향한 사랑으로 자신을 산화시키신 분이시다. 나는 그분을 기다린다. 그러므로 나는 소유하고 있지 않는 중에도 소유하고 있다. 나는 모든 복을 가지고 있다. 결과적으로 믿음에 의해서 기업을 소유하고 있으며, 모든 소망의 자극도 가지고 있다. 이것이 나로 하여금 현재 상황을 넘어 주님이 가신 곳을 바라보게 해주며, 바로 그 천상의 영광 가운데서 주님은 나를 소유하고 나 또한 주님을 소유하게 하신 연합의 비밀을 통해서 나의 영혼으로 하여금 완전한 만족을 누리게 해준다.

이것이 바로 기독교가 우리 마음을 만족시키는 최고의 정점이다. 그리스도는 이 세상에 오셨고, 내가 있는 곳에서 나를 사랑하신다. 그리스도는 나의 어리석음 중에도 나를 사랑하셨고, 심지어는 죄 가운데 있는 나를 사랑하셨다. 이제 그리스도는 나의 소망이시다. 나는 장차 그리스도와 같이 될 것이며, 그리스도께서 계신 곳에서 함께 하게 될 것이다. 이것은 다른 어디에서도 발견할 수 없고, 오직 기독교에서만 발견하는 것이다. 그리스도께서 오시기 전에, 이 일은 가능하지 않았다. 왜냐하면 구약시대에는 그들이 사모했던 그 대상이 아직 오지 않았으며, 그 대상이 완전히 계시되지도 않았다. 게다가 이것은 그리스도께서 다시 오실 때 이루어지는 것도 아니다. 그리스도께서 오시는 날에는 충만하고 영원한 복을 누리게 될 것이며, 모든 슬픔과 시련은 사라질 것이다. 그때 지상에 있는 성도들은 매우 안락한 삶을 누릴 것이다. 지금은 사탄의 권세를 막고 있는 하나님의 영의 역사가 있다. 더불어 하나님의 자녀들을 방해하고 시험하는 모든 악한 요소들도 있다. 하지만 그 뿐 아니라 믿음과 소망의 복됨도 있다. 성령님은 모든 능력의 원천이시다. 구속이 완성된 이래, 성령님은 신자와 교회 속에 자신의 자리를 잡고 계신다. 하나님의 교회가 가진 복은 얼마나 놀라운 것인가!

교회가 하늘로 휴거되면, 성령님은 지금과 같은 상태에 있지 않을 것이다. 성령님은 하늘로서 보내심을 받고 교회를 형성하시기 전, 바로 구약시대에 일하셨던 것과 같은 방식으로, 영혼들을 다시 살리시는 역사를 시작하실 것이다. 영혼들이 이 지상에 있는 동안, 성령님은 동일한 초등 원리와 영원한 역사를 따라서 일하실 것이며, 근본적으로 하나님을 알게 하는 사역을 하실 것이다. 게다가 시대에 맞게 일하시는 성령님은 미래에도 영혼을 거듭나게 하는 사역을 하실 것이다. 이것은 그리 놀라운 일이 못된다. 왜냐하면 이것은 하나님 앞에서 단순히 순서의 문제이기 때문이다. 따라서 그 차이는 매우 명확하다. 하늘의 성도들은 (휴거됨으로써) 세상에서 사라질 것이며, 이 땅에 남는 영혼들은 천년왕국 시기 동안 이 땅에 거하기 위해서 준비될 것이다. 이것은 엄격하게 말하지만 과도기이다. 이 기간 동안 성령의 행하심과 증언의 역사는 곧 계시될 미래로 영혼들의 마음을 향하게 하는 것이다. 예언의 영은 예수의 증언이다. 이것은 구속이 가지고 있는 충만한 의미를 열어주는 것이 아니다. 이것은 영혼으로 하여금 "휘장 안에" 들어가게 하는 믿음과 의식을 줌으로써 "확실하고 견고한 영혼의 닻"을 내린 것 같은 소망을 주는 것이 아니다. 우리가 지금 예수님 안에서 누리는 것과 같은 평안과 기쁨은 없다. 대환난 시기에 가장 특징적인 것은, 성령님은 그들로 하여금 미래의 천년왕국을 소망하면서 주님을 바라보게 하시는 것이다. 그들은 기다려야만 한다. 어떤 영혼들은 그들처럼 고난을 감내해야 한다(계 6:11). 따라서 우리는 "거룩하고 참되신 대주재여 땅에 거하는 자들을 심판하여 우리 피를 갚아 주지 아니하시기를 어느 때까지 하시려 하나이까?"(계 6:10)라는 구절을 발견하게 된다. 그들은 장차 오실 분을 갈망한다. 하나님의 전능한 능력이 아니고서는 그들로 이것을 믿게 할 수 없을 것이다. 따라서 그때에는 불의의 속임을 당하는 사람들이 많을 것이다.

이러한 내용들은 하나님과 다툴 사안이 아니다. 하나님의 말씀에 의문을 달 문제도 아니다. 지혜는 성경을 단순하게 믿는 믿음을 즉시 발휘할 때 얻게 되며, 이러한 지혜를 통해서 이 모든 일에 대하여 마음의 의심, 어려움, 의문 앞에서 우리 영혼을 안돈시킬 수 있다. 만일 하나님이 미래를 계시하셨다면, 그것은 우리로 장래 일을 알도록 그리하신 것이다. 따라서 그리스도인은 이렇게 자신에게 절대적으로 주어진 축복을 잘 간수해야 하며, 반대로 만일 당신이 다른 그리스도인에게서 이러한 복된 자리를 포기하도록 야기했다면 당신은 그가 그리스도인으로서 가지고 있는 기업을 빼앗아버린 것이 된다. 그리스도인은 믿음의 기업을 지금 소유하고 있을 뿐만 아니라, 소망의 기대도 가지고 있다. 그리스도인은 이처럼 탁월한 자리에 서서 미래를 내다볼 수 있으며, 영원까지 들여다 볼 수 있다. 그리스도인이 가진 자리보다 더 크고 더 복된 것이 있을까? 그럼에도 우리는 그리스도 안에서 우리가 받은 복에 대해서 너무도 모르고 있으며, 누리지도 못하며, 게다가 그 속으로 들어가려고 하지도 않는 것은 아닌가? 요한계시록의 환난성도들은 이러한 복을 소유하지 못하며, 다만 예수의 영을 통해서 받은 예언의 증언만이 있을 뿐이다.

이제 이 주제에 대해서 더 이상 말할 필요가 없다고 본다. 다만 독자의 관심을 맺는말에 집중시키고 싶다. 즉 예언이 종료된 후 맨 마지막에 성령님은 하나님의 교회인 신부의 소망과 일치를 이루고 있다는 점이다. 요한계시록에서 신부를 지상의 예루살렘에 적용시키려는 해석은 전적으로 부당하다고 본다. "성령과 신부가 말씀하시기를 오라 하시는도다 듣는 자도 오라 할 것이요 목마른 자도 올 것이요"(계 22:17) 여기서 우리는 교회로 하여금 신부로서 예수님을 고대하도록 이끄시는 성령님의 모습을 보게 된다. 이렇게 부르시는 장면을 제시하고 있는 자리가 참으로 충격스럽다. 왜냐하면 최종적으로 인간에 대한 하나님의 모든 섭리가 끝난 이후에, 백보좌 심판대에서 최종적인 심판이 이루어지고 난 이후에, 새 하늘과 새 땅의 모습을 완전히 설명한 이후에 성령과 신부의 부르심이 시작되고 있기 때문에, 그리스도인이 가진 고유의 기쁨으로부터 우리의 관심을 돌이키게 함으로써 예언에 더 많은 관심을 쏟게 할 수 있기 때문이다. 사실 그러한 예언 연구는 항상 우리를 우울하게 만든다. 이는 거기에 하늘의 소망이라고 하는 평행추를 통한 균형이 없기 때문이다. 내가 확신하는 바로는, 예언은 (그 자체만으로는) 그리스도인의 영혼에 지상에 대한 관심을 불러일으키는 성향이 있다. 만일 우리 마음이 지상에서 일어나는 심판의 상세한 내용들에 집착하거나 또는 단순한 호기심으로 접근하게 되면, 그리스도와 교회를 섬기는 일에 또한 영적으로 지친 영혼에게 절대적으로 필요한 영적 에너지를 고갈시킨다는 것이다. 상황이 이렇다면 하나님의 성도들에게는 치명적인 일이며, 특히 이러한 현상은 그리스도와 하늘에 속한 일들에 대한 묵상이 없다면 더욱 심화된다.

성령님은 교회와의 관계 속에서 이러한 위험에 대비하여 준비를 하셨다는 점을 주목해야 한다. 우리는 요한이 우리를 위해서 기록한 이 모든 예언의 환상들을 살펴보면서, 그 속에서 미래에 대한 완전한 그림을 볼 것이고, 성경의 나머지 책들에 흩어져 있는 빛들을 요한계시록의 렌즈를 통해서 초점을 맞출 수 있다. 이 모든 일들이 이루어진 후, 주님이 친히 세우시는 주요한 것은, 이를 테면, 우리로 하여금 지상의 장면에서 완전히 벗어나 우리 영혼의 대상이신 그리스도를 바라보게 하는 것이다. 이것은 나에겐 상당히 인상적으로 다가온다. 왜냐하면 요한계시록은 상당히 예언적인 책이기 때문이다. 어쨌든 이 마지막 부르심은, 즉시 우리를 예언의 낮은 영역에서 들어 올림으로써 참되고 진실된 정서의 세계 속으로 들어가게 해준다. 이러한 세계는 새롭게 된 마음만이 머무는 세계이며, 높은 곳에 계시고 또 장차 오실 그리스도를 앙망하며 하늘의 것들로 그 마음을 채우는 고상한 영혼의 세계이다.

주님은 우리에게 세세토록 깊어지는 즐거움을 누리도록 하나님 말씀의 경이로운 빛을 통해서, 성령님이 우리 속에 거하시도록 보내심을 받았다는 사실을 보여주신다. 이처럼 경이로운 사실이 가능한 이유는 하나님 앞에서 그리스도 자신이 가지고 있는 가치와 변동될 수 없는 견고한 토대인 구속의 성취 때문이다. 이제 이 책을 마치면서 필자는 모든 독자들이 단순히 성령님에 대해서 배우는 것에서 벗어나, 실제로 성령님의 인도하심을 받아 심령이 더욱 강건하게 되고, 하나님이 자신의 귀한 말씀을 통해서 우리에게 계시하신 모든 것을 성령님을 통해서 그리스도 우리 주님 안에서 더욱 누릴 수 있게 해주시길 빈다. 아멘.

퀘이커의 성령에 대한 가르침

　퀘이커(친우회)가 주장하는 내적 빛의 교리는 신약성경에 계시된 성령의 진리를 손상시키고 있다는 의견을 낸 나는 그들이 가진 사상의 독특성에 대해서 심각한 혹평을 했다는 생각이 들어서 간략하게나마 그 이유를 밝히고자 한다. 조지 폭스(G. Fox), 윌리암 펜(W. Penn), 아이작 페닝턴(I. Pennington), 윌리암 세웰(W. Sewell)과 다른 퀘어커들의 글을 읽어본 지성적인 독자라면, 그들은 바른 이성, 은혜, 성령, 하나님의 말씀, 우리 안에 계신 그리스도, 그리고 우리 안에 계신 하나님 등을 동의어로 사용하고 있음을 발견할 것이다. 여기에 양심, 혹은 타락 이후 인간이 가진 일반적인 자산이 된 선악을 아는 지식 등을 혼용해서 사용함으로써, 그들은 성경이 그리스도인에게만 해당되는 것으로 말하고 있는 것을, 예외 없이, 모든 사람에게로 확장해서 사용하고 있다. 독일 교회사가인 모쉐임의 설명은 정당하면서도 일리가 있다.

"내가 더 이상 인용할 필요가 없는 것은 너무도 명백하기 때문이다. 비록 퀘이커주의가 고상한 것임에도, 사실은 2세기 신비주의의 재현에 불과하다. 기독교 역사 속에서 소멸되지 않은 채로 계속해서 여러 책들과 소책자와 사람들의 대화 속에서 단편적으로 유전되어 오다가, (퀘이커 창시자인) 조지 폭스가 유랑생활을 하던 중 그것들을 모아서 신적인 계시로 주장하기에 이르렀다. 그리고 폭스가 애매하게 표현한 것들을 그의 후계자들, 특히 펜, 바클레이, 키이쓰와 피셔 등이 체계화시켰다. 그들의 주요 신조는 대부분, 유명하고 매우 오래된 신비주의에 근거하고 있다. 즉 모든 사람의 마음 속에는 신적인 본성과 순수한 이성이 감추어 있으며, 그것이 바로 하나님 속에 있는 지혜의 섬광이라고 주장한다. 이것이 우리 자신을 둘러싸고 있는 육체의 무게에 눌려 있으며 육신의 어둠 속에 갇혀있기에, 누구라도 행복과 영원한 구원을 갈망한다면 외적인 수단을 버리고 자아 속으로 몰입해 들어가야 하며, 묵상을 통해서 그리고 육감적인 힘을 약하게 함으로써, 마음 속에 있는 신적 본성에 불을 붙여야 하는 것이다. 그렇게 하는 사람은 자기에게서 경이로운 빛을 느끼게 되고, 자기 마음의 가장 깊은 곳으로부터 하늘 음성을 듣게 된다. 그러면 그것이 모든 신적인 진리로 이끌어줄 것이며, 초월적인 존재와 연합을 이루게 해주는 가장 확실한 보증인 것이다. 모든 인류에게 보편적으로 주어진 이러한 보배를, 그들은 다양한 이름으로 불렀지만 보통은 '신적인 빛' 혹은 '영원한 지혜의 광선'으로 불렀다. 퀘이커 작가들 중에는 어떤 사람들을 가리켜 다소 과장된 표현으로 '하늘의 지혜'를 입은 사람으로 표현하기도 했다. 우리에게 익숙한 용어는 아마도 '내적인 말씀'과 '우리 안에 계신 그리스도' 쯤 될 것 같다. 그들은 고대 신비주의와 《그리스도께서 우리의 이성이자 하나님의 지혜》라고 말했던 오리겐의 사상을 접목시켰고, 결국 모든 사람은 신적인 지혜의 일부분을 타고 나는 것으로 주장했다. 그래서 결론적으로 모든 사람 속에는 나면서부터 그리스도 혹은 하나님의 말씀이 내주하는 것으로 결론을 내렸다.*

그들의 독특하고도 경이로운 견해들은 그들이 가지고 있는 근본적인 사상에서 흘러나온다. 즉 그리스도께서 모든 인간 안에 존재하고 있다는 것이다. 이러한 사상은, (1) 모든 종교는 마음을 외적인 물질(대상)에서 분리시키는 것으로 결론을 맺게 된다. 따라서 감각의 능력을 약화시켜야 하고, 완전한 내향성을 추구해야 하며, 그리스도를 마음에 혹은 내적인 삶에 받아들임으로써, 그리스도의 명령을 받고 지도를 받아야 한다. (2) 외적인 말씀, 즉 성경은 인간을 구원으로 인도하지 못하며, 결정적인 역할도 하지 못한다. 이는 문자와 말씀 속에는 생명이 없고, 인간의 마음을 밝혀주거나 하나님과 하나로 만들어줄 힘이 없기 때문이다. 성경을 읽음으로써 얻는 유일한 유익은, 우리 마음을 내적인 말씀에 기울이도록 동기를 부여하고 자극을 주는 것이며, 내적으로 가르치는 그리스도의 학교에 입학하도록 돕는 것 뿐이다. 다른 말로 하자면, 그들은 성경을 벙어리 선생으로 여겼으며, 마음 속에 거하시는 살아 있는 선생을 발견하고 찾게 해주는 도구일 뿐이었다. (3) 다신론자들, 유대인들, 이슬람교도들, 그리고 미개한 야만인들처럼 기록된 말씀이 없는 사람들은, 분명, 구원을 얻는데 필요한 수단이 부족한 상태에 있는 것이

---

* 하지만 마틴 등과 같은 현대 퀘어커들의 글을 보면, 그들 선조들의 신앙 정서에 대해서 잘 모르는 것 같다. 어쨌든 그들은 계속해서 내적인 빛과 경건한 사람의 마음 속에서 역사하는 성령의 빛을 혼동하고 있다.

아니라, 구원의 길과 가르침 자체가 없는 상태에 있는 것이다. 만일 그들이 사람이 잠잠할 때에도 결코 잠잠하지 않는 그들 속에 있는 내적인 감독관에게 귀를 기울인다면, 자신들이 알고 행해야 하는 모든 것들을 그로부터 알게 될 것이다. (4) 예수 그리스도의 왕국은 매우 광범위하며, 전 인류를 포함하고 있다. 미개한 야만인과 기독교에 대해서 아무 것도 모르는 사람까지 포함해서 모든 사람은 자기 속에 그리스도를 품고 있기에, 그들은 앞으로 점진적으로 지혜로와지며 또한 행복해지게 된다. 유대인이건, 무슬림이건, 또는 다신론자들이건 관계없이 자신의 육체적 욕망과 정력을 억제하고 고결한 삶을 사는 사람은 이 세상 뿐 아니라 저 세상에서도, 그들 속에 계신 그리스도로 말미암아서 하나님과 연합을 이룰 것이다.

(Mosheimii Institute. E. E. Saec. xvii sect. ii. pars ii. c. iv. § vii. viii.)

초기 퀘이커들의 글을 인용해보겠다.

조지 폭스:

"내가 맨스필드 마을에서 뾰족탑이 있는 집(교회)의 복도를 걸어가고 있었을 때, 주님은 나에게 '사람들이 짓밟고 있는 것을 네 발로 밟으라.'고 말씀하셨다. 주님이 내게 말씀하셨을 때, 주님은 마을 사람들과 신앙고백자들이 생명, 심지어는 그리스도의 생명을 짓밟고 있는 것을 나에게 보여주셨다. 그들은 말씀을 먹고 있었고, 말씀으로 서로를 먹여주고 있었다. 하지만 생명은 짓밟고 있었다. 게다가 하나님 아들의 피를 발로 밟고 있었다. (피는 주님의 생명이었다.) 그들은 아무 의미도 없는 관념 속에서 살면서, 그리스도에 대해서 말할 뿐이었다. 내가 고위 성직자들이 밟고 있는 것을 먹고 사는 것이 처음에는 무척이나 이상해보였지만, 주님은 나에게 그것을 그의 영원하신 성령과 능력으로 분명하게 보여주셨다.

먼 곳에 있는 사람들과 가까운 곳에 사는 사람들이 나를 보러 왔다. 그들에게 둘러싸이자 무서운 생각이 들었다. 하지만 나는 그들에게 말하기 시작했다. 거기엔 브라운이라는 사람이 있었는데, 그는 자신의 임종 자리에서 나에 대한 엄청난 예언과 미래를 본 사람이었다. 그는 내가 바로 주님이 선택하여 그분의 도구로 삼으신 사람이라고 공개적으로 말했다. 그리고 다른 사람들에 대해선 그들은 아무 것도 아닌 존재가 될 것이라고도 말했다. 어느 정도는 그 말이 이루어졌다. 이 사람이 죽어 장사되었을 때, 주님의 큰 역사가 나를 덮쳤다. 나는 마치 죽은 사람처럼 되었고, 나를 죽었다고 생각했던 많은 사람들은 큰 감명을 받았다. 많은 사람들이 14일 동안 계속해서 나를 보러왔다. 나의 몸은 마치 새로운 몸을 받은 것처럼 변화되었고, 나의 용모는 상당히 변화되었다. 내가 그렇게 변화된 상태에 있는 동안, 주님이 주신 새로운 분별력을 가지게 되었고, 많은 사람들이 하나님과 그리스도에 대해서 말할 때 사실은 뱀이 그 배후에서 말하고 있는 것을 볼 수 있었다. 하지만 이것은 감당하기 매우 어려운 일이었다. 하지만 주님의 역사가 어느 정도 진척되고 있었고, 내가 겪는 슬픔과 어려움은 점차 사라지기 시작했으며 기쁨의 눈물이 흘러나왔다. 그래서 겸비한 마음과 상한 심령으로 주님을 향해서 기쁨의 눈물을 밤낮으로 흘릴 수 있었다. 게다가 하나님의 사랑의 위대함과 무한함에 대해서 끝도 없고 말할 수조차 없는 것들을 보았다. 그러한 것들은 말로 표현할 수조차 없는 것들이었다.

이는 내가 영원하시고 영광스러운 그리스도의 능력을 통해서 어둠과 사망의 대양을 건너왔고, 사탄의 능력을 넘고, 사탄의 능력을 극복했기 때문이었다. 사실 내가 극복한 그 어두움은 온 세상을 덮고 있었고, 모든 사람을 사슬처럼 묶고 있었고, 마침내 사망으로 끌고 들어가고 있었다. 하지만 영원토록 동일한 하나님의 능력이 나로 하여금 이 모든 것들을 이기게 하셨고, 그 능력이 앞으로 여러 민족과 성직자들과 신앙고백자들과 사람들을 요동케 할 것이었다. 그렇다면 나는 영적인 바벨론, 소돔, 애굽, 그리고 무덤에 있었다고 말할 수 있다. 하지만 하나님의 영원한 능력으로 나는 거기서 나왔고, 이기었으며, 흑암의 권세에서 그리스도의 능력 안으로 들어가게 되었다. 나는 희어져 추수하게 된 밭을 보았고, 하나님의 씨앗이 땅에 떨어져 죽지 않고 한 알 그대로 있는 것도 보았다. 그 씨앗은 겉보기에만 밭에 뿌려진 것일 뿐, 거둘 것이 아무 것도 없었다. 여기까지 보았을 때, 나는 애통해하며 눈물을 흘렸다. 내가 분별하는 영을 가진 청년이라는 소문이 돌았다. 그 때문에, 여기저기서 많은 사람들이 즉 다양한 신앙고백자들, 성직자들, 그리고 백성들이 찾아왔고 주님의 능력이 나타났다. 나는 설교와 예언 집회를 가졌으며, 하나님의 것들을 그들에게 말해주었다.....

그리고 그들은 그리스도의 피에 대해서 대화를 나누고 있었다. 그들이 피에 대해서 대화를 나누고 있는 중, 나는 보이지 않는 성령님의 즉각적인 역사로, 그리스도의 피에 대한 환상을 보았다. 나는 그들 앞에서 큰 소리로 말했다. '당신들의 눈에는 그리스도의 피가 보이지 않습니까? 살아계신 하나님을 섬기려면 과거 죽은 행위를 당신의 마음과 양심에서 씻어내 주는, 당신들의 마음에 뿌려진 피를 보아야 합니다. 나는 새 언약의 피가 어떻게 마음에 임하는지가 보입니다.' 하지만 이 일은 신앙고백자들을 깜짝 놀라게 했다. 그리스도의 피만을 의지해야 하지만, 그들 속에, 그들의 마음에는 피가 없었기 때문이었다.....

이제 나는 성령 안에 있게 되었고 두루 도는 화염검을 통과해서 하나님의 낙원에 들어가게 되었다. 모든 것이 새로웠다. 모든 피조물이 이전과는 전혀 다른 새로운 향기를 내게 뿜었고, 그것은 말로 표현할 수 없는 것이었다. 나는 오직 순수함과 순진무구함, 그리고 그리스도 예수로 말미암아 하나님의 형상에까지 새롭게 되고 의로워진 상태를 느낄 수 있었다. 나는 아담의 상태, 즉 그가 타락하기 이전의 상태에 이르게 되었다. 하나님이 창조하신 상태 그대로가 나에게 열렸다. 그리고 만물이 본래 자신의 본질과 아름다움을 따라 자기에게 주어진 이름 그대로의 모습으로 나에게 나타났다. 주님이 나에게 열어주신 피조물들의 본질과 아름다움을 보면서 인류의 선을 위해서 어떻게 사용할 것인가를 생각하며 서있었다. 하지만 나는 즉시 성령에 사로잡히게 되었고 무죄상태에 있었던 아담보다 더욱 견고한 상태, 결코 타락할 수 없는 그리스도 예수 안에 있는 상태 속으로 들어갈 수 있었다. 그리고 주님은 나에게 그러한 상태는 아담이 타락하기 이전의 상태이며, 또한 그리스도에게 충성된 사람들만이 그리스도의 능력과 빛에 의해서 이를 수 있는 상태임을 보여주셨다. 피조물의 경이로운 역사와 그 아름다움은 지혜와 능력을 담고 있는 신적인 말씀에 의해서만 펼쳐지게 될 것을 알려주셨다. 모든 피조물은 지혜와 능력의 말씀에 의해서 창조되었기 때문이었다.....

상당한 시간이 흐른 후, 내가 들판을 걸어가고 있었을 때 주님이 내게 말씀하셨다. '너의 이름이 세상의 창조되기 전에 어린양의 생명책에 기록되었다.' 주님이 그렇게 말씀하셨을 때, 나는 믿었고, 새로운 출생, 거듭남을 통해서 이루어지는 것을 보았다. 그리고 곧 주님은 내게 온 세상으로 가서 그들에게 하나님의 은혜와 예수님을 통해서 마음에 임하게 된 진리에 대해서 증거하라고 명령하셨다……나는 그리스도께서 모든 사람을 위해서 죽으신 것과 모든 사람을 위한 화목제물이 되신 것을 보았다. 세상 모든 남자와 여자들에게 신적이면서 구원하는 빛이 비추고 있었다. 그것을 믿는 사람 외에는 어느 누구도 참 신자가 될 수 없었다. 나는 구원을 주시는 하나님의 은혜가 모든 사람에게 나타난 것과 하나님의 성령이 모든 사람에게 나타난 것은 유익하게 하려는 것을 보았다. 나는 이러한 것들을 사람의 도움을 통해서나 혹은 문자에 의해서 알게 된 것이 아니라, 다만 주 예수 그리스도의 빛과 성경을 기록하도록 하나님의 거룩한 사람들에게 감동을 주었던 동일한 성령의 역사와 그 능력에 의해서 볼 수 있었다. 나는 조금도 성경을 경시하고픈 마음이 없다. 나는 성경을 매우 귀한 보배로 여기고 있다. 다만 나는 성경을 주신 그 성령 안에 있었다. 주님이 내 속에 열어주신 것과 이후에 내가 발견한 것들은 성경과 일치한다…..

그러므로 나는 사람들에게 이러한 것들과 거리를 두고 그들 속에 있는 성령님과 하나님의 은혜에 집중하고, 그들 마음 속에 있는 예수님의 빛을 따르라고 권면했다. 그리하면 그들은 그들 속에 계신 자유로운 선생이신 그리스도를 알게 되고, 구원이 임하게 되며, 성경도 열리게 될 것이다.

누구든지 자기 속에 계신 그리스도를 증거하는 사람은, 전가(轉嫁)의 교리의 결과를 증거하는 사람이며, 또 기독교의 본질 자체를 증거하는 사람으로서 자신의 성화를 소유하게 되고, 그러한 사람은 마침내 믿음과 사랑을 알게 될 것이다. 그러한 사람은 모든 성경을 알게 될 것이며 자신의 힘으로 획득한 것이 아닌 칭의와 성화를 전파하게 될 것이다. 하지만 자기 속에 그리스도가 없는 사람은 유대인처럼, 마녀와 버림받은 사람처럼 될 것이다."

윌리엄 펜:

"모든 사람을 비추는 빛이시며 말씀-하나님이신 그리스도께서는 죄로 인해서 애통하시고 괴로워하셨으며, 또한 그분의 은혜를 거절하며 죄를 짓는 사람들의 불법까지도 감당해주셨다. 그리스도께서 마음의 문을 두드리고 있는 것을 들은 사람마다 마음 문을 열고 들어오시게 하면, 그리스도는 먼저 상처를 입게 하시고 그 다음에 치유하신다. 그리고 나서 그리스도는 속죄하시고 중보하시고, 죄로 인해서 타락함으로써 그 거룩한 형상을 잃어버린 사람을 회복시키신다....종교개혁자들이 당하는 모든 불이익은 여기에서 시작된다. 그들은 큰 겸손을 가지고 자신의 신앙을 시험해보도록 제출하면서도, 자신들의 절대적인 무오류성을 내세워 다른 사람들은 거절한다. 그처럼 무오류한 권위를 인정하는 것에 대해서 이성은 부정한다. 내 말은 바른 이성을 가진 사람이라면 그렇게 한다는 뜻이다. 요한복음 1장 1절의 말씀은 바른 이성을 가리킨다. 따라서 터툴리안을 포함한 고대 비평가들은, 물론 현대 비평가들도 포함해서, 우리에게 '로고스'라는 단어를 제시했다. 그 단어는 신적인 이성을 가리키며, 하나이면서 모든 것을 의미한다. 그것은 우리 영혼의 양초에 불을 붙이고, 우리의 어둠을 밝히는 하나님의 등불이다. 우리의 지식을 측정하며, 또한 시험하는 수단이다.

나는 말할 때 성경의 언어를 선택한다. 그것은 진리와 지혜의 영이신 성령의 언어이다. 이러한 언어는 사람이 말하고자 하는 방향을 정하거나 또는 꾸밀 필요가 없으며, 사람으로 이해하기 매우 적합하게 표현되는 언어이다. 참으로 복된 원리이자 영원한 말씀으로 나는 당신에게 말하기를 시작한다. 그것은 빛이며, 영이며, 은혜이며, 진리이다. 나는 모든 거룩한 외양 혹은 나타남으로 당신에게 권면한다. 이로써 모든 것을 이해하게 된다. 따라서 사람으로 구원에 이르도록 조명해주는 것에는 다음과 같은 것들이 있다.

피타고라스(Pythagoras, BC 580-BC500)가 제시한 광대한 빛과 영세의 소금,

아낙사고라스(Anaxagoras, BC 500-BC428)가 제시한 신성한 마음,

소크라테스(Socrates, BC469-BC399)가 제시한 선한 정신,

티마이오스(Timaeus, BC367)가 제시한 자존 원리와 모든 빛의 창조자,

히에론(Hieron, BC500-BC475))이 제시한 사람 속에 있는 하나님,

플라톤(Plato, BC427-BC347)이 제시한 영원하고, 형언할 수 없으며, 완전한 진리의 원리,

제노(Zeno, BC335-BC263)가 제시한 만물의 창조자와 아버지,

플로티누스(Plotin, AD205-270)가 제시한 영혼의 뿌리 등등.

이러한 것들은 영원한 말씀을 가리키는 것들이다. 사람 속에 존재하는 이러한 것들은 특정한 단어로 한정할 필요가 없다.

히에론, 피타고라스, 에픽테투스, 그리고 세네카는 「좁은 의미의 신 혹은 사람 속에 있는 신」에 대해 말했다.

소크라테스와 티마이오스는 「수호신, 천사 혹은 안내자」에 대해 말했다.

플라톤은 「하나님의 빛과 영」에 대해 말했다.

플로티누스는 「사람 속에 있는 신성한 원리」에 대해 말했다.

필로는 「사람의 마음 속에 있는 신성한 능력과 이상, 오류가 없을 뿐만 아니라 불멸에 속한 법」에 대해 말했다.

플루타르크는 「마음의 법과 살아 있는 규칙, 영혼의 내적인 안내자, 그리고 영혼의 영원한 기초」에 대해 말했다.

사람이 정죄를 받고 또 의롭게 되는 것은 다른 사람의 의를 전가받음으로 되는 것이 아니라, 하나님의 의로운 규례 혹은 계명을 실제적으로 지키거나 순종함으로써 되는 것이다. 그렇지 않다면 하나님은 공평하지 않은 분이 될 것이다. 그러므로 전가의 교리는 성경 본문의 확고한 증거들을 통해서 온 것이 아니다. 그들 자신의 어두운 억측과 분명하지 않은 본문을 무리하게 해석하는 사람들은 하나님이 가지고 계신 가장 순수하고 공평하신 본성을 현저하게 오해하게 만드는 교리를 만드는 사람들이며, 의로운 사람에게 사망선고를 내리고, 다른 사람의 의의 전가를 통해서 악한 사람에게 생명을 주는 악을 저지르는 사람들이다. 이것은 얼마나 공평하지 않은 일인가!

의롭다 함을 받고 하나님의 자녀가 되는 길은 성령의 인도하심에 순종하는 것을 통해서 된다. 즉 무흠한 삶과 행실을 통해서 거룩한 열매를 맺는 것이다.....

본질적인 연합 속에서 각자 구별된 위격을 가진 삼위일체의 개념은 성경과 바른 이성을 통해서 볼 때 옳지 않다.....

만일 각각의 위격이 하나님이 되고 또 하나님이 세 위격 속에서 존재한다면, 각각의 위격 속에 세 위격 혹은 세 분의 하나님이 존재하는 것이 되며, 그렇게 세 하나님은 아홉 하나님도 될 수도 있고, 이런 식으로라면 무한에 이르게 될 것이다.....

삼위일체 가운데 제 2위에만 의존되어 있는 저속한 배상 만족설은 성경과 바른 이성을 통해서 볼 때 거절될 수밖에 없다.....

빛과 생명은 외적인 몸을 입고 있다.....

영원한 능력, 빛과 생명이 베들레헴에서 탄생하신 거룩한 분 속에 존재하고 있었음을 우리는 믿고 있다. 사실은 그 모든 것이 구주가 되는데 필요한 특성이었다. 우리가 경건하게 고백하는 것은, 거룩한 인성은 구주가 되는데 도구적인 것이었으며, 말씀-하나님이신 그리스도께서 그 당시 해야만 하는 사역을 위한 준비와 선택을 위해서 필요한 것들이었다는 것이다."

바클레이:

"이러한 신성한 계시들은 (더욱 고상하고 확실한 규칙과 시금석인 까닭에) 외적인 성경의 증거나 혹은 인간의 자연적 이성 혹은 사람의 외적 증거에 의한 엄밀한 조사에 종속되어야 하는 것으로 결론을 내릴 수는 없다.

우리는 그것을, (즉 성경을) 모든 진리와 지식의 원천적인 샘으로 부를 수 없을 뿐만 아니라 믿음과 삶을 위한 최우선적인 원리로 부를 수도 없다. 왜냐하면 진리의 원천적인 샘은 진리 자체가 되어야 하기 때문이다. 진리가 가진 권위와 확실성은 다른 것에 의존되지 않는다.

하나님은 모든 사람에게 총체적인 자기 아들의 빛을 맡기셨고 또 주신다. 이것은 총체적인 은혜이며 또한 총체적인 영이다. 이것을 수용하고 거부하지 않을 때 구원을 이루게 되며, 심지어는 그리스도의 죽음과 고난에 대해 전혀 모르는 사람도 구원받게 된다.

우리는 그리스도께서 우리 속에 거하는 것을 확신하고 있지만, 그럼에도 직접적인 형태가 아니라 간접적인 형태로 거한다. 즉 그리스도는 우리 속에 있는 씨앗 속에 존재한다. 반면에 하나님과 함께 계셨고 또 하나님이셨던 영원한 말씀이신 그리스도는 그 거룩한 사람(예수) 속에 직접적으로 거하셨다.

그리스도의 기원, 본성, 그리고 성육신에 의한 몸, 육체와 피의 효력을 다루고 있는 요한복음 6장을 통해서, 우리는 동정녀 마리아에게서 나시고 유대 땅에서 사시고 다니시고 고통당하신 예수 그리스도의 육체적인 몸 혹은 성전이 아닌, 오히려 영적이고 신령한 몸이 있음을 이해할 필요가 있다. 왜냐하면 성경은 그 몸이 하늘로부터 내려온 것으로 말하고 있기 때문이다. 그렇다. 그리스도는 하늘로서 내려오신 분이시다....그리스도의 이러한 몸과 신령한 육체와 피는 신성하고 하늘에 속한 씨앗이 그 본질과 열매로서 나타난 것으로 이해할 필요가 있다. 따라서 예수 그리스도의 외적으로 가시적인 몸과 성전이 있는 것처럼, (즉 동정녀 마리아에게 그 기원을 두고 있는 것이 있는 것처럼) 그리스도의 신령한 몸도 있는데, 이것은 태초에 말씀이 계셨고, 이 말씀이 하나님과 함께 계셨으며 이 말씀은 곧 하나님이신 분에 의한 또는 말미암은 것이다. 이 말씀이신 그리스도께서 모든 세대에 사람의 아들들에게 자신을 나타내셨고,

이를 통해서 모든 세대의 사람들은 영원한 생명에 참여하게 되고 하나님 뿐만 아니라 그리스도와의 교통과 사귐을 가지게 된다. 아버지의 뜻에 순종하여 영원하신 성령으로 말미암아 자기의 몸을 죄 사함을 위한 화목제물로 바치고 이 땅에서 자신의 사명을 다하신 예수 그리스도는 모든 사람으로 그 희생의 열매에 참여하는 자가 되게 한, 인내와 자기 포기와 성결의 가장 완전한 표본이시다. 그렇게 그리스도는 자신 속에 있었던 신성한 빛과 씨앗을 모든 사람의 마음 속에 쏟아 부었고, 또한 모든 사람의 양심에 이르게 했다. 그리고 그들을 자신의 생명과 빛에 의해서 사망과 어둠에서 벗어나게 하신다. 그렇게 그들은 이제 그의 몸의 지체가 되고, 또한 아버지와 아들과의 사귐을 가지게 된다.

페닝톤:

"그리스도를 증거하고 있는 성경은 어떻게 주어진 것인가? 성경은 영(the Spirit)으로부터 온 것이 아닌가? 성경은 그것을 우리에게 주신 영과 동일한 빛이 아닌 것인가? 성경의 필요를 보며, 그렇게 줄 수 있었던 영은 문자를 통하지 않고서는 성경을 줄 수 없었던 것일까? 사람들은 그리스도께서 오셨고 죽으셨고, 또한 다시 살아나신 것을, 이러한 것들은 성경이 기록되기 전에 이미 알려졌고 또 믿었던 것인데, 어째서 지금 영(the Spirit)의 빛을 통해서 알지 못할 수 있단 말인가?

성경 보다 우위에 있으며, 그 기준이 되는 영(the Spirit)을 우리는 믿고 있다. 영은 말로만 아니라 영들을 통해서 시험해보고 분별할 수 있는 능력을 준다.

빛은 모든 인류에게 가까이 있기 때문에 모든 것을 발견하고 어둠을 밝히는데 도움을 준다. 그 빛을 소유하고 있는 사람들이 가지고 있는 지식과 신앙은 주 예수 그리스도를 참으로 믿는 사람들을 위하여 주어진 하나님의 영을 통해서 소유되며, 그러한 지식이 곧 영생이다. 이것이 없이 그저 문자의 이해를 따라서, 사람들이 그것을 헤아림으로써 그리스도를 알고 믿는 것에 대해서, 하나님은 무지와 불신앙으로 여기신다."

성경과 동일한 권위를 가진 책이 있는가?에 대한 질문에 답하면서, 그는 이렇게 말했다.

"물론이다. 만일 주님이 오늘날에도 누군가를 통해서 말씀하시고 선언하신 말씀이 있다면, 주님이 과거에 자기 종들을 통해서 주신 성경과 마찬가지로 영적 권위를 가진다.....

나는 사람들에게 엄청난 양의 문자를 주고 외적인 사역을 하지만, 나는 더욱 내적인 사역, 혹은 하나님의 빛을 주어야 한다. 하나님이 나에게 허락하신 거룩한 경험은 이러한 나를 정죄할 것이다....하나님의 거룩한 영과 성경이 항상 함께 가는 것은 아니다. 왜냐하면 이 세상의 어두운 곳에도 영은 찾아가며, 심지어는 성경을 한 번도 읽어보지 않은 사람들도 영을 받을 수 있기 때문이다.....

성경은 구원에 필요한 한 가지에 관한 증거를 제시하고 있다. 하지만 그 자체, 그리스도 자신, 씨앗 그 자체는 성경 안에 포함되어 있지 않고, 다만 참 빛이 비추는 것을 통해서만 계시된다. 따라서 영접하고 거절하는 것은 내적으로 마음 안에서 결정된다."*

* 페닝톤의 말을 인용할 수 있도록 허락해준 "영국 친우회(퀘이커)"에 감사한 마음을 표하고 싶다. 이러한 내용들을 발췌해준 친우회 멤버는 자신을 "우리 친우회가 가진 신앙의 최우선적인 원리들을 믿는 신자"로 소개했다. 자신이 허락해준 저자의 이러 저러한 진술들에 대해서 강하게 추천하면서, "자기 견해 가운데 가장 최선의 것 혹은 자기 표현 가운데 정수에 해당하는 것"으로 표현했다.

형제들의 집 도서 안내

1. 조지 뮐러 영성의 비밀
   조지 뮐러 지음/이종수 옮김/값 1,000원
2. 수백만을 감동시킨 사람을 감동시킨 바로 그 사람: 헨리 무어하우스
   존 A. 비올리 지음/이종수 옮김/값 1,000원
3. 내 영혼의 만족의 노래
   W.T.P 윌스톤 지음/이종수 옮김/값 1,000원
4. 모든 일을 하나님의 영광을 위하여 하라
   해리 아이언사이드 지음/이종수 옮김/값 1,000원
5. 잃어버린 영혼을 위해서 어떻게 기도해야 하는가
   오스왈드 샌더스, 찰스 스펄전 지음/이종수 옮김/값 1,000원
6. 윌리암 켈리의 로마서 복음의 진수
   윌리암 켈리 지음/이종수 옮김/값 5,000원
7. 이것이 거듭남이다
   알프레드 깁스 지음/이종수 옮김/값 8,000원
8. 존 넬슨 다비의 영성있는 복음
   존 넬슨 다비 지음/이종수 옮김/값 5,000원
9. 로버트 클리버 채프만의 사랑의 영성
   로버트 C. 채프만 지음/이종수 옮김/값 5,000원
10. 영성을 깊게 하는 레위기 묵상
    C.H. 매킨토시 외 지음/이종수 옮김/값 5,000원
11. 존 넬슨 다비의 성경주석: 빌립보서
    존 넬슨 다비 지음/이종수 옮김/값 5,000원
12. 존 넬슨 다비의 히브리서 묵상
    존 넬슨 다비 지음/정병은 옮김/값 9,000원
13. 조지 커팅의 영적 자유
    조지 커팅 지음/이종수 옮김/값 4,000원
14. 윌리암 켈리의 해방의 체험
    윌리암 켈리 지음/이종수 옮김/값 3,000원

15. 존 넬슨 다비의 성경주석: 골로새서
                            존 넬슨 다비 지음/이종수 옮김/값 7,000원
16. 구원 얻는 기도
                            이종수 지음/값 5,000원
17. 영혼의 성화
                            프랭크 빈포드 호올 지음/이종수 옮김/값 1,000원
18. 당신은 진짜 거듭났는가?
                            아더 핑크 지음/박선희 옮김/값 4,500원
19. C.H. 매킨토시의 완전한 구원
                            C.H. 매킨토시 지음/이종수 옮김/값 4,600원
20. 존 넬슨 다비의 하나님의 뜻을 분별하는 법
                            존 넬슨 다비 지음/이종수 옮김/값 1,000원
21. 존 넬슨 다비의 성경주석: 요한계시록
                            존 넬슨 다비 지음/이종수 옮김/값 10,000원
22. 주 안에 거하라
                            해밀턴 스미스, 허드슨 테일러 지음/이종수 옮김/ 값 1,000원
23. C.H. 매킨토시의 하나님의 선물
                            C.H. 매킨토시 지음/이종수 옮김/값 4,000원
24. 존 넬슨 다비의 성경주석: 에베소서
                            존 넬슨 다비 지음/이종수 옮김/값 8,000원
25. 존 넬슨 다비의 영적 해방
                            존 넬슨 다비 지음/문영권 옮김/값 7,000원
26. 건강하고 행복한 그리스도인이 되는 법
                            어거스트 반 린, J. 드와이트 펜테코스트 지음/ 값 1,000원
27. 존 넬슨 다비의 성경주석: 로마서
                            존 넬슨 다비 지음/문영권 옮김/값 12,000원
28. 존 넬슨 다비의 성화의 길
                            존 넬슨 다비 지음/이종수 옮김/값 4,500원

29. 기독교 신앙에 회의적인 사랑하는 나의 친구에게
   로버트 A. 래이드로 지음/박선희 옮김/값 5,000원
30. 이수원 선교사 이야기
   더글라스 나이스웬더 지음/이종수 옮김/값 5,000원
31. 체험을 위한 성령의 내주, 그리고 충만
   조지 커팅 지음/이종수 옮김/값 4,500원
32. 존 넬슨 다비의 성경주석: 갈라디아서
   존 넬슨 다비 지음/이종수 옮김/값 4,800원
33. 존 넬슨 다비의 성경주석: 요한서신서 · 유다서
   존 넬슨 다비 지음/문영권 옮김/값 8,000원
34. 존 넬슨 다비의 성경주석: 데살로니가전 · 후서
   존 넬슨 다비 지음/이종수 옮김/값 8,000원
35. 그리스도와의 연합과 구원(성경공부교재)
   문영권 지음/값 2,500원
36. 그리스도와의 연합과 성화(성경공부교재)
   문영권 지음/값 3,000원
37. 사도라 불린 영적 거장들
   이종수 지음/값 7,000원
38. 당신은 진짜 하나님을 신뢰하는가
   조지 뮬러 지음/ 이종수 옮김/값 4,500원
39. 그리스도와 연합된 천상적 교회가 가진 영광스러운 교회의 소망
   존 넬슨 다비 지음/ 문영권 옮김/ 값 13,000원
40. 가나안 영적 전쟁과 하나님의 전신갑주
   존 넬슨 다비 지음/ 이종수 옮김/ 값 2,000원
41. 죄 사함, 칭의 그리고 성화의 진리
   고든 헨리 해이호우 지음/ 이종수 옮김/ 값 2,000원
42. 하나님을 찾는 지성인, 이것이 궁금하다!
   김종만 지음/ 값 10,000원

43. 이것이 그리스도의 심판대이다
   이종수 엮음/ 값 8,000원
44. 존 넬슨 다비의 성경주석: 마태복음
   존 넬슨 다비 지음/이종수 옮김/값 16,000원
45. C.H. 매킨토시의 하나님에 관한 진실
   C.H. 매킨토시 지음/이종수 옮김/값 1,000원
46. 존 넬슨 다비의 성경주석: 여호수아
   존 넬슨 다비 지음/문영권 옮김/값 8,000원
47. 찰스 스탠리의 당신의 남편은 누구인가
   찰스 스탠리 지음/이종수 옮김/값 4,000원
48. 존 넬슨 다비의 성령론
   존 넬슨 다비 지음/이종수 옮김/값 13,000원
49. 존 넬슨 다비의 영적 해방의 실제
   존 넬슨 다비 지음/이종수 옮김/값 5,000원
50. 존 넬슨 다비의 주요사상연구: 다비와 친구되기
   문영권 지음/값 5,000원
51. 존 넬슨 다비의 죽음 이후 영혼의 상태
   존 넬슨 다비 지음/이종수 옮김/값 5,000원
52. 신학자 존 넬슨 다비 평전
   이종수 지음/ 값 7,000원
53. 존 넬슨 다비의 요한복음 묵상
   존 넬슨 다비 지음/이종수 옮김/값 8,000원
54. 프레드릭 W. 그랜트의 영적 해방이란 무엇인가
   프레드릭 W. 그랜트 지음/이종수 옮김/값 4,500원
55. 홍해와 요단강을 통해서 나타난 하나님의 구원
   윌리암 켈리 지음/ 이종수 옮김/ 값 4,800원
56. 그리스도와의 연합을 위한 성령의 역사
   윌리암 켈리 지음/ 이종수 옮김/ 값 19,000원